KB124548

특수교육

진로와 직업교육론

박희찬 · 송승민 · 김라경 · 김운지 · 박은영 · 박혜영 · 배세진

이용복 · 이현주 · 최민식 · 한세진 · 홍정숙 · 황윤의 공저

Teaching Career &
Vocation Subject for
Students with Disabilities

학지사

머리말

 가르치는 일을 하는 사람들은 본질적으로 '무엇을 어떻게 가르칠 것인가?'라는 질문에 직면하게 된다. 대학에서 미래의 교사를 양성하는 경우에도 이 질문에 대답할 수 있어야 하고, 장차 특수교육 현장에서 학생들을 가르칠 때에도 같은 질문에 대답할 수 있어야 한다. 이 책은 '특수교육대상자들이 자신에게 적합한 진로를 설정하고 장차 직업을 가질 수 있도록 특수교육 현장에서는 무엇을 어떻게 가르칠 것인가?'라는 질문에 답하기 위하여 기획되었다.

 인간의 특성을 설명하는 말 중 노동하는 인간이라는 '호모 라보란스(Homo laborans)'가 있다. 노동은 오랜 인류의 역사로 볼 때 생존을 위한 인간의 본능이기도 하였으나, 경제적인 이득 이외에 대인관계, 자아실현, 삶의 동기와 존재 이유 등 다양한 측면에서도 의미가 있다. 따라서 노동은 특정 집단의 사람에게만 한정되는 것이 아니라 모든 사람에게 해당되는 것으로, 각 개인은 자신의 흥미, 적성, 강점 등을 고려하여 노동을 할 권리와 의무가 있다.

 특수교육대상자를 위한 진로ㆍ직업교육은 주로 교과와 창의적 체험활동을 통하여 실시하며, 현재 적용되고 있는 2015 특수교육 교육과정에서는 기본 교육과정과 선택 중심 교육과정을 통하여 편성ㆍ운영되고 있다. 특히 기본 교육과정의 중학교와 고등학교에 편제된 '진로와 직업과'는 전체 교과 중 가장 시수가 많다. 이렇게 많은 시수가 반영된 것은 특수교육대상자들이 학령기 동안 적절한 진로ㆍ직업교육을 받은 후 장차 지역사회에서 자립생활과 직업생활을 할 수 있도록 전환하는 것이 특수교육의 목표이기 때문이다.

 특수교육 현장에서 진로전담 교사 양성과 배치, 자유학기(년)제, 통합형 직업교육 거점학교, 학교기업 등과 같은 진로ㆍ직업교육 활성화 방안을 마련하고 있으나, '학생을 직접 가르치는 교사들이 학교 현장에서 무엇을 어떻게 가르쳐야 하는가?'라는 교육과정의 전문성을 갖는 것은 매우 중요한 과제이다. 이러한 과제를 해결하기 위해 개정된 교원자격검정령에서는 2021학년도 입학생부터 중등 특수교육 교사 양성에서 기본 교육과정 교과 7학점(3과목) 이상을 교사양성 교과목으로 포함하도록 정하고 있다.

이 책은 기본 교육과정의 연구, 교과용 도서의 개발에 관심이 높은 전문가들이 함께 기획하고 논의하는 과정을 거쳐 집필되었다. 저자들은 대학에서 예비교사를 가르치는 교수 6인과 특수교육 현장에서 특수교육대상자를 가르치는 교사 7인으로 구성되어 있으며, 자신의 전문 분야를 바탕으로 각 장을 집필하면서 특별히 사례를 포함하여 독자들이 책의 내용을 보다 쉽게 이해할 수 있도록 하였다. 이 책의 편저자 역할을 한 박희찬, 송승민 교수는 전체 저자들과 책의 방향이나 체계, 용어들을 협의하면서 독자들이 책을 읽을 때 일관성과 체계성을 가질 수 있도록 하는 데 노력하였다. 이 책이 독자들의 진로와 직업 교과에 대한 이해도를 높이며, 진로·직업교육의 역량을 증진할 수 있기를 기대한다.

끝으로 이 책이 나오기까지 아낌없이 지원해 주신 학지사 김진환 사장님과 편집을 담당해 주신 황미나 선생님 및 직원 여러분께 깊은 감사를 드린다.

2022년 3월
대표 저자 박희찬

차례

제1부

진로와 직업교육의 기초

제2부

진로와 직업교육의 내용 체계

제3부

진로와 직업교육의 교수·학습 실제

제4부

진로와 직업교육의 실제

제1부

진로와 직업교육의 기초

제1장

진로와 직업교육 개요

박희찬

개요

이 책은 2015 특수교육 기본 교육과정의 진로와 직업과에 대한 내용을 이해하고 교수·학습 방법을 익히도록 하는 데 목적이 있다. 이 장에서는 진로와 직업교육론의 전반적인 이해와 함께 관련 법규와 제도 등도 살펴본다. 또한 사례를 제시하여 후속되는 장에서는 각 학생의 개별적인 특성, 이들의 진로와 직업 관련 질문들, 그 질문들에 대한 해결 방안 등을 탐색하게 된다. 이 장의 학습을 통하여 진로와 직업교육론의 성격, 목표, 내용, 교수·학습 방법, 평가 등을 탐구하며 장차 진로와 직업과를 중등학교에서 가르칠 수 있는 교사로서의 역량을 개발하게 된다.

구성 내용

1. 진로와 직업교육론
2. 진로와 직업교육 학생 사례
3. 진로와 직업교육 법령
4. 진로와 직업교육 제도
5. 이 책의 구성

1. 진로와 직업교육론

1) 진로와 직업의 개념

‘진로와 직업’은 ‘진로’와 ‘직업’이라는 2개의 단어로 조합되어 있다. 진로(進路, career)는 국립국어원 표준국어사전의 뜻으로 보면, ‘앞으로 나아갈 길’을 의미한다. 또한 이 사전에서 직업(職業, occupation)은 ‘생계를 유지하기 위하여 자신의 적성과 능력에 따라 일정한 기간 동안 계속하여 종사하는 일’을 뜻한다. 그리하여 사전적인 의미의 진로와 직업은 자신의 삶으로서 생애의 길을 나아가면서 생계를 유지하기 위하여 일정 기간 생업에 종사하는 것으로 볼 수 있다.

진로는 전 생애에 걸쳐 개인과 그가 속하는 환경 속에서 계속되는 의사결정과 상호작용을 통하여 만들어진다. 진로는 한 개인이 직업에 종사하기 이전부터 직업을 갖고 사는 기간, 그리고 퇴직한 이후에도 계속적으로 작용한다. 직업은 생애 중 일정 기간에 자신의 흥미, 적성, 능력, 개별적인 특성과 우선순위 등을 고려하여 선택한 직무에 종사하는 것이다. 한 개인은 태어난 후 생을 마감할 때까지 자신의 전반적인 삶에서 의미를 찾고 자신의 삶을 형성해 나가므로 진로는 직업보다 공간이나 시간의 범위가 더 넓다고 할 수 있다.

Super 등(1996)은 진로를 생애주기, 생애공간과 같이 생애 단계로 체계화하면서 각 개인은 생애 동안 한 단계에서 다음 단계로 순환하거나 이전 단계로 재순환하는 과정을 거친다고 설명하였다. 그리고 각 단계에는 특정한 발달과업이 있어 그 발달과업을 성공적으로 수행함으로써 다음 단계로 나아갈 수 있도록 준비할 수 있다고 하였다. Anderson 등(2012)은 진로발달 전환 모델(adult career development transition model)에서 진로 전환을 강조하였다. 그리고 진로 전환은, 첫째, 생애주기에 포함된 예상된 전환, 둘째, 계획되거나 예측할 수 있는 사건이 아닌 상황에서 발생하는 예상하지 못한 전환, 셋째, 미리 계획하고 예상하였으나 실제로 일어나지 않은 사건에 의한 전환으로 구분된다고 하였다.

장애학생을 위한 진로와 직업교육은 학문적인 관점에서 볼 때 진로교육, 직업교육, 직업재활, 직업훈련 등에 뿌리를 두고 있다. 또한 미국에서 1980년대 중반부터 실시된 전환교육은 장애학생의 진로와 직업교육을 보다 체계적으로 설명하고 준비할 수 있는 틀을 제공하고 있다. 전환교육은 초기에 진로 과정 중 특히 고등학교를 졸업한 후 지역사회에서의 직업전환이 강조되었으나 차츰 학령기 동안 성인으로서의 삶의 전반적인 영역을 종합적이고 체계적으로 준비하는 방향으로 발전하게 되었다(Sitlington et al., 2011).

우리나라 특수교육에서는 학령기 동안 장애학생들이 자기 자신을 이해하고, 직업의 세계를 탐색하며, 자신의 삶의 방향을 설정하고 준비할 수 있도록 교과와 창의적 체험활동을 통하여 진로와 직업에 대한 교육, 체험, 훈련 등을 실시하고 있다(교육부, 2015d). 기본 교육과정에 편성·운영되고 있는 '진로와 직업'이라는 교과목뿐만 아니라 그 외의 다양한 교과목을 통합하여 이루어지는 학습과 창의적 체험활동, 자유학기(년)제, 전공과 등을 통하여 교육을 실시한다. 특히 학령기는 학령기 이후의 삶을 준비하는 중요한 단계로서 시기상 명백히 예상된 전환에 해당한다. 따라서 학령기 진로와 직업에 대한 교육, 활동, 체험, 실습 등을 통하여 성인으로서의 생활에서 주요 영역인 주거 생활, 지역사회 생활, 직업 생활 등으로 이동할 수 있도록 교육의 내용과 방법을 체계화해야 할 것이다.

2) 진로와 직업교육론의 개념

이 책은 특수학교 중등 교사 자격증을 취득하기 위해 이수해야 할 교과교육학의 하나로 진로와 직업과에 대한 내용과 교수·학습 방법 등을 이해하고 적용하는 데 중점을 두고 있다. 『교원자격검정 실무 편람』에 따르면, 2021학년도부터 특수학교 중등 교사의 경우, 특수교육 교육과정[기본 교육과정 교과(군)] 7학점(3과목 이상)을 이수하도록 규정되어 있다(교육부, 2021b).

특수교육 교육과정에 포함되어 있는 '진로와 직업에 대한 교과교육론'을 줄여서 이 책에서는 '진로와 직업교육론'이라는 용어를 사용한다. 학교교육의 대부분은 교육과정에 편제되어 있는 교과와 창의적 체험활동이라는 교육과정을 통하여 구현되며, 교과의 내용을 중심으로 교수 · 학습 과정을 통하여 학생의 지식, 기술, 태도가 변화될 수 있도록 실시한다. 학교교육의 전형적인 모습의 하나로 교사는 학생에게 적합한 교육 내용을 선정하고, 특정한 교수 · 학습 방법을 통하여 학생의 학습이 이루어지도록 상호작용한다. 이때 교사는 무엇을 교과의 내용으로 선정하며, 그 내용을 어떻게 가르쳐야 하는지에 대한 질문을 할 수밖에 없다. 교과교육학은 학교교육을 실시하는 과정에서 교사가 누구에게, 왜, 무엇을, 어떻게 가르칠 것인가를 체계적으로 이해하고 실행할 수 있도록 하는 학문이다(이선애, 정현숙, 송경섭, 김지혜, 유은석, 2016).

교과교육학에서 교사는 학생의 발달 단계, 특성, 요구 등을 고려하고 학생의 행동변화를 예측하고 행동을 변화시킬 수 있는 적합한 내용을 선정해야 한다. 이러한 교육 내용을 선정하기 위해서는 무엇보다도 학교 교육과정에서 제시하고 있는 교과의 지식 체계를 이해하고, 그 교과의 지식 중에 학생의 발달 정도, 특성, 요구, 우선순위 등에 비추어 적합한 내용이 무엇인지 파악할 수 있어야 한다.

그다음에 교사는 선정한 교과의 내용을 학생들에게 가장 효과적으로 가르칠 수 있는 교수 · 학습 방법을 연구하고 실행해야 한다. 동일한 교육 내용을 선정했다 하더라도 어떤 목표에 도달하기 위하여 어떤 관점에서 학생들에게 교과의 내용을 제시하며, 어떤 교수 · 학습 방법을 활용하고, 어떤 평가 방법을 적용할 것인가를 고려하여 수업을 실시해야 한다.

이렇게 특정 교과를 중심으로 교육 내용을 선정하고, 선정된 교육 내용을 가장 효과적으로 가르치며, 그 결과로 교육의 목표에 도달할 수 있도록 하는 일련의 교육활동이 교과교육학이다. 진로와 직업교육론은 예비교사나 현직교사가 진로와 직업과의 내용 체계를 이해하고, 교과의 내용 체계 중에서 학생들에게 적합한 내용을 선정하고, 선정한 교육 내용을 효과적인 교수 · 학습 방법을 활용하여 가르치며, 결과적으로 학생이 교육의 목표에 도달할 수 있도록 하는 교과교육학의 하나이다.

3) 진로와 직업과의 변천

교육과정은 관점에 따라 교과 중심, 경험 중심, 학문 중심, 인간 중심 등으로 구분할 수 있으나, 실제 학교에서는 교육부에서 고시하는 교육과정에 따라 개발된 교과용 도서를 중심으로 학생들을 지도하고 있다(교육부, 2015d). 진로와 직업과는 그동안 1998, 2008, 2011, 2015년의 개정을 통하여 변천해 왔다(박희찬, 2016). 비교적 최근의 특수교육 교육과정 변천을 살펴보면, 1998년의 제7차 교육과정에서 기본 교육과정이 도입되면서 큰 틀에서 기본 교육과정, (국민)공통 교육과정, 선택(중심) 교육과정이라는 교육과정 구성이 확립되었다. 1998년과 2008년 기본 교육과정에서는 중학교와 고등학교에서 교과목명이 '직업'이었으나 2011년 개정에서부터는 교과목명이 '진로와 직업'으로 바뀌었는데, 이는 당시 「특수교육진흥법」에서 직업교육과 진로교육이 각각 규정되다가 2008년에 「장애인 등에 대한 특수교육법」에서 진로 및 직업교육으로 제정되는 것과 맥락을 같이한다. 공통 교육과정에서 고등부 선택 교육과정은 1998년에 전문선택 직업교과가 편성된 이래 현재까지 유지되고 있다. 다만, 이 과목들은 1998년에 7개 과목에서 2011년에 부분석으로 과목 명칭이 변경된 후, 2015 특수교육 교육과정에서 11개 과목으로의 확대 및 전문 교과III으로 편제되어 과목 명칭 변경, 과목 확대, 편제 변경 등의 전반적인 개정이 이루어졌다.

진로와 직업과를 포함한 특수교육 교육과정의 대상은 1998년과 2008년 교육과정에서 큰 차이를 보인다. 1998년 교육과정에서는 장애유형에 따라 지적장애학교 및 정서장애학교에서 기본 교육과정을 사용하는 것이 원칙이었고 시각, 청각, 지체장애학교에서 공통 교육과정과 고등학교 전문선택 직업 중심으로 편성·운영하도록 하였다. 그러나 2008년 이후 교육과정부터 기본 교육과정은 공통 교육과정과 선택 교육과정의 적용이 어려운 경우에 편성·운영할 수 있도록 함으로써 장애유형보다는 장애학생의 개별적인 장애 정도와 특성을 반영할 수 있도록 하였다.

기본 교육과정의 직업, 진로와 직업과의 시수는 한 차례 크게 줄어든 후 최근까지 그대로 유지되고 있다. 즉, 1998년 제7차 교육과정에서는 중학교 및 고등학교 직업 시수가 각각 340시간, 408시간이었으나 2008 특수교육 교육과정에서는 중학교와 고등학교에서 진로와 직업과의 시수가 각각 204시간, 272시간으로 줄었다. 그 이후 2011, 2015 특수교육 교육과정에서는 진로와 직업교육에 대한 중요성이 강조되는 시대적인 흐름과 함께 시수도 그대로 유지되고 있다.

진로와 직업과의 교수 · 학습 방법에서 현장실습이 강조된 것은 2008 특수교육 교육과정부터이다. 2008 특수교육 교육과정에서 전문선택과목으로 직업을 적용하는 고등학교를 포함하여 진로와 직업교육에서 다양한 형태의 현장실습이 강조되었으며, 이러한 기조는 2011, 2015 특수교육 교육과정에서도 그대로 유지되거나 강화되었다.

4) 2015 특수교육 교육과정의 진로와 직업

2015년 12월 1일 제2015-81호(교육부, 2015d)로 고시된 '2015 특수교육 교육과정'은 2011 교육과정과 같은 체계로 구성되어, 공통 교육과정은 초등학교 1학년부터 중학교 3학년까지, 선택 중심 교육과정은 고등학교에서 편성 · 운영되었다. 이 교육과정에서는 일반학급 및 특수학급에 배치된 특수교육대상자들에게 교과의 내용을 대신하여 생활기능 및 진로와 직업교육, 현장실습 등으로 편성 · 운영할 수 있으며, 그 영역과 내용은 학교가 정하도록 하였다. 이를 통하여 통합교육을 받고 있는 학생들에게 진로와 직업교육, 현장실습을 할 수 있는 근거를 마련한 것이다. 또한 공통 교육과정의 중학교 선택 과목 및 선택 중심 교육과정 고등학교 보통교과 교양 교과군에 진로와 직업 과목이 편제되어 있다.

선택 중심 교육과정에서 직업과 이료에 대한 과목을 전문 교과Ⅲ으로 정하면서, 교과목명이나 내용 체계도 개정되었다. 전문 교과 직업은 직업준비, 안정된 직업생활, 기초작업기술Ⅰ, 기초작업기술Ⅱ, 정보처리, 농생명, 사무지원, 대인서비스, 외식서비스, 직업현장실습, 직업과 자립의 11개 과목이며, 이료도 10개 과목으로 편성되었다.

기본 교육과정의 경우, 진로와 직업과는 2015 특수교육 교육과정 별책3에 제시되어 있다. 기본 교육과정 진로와 직업과의 성격은 학생들이 "자신의 진로 및 직업에 대한 방향을 설정하고, 작업 기초 능력을 기르며, 진학 및 취업 준비와 직업을 체험하고, 직업의 기초 능력과 직무수행 능력을 습득하며, 직업 생활의 태도 및 습관 형성을 통하여 사회에서 안정된 직업 생활과 품격 있는 삶을 영위할 수 있게" 하는 데 있다. 이 과목에서는 "장차 성인으로서 지역사회 내에서 생활하는 데에 필요한 기능적 생활 중심의 지식, 기능, 태도 함양에 중점을 두고, 교과 내용에 대한 인식을 바탕으로 이를 다양한 상황에서 적용하고 지역사회에서 실천할 수 있도록 교내외에서의 활동과 수행 및 실습을 강조한다."

기본 교육과정 진로와 직업의 내용은 '자기 탐색, 직업의 세계, 작업 기초 능력, 진로 의사 결정, 진로 준비, 직업 생활'의 6개 영역으로 구성되어 있으며, 각 영역에 따라 핵심 개념, 일반화된 지식, 내용 요소, 기능 등을 포함하는 내용 체계를 갖추고 있다(교육부, 2015d). 중학교 3년간의 창의적 체험활동을 뺀 교과 수업시간은 총 2,958시간으로, 이 중 진로와 직업과에 612시간이 배당되어 비율은 약 21%이며, 고등학교는 전체 교과 시수는 178단위 중 진로와 직업과에 48단위가 배당되어 비율은 약 27%이다.

[그림 1-1] 2015 교육과정 기본 교육과정 진로와 직업과 교과용 도서

2015 특수교육 교육과정에 따르면, 학교는 학생의 진로 및 직업에 대한 탐색과 선택을 돕기 위해 진로교육을 강화한 교육과정을 편성·운영할 수 있으며, 고등학교에서 기본 교육과정 진로와 직업과 외에도 선택 중심 교육과정의 전문 교과

중에서 학교의 여건에 맞는 것을 선택적으로 편성할 수 있다. 또한 학교는 진로와 직업과를 중심으로 중점학교를 운영할 수 있고, 진로와 직업과의 교육과정 내용과 관련이 있는 현장실습을 다양한 형태로 운영하며, 구체적인 사항은 시도교육청에서 정하도록 하였다.

2. 진로와 직업교육 학생 사례

기본 교육과정 진로와 직업과는 각 학생이 자신의 진로 및 직업에 대한 특성 파악, 진로 발달 및 직업 세계에 대한 이해, 진로 의사 결정, 진로 및 직업 준비 등에 대한 지식과 기술 및 태도를 함양하도록 돕는다. 여기에서는 중학교, 고등학교, 전공과 학생에 대한 사례를 통하여 보다 구체적인 맥락 속에서 진로와 직업교육에 대한 이해를 도모하고자 한다. 각 사례에 대하여 다음과 같은 질문들을 공통적으로 할 수 있을 것이며, 그 외에도 개별 사례의 특성에 따라 다양한 질문을 할 수 있을 것이다.

- 학생들의 진로계획을 위한 강점, 흥미, 능력, 자원, 우선순위 등의 자료는 어떻게 수집할 수 있을까?
- 학생들의 진로와 직업교육계획은 어떻게 수립할 수 있을까?
- 학생들의 진로 목표로 무엇을 설정할 수 있을까?
- 학생들의 진로 목표를 달성하기 위해 교과 내용으로 무엇을 선정할 수 있을까?
- 학생들의 진로 목표를 달성하기 위해 창의적 체험활동 내용으로 무엇을 선정할 수 있을까?
- 학생들을 효과적으로 지도하기 위한 최선의 교수·학습 방법은 무엇일까?
- 학생들의 교육성과는 어떻게 평가할 수 있을까?

1) 중학교 특수학급 재학생 준상

준상이는 초등학교를 졸업하고 자신의 집에서 가까운 중학교에 입학했다. 초등학교 3학년 때부터 시간제로 특수학급에서 수업을 받았고 중학교 특수학급에서 적응하는 데 큰 어려움을 보이지 않았다. 주변 사람들의 이름을 외우고 있으나 먼저 대화를 시작하지 않으며, 의례적인 인사와 습관화된 표현만 있을 뿐 자발적 발화의 수는 현저히 적은 편이다. 다른 사람과 함께 지내는 것에 거부감을 보이지는 않지만, 상호작용을 거의 하지 않는다. 정해진 규칙이나 일과에서 예상치 못한 사건이 발생하였을 때 흥분하거나 감정조절에 어려움을 보이며 이상한 소리를 낸다. 깔끔한 성격으로 청결한 몸가짐을 하고 자신의 자리를 항상 정리정돈하기 위해 지나치게 신경을 쓸 때가 있다. 자신의 일과와 공부한 내용을 공책에 필기하는 습관이 있고, 여러 선택의 상황에서 주변 친구들의 행동을 모방하는 경향이 있다.

특수교사 A는 준상이가 보이는 개별적인 관심과 선호도를 반영하여 진로를 계획하거나 개발할 수 있을 것으로 생각한다. 그리하여 다양한 직업에 대해 배우고 학습하는 과정에서 준상이에게 맞는 유형의 직업이 무엇인지 탐색할 수 있도록 함으로써 흥미와 강점에 맞는 구체적인 직무를 찾아볼 예정이다. 또한 상황에 맞게 인사하고 다른 사람의 제안을 받아들이며 도움을 요청할 수 있도록 사회적 기술을 학교에서 가르치면서 가정과 지역사회에서도 연계하여 지도할 수 있을 것으로 보고 있다. 이를 위해 특수교사는 중학교 3년 동안 구체적이고 실제적인 경험을 통해 직업흥미와 적성을 발견할 수 있도록 지역사회 장애 관련 기관, 공공기관, 사업체 등의 자원을 활용할 계획이다. 준상이가 속한 지역사회 환경에 대해서 알고, 그 환경에 포함된 기관과 시설을 이용하면서 다양한 경험과 사람들과의 교류를 통해 직업을 탐색하고자 한다.

2) 특수학교 중학교 재학생 은지

은지는 특수학교 중학교에 재학 중인 지적장애 학생이다. 은지는 비교적 화목한 가정에서 자라고 있으며, 부모님과 대학생인 언니와 함께 생활하고 있다. 은지는 일상생활에서 필요한 간단한 수용언어는 가능하나 자발적인 발화가 거의 이루어지지 않는다. 유치원 시기에 엄마, 아빠 등 가족의 호칭 정도는 가능한 정도였지만 초등학교 시기부터는 그마저도 이루어지지 않았다. 현재는 가끔 엄마 정도의 단어만 말하고 있고, 대부분의 발화는 이루어지지 않으며, 손짓, 행동, 표정 등을 통하여 자신의 요구사항을 다른 사람에게 전달한다.

어려서부터 은지는 언어치료를 집중적으로 받았으며 초등학교, 중학교에 이르는 시기의 개별화교육계획 목표에 자발적인 단어 사용, 발화, 독립적인 신변처리 등의 내용이 매번 포함되어 있었다. 익숙한 학교에서 특정 교실로의 이동은 스스로 할 수 있으나 걸음걸이가 부자연스러워 넘어지지 않도록 옆에서 지켜봐 주어야 하며, 일상생활 대부분의 활동에서 전반적인 지원이 필요하다. 사람을 좋아하고 주변의 물건들을 여기저기 옮겨 놓는 활동을 즐겨 하며, 최근에는 학교 자유학기 프로그램에서 정보통신 관련 수업을 듣고 컴퓨터에 관심을 가지기 시작하였고, 동영상 플랫폼에서 노래를 듣는 활동을 즐겨 한다. 은지의 부모와 담임교사는 장차 은지가 어느 고등학교에서 무엇을 공부하게 될지 협의가 필요하다고 생각한다.

3) 특성화계 고등학교 재학생 미영

미영이는 5세 때 발생한 난청으로 인하여 청력 손실이 있다. 두 귀의 청력이 90dB로 중증의 청각장애에 해당한다. 난청이 발생하기 이전에는 언어 발달이 비교적 순조롭게 이루어졌으나 청각장애가 발생한 이후로 언어를 통한 의사소통에서 점차 어려움을 겪었다. 그리하여 입술 모양이나 얼굴 표정, 신체적 동작 등을 보면서 구화를 익히게 되었고, 잔존 청력을 활용하기 위해 보청기도 사용하고 체계적으로 청능 훈련을 받았다. 그러나 간혹 구화를 통한 의사소통에 어려움이 있으며, 특히 수업을 할 때 나오는 전문적인 용어를 정확하게 파악하지 못하는 경우도 있다. 미영이는 현재 특성화계 고등학교의 하나인 생활과학고등학교에 재학 중이다. 이 학교에는 조리과, 패션디자인과, 미용과, 보건간호과가 있는데 미영이는 조리과에 입학하였으며 서양식 조리에도 관심이 있다. 미영이는 조리과에서 공부하고 있으나 패션디자인과 친구들과 옷 디자인에 대한 이야기를 나누기도 하고, 미용과 친구들에게 여러 가지 헤어스타일에 대하여 물어보기를 좋아한다.

미영이는 장차 호텔에서 전문 요리사로 일하기를 희망하지만, 요리사가 정말 자신에게 적합한지에 대한 확신은 없다. 그리하여 이 학교의 특색사업의 하나인 산학일체형 도제학교를 통하여 요리사들이 일하는 장소에서 기업체험을 할 예정이다. 조리과에서 공부하고 실습하는 것이 싫지는 않았지만 실제 기업에서 체험을 하는 것이 훨씬 실감이 날 것 같기 때문이다. 이 학교는 기업들과 취업·산학 맞춤반 협약을 하기도 하고 취업캠프도 개최하므로 미영이는 학교의 다양한 프로그램에 참여하기를 원한다. 또한 호텔 요리사가 되기 위해 취득해야 할 양식기능사, 제과기능사, 바리스타 2급 등의 자격증에 대하여 알아보고 있다.

4) 일반계 고등학교 재학생 진수

진수는 일반계 고등학교에 재학 중인 시각장애 학생이다. 그는 중학교 2학년 때 뇌수막염으로 인한 뇌압 상승으로 시력을 상실하였다. 션트 삽입 수술 이후 뇌하수체 이상으로 호르몬 관련 약 처방과 함께 지속적인 건강 검진을 받고 있는 상태이다. 그런데 고등학교 1학년부터 시력이 점점 저하되고 있어 재학 중인 학교의 특수교사의 지원으로 가까운 시각장애교육지원센터로부터 점자 교육을 받고 있는 상태이다. 또 션트 삽입으로 인해 격렬한 체육활동이 어려워져 체육관에 앉아 구경하거나 가벼운 운동에 일부 참여하고 있다.

진수는 대학 진학을 목표로 하고 있으나 아직 가고 싶은 대학과 전공은 결정하지 못한 상태이다. 시력 저하가 진행되어 심리적으로 두려운 마음을 갖고 있으며, 진학에 대한 걱정을 하고 있다. 특수학급에 부분 통합하여 교과수업에 대한 보충을 할 수 있도록 권유받았지만 그대로 원적반에서 수업을 받고 있다. 하지만 다른 학생에 비해 수업내용을 이해하는 것이 어려워지고 학습에의 어려움도 겪고 있다. 특수교사와 담임교사는 진수의 학습지원과 진로 설정을 위해 개별화교육계획을 수립하고 있다. 진수의 학습지원 요구사항을 파악하고, 적성과 흥미를 고려한 진로의 방향을 설정하여 지원하고자 한다. 진수는 원적학급에서 교과 학습에 **참여하기를 희망하였으며, 중학교 1학년부터 배워 온 트럼펫 연주의 강점을 살리는 진로설정을 희망하였다.** 진수가 각 교과목을 예습할 수 있도록 학습 자료를 미리 제공하고, 확인하기 어려운 그림이나 표와 같은 학습 자료들은 교과 담당교사가 말로 풀어 기술하는 방안도 고려하고 있다. 진수의 진로 설정을 위해 담임교사는 진로전담교사, 음악교사의 도움을 받아 각 대학의 관련 학과에 대한 정보와 각 대학에서 실시하는 장애인 특별전형에 대한 정보를 공유하였다.

5) 특수학교 고등학교 재학생 하은

하은이는 특수학교 고등학교 3학년에 재학하고 있는 지체중복장애 학생이다. 그는 늘 바빠 관심을 가져 주지 못하는 아버지와는 반대로 아낌없이 응원해 주는 어머니, 그리고 대학 졸업을 앞둔 언니와 함께 살고 있다. 하은이의 지능지수는 50 정도이며, 간단한 단어를 보고 읽을 수 있고, 자신만의 의사소통 사전을 활용하여 상대방과 의사소통한다.

하은이는 몸의 왼쪽 편마비로 양손을 사용해야 하는 과제는 어려워하지만, 오른손 소근육을 조작하는 능력이 우수하여 세밀한 과제 수행이 가능하다. 오른손만으로 수행하기 어려운 과제는 입이나 턱, 발 등 다른 신체 일부를 사용하여 스스로 해결하려는 모습을 보이나, 한 번 시도한 후 해결되지 않으면 쉽게 포기하거나 주변 다른 사람에게 과제를 대신 수행해 주기를 바라는 경우가 많다. 어머니는 이런 모습을 볼 때마다 '어떻게 하면 하은이가 조금 더 자립적으로 생활할 수 있을까?' 하는 고민이 생긴다. 졸업을 앞둔 하은이와 어머니는 진로에 관한 생각이 많다. 현재 다니고 있는 특수학교에서의 전공과 진학 이외에 지역사회 내 장애인복지관, 보호작업장, 주간보호센터 등에서 어떠한 선택지가 있는지 궁금하여 담임선생님에게 상담을 요청했다.

6) 전공과 재학생 은옥

은옥이는 20세로 특수학교 전공과 1학년에 재학하고 있는 지적장애 학생이다. 그는 아버지와 한 명의 남동생과 살고 있고, 어머니와는 어렸을 때 헤어졌으며, 아버지는 회사에 다니면서 퇴근 시간이 늦은 날이 많아 집안일은 은옥이가 도맡아 하고 있다. 학교에서는 남학생도 휘어잡고 꼼짝 못하게 하는 카리스마가 있지만 어려운 상황이 닥쳤을 때 자신의 권리를 주장하는 것이 다소 어렵다.

일상에서 이유가 분명하지 않은 화를 내거나 삐지기도 하면서 자신의 잘못을 알지만 쉽게 사과하지 못하며, 아무도 없는 곳에서 고성을 내어 자신의 화를 가라앉힌다. 숫자와 화폐를 알고 계산하나 물건 사기를 두려워하여 옷이나 물건을 사지는 못한다. 은옥이는 정교한 작업에 흥미를 갖고 있으며, 소근육 운동이 발달하였고, 2시간 정도 작업을 수행할 수 있다. 전공과에서 조립이나 정리와 같은 작업 경험이 있어 학교를 졸업한 후에는 제조업에서 일하기를 희망하고, 스스로 돈을 벌어서 자신의 통장을 만들기를 희망한다. 은옥이는 전공과를 마친 후에 일반 사업체에서 일을 할지 혹은 보호작업장에서 일을 할지 결정해야 한다.

 ## 3. 진로와 직업교육 법령

1) 장애인 등에 대한 특수교육법

진로와 직업교육의 내용을 협의로 볼 때에는 2015 특수교육 교육과정 중심으로 선정하고 교수·학습의 과정이 이루어질 수 있으나, 광의로 볼 때에는 「장애인 등에 대한 특수교육법」에 제시된 진로와 직업교육 관련 조항의 내용도 포함되어야 한다. 이 법은 2007년에 전면 개정을 하여 2008년부터 시행되고 있으며, 제2조(정의)에서는 진로 및 직업교육을 "특수교육대상자의 학교에서 사회 등으로의 원활한 이동을 위하여 관련 기관의 협력을 통하여 직업재활훈련·자립생활훈련 등을 실시하는 것"으로 정의하고 있다. 이 정의는 몇 가지의 중요한 내용을 포함하고 있는데, 예를 들면 '학교에서 사회 등으로의 원활한 이동, 관련 기관의 협력, 직업재활훈련, 자립생활훈련' 등이다.

'학교에서 사회 등으로의 원활한 이동'은 특수교육대상자가 학교교육을 마친 후 사회에서 주거 생활, 지역사회 생활, 직업 생활 등을 원활하게 할 수 있도록 하는 전환이 중요하다는 점을 부각하고 있다. 또한 '관련 기관의 협력'은 진로와 직업교육을 실시하는 과정에서 교내의 다양한 행정 부서나 과목을 가르치는 교사들 간의 협력, 학교와 지역사회 내 진로와 직업교육 관련 장애인 시설이나 단체 등과의 협력, 학교와 지역사회 내 사업체 간의 협력, 학교와 부모나 보호자 등과의 협력, 정부의 관련 부처인 교육부, 고용노동부, 보건복지부 등의 협력이 중요하다는 점을 제시한다고 볼 수 있다. 진로와 직업교육은 직업상담, 직업평가, 직업교육, 직업적응훈련, 고용지원, 사후관리 등 직업재활 프로그램이나 서비스를 통한 취업 알선과 고용유지를 목표로 한다. 아울러 진로와 직업교육은 개인의 신변처리, 일상생활훈련, 사회적응훈련 등 자립생활 프로그램이나 서비스를 통하여 지역사회 내에서 가능한 한 자립하여 살아갈 수 있도록 하는 것을 목표로 한다.

「장애인 등에 대한 특수교육법」의 제23조(진로 및 직업교육의 지원)에서는 진로와 직업교육을 어떻게 지원해야 하는지에 대한 보다 구체적인 내용들이 제시되어 있다. 즉, 직업재활훈련과 자립생활훈련에 대한 설명과 함께 이를 위한 전문 인력을 두도록 정하고 있다. 아울러 진로 및 직업교육의 실시에 필요한 시설 · 설비에 대한 사항을 정하고 있고, 특수교육지원센터로 하여금 효과적인 진로 및 직업교육을 지원할 수 있도록 관련 부처 내 기관들과 협의를 구성하도록 하고 있다. 그 내용을 살펴보면 다음의 ①~③과 같다.

① 중학교 과정 이상의 각급학교의 장은 특수교육대상자의 특성 및 요구에 따른 진로 및 직업교육을 지원하기 위하여 직업평가 · 직업교육 · 고용지원 · 사후관리 등의 직업재활훈련 및 일상생활적응훈련 · 사회적응훈련 등의 자립생활훈련을 실시하고, 대통령령으로 정하는 자격이 있는 진로 및 직업교육을 담당하는 전문 인력을 두어야 한다.
② 중학교 과정 이상의 각급학교의 장은 대통령령으로 정하는 기준에 따라 진로 및 직업교육의 실시에 필요한 시설 · 설비를 마련하여야 한다.
③ 특수교육지원센터는 특수교육대상자에게 효과적인 진로 및 직업교육을 지원하기 위하여 대통령령으로 정하는 바에 따라 관련 기관과의 협의체를 구성하여야 한다.

이와 관련된 내용으로 동법 시행령 제17조에서는 전문 인력의 자격 기준을 다음과 같이 정하고 있다. "법 제23조 제1항에서 '대통령령으로 정하는 자격이 있는 진로 및 직업교육을 담당하는 전문 인력'이란 「초 · 중등교육법」 제21조 제2항에 따른 특수학교 정교사 · 준교사 · 실기교사의 자격(각각 중학교 과정 이상의 교육과정을 담당할 수 있는 자격으로 한정한다)이 있는 사람으로서 다음 각 호의 어느 하나에 해당하는 사람을 말한다."

1. 대학이나 대학원에서 직업재활에 관한 전공을 이수한 사람

2. 진로 및 직업교육과 관련한 국가자격증 또는 민간자격증 소지자
3. 진로 및 직업교육과 관련한 직무연수를 이수한 사람

또한 동법 제23조와 관련된 내용으로 동법 시행령 제18조에서는 진로 및 직업교육을 위한 시설에 대한 내용을 제시하고 있다. 다음의 ①~③에서와 같이 각급학교에서는 진로 및 직업교육을 위한 교실을 1개 이상 설치하여야 하며, 교육감은 이러한 교실을 설치하는 데 소요되는 비용을 지원해야 한다.

① 중학교 과정 이상 각급학교의 장은 법 제23조 제2항에 따라 진로 및 직업교육을 위하여 66제곱미터 이상의 교실을 1개 이상 설치하여야 한다. 다만, 중학교 과정 이상 특수학교의 장은「특수학교시설ㆍ설비기준령」제4조에서 정하는 기준에 따라 설치하여야 한다.
② 특수교육지원센터는 특수교육기관, 한국장애인고용공단지부 등 해당 지역의 장애인 고용 관련 기관, 직업재활시설, 장애인복지관, 산업체 등 관련 기관과 협의체를 구성하여야 한다.
③ 교육감은 제1항에 따른 진로 및 직업 교육을 위한 교실의 설치비용을 지원하는 등 특수교육대상자의 진로 및 직업 교육에 필요한 인력과 경비를 지원하도록 노력하여야 한다.

동법 제24조(전공과의 설치ㆍ운영)에서는 전공과의 설치 목적을 진로와 직업교육 제공에 두고 있음을 제시하고 있다. 전공과는 고등학교 졸업 이후에 실시되는 1~3년간의 교육으로서 학교를 졸업하고 지역사회에서 한 시민으로 전환하는 데 필요한 전반적인 내용을 지도하는 중요한 시점이다. 전공과와 관련된 법의 내용은 다음의 ①~④와 같이 제시되어 있다.

① 특수교육기관에는 고등학교 과정을 졸업한 특수교육대상자에게 진로 및 직업교육을 제공하기 위하여 수업연한 1년 이상의 전공과를 설치ㆍ운영할 수 있다.
② 교육부장관 및 교육감은 지역별 또는 장애유형별로 전공과를 설치할 교육기관을 지정할 수 있다.

③ 전공과를 설치한 각급학교는「학점인정 등에 관한 법률」제7조에 따라 학점 인정을 받을 수 있다.
④ 제1항 및 제2항에 따른 전공과의 시설·설비 기준, 전공과의 운영 및 담당 인력의 배치 기준 등에 관하여 필요한 사항은 대통령령으로 정한다.

2) 진로교육법

「진로교육법」은 "학생에게 다양한 진로교육 기회를 제공함으로써 변화하는 직업세계에 능동적으로 대처하고 학생의 소질과 적성을 최대한 실현하여 국민의 행복한 삶과 경제 사회 발전에 기여"할 수 있도록 2015년에 제정 및 시행되었다. 진로교육의 법적 정의는 "국가 및 지방자치단체 등이 학생에게 자신의 소질과 적성을 바탕으로 직업 세계를 이해하고 자신의 진로를 탐색·설계할 수 있도록 학교와 지역사회의 협력을 통하여 진로수업, 진로심리검사, 진로상담, 진로정보 제공, 진로체험, 취업지원 등을 제공하는 활동"을 말하며, 이를 위하여 다음의 ①~④와 같이 진로전담교사를 배치하도록 하고 있다. 특수학교에 배치된 진로전담교사는 학교의 상황에 따라 차이가 있으나 중학교, 고등학교, 전공과 등의 학생들에게 진로 및 직업교육을 위한 중추적인 역할을 담당하고 있다.

① 교육부장관과 교육감은 초·중등학교에 학생의 진로교육을 전담하는 교사(이하 '진로전담교사'라 한다)를 둔다.
② 교육부장관과 교육감은 초·중등학교에 진로전담교사를 지원하는 전문 인력을 둘 수 있다.
③ 진로전담교사는 해당 담당교사와 협의를 거쳐 수업시간에 진로상담을 제공**할 수 있으며, 이 경우 진로상담시간은 수업시간으로 본다.**
④ 진로전담교사의 배치 기준, 제2항에 따른 전문 인력의 자격 및 운영 등에 필요한 사항은 대통령령으로 정한다.

「진로교육법」을 통하여 학교에서는 학생이 소질과 적성을 이해하고 진로상담 자료로 활용할 수 있도록 진로에 관한 심리검사를 제공하여야 하며, 학생의 진로 탐색 및 선택을 지원할 수 있도록 진로상담을 제공하여야 한다. 또한 학생에게 다양한 진로체험의 기회를 제공할 수 있도록 교육과정을 편성하고 운영하여야 하며, 학교 교육과정 운영에 따른 진로체험 시간은 수업시간으로 보도록 하고 있다.

3) 기타 장애 관련 법

「장애인복지법」에서는 장애인의 의료 · 교육 · 직업재활 · 생활환경개선 등에 관한 사업을 정하고 추진하므로 특수교육, 진로와 직업교육과 관련되는 내용이 있다. 예를 들어, 제20조(교육) 제1항에서 "국가와 지방자치단체는 사회통합의 이념에 따라 장애인이 연령 · 능력 · 장애의 종류 및 정도에 따라 충분히 교육받을 수 있도록 교육 내용과 방법을 개선하는 등 필요한 정책을 강구하여야 한다."라고 정하고 있으며, 제21조(직업) 제1항에서 "국가와 지방자치단체는 장애인이 적성과 능력에 맞는 직업에 종사할 수 있도록 직업 지도, 직업 능력 평가, 직업 적응훈련, 직업훈련, 취업 알선, 고용 및 취업 후 지도 등 필요한 정책을 강구하여야 한다."라고 정하고 있다. 이 외에도 제58조(장애인복지시설)에서 장애인 거주시설, 장애인 지역사회 재활시설, 장애인 직업재활시설 등에 대한 내용을 정하고 있어 특수교육대상자가 학교를 떠나 지역사회에서 재활을 할 수 있는 시설의 법적 근거를 마련하고 있다.

「장애인고용촉진 및 직업재활법」은 장애인이 자신의 능력에 맞는 직업 생활을 통하여 인간다운 생활을 할 수 있도록 장애인의 고용촉진 및 직업재활을 꾀하는 것을 목적으로 제정되었다. 이 법은 장애인의 직업과 관련된 전반적인 내용을 포함하고 있는데, 특히 진로와 직업교육과 관련하여 제9조(장애인 직업재활 실시 기관)에서 「장애인 등에 대한 특수교육법」 제2조 제10호에 따른 특수교육기관이 재활실시 기관으로 포함되어 있다. 여기에서의 특수교육기관이란 중학교, 고등학교, 전공과 등의 과정을 교육하는 특수학교 및 특수학급을 말한다. 또한 장애인고용촉진 및 직업재활을 위한 다양한 사업을 제시하고 있는데, 직업상담, 직업평가, 고용정보 제공 등을 포함하는 직업지도, 장애인이 희망, 적성, 능력 등에 맞는 직업 생활을 위해 직업 환경에 적응할 수 있도록 하는 직업적응훈련, 그 외에 지원고용, 보호고용, 취업 알선, 자영업, 장애인 근로자 지원, 취업 후 적응지도, 근로지원인 서비스 제공 등을 정하고 있다. 따라서 특수학교나 특수학급, 전공과 등에서 직업을 위한 교육이나 훈련을 할 때「장애인고용촉진 및 직업재활법」의 관련 내용을 고려할 필요가 있다.

「발달장애인 권리보장 및 지원에 관한 법률」(발달장애인법)은 발달장애인의 의사를 최대한 존중하여 그들의 생애주기에 따른 특성 및 복지 욕구에 적합한 지원과 권리옹호 등이 체계적이고 효과적으로 제공될 수 있도록 필요한 사항을 규정함으로써 발달장애인의 사회참여를 촉진하고, 권리를 보호하며, 인간다운 삶을 영위하는 데 이바지함을 목적으로 한다. 이 법에서는 발달장애인의 자기결정권을 보장하고, 활동지원, 가족지원, 문화와 예술지원, 상담지원, 휴식지원 등의 복지 서비스를 제공하고 재활 및 발달지원, 고용 및 직업훈련 지원, 평생교육 지원, 문화·예술·여가·체육 활동 등 지원 등의 내용도 정하여 특수교육대상자가 지역사회로 전환할 때 고려할 수 있는 요소들을 포함하고 있다.

4. 진로와 직업교육 제도

1) 진로와 직업교육 활성화 방안

교육부에서는 장애학생의 진로·직업교육 활성화를 위한 방안들을 마련하고 추진하여 학교에서의 진로와 직업교육을 교육부, 시도교육청 차원에서 지원하고 있다. 최근 2000~2022년의 진로·직업교육 방안(교육부, 2019b)을 살펴보면 [그림 1-2]와 같다. 이 그림에서 볼 수 있듯이, 최근 진로·직업교육 방안에서는 장애학생 진로·직업교육의 비전을 포용적 교육을 통한 장애학생의 꿈 실현에 두고 있다. 학생의 개별적인 특성을 포용하는 모든 학생을 위한 교육을 지향하면서 각 학생들의 꿈을 실현할 수 있도록 한다는 것이다. 이를 위해 장애학생의 미래생활 역량을 강화하고 개인의 진로 희망에 따라 사회참여 기회를 확대할 수 있어야 한다.

추진 전략에서는 초등학교, 중학교, 고등학교 및 전공과 간의 진로·직업교육의 방향, 내용, 방법 등에서 종적인 연계성을 강화하도록 하고 있다. 이는 학령기 동안 학생들이 경험하는 진로 인식, 설계, 탐색의 과정과 결과가 조각으로 흩어지지 않고 종적인 연계를 통하여 축적됨으로써 궁극적으로는 개인의 삶의 질을 높일 수 있도록 해야 한다는 것이다. 아울러 학생의 개별적인 특성에 맞춤식으로 진로 · 직업교육을 실시하기 위해서는 현재 수준이나 목표 설정의 기초가 되는 직업평가체계 확립도 필요하며, 이는 장애학생을 위한 진로 · 직업교육의 특성화 및 전문화를 통하여 가능할 것이다. 이를 위해 장애학생 진로 역량 개발 지원 강화, 현장실습 활성화 및 일자리 참여 기회 확대, 생애주기별 통합 지원체계 구축, 장애학생 진로 · 직업교육 지원 역량 강화 등의 4가지 추진 과제를 설정하고 있다. 이러한 방안들을 강구함으로써 학교에서의 진로 · 직업교육이 교육과정에서 제시된 내용뿐만 아니라 교육의 전반적인 과정에서 실시될 수 있게 된다.

비전

포용적 교육을 통한 장애학생의 꿈 실현

목표

- 장애학생 미래생활 역량 강화
- 개인의 진로희망에 따른 사회참여 기회 확대

추진 전략

- 초 · 중 · 고 · 전공과 간 진로 · 직업교육 연계 강화
- 진로 · 직업교육 특성화 및 전문화 촉진
- 맞춤 진로 · 직업교육을 위한 직업평가체계 확립

추진 과제

1	장애학생 진로 역량 개발 지원 강화	① 학생 맞춤형 진로체험 기회 확대 ② 학생 맞춤형 진로 역량 개발 지원 강화 ③ 학생 진로 역량의 체계적 관리를 위한 기반 구축
2	현장실습 활성화 및 일자리 참여 기회 확대	① 현장실습 활성화 지원 ② 맞춤형 일자리 참여 기회 확대 ③ 전공과 및 고등 · 평생교육 참여 여건 조성
3	생애주기별 통합 지원체계 구축	① 교육 · 복지 · 고용 통합 연계 시스템 구축 ② 진로 · 직업교육 전문 인력 배치 ③ 장애 친화적 지역사회 통합 환경 조성
4	장애학생 진로 · 직업교육 지원 역량 강화	① 담당교직원 전문성 및 관계기관 협력 강화 ② 학부모 정보 제공 확대 및 지원 역량 강화 ③ 진로 · 직업교육 질 관리 체계 확립

관계부처(기관) · 지역사회 · 산업체 · 대학 등 포용사회 지원환경 구축

[그림 1-2] 장애학생 진로 · 직업교육 활성화 방안

2) 자유학기(년)제

중학교에서의 자유학기(년)제는 일반교과 중심의 시험에서 벗어나 다양한 학생 주도 활동과 진로 탐색 활동을 진행하도록 하는 제도로, 일반학교에서는 2013년 부터 시범적으로 시작했으며, 2016년부터는 전국으로 확대되었다. 학생활동으로 는 동아리, 주제선택, 예술이나 체육, 진로 탐색 등을 들 수 있으며, 학교 밖에서 진로체험이나 실습을 할 수도 있다. 자유학기(년)제는 학생들이 다양한 체험활동 을 통하여 직업을 탐색해 볼 수 있고, 예술이나 체육 활동을 통하여 자신의 적성, 취미, 꿈을 찾아볼 수 있다.

특수학교에서의 자유학기(년)제 운영 방안은 2016년에 다음과 같이 5가지로 마련하였다(교육부, 2016). 첫째, 지적장애 특수학교는 기본 교육과정을 시각, 청각, 지체 등 감각장애 공통 교육과정이 적용됨을 고려하여 각각의 교육과정을 기준으로 장애 특성을 반영한 자유학기(년) 교육과정을 편성하여 운영한다. 둘째, 학교 구성원 전체의 의견을 반영하여 학생의 자율성을 바탕으로 모두가 참여하는 학생 중심 교육과정으로 운영한다. 셋째, 지적장애 특수학교는 초 · 중등 과정 전반에 걸친 변화를 견인하는 선도학기로 활용될 수 있도록 자유학기(년) 운영 학년과 학기의 다양성을 추구한다. 넷째, 자유학기(년) 평가는 학생의 성장과 발달을 지원하는 과정 중심으로 기재해야 한다. 다섯째, 특수교육대상자의 자립을 위해 자유학기(년)를 중심으로 '초등학교(진로 인식)−중학교(진로 탐색)−고등학교(진로 준비 및 설계)' 과정으로 이어지는 진로교육를 연계하여 활성화한다.

특수학교 자유학기(년)제는 특수교육대상자가 진로 탐색 활동, 주제선택활동, 예술 · 체육 활동, 동아리 활동 등 다양한 '자유학기(년)활동'에 참여할 수 있도록 교육과정을 운영해야 함을 의미한다. 특수학교의 자유학기(년)제는 2018년도 2학기부터 시행하였으며, 기본 교육과정을 운영하는 특수학교의 경우 자유학기(년)제로 확대운영하고 진로전담교사를 배치하여 특수교육대상자의 진로상담과 설계 등을 지원하고 있다.

3) 특수학교 진로와 직업교육 제도

전공과는 고등학교를 졸업한 장애학생의 진로와 직업교육을 제공하기 위하여 특수학교에 설치한 교육과정이며, 특수학급에도 일부가 설치되어 있다. 장애학생들은 비장애학생들에 비하여 고등학교를 졸업하고 계속적으로 대학 등에 진학하기보다는 지역사회로 나아가는 비율이 높았다. 그리하여 장애학생들은 지역사회에 나아갈 수 있는 준비가 덜 되었거나 고등학교 졸업 이후 적합한 직업을 탐색하고 준비하며 나아가 성공적으로 구직을 하여 취업에 이르는 데 어려움이 많았다.

전공과는 특수교육을 받는 학생들이 고등학교 이후에도 계속적으로 사회에 나아갈 수 있도록 준비하고, 진로와 직업교육을 체계적으로 실시할 수 있는 기회로 볼 수 있다. 전공과는 1993년 시범학교 실시 이후 1999년부터 본격적으로 설치되었다. 장애학생 진로 · 직업교육 내실화 방안(교육과학기술부, 2009)이 현장에 적용됨에 따라 전공과의 수가 늘어나게 되었고, 「장애인 등에 대한 특수교육법」에서 정한 전공과 목적에 따라 진로와 직업교육을 실시하기 위하여 자립생활훈련과 직업재활훈련으로 운영하게 되었다. 2020년 현재 전공과는 전국 특수학교 154개에 672학급이 설치되어 있고, 5,445명의 학생이 배치되어 있다(교육부, 2020a). 「장애인 등에 대한 특수교육법 시행령」 제24조 제2항에는 "교육부장관 및 교육감이 지역별 또는 장애유형별로 전공과를 설치할 교육기관을 지정할 수 있다."라고 명시되어 장애유형에 따른 전공과 운영의 큰 방향성은 제시되어 있다. 하지만 구체적으로 장애유형별 전공과가 어떤 내용으로, 어떻게 운영되어야 하는지에 대한 세부적 지침과 규정이 마련되어 있지 않은 실정이다. 전공과는 고등학교 졸업 이후에 실시되는 과정이므로 학교를 마치고 사회로 나아가는 전환 과정과 밀접한 연관성을 가질 수밖에 없으며(박희찬 외, 2019), 전환교육을 중점적으로 실시할 수 있는 기관으로 정체성을 확립할 필요가 있다.

통합형 직업교육 거점학교는 고등학교 특수교육대상자의 53.8%가 일반 고등학교에 통합되어 있는 실태에도 불구하고 관련 교육과정과 전문 인력, 설비의 부족으로 진로 · 직업교육의 실시에 한계가 있다는 문제의식을 바탕으로 2010년에 10개교를 지정하면서 시작되었다. 장애학생 통합형 직업교육 거점학교는 통합교육을 받고 있는 특수교육대상자에게 현장실습 위주의 직업교육을 제공하고, 인근 특수학

급 학생에 대한 직업훈련 및 컨설팅 등을 제공하여 해당 지역의 장애학생 직업교육 거점학교로서의 기능을 수행하고 있도록 하고 있으며, 2020년 현재 전국 50개교(교육부 지정 35개교, 시도교육청 지정 15개교)에 통합형 직업교육 거점학교를 설치해 운영하고 있다(교육부, 2020a). 그러나 통합형 직업교육 거점학교의 경우 운영에 필수적인 특수교사 추가 배치가 이루어지지 않은 지역이 다수 있으며, 소재하는 시도교육청에 따라 행·재정적 지원 방식에 차이가 있고, 행·재정적 지원의 한계로 인한 운영의 어려움이 지속적으로 제기되고 있다(유애란 외, 2014).

장애학생에게 일반사업장과 유사한 형태의 직업교육 환경에서 현장실습 기회를 제공할 목적으로 탄생한 학교기업은 2009년 장애학생 진로·직업교육 내실화 방안의 하나로 제안되었다(교육과학기술부, 2009). 설립 당시 5개 학교를 시작으로 한 후 2020년 기준으로 총 31개교가 운영되고 있다. 학교기업은 기업의 특성상 학교 본연의 업무와는 다른 각종 회계처리 업무가 수반되며, 이에 따른 과중한 업무 부담을 막기 위해 각 학교별로 인원을 추가 배치하거나 코디네이터를 별도로 채용하는 경우도 있다.

5. 이 책의 구성

이 책은 제1~4부로 구성되어 있으며, 제1부의 1~3장은 진로와 직업교육의 전반적인 기초를 이해하는 데 중점을 두고 있다. 제1장은 진로와 직업교육 개요로서 진로와 직업교육론의 전반적인 이해와 함께 관련 법규와 실제 등도 살펴본다. 그리고 이 장에서는 학생에 대한 사례를 제시하여 이 학생의 개별적인 특성, 진로와 직업 관련 질문들, 이러한 질문들에 대한 해결 방안 등을 탐색하였다. 또한 이 장에서는 진로와 직업과 관련되는 법령과 제도를 소개하고 있다.

제2장은 전환교육에 초점을 맞추고 있다. 장애학생들의 바람직한 성인기 성과를 모색하고자 전개되어 온 전환교육 개념과 모델의 발전과정, 우리나라의 전환교육 성과와 실태, 개별화전환교육과정 등을 제시한다.

제3장은 직업평가에 초점을 맞추고 있다. 직업평가는 학생에 대한 정보를 수집하는 일에서부터 출발하며 체계적·지속적인 과정이다. 직업교육을 실시하기 위

해서는 직업평가를 통하여 학생의 기술, 적성, 능력, 흥미와 욕구를 확인하는 것이 필요하므로 이 장에서는 직업평가 과정과 직업평가 도구를 이해하는 데 목적을 둔다.

제2부는 진로와 직업교육의 내용 체계를 이해하는 데 중점을 둔다. 제4장은 진로와 직업 교육과정에 초점을 맞추고 있다. 우리나라 특수교육 교육과정은 유치원 교육과정, 공통 교육과정 및 선택 중심 교육과정, 기본 교육과정으로 편성되어 있다. 이 단원에서는 2015 진로와 직업 교육과정의 개정 배경과 방향, 기본 교육과정 '진로와 직업' 교과와 선택 중심 교육과정 '직업' 교과의 성격, 목표, 내용 체계, 교수 · 학습 방법, 평가 방법을 중심으로 그 특징을 제시한다.

제5장은 진로와 직업의 인식에 대한 내용과 지도방법에 초점을 맞추고 있다. 진로와 직업과는 진로 발달 단계를 중심으로 진로와 직업 역량 개발을 체계화하기 위하여 진로 인식, 진로 탐색, 진로 준비의 순차적인 과정에 따라 개발되었다. 이 장에서는 진로와 직업 내용 중 진로 인식 단계에서 달성해야 하는 핵심역량과 성취기준을 파악하고 교육과정 및 교과용 도서와의 연계를 통하여 실제 진로 인식의 과정을 지도하는 방안을 구안하고 적용하는 것을 지도한다.

제6장은 진로와 직업의 탐색에 대한 내용과 지도방법에 초점을 맞추고 있다. 이 장에서는 진로와 직업 내용 중 작업 기초 능력 영역과 진로 의사 결정 영역이 교과서에 어떻게 구현되어 있으며, 이를 장애학생들에게 교육하는지 이해하는 데 목적이 있다. 이러한 내용을 알아보기 위해 이 장에서는 작업 기초 능력 영역과 진로 의사 결정 영역의 목표와 내용, 성취기준, 지도의 실제 등을 살펴본다.

제7장은 진로와 직업의 준비에 대한 내용과 지도방법에 초점을 맞추고 있다. 장애학생이 다양한 탐색과 경험을 바탕으로 자신의 진로를 결정하고 진학이나 취업에 필요한 준비를 할 수 있어야 한다. 이 장은 진학 또는 취업을 위한 진로 준비와 독립적이고 자주적인 생활을 준비하기 위한 직업 생활로 구성되며, 교육과정의 내용을 기반으로 해당 성취기준이 교과용 도서에 어떻게 구현되었는가를 이해하고 이를 효과적으로 지도하기 위한 실제적 방법을 터득한다.

제3부는 진로와 직업교육의 교수 · 학습 실제를 이해하고 적용하는 데 중점을 둔다. 제8장은 진로와 직업교육을 위한 교수 · 학습 방법에 초점을 맞추고 있다. 이 장에서는 '진로와 직업과를 어떻게 가르칠 것인가?'에 대한 기본적인 교수 · 학

습의 원리, 교수 · 학습의 방향과 특성, 진로와 직업과에 적용할 수 있는 교수 · 학습 방법의 유형과 실제를 제시한다.

제9장은 진로와 직업의 교수적 수정에 초점을 맞추고 있다. 장애학생이 진로와 직업 수업에 최적의 수준으로 참여하고 성취하기 위해서는 교수 환경, 교수 집단, 교수 방법, 교수 내용, 평가 방법 등을 조절하는 것이 필요하다. 이 장에서는 다양한 요구를 가진 장애학생의 특성을 고려한 진로와 직업교육을 실시하기 위하여 교수적 수정을 적용하고 수업을 실시하는 방안을 탐색한다.

제10장은 진로와 직업교육을 위한 교재 · 교구에 초점을 맞추고 있다. 이 장에서는 교수매체의 포괄적 개념, 관련 법규와 제도, 교재 · 교구의 선정 · 배치 · 관리 등 교재 · 교구의 전반적인 개념을 이해한다. 또한 진로와 직업교육에서의 교재 · 교구 활용 사례를 통해 교과서, 교사용 지도서, 동영상, 피티, 그림, 학습지, 평가지 등의 교수매체 적용 방법을 익히고 활용 방안을 탐색한다.

제11장은 진로와 직업교육의 교수 · 학습 계획안에 초점을 맞추고 있다. 교사가 수업을 통해서 학생들이 학습 목표에 도달할 수 있도록 하기 위해서는 교수 · 학습을 어떻게 할 것인지에 대한 방법을 체계적으로 구상하는 교수 · 학습 계획안 작성이 필요하다. 교수 · 학습 계획안 작성에 대한 이해를 돕기 위해 이 장에서는 교수 · 학습 계획안 이해, 교수 · 학습 계획안 작성 전 준비 사항, 교수 · 학습 계획안 작성 방법, 교수 · 학습 계획안 작성 예시 등을 제시한다.

제4부는 진로와 직업교육의 실제를 이해하고 적용하는 데 중점을 둔다. 제12장은 특수학급에서의 진로와 직업교육 실제에 초점을 맞추고 있다. 이 장에서는 중학교, 일반 고등학교, 특성화 고등학교로 구분하여 특수학급에 배치된 특수교육대상자에게 진로와 직업교육을 체계적이고 효과적으로 실시할 수 있도록 진로와 직업교육 계획 수립 과정을 알아보고 실제 운영 사례를 탐구하여 전반적인 이해를 돕고자 한다.

제13장은 특수학교에서의 진로와 직업교육 실제에 초점을 맞추고 있다. 발달장애 특수학교, 감각장애 특수학교의 진로와 직업교육에 대하여 살펴본 후 자유학기(년)제, 전공과, 학교기업 등에 대한 운영의 사례를 구체적으로 살펴본다.

활동하기

● 진로와 직업교육론의 개념을 제시해 보세요.

● 2015 특수교육 교육과정에서 진로와 직업교육론과 직접적으로 관련되는 교과와 창의적 체험 활동을 찾아보세요.

● 학생들의 사례를 읽고 진로와 직업교육 측면에서 제기할 수 있는 질문 목록을 만들어 보세요.

● 진로와 직업교육과 관련되는 법령과 제도를 살펴보세요.

제2장

전환교육

김라경

개요

이 장에서는 전환교육 개념과 모델의 발전과정, 우리나라의 전환교육 성과와 실태를 살펴보고 전환 서비스 제공에 영향을 주는 법률을 학습한다. 또한 고등학교를 졸업한 후 어떻게 살아갈 것인지에 대한 계획 수립을 통해 전환에 필요한 정보를 수집하고, 고등학교 졸업 이후의 전환 방향을 설정하여 개별화전환교육계획을 세우도록 한다. 이를 통해 장애학생들의 바람직한 성인기 성과를 모색하고 그 성과에 도달하기 위한 전환교육 프로그램을 구성할 수 있도록 하는 데 목적이 있다.

구성 내용

1. 전환교육 개요
2. 전환교육 모델
3. 전환교육 프로그램

1. 전환교육 개요

1) 전환교육의 개념

전환(transition)은 한 가지 상태 혹은 조건에서 다른 상태나 조건으로 옮겨 가는 것을 의미한다. 따라서 크게 본다면 수직적 전환과 수평적 전환이 있을 수 있다. 예를 들면, 유아기에서 초등학교로의 전환, 아동에서 청소년으로의 전환, 청소년에서 성인으로의 전환은 수직적 전환에 해당된다. 반면, 분리교육에서 통합교육으로, 특수학교에서 가정 순회교육, 전학 또는 이사 등은 상황과 환경의 변화에 대처하기 위한 수평적 전환에 해당된다. 한 개인은 일생 동안 여러 번의 수직적·수평적 전환을 경험하면서 새로운 역할에 대한 기대를 부여받는다(Hunt & Marshall, 2005).

전환의 개념은 학문마다 다른 의미로 쓰일 것이다. 그러나 특수교육에서는 전환을 주로 개인의 일생의 측면에서 바라보고 있다. 전환은 학교에서 사회로 나가는 과정에서 성인으로서의 역할을 적절히 수행해 나갈 수 있도록 취업, 중등 이후의 교육, 가정생활, 지역사회 등에 적절히 참여하고, 만족스러운 대인적·사회적 관계를 갖도록 하는 성과 지향적 활동이다. 성인기로의 수직적·수평적 전환과정에서 장애학생의 성과가 부진함이 드러남에 따라 전환은 특수교육 분야에서 매우 중요하게 다루어져야 할 과제가 되었다.

국내에서도 매년 9,000명이 넘는 장애학생이 고등학교를 졸업함에도 불구하고, 이들의 진학률은 54.5%, 취업률은 23.6%에 머물고 있다(교육부, 2021a). 또래의 비장애학생과는 달리 장애학생은 취업, 고등교육, 지역사회 참여의 기회와 선택이 부족하다.

우리는 제1장에서 호텔의 전문요리사가 되기를 희망하는 특성화계 고등학교 재학생 미영이, 대학 진학을 목표로 진로를 설정한 일반계 고등학교 재학생 진수, 학교 졸업 후 제조업에서 일하기를 희망하는 전공과 재학생 은옥이, 그리고 자립적 생활을 목표로 지역사회 복지관이나 전공과 진학 등을 고민하고 있는 하은이의 사례를 읽어 보았다. 이들이 중요한 전환 시기에 적절한 지원을 제공받지 못하거나 스스로 능동적으로 변화에 대처하지 못하면, 성인기에 지역사회에서 독립적으로 살아가는 데 많은 어려움을 겪게 될 것이다.

2) 전환교육에 대한 법률적 기반

우리나라 특수교육 관련 법에는 전환교육에 대한 정의가 포함되어 있지 않다. 다만 '진로·직업교육'이라는 용어가 사용되고 있고, 이를 바탕으로 진로·직업교육 법령 개정과 특수교육발전 5개년 계획이라는 중·장기 계획 등 두 가지의 큰 틀에서 장애학생 전환교육에 대한 법률적 기반을 살펴볼 수 있다.

1977년 「특수교육진흥법」이 제정되었으나, 당시에는 시설과 설비 구비에 대한 하나의 조항만 있었다. 1994년 「특수교육진흥법」의 전면 개정으로 진로·직업교육의 내용이 직업교육, 전공과 설치, 진로교육으로 확대되고 직업 담당 교사의 자격기준, 전공과의 운영에 대한 세부사항을 정함으로써 법적 토대가 마련되었다. 이후 2008년에 시행된 「장애인 등에 대한 특수교육법」은 진로·직업교육에 대한 정의, 내용, 범위를 구체적으로 제시하고 관련 기관과의 협의체를 구성하는 등 현실적인 여건을 보다 구체적으로 뒷받침하고 있다(박희찬, 2016).

그 내용을 자세히 살펴보면, 제2조에서 진로 및 직업교육이란 "특수교육대상자의 학교에서 사회 등으로의 원활한 이동을 위하여 관련 기관의 협력을 통하여 직업재활훈련·자립생활훈련 등을 실시하는 것"이라고 정의하였다. 또한 제23조에서 특수교육지원센터는 특수교육대상자에게 효과적인 진로 및 직업교육을 지원하기 위하여 관련 기관과 협의체를 구성할 것을 명시하여, 장애학생을 위한 진로와 직업교육의 법적 근거를 제시하고 있다. 여기에서 "특수교육대상자의 학교에서 사회 등으로의 원활한 이동"이라는 부분은 그 의미상 전환을 뜻한다고 볼 수 있으며, "관련 기관의 협력을 통하여"와 "관련 기관과의 협의체 구성"이라는 부분

에서도 전환교육의 의미를 유추할 수 있다. 제23조에서는 진로 및 직업교육 지원에 관한 내용으로 '중학교 과정 이상의 각급 학교의 장은 특수교육대상자의 특성 및 요구에 따른 진로 및 직업교육을 지원하기 위하여 직업평가·직업교육·고용지원·사후관리 등의 직업재활훈련 및 일상생활적응훈련·사회적응훈련 등의 자립생활훈련을 실시하고, 대통령령으로 정하는 자격이 있는 진로 및 직업교육을 담당하는 전문 인력을 두어야 하며 진로 및 직업교육의 실시에 필요한 시설·설비를 마련하여야 한다고 명시하고 있다. 이 조항에서는 전환교육의 범위를 직업교육 이외에도 자립생활훈련까지 포함하고 있어 직업 이상의 범위로의 전환교육을 부분적으로 포함함을 알 수 있다.

특수교육발전 5개년 계획은 5년마다 우리나라 특수교육의 중·단기 특수교육의 방향을 제시하는 중요한 정책이며, 이를 통해 진로·직업교육의 정책 변화도 함께 살펴볼 수 있다. 1998년부터 2002년까지는 별도의 특수교육발전 5개년 계획이 마련되지 않고 장애인발전 5개년 계획안에 포함되었다. 직업교육 프로그램이나 직업교육시설에 대한 문제점이 부각되고 현장 중심 직업교육과정과 직업훈련실 설치를 위하여 특수학교 전공과 운영을 위한 지원 방안이 마련되었다. 2003년 특수교육발전종합계획(2003~2007)에서는 전환교육이라는 관점이 강조되어 특수교육대상자의 특성, 요구, 선호를 반영한 전환 계획 모형의 개발과 적용을 확대하고자 하였다. 그러나 전환교육이라는 용어는 법적 용어로 정착되지 못하였다. 제3차 특수교육종합계획(2008~2012)과「장애학생 진로·직업교육 내실화 방안」(교육과학기술부, 2009)이 추진되면서 현장실습 중심의 직업교육 제공으로 장애학생의 진로·직업교육 체계가 확립되었으며, 이를 위하여 정부 부처별·기관별 지원의 연계성과 지속성이 필요함을 제시하였다. 제4차 특수교육발전 5개년 계획(2013~2017)에 따라 장애학생 진로·직업교육 강화를 통한 진로의 다양화 및 취업률 향상을 중점 과제로 삼아 현장 중심 직업교육과 유관기관 간 협력 강화, 장애학생 사회 참여 확대를 위한 노력을 기울였다(박희찬, 2016). 2017년 12월에 교육부는 생애단계별 맞춤형 교육으로 특수교육대상자의 성공적인 사회통합 실현을 위한 '제5차 특수교육발전 5개년 계획(2018~2022)'을 발표하였다. 제5차 특수교육발전 5개년 계획(2018~2022)은 진로교육활성화를 세부 과제로 특수교육대상자의 진로 탐색 및 진로설계 지원을 위해 특수학교 자유학기제를 확대하고 장애

학생들에게 다양한 진로 탐색 및 체험활동 지원을 강화한다. 이를 위해 진로전담교사를 모든 특수학교에 배치하며, 교육복지 고용 협업시스템 구축을 위한 원스톱 통합 서비스 지원 협의체를 구성해 운영한다는 내용을 담았다.

한편, 미국에서는 1990년 「장애인교육법(Individuals with Disabilities Education Improvement Act: IDEA)」에 학령기에서 성인기로의 전환을 지원하는 개념으로 전환교육의 정의와 서비스에 대한 내용을 입법화하였다. 이후 1997년에 개정된 「장애인교육법」에서는 '사회로의 전환'이라는 개념으로 전환교육의 범위를 확대하였으며, 2004년에 개정된 「장애인교육법」에서는 다음과 같이 좀 더 포괄적 개념으로의 전환으로 그 범위를 확장했다(Test, Aspel, & Everson, 2006).

1. 장애학생이 학교에서 졸업 후 활동으로서의 전환을 향상하기 위한 결과 지향적인 과정으로 학업 및 기능적 성취를 향상하는 데 초점을 두어 개발한다. 중등 이후 교육, 직업교육, 통합된 고용(지원고용 포함), 평생교육, 성인 서비스, 독립생활, 지역사회 참여 등을 포함한다.
2. 개별 학생이 갖는 강점, 선호도와 흥미를 고려하고 그 학생의 요구에 기반한다.
3. 교육, 지역사회 경험, 직무개발, 학령기 이후 성인 생활의 목표들을 포함하며, 적절하다면 일상생활 기술과 기능적 직업평가를 포함한다. (Section 602,(34))

3) 전환교육의 교육과정적 근거

특수교육 교육과정에서 전환교육은 주로 진로와 직업과 관련 내용에서 살펴볼 수 있다. '진로와 직업'은 자신의 진로 및 직업에 대하여 인식하고 탐색하며 준비하는 데 필요한 지식, 기술, 태도를 함양하는 교과로서 기본 교육과정의 초등학교 교과목인 '실과'와 선택교육과정의 전문 교과 중 '직업' 교과와 관련성을 가진다. 2015 특수교육 교육과정에서는 '자기 이해'를 기본으로 '진로 의사 결정'을 하여 '직업 생활'에 이르는 체계적인 과정을 제시함으로써 학생이 학교를 졸업하고 지역사회에서 직업인으로 살아갈 수 있는 능력을 갖추도록 하였다(교육부, 2015). 또한 주변에서 쉽게 접할 수 있는 직종부터 서비스 직종까지 다양한 직종에서 현장

실습 기회를 제공할 수 있는 근거를 마련하여 현장 중심 직업교육을 내실화하였다.

특히 초·중·고 단계별 진로교육을 연계해 학교 교육과정에서 학생들의 진로 성장이 가능하도록 초등학교에서는 진로교육 집중학년제가 이루어지고(진로 인식), 중학교에서는 자유학기·학년제(진로 탐색)가 실시되고 있다(교육부, 2019). 고등학교에서는 특수학교 학교기업, 통합형 직업교육 거점학교, 특수학교 직업교육 중점학교 등을 운영(진로설계)하여 지역 및 학교 여건을 반영한 다양한 형태의 현장실습 운영 및 장애학생 직업 역량 강화를 도모하고 있다. 구체적으로 살펴보면 장애학생 현장 중심 직업교육 확대를 통해 장애학생 취업 역량을 강화하기 위하여 일반사업장과 유사한 형태의 작업 환경을 조성하여 장애학생의 현장실습 중심 특수학교 학교기업을 2010년 2개교를 시작으로 하여 2021년 31개교로 확대하였다. 또한 장애학생 '통합형 직업교육 거점학교'는 장애학생에게 현장실습 위주의 직업교육을 제공하고, 인근 특수학급 학생에 대한 직업훈련 및 컨설팅 등을 제공하여 해당 지역의 장애학생 직업교육 거점학교로서의 기능을 수행하고 있으며, 2021년 현재 교육부 지정 35개교 및 시도교육청 지정 16개교가 운영 중이다. 특수교육 교육과정 중·고등학교 기본 교육과정의 '진로와 직업' 교과 중심 교육과정을 운영하는 특수학교 직업교육 중점학교는 2021년 48개교가 운영 중이다.

4) 전환교육의 실태

다각적 노력에도 불구하고 아직까지 특수교육 현장에서 전환교육에 대한 성과를 체감하기에는 부족하다. 장애학생의 취업률과 진학률은 아직 저조하며 취업된 직종을 살펴보더라도 그 종류가 제한적이다. 2021년 기준 국내 고등학교 및 전공과 졸업생의 진로 현황은 〈표 2-1〉과 같다. 졸업생 9,308명 중에서 취업자는 1,826명(취업률 32.9%), 진학자는 3,751명(진학률 40.3%), 비진학 및 미취업자는 3,731명(40.1%)으로 나타났다(교육부, 2021a).

〈표 2-1〉 2021년 고등학교 및 전공과 졸업생 진로 현황   (단위: 명, %)

구분		졸업자 수	전공과	전문대학	대학교	진학자 수	진학률 (%)	비진학 · 미취업자 수
	전체	9,308	2,437	495	819	3,751	40.3	3,731
고등 학교	계	6,827	2,437	470	813	3,720	54.5	2,375
	특수학교	2,108	1,158	13	64	1,235	58.6	812
	특수학급	3,614	1,234	262	293	1,789	49.5	1,208
	일반학급	1,105	45	195	456	696	63.0	355
전공과	계	2,481	–	25	6	31	1.2	1,356
	특수학교	2,378	–	25	6	31	1.3	1,338
	특수학급	103	–	–	–	–	0.0	18

※ 진학률＝(진학자 수/당해연도 졸업자 수)×100
출처: 교육부(2021a).

취업자의 직종을 유형별로 살펴보면, 제품제조가 26.1%(477명)로 가장 높은 비율을 차지했다. 다음으로 청소 · 세탁 13.4%(245명), 식음료 서비스 13.4%(244명), 사무보조 12.7%(232명), 식품가공 · 제과제빵 6.4%(117명), 보건의료 5.6%(102명), 사서보조 2.7%(49명), 이료 2.1%(38명), 영업 · 판매 1.3%(24명), 문화 · 예술 1.3%(23명), 농림어업 0.5%(9명)였다. 특수학교 전공과 이수자 2,378명 중 1,009명 취업으로 취업률은 43.0%이고, 고등학교를 졸업한 장애학생의 취업률 23.6%보다 약 1.8배가량 높았다. 진학자의 진학유형에 따른 분포는 전공과 65%(2,437명), 전문대학 13.2%(495명), 대학교 21.8%(819명)이었다.

〈표 2-2〉 2021년 취업자의 직종별 유형   (단위: 명, %)

구분		졸업자 수	보건 의료	제품 제조	농림 어업	정보통신 기기	식품가공 제과제빵	이료	영업 판매	청소 세탁	식음료 서비스업	문화 예술	사무 보조	사서 보조	기타	취업자 수	취업률 (%)
	전체	9,308	102	477	9	16	117	38	24	245	244	23	232	49	250	1,826	32.9
고등 학교	계	6,827	31	171	5	5	76	2	17	66	94	15	120	29	101	732	23.6
	특수 학교	2,108	4	13	–	1	10	2	–	6	5	1	6	2	11	61	7.0

	특수 학급	3,614	25	147	5	2	63	–	15	60	85	13	110	26	66	617	33.8
	일반 학급	1,105	2	11	–	2	3		2	–	4	1	4	1	24	54	13.2
	계	2,481	71	306	4	11	41	36	7	179	150	8	112	20	149	1,094	44.7
전 공 과	특수 학교	2,378	68	292	4	11	37	36	6	161	132	8	98	17	139	1,009	43.0
	특수 학급	103	3	14	–	–	4		1	18	18		14	3	10	85	82.5

※ 취업률=｛취업자 수/(졸업자 수-진학자 수)｝×100

출처: 교육부(2021a).

이를 통해, 첫째, 진학유형으로는 전공과 진학 비율이 가장 높다는 점을 알 수 있다. 그러나 전공과를 졸업한 장애학생들은 상급학교로의 진학률이 미비하고 고등학교를 졸업한 장애학생보다 취업률이 높다. 둘째, 고등학교 및 전공과 졸업생은 주로 제품제조, 청소·세탁 등 단순노무직에 취직하고 있고, 반면 졸업생 10명 중 약 4명은 취업이나 진학을 하지 않은 채 가정이나 주단기보호센터 등에서 성인기 생활을 하는 것으로 나타났다. 따라서 장애학생의 졸업 후 성인기 전환을 위한 체계적인 전환교육의 필요성이 매우 크며, 전환교육 성과를 제고하기 위해 학교에서의 전환교육, 성인재활기관의 프로그램 다양화 및 확대, 학교와 성인재활기관 간의 연계가 강화되어야 한다(박희찬, 2013).

2. 전환교육 모델

1) Will의 학교에서 직업 생활로의 다리 모델

1980년대에는 미국 연방정부 선도로 전환에 대한 관심이 시작되면서, 다양한 전환교육 모델이 제안되었다. 이 중 가장 먼저 등장한 모델은 미국 특수교육 및 재활국(The Office of Special Education and Rehabilitative Services: OSERS)의 책임자

였던 Will(1984)이 제안한 다리 모델(bridges model)이다. 이 모델은 전환교육 프로그램에 대해 적절한 지역사회 기회와 서비스 협력이 각 개인의 환경과 욕구에 부합되도록 개발되어야 하며, 장애학생들에게 초점을 두어야 하고, 전환교육 프로그램의 목적에 부합하도록 지속한다는 가정을 하였다.

Will은 전환의 성과를 '고용'으로 보고, 고용으로의 전환을 지원하는 서비스를 3가지 연결 다리로 표현하였다([그림 2-1] 참조). 첫 번째 다리는 일반적 서비스(no special service)로, 지역사회 내에 있는 다수의 비장애인들이 사용하는 고용 서비스이며 비장애학생과 장애학생이 함께 이용할 수 있는 프로그램으로서 특별한 전환 서비스는 제공되지 않는다. 통상적으로 적절한 중등 특수교육 프로그램을 이수한 경도 장애학생이 이러한 서비스를 이용한다. 두 번째 다리인 시간 제한적 서비스(time-limited service)는 노동시장에 참여하기 위하여 일정한 기간 직업훈련을 받는 것과 같은 특별히 고안된 특수교육 서비스를 말한다. 마지막 다리인 지속적 서비스(on-going service)는 중증장애인의 사회통합 욕구를 충족해 줄 수 있도록 필요한 기간만큼 그리고 필요에 따라서는 평생에 걸쳐 제공한다. 이 다리 모델은 장애학생의 성인기 성과로 고용의 중요성을 강조한다는 특징이 있다(Morgan & Riesen, 2016). Will의 모델은 전환의 여러 요소 중 학생의 특성, 흥미, 선호를 고려한 전환계획의 결과가 고용에 한정되었다는 점에서 비판을 받는다.

[그림 2-1] 학교에서 직업 생활로의 Will의 다리 모델

출처: Will (1984).

2) Halpern의 지역사회 적응 모델

Halpern(1995)은 지역사회의 성공적인 적응을 궁극적인 전환성과로 보았다. Halpern의 지역사회 적응 모델에서는 Will이 제안한 다리 모델을 보완하여 고용뿐 아니라 주거 환경, 사회 · 대인관계 기술이라는 3개 요소에 의해 결정된다고 제안함으로써 성과의 개념을 확장하였다. 또한 3개의 요소 중 어느 한 요소라도 불충분할 경우 궁극적 목적인 지역사회 적응에 실패할 염려가 있으며, 개인이 지역사회 내에서 적응하며 살아가는 데 어려움을 겪을 수 있다고 주장하였다. 즉, 고용에 성공하였다고 하더라도 주거환경, 사회 · 대인관계 기술이 적절하게 형성되지 못한다면 개인이 성공했다고 보기 어렵기 때문에 서비스를 결정할 때에도 다양한 삶의 질을 고려해서 프로그램을 개발하여야 한다고 주장하였다. 이 모델은 미국의 1990년대 IDEA의 전환 서비스의 법적인 정의를 만드는 근간이 되었다. Halpern 지역사회 적응 모델은 Will의 일반적 서비스, 시간 제한적 서비스, 지속적 서비스라는 지원수준은 포함하고 있지만 고용보다는 지역사회 적응을 위한 전체적인 접근을 강조하였다는 점에서 전환교육의 범위를 확장하였다고 볼 수 있다.

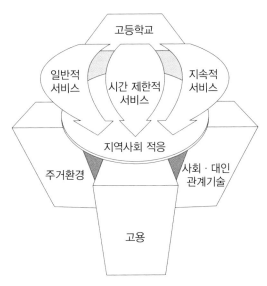

[그림 2-2] Halpern 지역사회 적응 모델

출처: Halpern (1985).

3) Kohler의 전환 프로그램 분류 모델

1990년대 이후에는 전환 관련 연구가 축적되면서 전환의 증거기반의 실제를 밝히고 유목화하려는 노력을 기울이기 시작했다. 그중 가장 대표적인 것이 Kohler(1996)가 개발한 전환 프로그램 분류 모델(Taxonomy for transition programming)이다. 이후 2006년에는 개정 작업을 거쳐 전환 프로그램 분류 2.0(Taxonomy for transition programming 2.0) 모델을 제안하였다. 이 모형에서는 효과적인 프로그램과 선행연구들의 구체적인 실행 사례를 제공한다(Kohler, Gothberg, Fowler, & Coyle, 2016).

Kohler는 전환을 위한 효과적인 증거기반 실제를 ① 학생중심계획(student-focused planning), ② 학생개발(student development), ③ 기관 간 협력(interagency collaboration), ④ 가족 참여(family engagement), ⑤ 프로그램 구조(program structures)의 5가지 범주로 분류하였으며, 그 내용은 다음과 같다.

- 학생중심계획이란 학생의 진단평가 정보를 활용하여 개별화된 중등 이후 목표 및 프로그램을 개발하는 것으로, 계획 과정에서 학생의 참여를 중시하고 자기결정을 촉진한다.
- 학생개발이란 사회성, 자기결정, 자기옹호, 독립생활기술, 직업 기술을 포함하는 여러 영역에서 학생에 대한 평가와 교수를 실시하여 역량을 개발하는 것을 말한다.
- 기관 간 협력이란 지역사회 사업체나 관련 기관들의 참여를 촉진하고 협력을 증진하는 것을 의미한다.
- 가족 참여란 전환 서비스를 계획하고 제공하는 데 가족을 참여시키고 다양한 전환 영역에서 가족 훈련을 통해 역량을 강화하는 것이다.
- 프로그램 구조란 프로그램 철학, 계획, 정책, 평가, 인적자원 개발을 포함한 전환 서비스의 효율적이고 효과적인 전달을 위한 체제를 말한다.

Kohler의 전환 프로그램 분류는 서비스 과정에서 학령기 전, 학령기, 졸업 후 전환의 연결의 중요성을 강조하고 관련 전문가들이 포괄적인 전환교육을 계획하거나 평가하기 위한 틀로서 활용되고 있다(Morgan & Riesen, 2016).

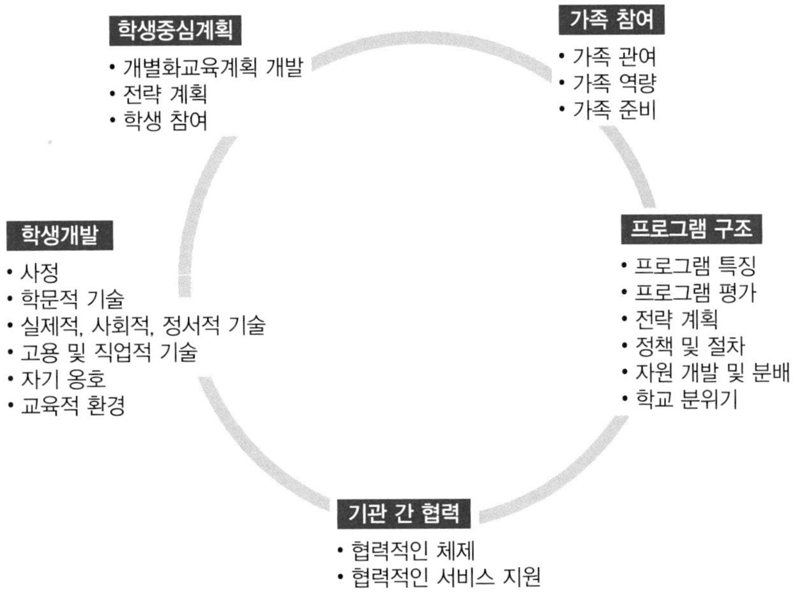

학생중심계획
- 개별화교육계획 개발
- 전략 계획
- 학생 참여

가족 참여
- 가족 관여
- 가족 역량
- 가족 준비

학생개발
- 사정
- 학문적 기술
- 실제적, 사회적, 정서적 기술
- 고용 및 직업적 기술
- 자기 옹호
- 교육적 환경

프로그램 구조
- 프로그램 특징
- 프로그램 평가
- 전략 계획
- 정책 및 절차
- 자원 개발 및 분배
- 학교 분위기

기관 간 협력
- 협력적인 체제
- 협력적인 서비스 지원

[그림 2-3] Kohler의 전환 프로그램을 위한 분류 모델

4) Severson, Hoover, Wheeler의 전환교육 통합 모델

Severson, Hoover, Wheeler(1994)는 전환교육 통합 모델을 제안하였다. 이 모델은 [그림 2-4]에서와 같이 전환교육의 과정을 전환 계획 및 선결조건, 전환단계, 전환성과라는 3단계로 구분하였다. 1단계에서는 먼저 학교교육의 견고한 토대가 마련되어야 하는데, 이는 ① 하향식/생태학적 지역사회 중심 교육과정 개발, ② 기능적/연령에 적합한 교육과정, ③ 개별화전환교육계획, ④ 조기 계획, ⑤ 통합 환경으로 특징지어진다. 2단계에서는 전환 과정에서 일반적 서비스 혹은 시간 제한적 서비스 혹은 지속적 서비스가 제공된다. 마지막으로 3단계에서 목표로 하는 전환성과는 ① 직업, ② 주거환경, ③ 지역사회 참여, ④ 여가활동, ⑤ 중등 이후 교육이다. 이 모델에서는 전환교육의 전 과정에서 학생, 부모 및 관련 기관의 협력을 유도하는 것을 강조하였으며, 학생들의 졸업 후 성과를 추후 평가해야 함을 제안하였다. 전환의 개념은 초기에는 직업으로의 전환이라는 협소한 의미를 보였으나, 점차 다양한 전환교육 모델이 등장하면서 직업 외에도 중등 이후 교육, 독립 생활 등 다양한 성인기 성과를 포함하는 것으로 이해되고 있다.

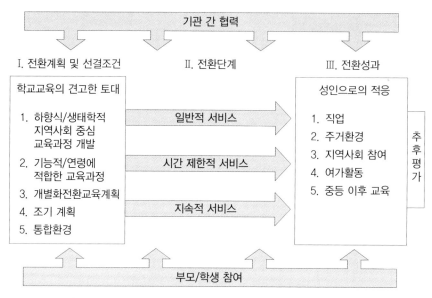

[그림 2-4] Severson 등(1994)의 전환교육 통합 모델

5) 포괄적 전환교육 서비스 모델

포괄적 전환교육 서비스 모델(comprehensive transition education model)은 생애 전체의 수직적 전환을 강조하면서 평생 동안 전환이 여러 번 있다는 인식으로 영·유아기로부터 초등학교, 중학교, 고등학교, 그리고 고등교육과 평생교육 등 매 시기에 주요한 전환이 이루어진다는 접근을 취한다. 학교에서 성인사회로의 전환이 가장 결정적인 전환이기는 하지만, 인생의 한 생애발달 단계에서 다른 단계로 이동하는 전환 진출 시점(transition exit point)에서 성공할 때 다른 단계에서 성공할 가능성을 높인다(Sitlington, Clark, & Kolstoe, 2000). 따라서 장애학생의 전환 계획은 생애 초기에 영·유아 교육 시기부터 성인기까지 종합적이고 체계적으로 계획되고 실행되어야 할 필요가 있다.

이 모델에서는 의사소통, 학업적 수행, 자기결정, 대인관계, 통합된 지역사회 참여, 건강과 체력관리, 테크놀로지 및 보조공학, 여가 및 레크리에이션, 이동성(교통수단), 독립적/상호의존적 생활, 직업 준비성, 대학 준비성의 12개 요소가 전환 서비스 욕구를 충족하기 위해 학생에게 필요한 지식과 기술 영역으로 제시되고 있다. 각 단계에는 각 단계마다 가족과 교사가 단기 목표를 세울 때 그들이 목표로 삼아야 할 일련의 기준이 되는 결과나 진출 시점을 제시하고 있다. 예를 들어, 초등학교 장애학생의 경우 6학년 시점에는 특수학교나 일반중학교로의 전환을 고려할 것이다. 전환을 고려할 때는 이 학생이 초등학교에 필요한 모든 지식과 기술을 숙달했느냐 여부로 결정되는 것은 아니다. 오히려 생활연령에 대한 적합성이 더 중요한 요소이다. 좋은 전환교육 서비스는 현재보다 더 통합된 수준의 지역사회 참여를 증진한다.

지식과 기술 영역	생애발달 단계	진출 시점	서비스 전달 체계와 지원
• 의사소통 • 학업적 수행 • 자기결정 • 대인관계 • 통합된 지역사회 참여 • 건강과 체력관리 • 테크놀로지 및 보조공학 • 여가 및 레크리에이션 • 이동성(교통수단) • 독립적/상호의존적 생활 • 직업 준비성 • 대학 준비성	영·유아기 (0~3세)	학령전 프로그램, 통합된 지역사회 참여	• 가정과 이웃 • 가족과 친구 • 공립·사립 영유아 프로그램 • 관련·지원 서비스를 동반한 특수교육 • 관련·지원 서비스를 동반한 일반교육 • 일반적인 지역사회 조직과 기관(위기관리 서비스, 시간 제한적 서비스, 지속적 서비스) • 도제 프로그램 • 학교와 지역사회 직업 중심 프로그램 • 중등 이후 직업 프로그램 • 전문대학 • 4년제 대학 • 대학원 또는 전문학교 • 성인·평생교육
	학령전기 (3~5세)	초등학교 프로그램, 통합된 지역사회 참여	
	초등학교 (5~10세)	중학교 프로그램, 연령에 적합한 자기결정, 통합된 지역사회 참여	
	중학교 (11~14세)	고등학교 프로그램, 초보(단순직) 고용, 연령에 적합한 자기결정, 통합된 지역사회로 참여	
	고등학교 (15~21세)	중등교육 이후의 교육, 초보(단순직)고용, 평생교육, 전업주부, 자기 결정을 통합, 삶의 질 증진과 통합된 지역사회 참여	
	성인 초기 및 성인기 (18~25세)	특수분야, 기술직, 전문직, 관리직 고용, 대학원이나 전문학교 프로그램, 성인·평생교육, 전업주부, 자기 결정을 통합, 삶의 질 증진과 통합된 지역사회 참여	

[그림 2-5] 포괄적 전환교육 서비스 모델

3. 전환교육 프로그램

1) 개인중심계획과 전환교육

1960년대에 출현한 정상화 원리(normalization)는 신체적·인지적 제약과는 관계없이 모든 사람은 동일한 권리와 자유를 가지고, 지역사회 내에서 일상생활에 제약이 없어야 함을 강조한다. 이러한 주장은 1970년대 미국을 중심으로 장애를 가지고 있는 사람도 국가를 구성하는 시민의 일원으로서 동일한 권리를 가지고 지역사회 중심의 통합 서비스를 제공하는 공공 정책을 만드는 데 영향을 미쳤다. 정상화의 원리는 최소 제한 환경, 주류화, 통합과 같이 장애인의 교육, 거주, 서비스 형태에 큰 변화를 가져왔다.

장애인의 개별적인 특성과 요구를 반영하기 위하여 다양한 개별화교육계획 (Individualized Education Plan: IEP), 개별화가족계획(Individual Family Support Plan: IFSP), 개별화전환교육계획(Individual Transition Plan: ITP) 등 개별화계획들이 만들어지고 실행방법에 대한 보완이 필요하게 되었다. 이러한 개별화교육계획은 장애인 당사자와 그 주변의 사람들에 의해 계획되고, 문서로 작성되고, 당사자의 장점과 선호를 기반으로 계획을 세우고, 당사자가 독립적으로 살아가기 위해 필요한 지원과 교육 내용, 실행계획과 평가 등을 공통적으로 포함하고 있다.

이러한 다양한 종류의 계획은 방법적 측면에서 개인에게 개별화된 계획을 제공한다는 장점을 가지고 있는 반면, 이러한 계획을 세우는 것에 대한 비판적인 시각도 생기기 시작하였다. 많은 경우 이러한 계획들을 장애인 당사자가 선택하고 이들의 필요나 요구에 의해 세우고 실행하는 것이 아니라, 실행자의 편의에 따라 형식적으로 진행한다는 것이었다(Smull & Lakin, 2002). 개별화교육계획은 차츰 형식적으로 치우쳐지고, 처음 개별화교육계획이 생긴 의도와는 다르게 하나의 문서적 절차로 변질되었다. 이런 과정을 계기로 개별화교육계획에 대한 반성과 새로운 접근을 찾는 시도들이 보이기 시작했다.

정상화 원리의 실천적 적용 과정으로써 개인중심계획(person-centered planning)이 보다 관심을 받게 된다(O'Brien 2002). 개인중심계획은 소비자 중심 서비스 모델로 개인에게 제공되는 지원이 장애영역 진단 기준에 의하여 서비스를 제공하는 것이 아니다. 장애인 당사자 스스로 그들에게 필요한 유형의 지원을 선택하고, 그들 자신이 지원내용을 관리한다. 개인중심계획의 절차는 다음과 같다.

첫째, 학생의 삶이 다른 사람의 삶에 어떤 영향을 미쳤는지 또는 실제 사례로 학생의 강점, 재능을 설명하며 개별화교육계획 회의를 시작한다.

둘째, 계획을 수립하고 이행하는 학생의 책임 수준을 높인다. 예를 들어, 학생들은 미래의 꿈을 설명하는 데 도움이 될 수 있는 서면 정보를 가지고 회의에 참석하고, 학생들이 따라야 할 회의의 단계를 분석하여 학생이 '해야 할 일' 목록을 준비시킨다.

셋째, 개별화교육계획 회의에서 사용할 체크리스트를 개발하여 모든 사람이 장애학생의 목표, 꿈, 요구, 두려움 및 계획 간의 상호 관계를 이해하도록 한다. 특히 전환과 관련이 있는 인력 및 자원을 설명한다. 예를 들어, 학생이 취업을 하고 싶다고 말하는 것만으로는 충분하지 않고 학생은 취업을 위해 취업 관련 체험, 실습을 지원할 사람, 구체적인 하위 목표를 가지고 있어야 한다.

넷째, 모든 팀 구성원의 상호의존성 가치를 입증하기 위해 개인 커뮤니티의 동료 및 구성원을 참여시킨다. 학생이 친구, 가족 또는 다른 사람, 특히 돈을 받지 않은 사람들을 초대하도록 격려한다(O'Brien 2002).

개인중심계획은 다양한 삶의 영역에 대해 장애학생이 바라고 추구하는 삶의 모습과 목표를 알아보고 그러한 삶을 이룰 수 있는 구체적인 계획을 수립하고 실행하는 과정이므로, 장애학생의 요구나 희망은 장애학생의 개별화교육계획 수립에 유용한 정보를 제공한다. 즉, 개인중심계획은 '누구를 위한 것'이고 '무엇을 이루고자 하는 것'인지와 같은 근본적인 삶의 목적에 대한 답을 추구함으로써 개별화교육계획을 수립하는 과정에 가치로운 정보를 제공한다(김은하, 박승희, 2012).

개인중심계획은 전문가와 기관이 중심이 되어 장애학생을 위한 계획을 수립했던 전통적인 기관중심서비스(system-centered planning) 전달체계와 다른 모습을 보인다. 전통적인 기관중심계획과 개인중심계획은 다음과 같은 차이가 있다(〈표 2-3〉 참조).

첫째, 회의를 주도하는 사람의 차이이다. 전통적인 기관중심계획은 영역의 전문가가 주도하여 학생의 교육적 계획을 수립하였으나, 개인중심계획에서는 1~2명의 촉진자가 주도하여 회의를 진행한다.

둘째, 전통적인 기관중심계획에서는 일반적으로 성인이 참여하며 전문가들이 구성원이 되어 회의에 참여하지만, 개인중심계획에는 장애인 당사자와 가족이 반드시 포함되며 학생의 교육에 영향을 미치는 다양한 주변인이 지원팀으로 구성되어 참여한다. 이 과정에서 모든 참여자가 학생을 위한 미래 계획을 브레인스토밍하며 회의를 함께 진행한다.

셋째, 전통적인 기관중심계획에서는 주어진 정보, 보고서, 공식적으로 평가된 자료를 기반으로 두고 학생의 교육계획을 수립하나, 개인중심계획에서는 회의 현장에서 구성원들이 학생에 대한 정보를 공유하고, 보고서에만 의존하기보다 관찰, 면담 등을 통해 수집된 비공식적 평가에 가치를 두어 학생에 대한 교육계획을 수립한다.

넷째, 전통적인 기관중심계획은 학생의 장애, 약점을 기반에 둔 관점으로 장애와 약점을 보완할 수 있는 교육계획에 중점을 두며, 그 학생이 무엇을 필요로 하는지보다는 학생 주변에 어떠한 서비스가 이용 가능한지를 우선시하여 교육계획을 수립한다. 그러나 개인중심계획은 학생의 강점에 기반한 접근으로 개인의 성과 요구를 중요시하며 요구에 기반하여 교육계획을 수립한다.

다섯째, 전통적인 기관중심계획은 회의 과정에서 참여하는 장애학생의 자기옹호, 가족과 동료들의 옹호기술 사용에 중점을 두지 않고 운영되지만, 개인중심계획에서는 회의에 참여하는 장애학생, 가족, 관계자들이 회의를 통해 개인을 옹호하는 기술들을 사용하고 배우게 된다.

〈표 2-3〉 기관중심계획과 개인중심계획의 주요 특성 비교

기관중심계획	개인중심계획
1. 전문가 주도	1. 1~2명의 회의 촉진자가 주도
2. 참가자는 일반적으로 모두 성인	2. 참가자가 다양하며 장애학생 본인과 가족이 반드시 포함됨
3. 목표지향적이며 서류 요구 사항을 충족하도록 설계된 과정	3. 정보를 얻기 위해 설계된 창의적이고 성찰적인 과정
4. 주어진 정보, 보고서, 공식적으로 평가된 자료에 가치를 둠	4. 정보가 공유되며 공식적 평가보다는 비공식적인 평가에 가치를 둠
5. 학교에서 열린 회의, 전형적인 교실배치, 직원 및 기관의 편의를 고려함	5. 협의하에 장소 결정: 편안함이 핵심이며 좌석배치는 반원으로 함
6. 결과와 관련된 전문가들 사이에서 로비활동이 있음	6. 회의에서 모든 참여자가 의견을 주고받으며 브레인스토밍하는 것을 중요한 가치로 여김
7. 약점을 기반의 관점, 요구들과 이용 가능성(availability)들을 우선시함	7. 강점 기반에 접근: 개인과 요구가 먼저이며, 이용 가능성(availability)은 후순위
8. 유급전문가는 일반적으로 개별화교육계획 목표를 개발하기 위해 정보를 수집	8. 개인을 지원하는 구성원들과 함께 개별화교육계획 목표 개발
9. 종종 '필요 악'으로 설명	9. 종종 '희망적'이라고 설명

10. 자기옹호, 가족, 동료 옹호 기술에 중점을 두지 않음	10. 개인, 가족 그리고 친구들은 회의에서 옹호를 배움

출처: Keyes & Owens (2003).

2) 개별화전환교육계획

(1) 개별화전환교육계획의 구성

개별화전환교육계획(Individualized Transition Plan: ITP)은 학교에서 지역사회로의 전환을 위한 계획으로, 학생이 학교를 떠나기 전에 미래의 목표를 결정하고 그 목표를 성취할 수 있도록 하는 일련의 교육과 서비스 내용과 방법을 계획하는 것이다(Halpern, 1994). 개별화전환교육계획은 한 개인, 그 개인의 가족, 교사 그리고 성인기 서비스 전문가들이 학생의 능력, 요구, 선호와 그 학생이 성인으로서 생활할 환경의 요구를 조정하여 맞추어 나가기 위해 협력하는 과정이다. 개별화전환교육계획은 장애학생들이 현재 가치와 장래의 잠재력을 지니고 있으므로 적절한 교육적 중재가 이루어져야 한다는 것을 전제로 하여 학생의 요구, 선호 및 흥미를 바탕으로 계획되어야 한다.

미국의 「특수교육법」과 2004년에 개정된 「장애인교육법」에서는 전환 계획을 의무적으로 수립하고 장애학생의 전환에 관한 내용을 개별화교육계획에 반드시 포함하도록 제도화하여 운영한다. 결과 중심 과정으로서, 장애학생의 교과와 기능적 성취가 학교에서 졸업 이후 활동을 촉진하는 데 중점을 두어 고용, 중등 이후 교육, 주거, 지역사회 참여를 포함해야 한다. 전환 계획이 이루어지는 시기는 장애학생이 만 16세가 되었을 때이고, IEP팀이 적절하다고 판단하는 경우 더 어린 나이(만 14세)에 시작할 수도 있다.

우리나라의 「장애인 등에 대한 특수교육법」은 미국의 개별화전환교육계획 규정과 같이 IEP 작성 시 전환 계획 수립 과정을 포함하고 전환 계획 수립 과정에 특수교사가 반드시 책무성을 가지고 작성해야 하는 내용이 포함되어 있지 않다. 특수교육현장에서 결과 중심 전환교육을 제대로 수행하기 위해서는 IEP 작성 시 전환 계획 수립 과정을 포함해야 하며, 전환 계획 수립 시에는 특수교사가 책무성을 가지고 작성해야 한다. 제23조 제3항에서 효과적인 진로 및 직업교육을 지원하기 위한 관련 기관과의 협의체를 구성할 것을 명시하였다. 학교에서 사회로의 이동을 위해 전환 계획 단계에서 다양한 관련 인사와 함께 종합적 계획을 실시해야 한다.

ITP는 교육, 고용 및 자립생활과 관련된 전환평가에 기초해야 하고 연령에 적합하고 측정 가능한 중등 이후 목표를 설정해야 한다. 전환 계획을 위한 회의에는 학생, 가족, 특수교사, 진로 전담교사, 일반교사, 지역교육청 대표자, 관련 서비스 제공자, 지역사회 기관 담당자, 기타 전문가와 학교 관리자 등이 참석해야 한다. 전환 계획에서 다루어져야 하는 전환 영역은 직장, 학교, 지역사회, 현재 및 미래의 가정, 여가, 오락 등을 위한 활동 등으로 일상생활 안에서 이루어지는 다양한 활동과 기술들로 이루어져야 한다. 이러한 다양한 기술의 궁극적인 목적은 학생들이 독립생활과 지역사회 생활 참여를 위한 기술을 습득하고 졸업 이후 성인으로서 살아갈 수 있도록 하는 결과 중심 과정이다.

우리나라에서는 개별화교육계획(IEP)과 달리 개별화전환교육계획(ITP)은 법적인 강제성이 없고, 전환교육에 대한 교육부 지침이 시도교육청으로 내려오거나 교육청에서 특수학교 평가 항목으로만 되어 있다. 이런 이유 때문인지 개별화전환교육계획을 소수의 학교에서만 작성한다.

개별화전환교육계획은 [그림 2-6]의 전환교육계획 구성단계를 활용하여 작성할 수 있다. 우선 장애학생의 강점과 약점, 좋아하는 것과 싫어하는 것, 잘할 수 있는 것과 잘할 수 없는 것, 꿈과 희망 등을 분석한다. 그리고 이 학생이 궁극적으로 가지고 있는 중등 이후 삶의 목표가 무엇인지에 대하여 알아본다.

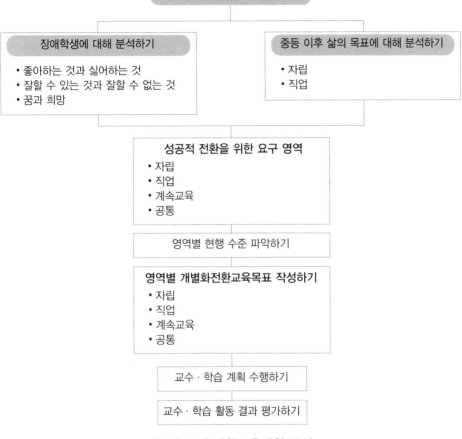

[그림 2-6] 전환교육계획 구성

학생의 중등 이후 삶의 목표를 설정하였으면, 학생의 현행 수준을 파악하기 위하여 자립, 직업, 계속교육, 공통 등 제 영역에서의 현재의 수행 수준과 지원요구를 평가한다. 장애학생 교과연계 전환 역량 향상 프로그램(NISE-T)을 활용할 수 있다. 전환 역량은 자립, 직업, 계속교육, 공통의 4가지 영역으로 구성된다. 예를 들어, 중학교의 경우 전환 역량의 4가지 영역과 14개의 하위 영역은 다음과 같다 (국립특수교육원, 2021b).

첫 번째 영역은 자립으로, 가정, 학교, 직장 등 지역사회 구성원으로서 독립적이고 주도적으로 살아가는 데 필요한 역량이다. 이 역량은 자기관리, 가정생활, 건강, 돈 관리, 지역사회 생활, 여가생활의 6개 하위 영역으로 구성된다.

1-1 자기관리: 자립생활을 영위하기 위해 일상생활에 필요한 기본적인 능력으로, 개인위생관리, 외모관리, 외출준비 등

1-2 가정생활: 가정에서 일어나는 여러 가지 집안일을 처리하는 데 필요한 기본적인 능력으로, 식사, 청소, 빨래, 기기 사용 등

1-3 건강: 건강하고 안전한 삶을 유지할 수 있는 능력으로, 운동, 체중 관리, 병원 진료, 약 복용, 신체변화 대응, 응급상황 대처, 보조공학기기 사용 등

1-4 돈 관리: 개인이 안정적인 자립생활을 영위하기 위해 필수적으로 요구되는 능력으로, 현금과 카드의 사용, 용돈의 관리, 은행거래 등

1-5 지역사회 생활: 지역사회 구성원으로 살아가기 위해 습득해야 할 기술과 능력으로, 이동, 교통수단, 교통 안전규칙, 공공기관 및 편의시설 이용 등

1-6 여가생활: 자신이 자유롭게 사용할 수 있는 시간에 삶의 활력을 가질 수 있도록 수행하는 자발적인 활동으로, 여가활동 계획, 여가 프로그램 정보 활용, 여가시설 이용, 혼자 혹은 함께 하는 여가활동 등

두 번째 영역은 직업으로, 자신에 대한 이해와 직업 세계에 대한 탐색을 바탕으로 자신에게 적합한 직업을 선택하고 직업인으로서의 생활을 유지하는 데 필요한 역량이다. 직업 생활 영역은 직업 탐색, 직업기능, 직업 생활의 3개 하위 영역으로 구성된다.

2-1 직업 탐색: 자신의 특성에 대한 이해를 기반으로 하여 직업의 역할과 다양한 직업의 유형을 탐색하는 활동으로, 자기 이해, 직종의 탐색, 직업훈련 및 취업 기관의 탐색, 직업 정보 수집 등

2-2 직업기능: 직무에서 요구되는 작업활동에 필요한 기본적인 능력과 태도로, 기초학습 능력, 신체 능력, 도구 사용 능력, 컴퓨터 활용 능력, 과제의 신속성 및 정확성 등

2-3 직업 생활: 직업을 갖고 난 이후 직업인으로 생활하는 데 필요한 능력을 기르기 위하여 학교생활에서 기를 수 있는 태도로, 시간 및 규칙, 맡은 일, 동료와 협력 등

세 번째 영역은 계속교육 영역으로 특수교육대상자를 위한 교육으로 생애 전반에 걸쳐 원하는 교육을 받아 개인의 삶의 질을 향상할 수 있는 역량이다. 계속교육 영역은 기초교육, 고등학교교육의 2개 하위 영역으로 구성된다.

3-1 기초교육: 기초교육은 목표에 도달하는 데 필요한 중재 단계 혹은 선행적으로 습득되어야 할 일상생활에 필요한 기본적인 학습기술로, 학습준비 기술, 읽기, 쓰기, 셈하기 등 주로 중증장애 학생을 고려한 하위 영역

3-2 고등학교교육: 장차 고등학교에서 일반교양과 전문 기술을 길러 개성에 맞게 장래의 진로를 결정할 수 있도록 하기 위한 것으로, 중학교에서의 학습기술, 학습동기, 자기주도적 학습능력, 고등학교 기관 탐색, 입학절차 수행 등

네 번째 영역은 공통으로 학교에서 지역사회로의 전환을 위하여 필요한 기본적인 역량이며 자립, 직업, 계속교육에서도 공통적으로 요구되는 역량이다. 공통 영역은 의사소통, 대인관계, 자기결정의 3개 하위 영역으로 구성된다.

4-1 의사소통: 언어적 · 비언어적 방법을 통하여 사람들 간에 생각이나 감정 등을 교환하기 위한 기본적인 능력으로, 감정 표현, 대답, 도움 요청, 존댓말, 정보통신기기 활용 의사소통 등

4-2 대인관계: 사람과 사람 사이에서 발생하는 문제를 적절히 해결할 수 있는 능력으로, 인사, 허락 구하기, 이성 교제, 예절 지키기, 문제 · 갈등 상황 등

4-3 자기결정: 일상생활, 학교생활 및 진로와 관련된 상황에서 개인이 주체적으로 선택 · 결정하는 능력으로, 자기인식, 자기옹호, 정보 관리, 목표 계획과 실천, 진로 탐색 및 선택, 차별 대처 및 참여 등

학생의 중등 이후 목표를 달성하기 위하여 어떠한 기술과 지식을 습득해야 하는지 영역별 개별화전환목표를 작성해야 한다. 교수 · 학습 계획을 수행하기 위해서는 개별화교육계획의 목표에 근거하여 전환 역량을 향상하기 위한 기본 교육과정이나 선택 중심 교육과정을 지도하기 위한 계획을 세우고 가장 적절한 교수방법으로 지도하게 된다. 교수 · 학습을 수행한 결과 어느 정도 향상도가 있는지 결과

를 기록하고 평가한다.

(2) 개별화전환교육계획을 위한 기초조사

개별화전환교육계획 수립을 위한 기초조사는 인적사항, 장애 정도, 가정환경, 교육력, 진단검사 항목으로 분류된다. 각각의 항목에 대해 자세히 살펴보면, 인적 사항은 이름, 생년월일, 성별, 혈액형, 전화번호, 주소를 기입하며, 장애유형, 장애 정도, 동반장애가 있으면 작성하고 없을 경우 '없음'이라고 작성한다. 장애원인, 발생시기, 보조기구 사용 여부 등을 기록하며, 복용약물이 있을 경우 어떻게 복용 하는지도 기록한다.

가정환경 영역은 보호자(부모), 학생과의 관계, 성명과 연락처, 연락 가능한 시 간 등을 작성하며, 필요시에는 생년월일, 직업도 작성할 수 있다. 기타 형제에 대 한 가족사항을 적고, 장애학생에 대한 가족의 지원 정도를 많음, 보통, 적음으로 기록한다. 이러한 기초조사표는 1년에 한 번 학기 초에 기입하는 것으로 하며, 주 소지 변경이나 전화번호 변경 시 수정하도록 한다. 진로 희망란에는 자녀가 희망 하는 직업과 보호자가 희망하는 직업을 적고 일치 여부 등에 대한 학부모의 의견 을 기록한다.

〈표 2-4〉 개별화전환교육계획 수립을 위한 기초조사 예시

인적 사항	이름	○미영	생년월일	04. 03. 03.		사진
	성별	여	혈액형	A		
	전화번호	집)032-200-○○○○ 휴대폰)				
	주소	경기도 부천시 소사구 ○○아파트 ○○동 ○○호				
장애 정도	장애유형	청각장애	장애 정도	두 귀의 청력이 90dB	동반장애	없음
					보조기구 사용 여부	우항 보청기
	장애원인	난청	발생시기	5세	복용약물	없음

가정 환경	보호자 (학생과의 관계)	부	모	기타 가족	장애학생에 대한 가족의 지원 정도
	성명	박○○	최○○	남동생(소 6)	(많음,)보통, 적음)
	연락 가능 시간	평일 12시, 6시 이후	평일 12시, 6시 이후	-	-
	(생년월일/직업)			보호자명	○○○　(인)

교육력	교육기관	교육기간	치료교육기관	치료교육 내용	치료교육 기간
	유치원	○○유치원(일반유치원)	○○언어청각 심리센터	구화/ 청능훈련	1년 주 3회
	초등학교	○○초등학교(일반초등학교)	○○언어청각 심리센터	구화/ 청능훈련	6년 주 2~3회
	중학교	○○중학교(일반중학교)	○○언어청각 심리센터	구화/ 청능훈련	3년 주 2회
	고등학교	생활과학고등학교	○○언어청각 심리센터	구화/ 청능훈련	주 1회 분기별평가

진단 검사	검사명	검사일	검사결과 및 소견
	고등학생용 전환능력검사 (국립특수교육원)	2021. 00. 00.	검사결과 및 소견서 첨부
	KEAD 청소년 직업적성검사	2021. 00. 00.	검사결과 및 소견서 첨부

학년/반	2학년 2반
작성일	2021. 00. 00.
진로희망	호텔에서 전문 요리사로 일하기를 희망함. 부모님도 미영이가 원하는 것을 하도록 지지함.
행동특성 및 담임 의견	학업에 있어서 매우 성실하며, 교우관계가 좋아 친구들로부터 평이 좋고 서로의 진로에 대하여 조언해 줄 만한 깊은 관계를 유지하고 있음. 본인의 진로에 대해 고민이 많고 다양한 경험을 하는 것에 주저하지 않음. 체계적인 청능훈련으로 구화를 통한 의사소통이 가능함. 단, 수업을 할 때 나오는 전문적인 용어는 처음에는 정확하게 파악하지 못해서 시각자료(예: 문서)로 제공할 필요가 있음.

출처: 박은미(2009) 수정·보완.

(3) 개별화전환교육계획서의 작성

개별화전환교육계획서에서는 4개의 전환 영역인 자립, 직업, 계속교육, 공통 영역 중에서 학생의 장애 정도와 능력에 따라 필수와 선택으로 나누어서 전환 영역을 기입하도록 한다(〈표 2-5〉 참조). 필요에 따라 해당 영역을 지도한 수업시간을 적는다. 예를 들어, 자립 영역에서 의복관리를 지도한다면, 등하교 시 또는 재량시간 이용 등이라고 기록할 수 있다. 학년, 학기, 학년/반, 학생 이름, 지도교사, 보호자 서명을 받은 후 현재 수행 수준을 학생의 강점과 약점을 중심으로 기술하도록 하며, 장기 목표를 학기별 교육 목표로 정하여 적고, 단기 목표로 월별 교육 목표를 월 단위로 제시하고, 그에 따른 목표도달 예정일, 관련 기관/서비스 기관을 명시하고 학기별 평가를 종합평가란에 기입한다. 월별 교육 목표는 학생 수행수준에 따라 수정할 수 있는데, 수정할 경우 수정목표를 기입한다. 월별 개별화전환교육계획 및 평가표에 전환교육 영역을 설정하여 관련 교과 또는 지도시간을 기입하고, 학년·학기, 학년·반, 학생 이름을 기록하고, 단기 목표로 월별 목표를 제시하여 그에 따른 주별 교육계획과 주별 교육평가를 기록한다. 월별 단기 목표는 수정 가능하며, 수정한 내용을 개별화전환교육계획서에 작성한다.

이러한 개별화전환교육계획서를 통해 특수학교 전공과 학생을 대상으로 전환교육 계획을 수립하여 이에 명시된 내용을 수업과 연계하여 지도할 수 있는 전환교육 교육과정이 다양하게 구안되어야 할 필요가 있다. 또한 이러한 계획서를 공식화된 문서로 지정하여 학교와 가정 관련 기관의 협력적인 팀을 구성하고 매 학기 계획과 평가를 실시하여, 학생의 개별화전환교육계획이 좀 더 효율적으로 운영될 수 있도록 해야 할 것이다.

〈표 2-5〉 개별화전환교육계획(ITP) 예시

<table>
<tr><td rowspan="3">인적사항</td><td>이름</td><td colspan="3">O미영</td><td colspan="2">학년</td><td colspan="3">○○학교 고등학교 2학년</td></tr>
<tr><td>연령</td><td colspan="3">17세</td><td colspan="2">연락처</td><td colspan="3">032-2○○-○○○○</td></tr>
<tr><td>주소</td><td colspan="8">경기도 부천시 소사구 ○○ 아파트</td></tr>
<tr><td rowspan="2">최초
전환팀</td><td>교장</td><td>교사</td><td>보호자</td><td>진로전담
교사</td><td>특수교육
실무사</td><td>의사</td><td>언어
치료사</td><td colspan="2">직업
평가사</td></tr>
<tr><td>홍○○</td><td>김○○</td><td>박○○</td><td>이○○</td><td>최○○</td><td>강○○</td><td>주○○</td><td colspan="2">서○○</td></tr>
<tr><td>장애유형</td><td colspan="9">청각장애(두 귀의 청력이 90dB)</td></tr>
<tr><td>현재
수행수준</td><td colspan="9">제1장 사례 참고</td></tr>
<tr><td rowspan="6">장기(연간)
목표</td><td>1</td><td colspan="2">자립</td><td colspan="6">• 대중교통수단(버스/전철)을 이용하여 지역사회 목적지까지 이동한다.
• 현금 인출 및 구매를 위해 직불카드를 사용한다.
• 수입과 지출을 관리하고 급여명세서를 확인하여 독립적인 사회생활을 할 수 있다.
• 자신에게 맞는 여가생활을 계획하여 저녁시간 또는 주말을 즐길 수 있다.</td></tr>
<tr><td>2</td><td colspan="2">직업</td><td colspan="6">• 산학일체형 도제학교 ○○프랜차이즈 음식점에서 요리사 직업훈련을 한다.</td></tr>
<tr><td>3</td><td colspan="2">계속교육</td><td colspan="6">• 직업전문학교에 진학하여 외식조리실무, 제과제빵기능사, 바리스타2급 자격증을 취득한다.
• 직업전문학교에 방문하여 교육과정, 학비, 관련 서비스 등을 조사한다.</td></tr>
<tr><td>4</td><td colspan="2">공통</td><td colspan="6">• 자신이 잘 알아듣지 못하는 용어나 처음 듣는 전문용어를 이해하지 못하면 설명을 요청한다.
• 자신의 장애특성을 이해하고 필요한 지원을 요구한다.</td></tr>
<tr><td>단기 목표</td><td colspan="9">〈자립 예시〉
• 미영이는 교통카드를 사용하여 연속해서 5번 교사의 도움 없이 생활과학고등학교에서 ○○프랜차이즈
로 가는 버스 3번을 타고 도착지에 내린다.</td></tr>
<tr><td>서비스기간</td><td colspan="3">고1</td><td colspan="3">고2</td><td colspan="3">고3</td></tr>
<tr><td>시작일</td><td colspan="3">2021. 3. ~</td><td colspan="3">2022. 3. ~</td><td colspan="3">2023. 3. ~</td></tr>
<tr><td>종료일</td><td colspan="3">2023. 2.</td><td colspan="3">2023. 2.</td><td colspan="3">2023. 2.</td></tr>
<tr><td>주 책임자</td><td colspan="3">김○○ 선생님</td><td colspan="3">김○○ 선생님</td><td colspan="3">미정</td></tr>
<tr><td>서비스 제공</td><td colspan="9">생활과학고등학교, ○○프랜차이즈 음식점, 지역사회기업</td></tr>
<tr><td rowspan="3">전환 관련
평가</td><td>실시일</td><td colspan="4">평가도구</td><td colspan="4">결과 및 소견</td></tr>
<tr><td>2021. ○○. ○○.</td><td colspan="8">고등학생용 전환능력검사
(국립특수교육원)</td></tr>
<tr><td>2021. ○○. ○○.</td><td colspan="8">KEAD 청소년 직업적성검사</td></tr>
</table>

학생의 진로 선호도: 직업전문대학교에 가서 관련된 기술과 과목을 이수하고 졸업하여 호텔에서 전문 요리사로 일하기를 희망함

작성일 20○○년 ○○월 ○○일

활동하기

- 다양한 전환교육 모델을 비교해 보세요.
- 기관중심계획과 개인중심계획의 차이점과 공통점을 논의해 보세요.
- 제1장에 제시된 사례를 선택하여 개별화전환교육계획을 작성해 보세요.

제3장

직업평가

박은영

개요

직업평가는 학생에 대한 정보를 수집하는 일에서부터 출발하는 체계적 · 지속적인 과정이며, 지역사회 현장을 중심으로 수행되어야 한다. 진로와 직업교육의 첫 번째 단계는 기술, 적성, 능력, 흥미와 욕구를 확인하는 단계로, 이는 직업평가를 통해 이루어진다. 이 장에서는 장애인의 직업적 특성을 파악하기 위한 직업평가 과정과 직업평가 도구를 이해하는 데 목적이 있다. 이 장은 직업평가 개념, 직업평가 단계, 직업평가 유형, 직업평가 도구로 구성되며, 중등학교 진로와 직업교육에서 직업평가 단계별로 적절한 도구를 선택하여 평가를 실시할 수 있도록 지도한다.

구성 내용

1. 직업평가의 개념
2. 직업평가의 단계와 모델
3. 직업평가 방법
4. 직업평가 영역 및 도구
5. 평가 결과의 해석

1. 직업평가의 개념

1) 직업평가의 정의

장애학생의 진로계획 과정에서 자기결정과 선택권의 가치가 중요하나, 장애학생은 자신의 진로계획 과정에서 수동적인 역할에 머무르는 경우가 많다. 그 결과, 많은 장애학생은 내적 동기를 가지면서 만족스러운 직업 선택을 추구할 기회를 갖지 못했다. 전환의 과정은 장애학생이 성인으로서의 역할과 직업 생활을 준비할 수 있도록 하는 지도라 할 수 있다. 장애인의 직업 영역 확대를 위한 노력은 지속되고 있고, 이에 따라 장애학생의 직업 생활 준비를 위한 학교의 역할은 커질 것으로 예상된다. 전환 계획은 각 장애학생의 특성, 특히 직업적 특성을 파악하는 것에서부터 출발한다. 개별 학생에 대한 세부적이고 정확한 특성 파악은 직업평가를 통해 이루어질 수 있다.

직업평가는 개별 학생의 특성과 흥미를 파악할 수 있도록 하는 것으로, 직업교육 과정의 시작에 필수적인 것이다. 직업평가를 통해 수집된 정보를 바탕으로 개별화된 전환교육 프로그램을 계획하여 실시할 수 있고, 또한 교육 프로그램의 실시 후 학생의 작업 수행 능력 및 작업 태도에 대한 변화 과정을 확인할 수 있으며, 지속적인 평가 과정을 통해 진로와 직업교육을 실시하는 동안의 문제점을 확인하고 이를 수정하여 좀 더 유용한 교육 프로그램을 학생에게 제공할 수 있을 것이다. 직업평가 내용을 통해 확인된 학생의 특성과 문제들을 취업 후에도 사업체 담당자나 사후 지도 담당자와 공유하여 이들이 학생에 대해 좀 더 잘 이해할 수 있도록 할 수 있다. 학생에 대한 포괄적인 정보 이해는 학생이 취업 후 직장에 좀 더 빨리 적응할 수 있도록 할 것이다.

직업평가는 장애 또는 장애가 있는 사람을 위한 최적의 결과를 식별하기 위해 개인의 신체적 · 정신적 · 정서적 능력, 한계 및 작업 지속력 등을 평가하는 포괄적인 학제간 과정이다. 직업평가는 개인의 기능과 장애를 확인하는 데 있어 도움이 되는 정보를 획득하는 과정이다. 직업평가에서는 성격, 적성, 흥미, 작업습관, 신체적 작업 능력, 손재주 등의 영역에서 찾아볼 수 있는 장애학생의 직업적 강점과 약점 등의 요소를 평가한다. 심리측정검사는 일반적으로 정답 수 또는 특정 유형의 응답 또는 수행 수를 합산하지만, 직업평가는 단순한 결과보다는 개인이 어떻게 기능하는지에 더 관심이 있는 경우가 많다(Cohen, Swerdlik, & Phillips, 1996).

통상적으로 직업평가는 장애인의 직업재활 서비스과정에서 초기에 실시되는 과정으로, 내담자의 직업흥미, 능력, 강점과 제한점, 적성, 기능수준을 종합적이고 체계적으로 평가하여 내담자의 잠재력을 찾아내고 직업재활계획을 세우며 성공적인 직업배치와 만족을 위해 요구되는 서비스를 제공하는 것을 말한다(박희찬 외, 2010).

미국 직업평가 및 직업적응 협회(Vocational Evaluation and Work Adjustment Association: VEWAA, 1976)는 제10회 재활 서비스 심포지엄 정의를 수정하여, "실제 작업환경의 특성과 유사한 환경에서 실제 과업이나 모의과업과 활동을 이용한 특별한 기술과 환경, 일정 기간 이상의 면밀한 관찰과 판단을 요구하는 특별한 형태의 임상평가"라고 하였다. 이후 VEWAA(1983)는 다음과 같이 정의를 수정하여 제시하였는데, "교육자에게 프로그램 계획 수립의 기초를 제공하고 자신의 직업잠재력에 대한 통찰력을 제공하는 내담자의 개인 특성, 교육, 훈련, 직업배치 욕구 판별을 위한 다학문적 팀에 의해 일정 기간 이루어지는 종합적 과정"이라고 하였다.

재활시설인가위원회(Commission on Accreditation of Rehabilitation Facilities: CARF, 1987)는 "개인의 직업목표를 판별하기 위한 체계적이고 조직적인 기초를 제공해 주는 프로그램 혹은 서비스로, 내담자의 장점, 단점, 작업환경 내 행동을 나타내며, 재활 프로그램 수립에 요구되는 특별한 조언"이라고 하였다.

직업평가는 장애인의 직업적 흥미, 적성, 강점, 제한점 및 잠재능력을 파악 · 분석하기 위해 신체능력평가, 심리평가, 작업표본평가, 상황평가, 현장평가 등을 실시하는 직업재활서비스로서, 장애인에게 적합한 직업재활 방향을 설정하고 효과적으로 직업을 선택할 수 있도록 지원한다(박희찬 외, 2010). 이 정의들을 종합해 볼 때, 직업평가는 장애인의 직업적 흥미, 적성, 강점, 제한점 및 잠재능력을 파악·분석하기 위해 신체능력평가, 심리평가, 작업표본평가, 상황평가, 현장평가 등을 실시하는 직업재활서비스라 할 수 있다(박희찬 외, 2010, 2019).

2) 직업평가의 목적

직업재활의 성공은 직업재활 과정을 촉진하는 변인들을 적합하고, 신뢰롭고, 타당성 있게 평가할 수 있는 능력에 의해 결정되며, 이러한 평가는 모든 전문적 활동의 기초가 된다(Frey, 1984). 직업평가의 초점은 고용 가능성과 배치 가능성을 포함하는 내담자의 직업에 대한 준비도 측정에 있으며, 평가 결과를 통해 내담자는 직업배치와 유지에 필요한 조건들을 인식하게 된다(Power, 1991). 직업평가의 목적은 내담자의 직업선택과 고용 가능성에 대한 정보를 수집하는 것이다. 직업평가에서 얻어진 정보는 ① 내담자의 직업재활서비스 적격성 판정, ② 내담자의 취업지원에 요구되는 서비스 혹은 활동에 대한 계획 수립, ③ 내담자 자신의 능력과 직업에 대한 통찰력 증대와 적합한 직업 선택에 쓰인다.

직업평가는 단순히 내담자의 작업기능을 평가하는 것이 아니라 다양한 영역의 기능을 측정함으로써 적합하고 효율적인 직업재활서비스를 제공하고 내담자도 자신의 능력을 발견하고 제한점을 인식하여 직업재활에 적극적으로 참여하여 가장 만족스러운 직업을 선택하고 동시에 고용주가 만족하게 됨으로써 직업 유지 가능성을 높이는 것이라 할 수 있다.

직업평가는 장애학생에게 진로 의사 결정에 도움을 줄 수 있는 정보를 제공하기 위해 실시한다. 직업평가는 내담자의 일반적인 취업 가능성 혹은 직업태도, 직업행동, 가치관 등의 직업인성 요인을 측정하고, 직업기능, 능력, 적성과 같은 직업기술을 결정하며(Gellman, 1968), 개인의 능력과 인내력에 대한 종합적인 정보를 제공한다(Klein, Wheaton, & Wilson, 1997).

학교에서 직업평가의 목적을 제시하면 다음과 같다. 첫 번째는 프로그램이나 서비스에 대한 적격성 판정이다. 평가팀은 고용을 위한 훈련이 학생에게 적합하

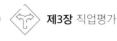

다고 판단되는 시점에 평가를 시행해야 한다. 직업 적성과 흥미는 선별단계에서 평가되는 구성 요소이다. 적격성 판정을 위한 평가에서 제시하는 질문의 종류는 다음과 같다.

- 표준화된 적성검사 및 흥미검사 결과가 학생에 대한 장기간의 관찰 결과에 비추어 볼 때 타당한 것으로 보입니까?
- 학생의 직업적 흥미와 적성을 고려할 때 학교가 최고의 훈련 환경으로 보입니까?
- 학교가 최상의 환경으로 보인다면 학생이 교과 과정을 마칠 때까지 학교에 오래 머물 가능성은 얼마이며 이수 후 취업 기회는 무엇입니까?
- 학생이 배치될 수 있는 교육 환경에서 성공을 보장하는 데 필요한 지원 서비스를 이용할 수 있습니까?
- 학생이 내부 또는 외부, 소근육 운동 또는 대근육 운동 종류의 직업 등에 어떤 직업에 가장 관심이 있고 적합한 것으로 보입니까?

공식적인 적성 및 흥미 검사 외에도 학생, 서비스 및 환경 간의 일치에 대한 평가도 함께 이루어져야 한다. 종합적인 직업평가 또는 직업평가 전문가가 없는 경우에도 적격성 판정을 위한 평가를 실시할 수 있다. 이러한 상황에서는 비표준화된 흥미 평가 도구, 학부모 및 학생 인터뷰, 교실에서의 관찰, 시간제 또는 방과 후 고용 또는 직업과 같은 이전 환경에 대한 학생의 입증된 관심에 대한 검토에 중점을 두는 것이 좋다.

두 번째 목적은 배치이다. 특정 직업교육 또는 훈련 환경이 학생에게 적합하고 필요한 지원 서비스가 실제로 존재한다는 결정이 내려지면 배치 평가가 완료된다. 예를 들어, 학생이 서비스와 프로그램의 적격성이 인정되고, 학생의 흥미와 적성이 파악되고, 지역 직업센터에 이러한 광범위한 관심과 적성에 맞는 교육과정이 있고, 지원 서비스가 그곳에 있으면 이 직업 분야의 고용 확률은 좋다. 배치 평가는 과정을 교과 과정 선택으로 좁히고 "학생이 선택한 교과 과정에서 생존하는 데 필요한 기본 기술(예: 운동, 언어, 읽기 및 수학)을 가지고 있습니까?"라는 기본 질문을 던진다. 공식적인 흥미 및 적성 검사 결과에 다시 의존할 수 있지만, 이

러한 결과는 선택한 교육 환경의 보다 제한된 맥락 내에서 해석되어야 한다. 배치 과정의 추가 평가활동에는 다음이 포함될 수 있다.

- 다양한 직업 교실 견학
- 지역사회에서의 직업체험
- 고용주에 의한 개인 또는 소그룹 상담활동
- 다양한 교과 과정에 학생의 읽기 및 수학 능력과의 매칭

　평가 순서의 이 단계는 다음 학년도가 되기 훨씬 전에 완료되어야 하며, 그 결과는 연간 목표와 단기 목표가 개발되는 기초가 되어야 한다.

　평가의 다음 목적은 프로그램 계획이다. 성취도 검사 결과는 프로그램 계획의 기초가 된다. 교육과정이 결정되었고 훈련 환경이 확인되었다. 이제 평가 교과 과정의 역량 연속체를 따라 현재 성과 수준을 알아야 한다. 따라서 교육과정에 배치하고 성공을 위해 필요한 지원 서비스를 확인하기 위한 평가를 한다. 이 평가의 결과는 개별화교육계획의 현재 수행 수준 부분에 기록되고 연간 목표와 단기 목표를 예견하여 준다. 여기서 가장 적절한 절차는 직업평가센터에서의 종합적인 평가가 아니라 다음과 같은 것들이다.

- 비형식적 관찰
- 교육과정 기반 교사 제작 수행도 샘플
- 교과서 빈칸 채우기
- 교육과정 참조 수학 시험

　프로그램 계획에서는 모든 유형의 평가 도구가 사용될 수 있으며, 학생의 교육 과정을 참조하여 평가하게 된다. 평가는 개학 초기나 이전 학년도 말에 실시할 수 있다. 대부분의 학교에서는 봄 학기 동안 IEP를 개발하기 때문에 학년도 말에 수행하고 이를 다음 학년도의 IEP에 반영하는 방식이 가장 적합할 수 있다.

　세 번째 목적인 개별적인 진보 평가이다. 직업평가의 이 친숙한 단계에는 교육 과정을 진행하면서 학생의 성취도를 모니터링하는 작업이 포함된다. 여기서 강조

하는 것은 단기 목표 및 연간 목표 달성을 향한 학생의 진척도를 측정하는 데 수정되거나 수용 가능한 것으로 결정된 교육과정 참조 평가 도구이다. 학생이 선택한 직업 영역에 대한 흥미를 유지하고 있는지 확인하기 위해 일부 비공식 흥미검사를 통합해야 하지만, 여기서 평가되는 주요 구성 요소는 직업 성취이다. 도구로는 다음과 같은 것들이 있다.

- 교사가 제작한 시험
- 학생 관찰
- 학생 및 교사와의 비공식 인터뷰
- 교육과정 운영을 통해 만들어진 작품의 평가

마지막 목적은 프로그램 평가이다. 직업평가의 이 단계는 IEP 프로세스의 연간 평가와 관련된다. 우리는 실제로 학생의 진보보다는 프로그램의 장점이나 가치를 평가하기 때문에 평가라고 할 수 있다. 답변해야 할 기본 질문은 다음과 같다.

- 교육과정이 학생의 흥미와 능력에 얼마나 잘 맞았습니까?
- 훈련 환경은 얼마나 적절했습니까?
- 어떤 추가 훈련이 필요합니까?
- 어떤 새로운 교육과정 영역이 제안되나요?
- 고용으로의 성공적인 전환을 위해 필요한 현장, 후속 요구 사항은 무엇입니까?

이 단계에서 성취도를 다시 평가하지만 교육과정 변경이 필요하다고 판단되면 직업 적성 및 흥미 검사도 필요할 수 있다.

직업평가의 정의와 목적을 제1장에 제시된 사례를 통해 알아보면 다음과 같다. 중학교 특수학급에 재학 중인 준상이에 대해서는 그림직업흥미검사를 통해 관심과 선호도를 반영하고 있는 직업이나 직무에는 어떤 것이 있는지 확인하고 지역사회에서 체험할 프로그램에 반영하는 것이 구체적이고 근거에 기반한 진로계획을 설정하는 데 필요할 것이다.

특수학교에 재학 중인 은지의 진로계획을 위해서는 신체기능에 대한 평가가 선행될 필요가 있으며, 전환 역량 향상 프로그램을 통해 현재의 능력을 파악하고 자조기술 향상을 위한 구체적인 프로그램 계획을 세울 필요가 있다.

특성화계 고등학교에 재학 중인 미영이는 요리사로 일하기를 희망하고 있지만 요리사가 자신에게 적합한지에 대한 확신이 없기 때문에, 진로계획을 위해 적성검사를 실시하여 보고 요리사 관련 다양한 프로그램에 참여한 후 교육과정 기반 직업평가를 실시하여 프로그램에서의 수행도를 평가해 보는 것이 바람직할 것이다.

일반계 고등학교에 재학 중인 진수는 적성과 흥미를 고려한 진로 방향을 설정하기 위해서는 직업흥미 검사와 적성검사가 선행되어야 할 것이다.

특수학교 고등학교에 재학 중인 하은이는 직업기능 탐색 검사를 통해 일반고용, 보호고용, 복지 서비스 등의 적합한 서비스를 파악할 수 있을 것이다. 또한 작업표본검사를 통해 현재 작업 수행 능력을 평가하여 적합한 서비스를 선정할 필요가 있다.

전공과에 재학 중인 은옥이의 경우 자신의 직업적 능력과 희망하는 진로가 일치한다. 하지만 정서·행동상의 문제로 인해 직업 생활 유지에 어려움을 겪을 수도 있을 것으로 예상된다. 따라서 정서·행동 영역과 적응행동 영역의 평가를 포함하고 있는 맥캐런 다이얼 시스템 평가를 실시해 볼 수 있을 것이며, 전환 역량 향상 프로그램 평가를 통해 향상이 필요한 영역의 평가와 프로그램 계획을 세울 수 있을 것이다.

2. 직업평가의 단계와 모델

1) 직업평가의 단계

한국장애인고용공단에서는 ① 평가의뢰, ② 대상자 확인, ③ 평가계획 수립, ④ 평가실시, ⑤ 평가회의, ⑥ 평가결과 해석, ⑦ 소견서 작성, ⑧ 평가결과 통보로 직업평가 실시과정을 제시하였다(구인순 외, 2011). 첫 번째 단계인 평가의뢰에서는 적성, 능력에 따른 직업 탐색을 위하여 평가를 구직장애인 본인이 신청할 수 있고, 학생들의 진로 준비를 위해 특수학교에서 신청할 수 있으며, 취업 등의 지원 방향을 결정하기 위해 재활기관에서 신청할 수도 있고, 소속근로자의 적격직무배치를 위해 사업체가 평가를 의뢰할 수도 있다. 대상자 확인 단계에서는 의뢰 사유 및 평가 가능 일정 등을 확인한다. 평가계획 수립 단계에서는 평가 대상자의 욕구, 평가목적, 장애유형, 장애 정도를 고려하여 면접 결과를 중심으로 사용할 평가방법 및 도구, 일정 등에 대한 계획을 수립한다. 평가실시 단계에서는 계획에 따라서 평가를 진행하게 된다. 평가회의 및 평가결과 해석의 단계에서는 평가 종류 후, 평가도구별 해석방법으로 해석한 결과를 바탕으로 서로 다른 분야의 전문가들이 모여 평가결과에 대해 논의하게 되며, 서비스 지원현황과 현실적인 여건을 감안하여 최종적으로 종합소견을 기술한다. 소견서 작성 단계에서는 평가결과를 대상자에게 설명하고 평가대상자나 보호자 및 의뢰자의 의견을 들은 후 최종평가 소견서를 작성한다. 마지막인 평가결과 통보 단계에서는 평가결과에 따라 취업알선, 훈련, 재활프로그램 등 후속 서비스 제공기관 및 이용방법을 안내하게 된다.

중중장애인 직업재활지원 사업 운영매뉴얼(박희찬 외, 2010)에서는 직업평가계획 수립, 직업평가 실시, 평가보고서 작성의 3단계를 제시하였다. 직업평가는 직업상담 및 직업재활서비스 과정에 따라 다양한 목적으로 실시되므로 그에 알맞게 평가계획이 수립되어야 한다. 직업평가계획 수립 단계에서는 평가의 목적에 따라 평가실시 방법과 기간 등이 다르게 계획되어야 한다. 직업평가는 직업평가계획에 따라 실시하되, 평가의 목적, 장애유형이나 정도에 따라 적합한 평가도구를 선택하고 다양한 평가방법으로 객관적인 평가 결과를 도출하여야 한다. 직업평가를 실시한 후 각 평가도구의 평가 결과에 대한 채점 및 해석을 실시하고 직업평가 보고서를 작성한다. 직업평가보고서의 핵심 내용은 평가 결과를 토대로 장애인의 직업적 강점 및 제한점을 파악하고, 장애인의 능력을 고려하여 구체적인 지원 프로그램을 마련하고, 직업재활 방향을 설정하는 것이다.

2) 직업평가의 모델

직업평가 모델에는 학교 기반 직업평가 모델(school-based vocational assessment model)과 전통적인 재활 기반 직업평가 모델(rehabilitation-based vocational assessment model)이 있다.

(1) 학교 기반 직업평가 모델

노스캐롤라이나 공립 교육부는 직업적 관심, 학업 발달, 학습 스타일, 직업 적성, 근로자 특성 및 특별한 요구 사항에 대한 평가를 통합하고 상담 요소를 포함하는 학교 기반 직업평가 모델을 개발하였다(Thomas & Coleman, 1988). 이 모델은 1단계 직업 전 평가, 2단계 직업평가, 3단계 직업평가로 구성된다.

직업 전 평가(1단계)는 8학년(우리나라 중학교 2학년에 해당)에 실시되거나 일상생활기술 또는 구직 기술에 문제가 있다고 의심되는 모든 학년 학생에게 제공된다. 직업 전 평가에서 평가되는 기술 및 행동에는 기본적인 자조 기술(예: 몸단장 및 위생), 대인관계 기술, 학업 기술, 직업 획득 기술 및 작업 습관이 포함된다.

2단계는 9, 10, 11학년(우리나라 중학교 2학년에서 고등학교에 해당)에 이루어지며 아직 직업을 결정하지 못한 12학년(우리나라 고등학교 3학년에 해당) 학생들에게 제공된다. 표준화된 테스트와 작업표본을 사용하여 학생의 성취도, 지능, 성격, 관심, 적성 및 직업 가치를 평가하도록 설계되었다. 이 단계는 학생이 직업훈련 프로그램에 등록하기 직전에 이루어진다. 평가의 목적은 교육 프로그램에서 학생의 성공 가능성을 최적화하기 위해 어떤 교육과정의 수정이 필요한지 결정하는 것이다.

2단계 평가가 학생의 직업적 필요를 식별하고 충족하는 데 불충분한 경우 3단계 평가가 권장된다. 이러한 학생들은 이미 학교 기반 서비스를 제공받았을 가능성이 높기 때문에 3단계 평가는 해당 학생에게 필요할 수 있는 방과후 교육, 직업 및 지원 서비스에 중점을 둔다.

텍사스는 노스캐롤라이나와 유사한 3단계 모델을 개발하였다. 7학년 또는 8학년에 직업 프로그램에 입학하는 학생은 직업교육 프로그램에 참여한 첫해에 기본 직업평가를 받는다. 고등학교에서 직업 프로그램에 입학할 계획인 학생은 프로그램에 들어가기 전해에 기본 직업평가를 받는다. 7, 8학년 수준의 직업 프로그램에 참여하지만 10학년 또는 11학년이 될 때까지 직업 프로그램에 등록하지 않은 학생은 고등학교 수준의 직업교육에 입학하기 전 연도에 추가 직업평가를 받는다.

평가에는 기본적인 학업 능력, 감각 및 운동 능력, 학습 선호도, 직업 능력 및 적성, 직업 인식 및 관심, 작업 습관 등이 포함된다. 레벨 1 평가는 직업 계획과 관련된 모든 기존 정보를 요약하고 추가 테스트가 아닌 데이터 수집 및 해석을 포함한다. 누적 및 기밀 기록은 성적, 출석, 학업 성취도, 징계 및 건강과 같은 정보를 수집하기 위해 검토된다. 레벨 2 평가는 심리측정검사를 사용하여 직업 관심과 직업 적성을 평가하는 것을 포함한다. 레벨 3 평가는 학교 직원이 학생의 장기적인 목표를 식별할 수 없거나 평가의 처음 2개 레벨에서 수집된 정보를 기반으로 직업 프로그램에 배치할 수 없을 때 수행된다. 이 추가 평가는 작업표본 및 상황평가 기술을 사용할 수 있다.

(2) 재활 기반 직업평가 모델

재활 기반 직업평가 프로그램은 직업평가자 4명, 석사 수준 직업 상담사, 임상 심리학자 각 1명, 상담 보조원 3명이 참여하는 2주간의 3트랙 다학문 과정으로 진행된다. 센터에 도착하면 학생들에게 오리엔테이션을 제공하고 평가의 목적과 성격을 설명한다. 이전에 수집된 학생의 심리, 교육 및 의료 정보를 검토하고 신체 및 읽기 평가와 결합하여 학생을 위한 개별 평가 프로그램을 계획한다.

신체 및 읽기 평가에 따라 학생은 높은 언어 수준, 낮은 언어 수준, 개별화 수준의 세 가지 평가 트랙 중 하나에 배치된다. 이러한 각 트랙에서 평가된 영역은 유사하지만 평가를 수행하는 데 사용되는 방법은 다르다. 높은 언어 및 낮은 언어 트랙은 모두 그룹 관리 평가 절차를 사용하지만 개별화 수준은 읽기가 거의 필요하지 않고 언어 능력이 제한된 사람들에게 더 적합한 직업적 대안에 중점을 둔 평가 기술을 사용한다.

평가 결과를 종합하고 클라이언트를 위한 개별화된 서면 재활계획(Individualized Written Rehabilitation Plan: IWRP)을 개발하기 위해 여러 분야에 걸친 전문가들이 포함된다. IWRP는 클라이언트를 지원하는 데 사용할 서비스와 기술을 선정하기 위해 재활상담사와 클라이언트 간에 개발된 계획이다. 학생이 센터를 떠나면 평가 결과를 요약하고 프로그래밍에 대한 권장 사항을 제공하는 직업평가 보고서가 생성된다. 이 보고서는 상담사와 교사가 사용할 수 있도록 학생의 학교로 보내진다. Levinson(1993)은 일반 학교 기반 직업평가 과정에서 지역사회기관의 참여를 통합하는 초학문 직업평가(Transdisciplinary Vocational Assessment: TVA)라고 하는 평가 모델을 개발하였다. TVA는 다음과 같이 정의된다.

학생이 직장과 지역사회 생활에 성공적으로 적응할 수 있도록 교육 및 직업 계획을 촉진하는 것을 목적으로 하는 학교 환경에서 수행되는 종합적인 평가이다. 평가는 학생의 부모와 협력 및 협의하여 교육기관, 지역사회 기관 및 국가기관 직원이 수행하며 학생의 심리적, 사회적, 교육적/학술적, 신체적/의료적, 직업적 기능에 대한 평가를 통합한다.

이 모델에는 프로그램 계획 및 개발, 평가자료 수집 및 사용에 학교 및 커뮤니티 기반 전문가가 모두 포함된다. 많은 학교 기반 직업평가 프로그램이 본질적으로 '다학문'이지만, 초학문 모델에는 평가 프로그램의 개발 및 구현에 지역사회 및 주정부 기관 직원이 포함된다. 단계 평가가 TVA 모델에 포함된다. 1단계는 평가 프로그램의 계획, 조직 및 구현을 포함하고, 지역사회 기관과 학교 직원이 모두 이 계획에 참여한다. 2단계는 초기 레벨 1 직업평가를 포함한다. 학교에서 직업 및 지역사회 생활로의 성공적인 전환을 위해 실행 가능한 직업 훈련 또는 직업 목표, 학생을 위한 주거 생활, 학생이 훈련에서 성공하기 위해 학생이 요구할 수 있는 학교 서비스 및 학생이 할 수 있는 지역사회 서비스를 잠정적으로 식별하는 과정이다. 3단계는 특정 직업훈련과 필요한 경우 레벨 2 직업평가(계획을 위해 추가 정보가 필요한 경우)로 구성된다. 레벨 2 평가를 기반으로 학생을 위한 수정된 교육−직업 계획이 개발될 수 있으며 훈련의 조정이 시작될 수 있다. 4단계에서는 직업, 고등교육기관 또는 주거생활 시설에 배치된다. 성공적인 배치 가능성을 높이기 위해 설계된 후속 조치 및 지속적인 지원(필요한 경우)이 이 단계의 일부로 제공된다.

3. 직업평가 방법

1) 비형식적 평가

장애학생은 잘 정의된 평가 과정에 참여하였을 때 정보에 기초한 선택을 하고 졸업 후 원하는 취업 결과를 달성하는 데 도움을 받을 수 있다. 필요한 모든 데이터를 수집하기 위해 평가활동에는 관찰, 면담, 기록 검토 및 시험 및 수행활동이 포함되어야 한다. 관찰은 개인의 행동과 수행을 관찰하거나 듣고 관련 정보를 기록하는 과정이다. 이 과정은 구조화 또는 비구조화, 공식 또는 비공식일 수 있다. 관찰에는 객관성과 주관성이 있지만 객관성을 강조해야 한다. 또한 관찰자마다 다른 결론에 도달할 수 있으므로 한 명 이상의 관찰자가 있는 것이 중요할 수 있다.

면담은 구두 질문 및 답변 형식을 통해 개인으로부터 정보를 수집하기 위한 구조화되거나 구조화되지 않은 대화이다. 관찰과 마찬가지로 면담도 공식적이거나 비공식적일 수 있다. 면담자는 개인에 대한 주요 정보를 빠르게 수집하는 동시에 진로계획에 대한 신뢰와 공유된 비전을 구축할 수 있다.

기록 검토는 이전 평가 결과를 통합하고, 가능한 경우 학교 및 보호자의 기록을 포함해야 한다. 기록 검토를 통해 학업 성취도 및 성과, 이전 경력 계획 및 목표, 가족 참여 및 지원 시스템에 대한 배경 정보를 제공할 수 있다. 정보가 최신 상태이고 데이터를 적절하게 수집한 출처에서 나와야 함에 주의해야 한다. 일반적으로 합법적으로 획득한 정보 공개가 필요하며 평가 데이터 또는 기타 보호된 기록을 검토할 때 기밀 유지가 필수적이다.

시험 및 수행평가는 전환기에 있는 청소년의 가장 일반적인 평가활동의 상당 부분을 차지한다. 검사는 개인의 점수를 알아보기 위한 특정 질문들로 구성된다 (Salvia & Ysseldyke, 2004). 일반적으로 점수는 매우 특정한 목적으로 사용된다. 이러한 유형의 데이터 수집은 일반적으로 보다 형식적이고 구조화되어 있으며 시험을 관리하고 채점하기 위해 특별히 훈련된 사람이 필요한 경우가 많다. 준거 참조 또는 규준 참조 도구를 사용할 때 조정이 특히 중요하다는 점에 유의하는 것이 중요하다. 조정의 목표는 시험 결과의 유효성을 변경하지 않고 검사를 수행하는 방식을 변경하는 것이다. 수행 검토는 학습된 내용의 전체 스펙트럼을 살펴보고 본질적으로 보다 주관적이고 전체적이며 질적인 활동이다(Salvia & Ysseldyke, 2004). 업무 경험 및 관련 활동은 종종 성과 검토를 사용하여 가장 잘 평가된다. 개인이 행동을 측정하는 데 사용할 객관적인 서면 기준을 마련하는 것은 매우 유용하다.

2) 형식적 평가

진로계획을 위한 충분한 데이터를 수집하려면 상업적으로 준비되고 출판된 검사를 사용해야 할 수 있다. 이러한 평가는 개인을 돕는 궁극적인 목표로 선택되어야 한다. 이 평가에는 개인의 장애가 검사 과정의 결과에 미치는 영향을 고려하는 것이 포함된다.

검사를 선택할 때 고려해야 할 여러 가지 요소가 있는데, 심리측정학적 특성, 비용 효율성, 검사 시간, 평가자의 경력, 관리의 편이성 등이다. 이와 같은 요소를 고려하는 것 외에도 서비스 종사자는 개인의 특정 요구를 충족하는 검사를 선택해야 한다. 사용 가능한 기록을 검토하고 비공식 인터뷰를 수행한 후 계획에서는 일부 단기 및 가능한 장기 목표를 결정해야 한다. 형식적 평가는 통상 매뉴얼과 함께 출판된 도구로 정의되며, 학업, 인지, 행동, 정서, 적성, 흥미 등의 영역에 대한 평가에서 활용할 수 있다.

3) 교육과정 기반 직업평가

(1) 교육과정 기반 직업평가 개요

교육과정 기반 평가(Curriculum-Based Assessment: CBA)는 가르치는 내용과 관련하여 학생의 수행을 주기적으로 모니터링하는 지속적인 평가 유형이다. CBA는 커리큘럼을 통한 학생의 진도와 그 진도가 적절한지 여부를 측정한다. CBA는 학생의 커리큘럼에 설명된 기술을 기반으로 하고 1년 내내 자주 반복되며 교육 의사 결정 및 학생 계획의 기초로 사용된다(Thomas, Allman, & Beech, 2004). 지역사회 기반 직업교육(Community-Based Vocational Education: CBVE)은 장애학생을 위해 설계된 직업 프로그램으로, 지역사회 작업 환경에서 학생들에게 직업 경험과 훈련을 제공한다. 교육과정 기반 직업평가(Curriculum-Based Vocational Assessment: CBVA)는 교육과정 기반 평가의 한 유형이며, 학생의 경력 개발과 직업교육의 필요성을 결정하기 위한 체계적이고 지속적인 평가 과정이다. CBVA는 기존 학교 자원을 사용하여 학생에 대한 직업평가 데이터를 얻는 것을 의미한다. 이러한 접근 방식은 수업 및 교육과정에 대한 영향을 최대화하는 방식으로 정규 학교 환경에서 직업 관련 데이터를 얻는 비용 효율적인 방법으로, 점점 더 많은 학자에 의해 지지되어 왔다(Clark, 1972; Patten, 1981; Phelps, 1984; Sitlington, 1978; Stodden, 1980). CBVA는 일반적으로 늦어도 초등학교 후반에 시작하여 고등학교 기간까지 계속되는 것으로 간주된다. 학생의 직업 및 직업 개발 동안 다양한 오리엔테이션, 탐색 및 준비 단계에서 정보가 수집되고(Phelps, 1984), 직업교육 및 직업 개발을 촉진하는 개별화교육계획을 개발하는 데 사용된다.

(2) 기본 교육과정 진로와 직업 교사용 지도서의 활용

기본 교육과정의 진로와 직업과의 학습 내용은 일상 및 직업 생활에 적용될 수 있어야 하기 때문에 각 과제 및 학습 활동에 대한 평가는 연속적이고 체계적으로 이루어져야 하고 가정과 지역사회 속에서 보충 · 심화를 통한 일반화가 이루어지도록 해야 한다. 이러한 평가의 과정은 개인의 약점과 강점을 발견하는 개별화된 평가 과정이어야 하고 그 결과는 개선의 자료로 활용되어야 한다. 평가의 목표는 교육과정에 제시된 교육 목표 및 성취기준을 통하여 학습자의 성취가 진로와 직업과에서 요구하는 핵심역량 향상의 기대치에 도달했는지를 전반적으로 평가한다. 평가의 내용은 원칙적으로 교육과정에 제시된 교육 내용의 범위와 수준에 근거하되, 다양한 교수 · 학습 활동과 실습 과정에서 산출된 자료를 활용한다. 그리고 평가의 결과는 학생들의 현재 수준을 파악하고 학생의 교수 · 학습 계획 수립에 반영함으로써 교수 · 학습 방법의 개선과 진로 지도 자료로 활용하도록 한다. 학생들은 특정 상황에서 다양한 행동 과제에 직면하듯 한 가지 직업에서 다양한 직무를 경험하게 된다. 한 자리에 오래 앉아 요구되는 특정 기술을 수행해야 하는 상황에서부터 동료와 협업하며 의사소통도 해야 하고 직장 동료와 호혜적 관계를 유지하는 등 기본적인 대인관계 예절까지 매우 다양한 적응 과제에 직면한다. 따라서 원하는 진로를 개척하거나 특정 사업장에 취업을 준비할 경우 특정 기술뿐만 아니라 집단 내 여러 가지 상황에서 갖추어야 지식, 기능, 태도를 종합적으로 평가하는 것이 필요하다.

진로와 직업과 지도서에서는 평가의 방향을 다음과 같이 제시하고 있다.

가) 평가는 핵심역량, 교과의 목표, 내용 체계, 교수·학습의 효과성과 효율성을 측정할 수 있도록 방향을 설정하며 학생의 장애 정도와 개인차를 고려하여 평가 기준을 정하고, 개개인의 성취도가 평가되도록 한다.

나) 평가의 목적을 설정하고, 목적에 알맞은 도구와 방법을 설정하며 평가 결과를 활용할 수 있도록 계획한다.

다) 평가 방향, 평가 목적, 평가 시기, 평가 상황, 평가자 등을 종합적으로 고려하여 심리검사, 지필, 관찰, 면담, 실기, 과제, 수행 표본, 포트폴리오, 교육과정 중심 평가 등 다양한 방법을 활용할 수 있도록 방향이 수립되어야 한다.

라) 평가의 내용은 원칙적으로 교육과정에 제시된 교육 내용의 범위와 수준에 근거하되, 다양한 교수·학습 활동과 실습 과정에서 산출된 자료를 활용한다. 교육과정에 제시되어 있는 목표에 따른 성취기준에 따라 지식, 기능, 태도 등을 종합적으로 평가한다.

   (1) '자기 탐색' 영역에서는 자기 이해, 역할과 책임 등의 내용을 평가한다.
   (2) '직업의 세계' 영역에서는 직업의 의의, 직업 탐색 등의 내용을 평가한다.
   (3) '작업 기초 능력' 영역에서는 작업 수행, 작업 도구 및 기기, 직업과 정보통신 등의 내용을 평가한다.
   (4) '진로 의사 결정' 영역에서는 자기결정, 직업 능력, 전환 계획 등의 내용을 평가한다.
   (5) '진로 준비' 영역에서는 진학 및 취업 준비, 직업 체험 등의 내용을 평가한다.
   (6) '직업 생활' 영역에서는 자기관리, 작업 태도 등의 내용을 평가한다.

진로와 직업과 지도서에서는 평가 방법을 다음과 같이 제시하고 있다.

가) 평가 시기, 평가 목적, 평가 상황, 평가자 등을 종합적으로 고려하고 심리검사, 지필, 관찰, 면담, 실기, 과제, 수행 표본, 포트폴리오, 교육과정 중심 평가 등 다양한 방법을 활용하여 학생의 인성 영역과 기술, 수행 능력이 효율적으로 평가되도록 한다.

나) 교사, 학생, 부모, 전문가 등 관계자들이 서로의 전문성과 장점을 토대로 평가에 참여하고 그 결과를 공유한다.

다) 학생의 필요에 따라 직업흥미와 적성 등을 분석할 수 있도록 심리검사 및 작업표본평가, 상황평가, 현장 평가 등 적절한 방법을 활용한다.

라) 실습 및 실기평가는 사전 목표에 따른 평가 항목과 기준을 세분화·단계화하여 작성하고, 실제 작업 환경의 요소를 충분히 반영하여 객관적으로 평가한다.

마) 평가는 사전 준비 상황, 참여 태도 및 집단 간의 협력적 태도 등을 포함한다.

평가 시기와 방법 등은 사전에 계획하여 실시하되, 과목의 목표가 반영되도록 해야 하고 활동의 과정과 결과에 대한 평가가 모두 반영되도록 해야 한다. 특히 면담이나 수행 표본, 포트폴리오, 관찰, 활동 기록지 분석 등을 활용하여 과정 평가에 대한 현실적인 방안을 모색해야 한다. 특히 학교에서의 평가는 교육과정 기반 평가가 되도록 하는 것이 필요하다. 고등부 과정의 학생들에게는 직업재활적 성격의 교육과정 중심의 직업평가를 통해 국가 수준 교육과정에 의거한 학습이 이루어지도록 하여 학습 목표와 평가가 긴밀하게 이루어지도록 하는 것이 중요하다. 교육과정 기반 평가를 통해 현재 수준을 확인하고 학기별 목표(장·단기 목표)를 설정한 후 필요한 중점 요구사항과 내용을 선정하여 수업 계획에 반영하도록 한다. 평가 시기는 최소한 월별로 평가하고, 필요할 경우 평가 항목을 세분화하여 과제분석 평가 양식에 기록하고 점검할 수 있다. 평가는 성취기준에 도달할 때까지 수시로 평가하고 평가 후 다음과 같은 타당한 자료를 제공해야 한다. 첫째, 작업 능력, 둘째, 직업과 관련된 행동에 관한 선호도, 셋째, 직업적 역할의 수행, 넷째, 고용 상태에서 성공적인 것으로 간주되는 특수한 요인들, 다섯째, 일반적인 기술에 대한 훈련의 요구 정도 등이다. 평가의 정보는 학생의 수행 행동에 대한 관찰을 통하여 확보하는 것이 타당하다. 평가를 통해 학생의 향상 정도만 파악하는 것이 아니라 학생의 수행에 대한 현실적인 기대, 학생이 앞으로 도달해야 할 목표를 계획하는 데도 사용된다. 평가 자료는 개별화교육계획과 교수 프로그램 수립에 쉽게 활용될 수 있도록 조직되어야 한다. 학생이나 가족을 위한 포트폴리오 평가나 잘 조직된 학교 평가는 활용성이 높다. 경우에 따라서는 새로운 평가 자료에 적정화된 서식이나 포트폴리오를 재구성할 필요가 있다(박승희 외, 2006). 진로와 직업과의 평가는 진학과 졸업 후 사회참여, 직장 적응을 위해 개인에 대한 평가뿐만 아니라 집단에의 적응, 역할 분담 및 협업 능력, 집단 중시 태도 등도 평가할 수 있어야 한다. 이러한 평가는 학생의 수행 및 행동을 관찰하고 정보를 수집하여 학생의 강점과 약점을 파악함으로써 개별화된 교육 계획의 자료로 삼도록 한다.

또한 진로와 직업과 교과서는 진로 의사 결정 영역에 직업 능력을 핵심 개념으로 하는 단원이 구성되어 있고, 이 단원에서는 중학교 과정에서 심리적 특성, 신체적 특성, 환경 적응 능력 등의 요소를 제공하고 있으며, 고등학교 과정에서는 직업 흥미, 적성, 요구, 작업 수행 능력, 사업체 적응 능력 등의 요소를 제공하고 있다.

또한 지역사회 기반 직업 체험과 현장실습을 통한 평가를 통해 학생의 직업 능력에 대한 평가를 지속적으로 할 수 있는 내용을 제시하고 있다. 교사용 지도서에서는 학생의 현재 성취수준에 대한 평가를 실시할 수 있도록 중학교 및 고등학교 각 단원의 목표에 대한 체크리스트를 제공하고 있어 학생의 개별화교육계획 작성의 기초자료, 형성평가 및 총괄평가용으로 사용할 수 있다. 또한 재배, 사육, 수산업, 공예, 조립, 포장, 운반, 세차, 조리, 청소, 세탁, 사무지원, 대인서비스 등의 직종에 대한 내용을 제시하고 있어 수업 시작 전, 수업 중, 수업 종료 후 각 직종에 대한 학생의 흥미, 적성, 수행 정도 등을 분석할 수 있다.

4. 직업평가 영역 및 도구

직업평가를 위해 사용될 수 있는 도구들은 많이 있으므로, 이 직업평가 도구들이 학생의 어떤 특성을 파악하는 데 사용될 수 있고, 또한 직무 수행 능력과 어떻게 연결될 수 있는지를 확인하여 적절하게 사용하는 것이 중요하다. 직업평가는 지속적이고 연속적인 과정이다. 학생에 대한 지속적인 평가 과정을 통해 발달에 따른 지표를 제공하고 진로와 직업교육의 효과성도 파악할 수 있을 것이다.

1) 신체기능평가

신체기능평가의 목적은 기본적인 신체기능 및 의료적 측면을 파악하는 데 있다. 신장, 체중, 근력, 시력, 색각 등 주로 장애학생의 기본적인 신체기능에 대하여 평가하며, 정확한 신체기능평가를 위하여 의학적 진단을 필요로 하는 경우에는 전문가에게 의료평가를 의뢰한다. 신체기능평가에는 직업 지속성, 기능적 능력 평가, 운동 기술, 손 재능, 근력 등이 포함된다. 직업 지속성 평가는 필수 작업을 수행할 때 근로자의 신체적 지구력, 근력, 운동 조정 기술 및 정서적 능력을 검사하고 측정하는 것이다. 신체 능력을 평가하기 위해 상업적으로 개발된 여러 테스트 전략을 사용할 수 있으며 직업 지속성 평가도 상황평가와 유사한 방식으로 실제 작업 환경에서 수행할 수 있다. 상황평가의 경우 실제 작업 환경에서 청소년의 작업 수행을 관찰하고 기록함으로써 신체적·정서적 작업 능력 평가가 이루어진다. 표준화된 작업표본은 때때로 작업자의 특정 신체 움직임(예: 구부리기, 손 뻗기) 또는 운동 기술 협응(예: 손-눈 협응)을 수행하는 능력을 측정하는 데 사용되기도 한다. Crawford Small Parts Dexterity Test 또는 Purdue Pegboard Test와 같은 일부 표준화된 평가 테스트는 청소년의 손가락 손재주, 손재주 또는 손-눈 협응을 측정할 수 있다. 이러한 손 재능 테스트는 청소년이 손, 손가락, 팔(큰 움직임)을 움직이거나 작은 물체의 움직임과 조작을 제어하는 능력을 측정하는 데 도움이 될 수 있다. 이 정보는 손 재능가 필요한 분야에서 직업이나 직업 기회를 고려하고 있는 복합 신체 장애가 있는 청소년에게 도움이 될 수 있다. 우리나라에서는 한국장애인고용공단에서 KEAD 손기능 작업표본 검사를 개발하여 손 재능을 평가할 수 있는 도구로 제공하고 있으며, 공단의 직업평가에서 사용되고 있다.

2) 인지평가

지능에 대한 평가는 내담자를 위한 직업재활계획을 개발하는 데 유용하지만, 특히 고용 훈련을 포함하는 지능검사의 선택을 둘러싼 몇 가지 문제점이 있다. 지능은 추론적인 구성 개념이며, 어떤 행동이 검사 항목으로 평가되는지를 평가자가 결정지어야 한다. 또한 검사의 선택 시 신중함이 필요하며, 지능검사에 대한 평가자 훈련이 선행되어야 한다.

대표적인 지능검사 도구에는 한국 웩슬러 아동지능검사 5판, 한국 웩슬러 성인지능검사 4판, 국립특수교육원 한국형 개인지능검사 등이 있다. 한국 웩슬러 아동지능검사 5판(Korean Wechsler Intelligence Scale for Children-Fifth Edition: K-WISC-V)는 만 6세 0개월부터 16세 11개월까지 아동의 지능을 평가하기 위해 개별적으로 실시하는 종합적인 임상도구이다. 총 16개의 소검사로 이루어져 있는데, 4판의 토막짜기, 공통성, 행렬추리, 숫자, 기호쓰기, 어휘, 동형찾기, 상식, 공통그림찾기, 순차연결, 선택, 이해, 산수의 13개 영역에 새롭게 무게비교, 퍼즐, 그림기억이라는 3개의 소검사가 추가되었다. 전반적인 지적 능력은 물론 언어 이해, 시공간, 유동추론, 작업기억, 처리속도의 5가지 기본지표점수를 제공하고, 양적추론, 청각작업기억, 비언어, 일반능력, 인지효율의 5가지 추가지표점수를 제공한다. 인지능력에서 좀 더 독립적인 영역에 대한 아동의 수행을 나타내 줄 수 있는 시공간지표와 유동추론지표의 지표점수와 토막짜기 소검사의 부분처리점수 등의 처리점수를 추가적으로 제시해 준다.

한국 웩슬러 성인지능검사 4판(Korean Wechsler Adult Intelligence Scale-IV; K-WAIS-IV)은 미국 원판인 WAIS-IV(Wechsler Adult Intelligence Scale-IV)를 한국판으로 번안하여 표준화한 개인용 지능검사이다. K-WAIS-IV은 만 16세 0개월부터 69세 11개월까지의 청소년과 성인의 인지능력을 개인적으로 평가할 수 있도록 만들어진 임상도구이다. 공통성(Similarities: SI), 어휘(Vocabulary: VC), 상식(Information: IN), 토막짜기(Block Design: BD), 행렬추론(Matrix Reasoning: MR), 퍼즐(Visual Puzzle: VP), 숫자(Digit Span: DS), 산수(Arithmetic: AR), 동형찾기(Symbol Search: SS), 기호쓰기(Coding: CD)의 10개 핵심 소검사와 이해(Comprehension: CO), 무게비교(Figure Weight: FW), 빠진곳 찾기(Picture Completion: PC), 순서화(Letter-Number Sequencing: LN), 지우기(Cancellation: CA)의 5개 보충소검사로 구성된다. K-WAIS-IV는 웩슬러 성인용 지능검사의 가장 최신판으로, 소검사들과 합성점수로 이루어져 있다. 합성점수는 일반적인 지적 능력을 나타내 주는 점수와 특정 인지영역에서의 지적 기능을 나타내 주는 점수로 구성되어 있다. K-WAIS-IV는 이전에서 제공되던 세 가지 지능지수 중 전체 지능지수만 제공하고 언어성 및 동작성 지능지수는 제공하지 않는다. WAIS-III에서 처음으로 채택되었던 언어이해, 지각추론, 작업기억, 처리속도의 4요인 구조가 WAIS-IV에서도 유지되어 K-WAIS-IV에서도 4요인 구조가 그대로 적용되었다.

국립특수교육원 한국형 개인지능검사(Korea Institute for Special Education-Korea Intelligence Test for Children: KISE-KIT)는 우리나라의 역사적 · 문화적 전통을 반영하고 사회경제적 수준에 적합한 한국형 지능검사를 개발하기 위해 국내외에서 많이 활용하고 있는 개인 지능검사를 분석하여 지능의 측정 요인과 측정 방법을 추출하여 지능검사의 모형을 개발한 다음, 그에 따라 구성한 것이다. KISE-KIT의 특징은 다음과 같다. 첫째, 우리의 역량과 노력에 의해 한국형으로 개발하였다. 둘째, 지능검사의 모형은 메타분석(meta-analysis)을 통해 개발되었다. 셋째, 동작성 및 언어성 검사가 모두 포함된 검사이다. 넷째, 우리의 전통과 문화, 그리고 동양의 지혜를 반영하였다. 다섯째, 지능검사는 총점이 산출되는 고전적 심리측정이론에 의존하였다. 여섯째, 장애학생의 접근이 용이하도록 쉬운 문항도 포함

시켰다. 일곱째, 아동 및 청소년용 검사로 5세부터 17세 11개월까지를 적용 대상
으로 개발하였다. 개발 모형에서 제시된 요인들을 측정하기 위해 다양한 소검사
를 개발하였는데, 개발된 소검사는 동작성과 언어성 검사로 구분되는 12개 검사
이다. 동작성 검사의 '손동작' 검사와 언어성 검사의 '수기억' 검사는 보충 검사이
다. 이러한 보충 검사는 동작성 검사와 언어성 검사에서 각각 특정의 검사를 수행
할 수 없는 경우에 대체할 수 있는 검사이다. 따라서 KISE-KIT는 12개의 소검사
로 구성되어 있지만, 실제 검사를 실시할 때는 보충 검사 2개를 제외하고 동작성
검사 5개와 언어성 검사 5개를 실시하도록 구성되어 있다. 하위 검사 점수는 평균
10, 표준편차 3이며, 전체 점수는 평균 100, 표준편차 15이다.

3) 흥미평가

흥미는 일반적으로 어떠한 유형의 활동에 종사하고자 하는 경향 혹은 욕구를 의
미한다. 흥미는 대표적인 정의적 특성으로서 각 개인에 따라 차이가 있고, 경험을
통하여 학습할 수 있으며, 인지적 특성과 관련성이 있다. 또한 흥미는 선천적 요인
에 영향을 받기도 하고 후천적으로 길러질 수도 있다. 학습이나 작업 등은 그에 대
한 개인의 흥미가 있을 때 자발적 동기에 의해 이루어질 수 있지만 흥미가 없을 때에
는 학습이나 작업의 효과를 증진할 수가 없기 때문에, 무엇보다도 흥미 유발이 선결
조건이라 할 수 있다(Athansou & Cooksey, 2001). 직업흥미는 직업 선택 시 능력이나
성격과 같은 다른 심리적 변인들보다 더 중요한 것으로 여겨져 왔다(Scharf, 1970). 최
근에는 중증장애인의 직업적 성공에 관해 선호하는 직무에 배치하는 것은 무엇보
다도 중요하다는 주장이 제기되고 있다(임경원, 박은영, 김삼섭, 2005; Morgan, Gerity,
& Ellerd, 2000). 비장애인의 경우도 직업흥미가 직업적 성공에 미치는 영향이 크지
만, 특히 지적장애인과 같은 중증장애인의 경우는 직업흥미가 절대적 영향을 미친
다. 다시 말하면, 비장애인은 직업흥미가 다소 떨어지더라도 보수 등 근무 여건이
좋으면 직업적 성공을 거둘 수 있다. 그러나 중증장애인의 경우는 아무리 근무 여건
이 좋다 하더라도 그 직업에 대한 흥미가 없으면 직업적 성공을 기대하기 어렵다.
개인의 직업 성공을 위해서는 직업에 관한 흥미, 즉 직업흥미를 올바르게 파악
하여야만 한다. 직업흥미란 어떤 관심을 가지고 지속적으로 계속하려는 경향성을

의미하는 것으로, 긍정적인 직업흥미는 직업 만족도와 밀접한 관련이 있다. 장애학생은 자신의 주된 관심과 선호도를 인식하는 데 도움이 되는 다양한 평가 목록과 도구를 사용할 수 있다. 흥미검사를 적절하게 사용하면 장애학생이 자신의 관심이 직업선택에 반영되는 것을 이해하는 데 도움이 될 수 있다. 대부분의 직업 관심 목록은 피검자가 자신의 관심을 식별하고 더 잘 이해하고 특정 직업 분야 또는 직업군에 연결할 수 있도록 돕기 위해 고안되었다. 관심 목록을 통한 흥미 검사는 다양한 직업 가능성을 더 연구할 수 있는 출발점을 제공할 수 있다.

(1) 청소년 직업흥미검사

청소년 직업흥미검사는 2000년 한국고용정보원에서 직업적 흥미 탐색, 진로/직업 설계, 직업흥미에 적합한 학과/직업 정보 제공을 위해 개발하였으며, 온라인(https://www.work.go.kr)에서 실시가 가능하다. 청소년 직업흥미검사는 전 세계적으로 진로ㆍ직업상담 장면에서 가장 많이 활용되고 있는 홀랜드(Holland) 흥미이론에 기초하여 제작되었다. 이 검사는 개인의 흥미를 보다 넓은 관점에서의 일반 흥미 유형과 이보다 좁고 구체적인 측면에서의 기초 흥미 분야로 나누어 단계적으로 측정하고 있다.

총 185문항이며, 활동 61문항, 자신감 61문항, 직업 63문항으로 구성되어 있다. 일반 흥미 6개 유형과 기초 흥미 13개 분야를 측정한다. 일반 흥미 유형은 R(현실형), I(탐구형), A(예술형), S(사회형), E(진취형), C(관습형)이다. 기초 흥미는 일반 흥미 유형보다 더 다양하고 구체적으로 세분화된 분야에 대한 개인의 흥미 정보를 제공하고, 또한 개인의 흥미 분야에 대한 폭넓은 이해를 위해 기초 흥미 분야 대표 직업 및 학과 목록도 제공한다.

활동 척도는 다양한 직업 및 일상생활 활동을 묘사하는 문항들로 구성되어 있으며, 해당 문항 활동을 얼마나 좋아하는지 혹은 싫어하는지의 선호를 측정한다. 자신감 척도는 활동 척도와 동일하게 직업 및 일상생활 활동을 묘사하는 문항들로 구성되어 있으며, 다양한 문항의 활동들에 대해서 개인이 얼마나 잘할 수 있다고 느끼는지의 자신감 정도를 측정한다. 직업 척도는 다양한 직업명의 문항들로 구성되어 있으며, 각 문항의 직업명에는 해당 직업에서 수행하는 일에 관한 설명이 함께 제시된다. 검사의 신뢰도는 내적합치도 계수 0.9 이상으로 나타났으며, 타당도도 확인되었다.

(2) PVIT 그림직업흥미검사

PVIT 그림직업흥미검사(Pictorial Vocational Interest Test: PVIT)는 언어성 직업흥미검사에 필요한 지적능력이나 문장이해력 또는 의사소통능력에 제한이 있는 사람의 직업흥미를 측정하기 위한 검사로, 지적장애인들의 직업교육 및 진로지도를 위한 기초자료를 제공하고, 직업 선택 및 취업 알선을 위한 직업평가 자료의 일환으로 활용하는 데 목적이 있다([그림 3-1] 참고). 검사 대상은 지적능력, 의사소통능력에 제한 있는 청소년~성인이다.

이 검사는 검사 자극물에 대한 지적장애인의 이해도를 높이기 위해 2003년에 제작된 기존 그림직업흥미검사를 기초로 개선되었다. 또한 변화하는 산업 환경을 고려한 새로운 직업 영역 및 직무활동을 추가하고, 직업흥미에 대한 다양한 해석의 틀을 도입하는 등 내용이 보완되었다. 테스트 문항 5개와 6개의 직업 영역(서비스, 제조, 음식, 세탁, 청소, 임농)에 대한 각 5문항(총 30문항), 3개의 활동 영역(운반, 정리, 조작)에 대한 각 6문항(총 18문항) 그리고 개인-집단 영역(5문항)과 실내-실외 영역(5문항), 일관성 문항(5문항)의 총 63문항으로 이루어져 있다. 개별 혹은 4인 이내 집단으로 실시하며, 소요시간은 약 20분이다.

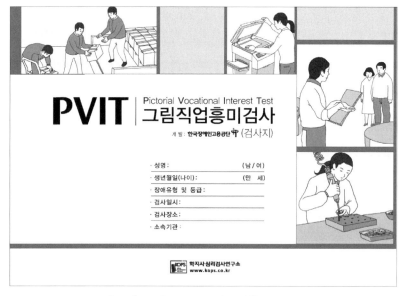

[그림 3-1] PVIT 그림직업흥미검사

출처: 학지사 심리검사연구소(2013).

(3) 국립특수교육원 발달장애인용 직업흥미검사

국립특수교육원 발달장애인용 직업흥미검사(National Institute of Special Education-Vocational Interest Test for Students with Intellectual & Developmental Disabilities: NISE-VISIT)는 중·고등학교와 전공과(성인기 포함) 발달장애인의 직업흥미 파악을 목적으로 개발되었으며, 발달장애인이 쉽게 응답할 수 있는 그림검사이다. 학생용 종합형·간편형, 교사부모용 A형·B형 총 4종으로 구성되어 있다. 학생용 종합형의 경우 총 118개 문항으로 검사 소요시간은 약 40분이다. 7개 직군, 21개 직종, 포장·운반·정리에 대한 흥미 정도와 직군과 직종에 대한 정보를 제시하여 준다. 학생용 간편형의 경우 총 27개 문항으로 검사 소요시간은 약 15분이다. 7개 직군에 대한 흥미 정도와 관련된 직군의 정보를 제시하여 준다. 교사부모용 A형의 경우 총 105개 문항으로 검사 소요시간은 약 25분이다. 7개 직군, 21개 직종, 포장·운반·정리에 대한 흥미 정도와 직군과 직종에 대한 정보를 제시하여 준다. 교사부모용 B형은 총 21개 문항으로 검사 소요시간은 약 10분이다. 7개 직군에 대한 흥미 정도와 관련된 직군의 정보를 제시하여 준다. 중·고등학교, 전공과(성인 포함)의 발달장애인, 학부모, 특수교사가 활용 대상이며, 학생용·교사부모용 검사, 전문가 지침서, 검사 결과 활용사례 등을 제공하고 있다. 이 검사는 웹기반 검사로도 제공되고 있는데, 국립특수교육원 홈페이지(https://www.nise.go.kr/examine/info.do?m=090103&s=nise)에서 회원가입 후 실시할 수 있다. 직업흥미 검사 결과는 개별화교육 및 개별화전환교육 시 진단평가 자료, 진로상담 기초 자료 등에 활용할 수 있다. 또한 직업흥미검사 결과를 통해 피검사자의 직업흥미에 대한 정보를 확인하고, 정보를 바탕으로 진로계획서를 작성하며 실제 진로 및 직업교육을 실시하고 나아가 포트폴리오로 연계하여 활용할 수 있다. 검사 과정도를 제시하면 [그림 3-2]와 같다.

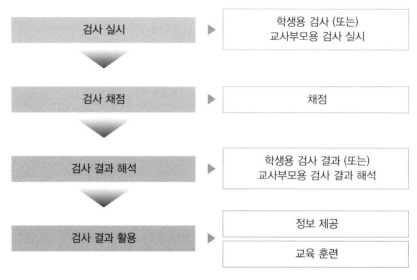

[그림 3-2] NISE-VISIT 과정도

4) 직업준비평가

(1) 전환능력검사

장애학생의 성공적인 전환을 위해 교과연계 전환 역량 향상 체제와 프로그램을 개발하여 보급하였는데, 이것이 바로 전환 역량 향상 프로그램이다. 이 프로그램은 고등학교 장애학생의 전환 역량에 대한 기준을 자립, 직업, 계속교육, 공통 등 4개의 영역과 자기관리, 가정생활, 건강 등 15개의 하위 영역으로 제시하였고, 현재 수준을 진단할 수 있는 전환능력검사를 개발하였다. 아울러 2015 특수교육 기본 교육과정에서 제시하고 있는 성취기준과 교과용 도서에서 전환 역량 관련 요소를 추출하여 재구성한 학생용 워크북 및 교사용 지도서도 함께 개발하여 제시하였다. 전환 역량 향상 프로그램에 포함되어 있는 전환능력검사도구(고등학생용)는 4개의 영역(자립, 직업, 계속교육, 공통), 15개의 하위 영역(자기관리, 가정생활, 돈관리, 건강, 지역사회 생활, 여가생활, 직업준비, 직업기능, 직업 생활, 기초교육, 평생교육, 대학교육, 의사소통, 대인관계, 자기결정), 114개의 문항으로 구성되어 있다.

(2) 직업기능탐색검사

직업기능탐색검사는 구직장애인이 고용 서비스를 받는 초기 단계에서 일반고용, 보호고용, 복지 서비스 등의 적합한 서비스를 파악하기 위해 실시하는 검사로 전체 장애인을 대상으로 한다. 검사 문항은 신체 영역, 정신 영역의 두 영역으로 구분되며, 자립기능, 운동기능, 언어기능, 작업기능, 인지기능, 사회기능의 6개 하위 영역, 25개 문항으로 구성되어 있다. 이 검사는 5점 평정척도로 응답하며, 본인이 직접 응답하게 되어 있지만 언어적 표현 능력이 부족하거나 장애로 인해 직접 기록하는 데 어려움이 있는 경우에는 대신 기입해 줄 수 있다.

(3) 취업준비 체크리스트

취업준비 체크리스트는 일본에서 개발되어 한국장애인고용공단에서 번안한 검사이다. 구직자가 취업을 위해 필요한 심리적 · 행동적 준비가 어느 정도 되어 있는지 파악하여 심층적인 검사를 실시하거나 향후의 서비스 제공 방향을 결정하는 데 활용할 수 있으며, 검사 소요시간은 약 30분이다(https://hub.kead.or.kr/eovEmpymnPrpareCheckListGuidance.do).

이 검사는 총 9개 영역의 44개 항목으로 구성되어 있으며, 검사 결과에 따라 '준비됨' '일부 준비됨' '준비 부족' '준비 안 됨'의 4단계로 구분한다. 구직자가 직접 실시하기보다는 상담사나 교사, 보호자 등이 검사를 실시하며, 직업상담 시 활용한다.

5) 적성평가

학생의 지식, 기술, 태도를 식별하는 능력은 학업 및 직업평가 정보를 계획하고 사용하는 데 필수적이다. 적성 또는 학습 잠재력을 평가하면 학생과 서비스 제공자가 미래의 직업 탐색에 도움이 되는 의미 있는 정보를 얻을 수 있다. 적성검사는 장래의 진로에서 성공하기 위한 개인의 직업 잠재력 또는 능력을 측정한다. 다른 평가 도구와 함께 사용할 경우, 적성검사는 보다 완전한 직업 프로필을 작성하는 데 도움을 주고 적합한 중등 및 고등 교육 선택에 관한 지침을 제공할 수 있다. 이는 특정 학업 또는 직업 강점이 중요하고 관련성이 있는 것으로 알려진 진로개발을 선택할 때 특히 해당된다. 적성검사는 흥미가 높은 직업에서 성공하기 위해 개인이 필요할 수 있는 맞춤형 직업훈련, 지원 또는 조정을 판별하는 도구로 사용될 때 도움이 될 수 있다. 적성은 배울 수 있는 잠재력을 의미한다는 것을 명심해야 한다. 적성과 기술은 항상 흥미와 상관관계가 있어야 한다. 예를 들어, 어떤 학생은 공학에 관심이 있지만 학업 능력과 적성이 열악할 수 있다. 또는 다른 학생년은 학업 성취도가 낮지만 용접에 대한 흥미와 동기가 높을 수 있다. 높은 의욕을 가진 학생들은 낮은 읽기나 수학 성취도나 적성 점수에도 불구하고 결국 성공할 수 있다.

적성검사에는 일반적성검사(General Aptitude Test Battery: GATB), 청소년 적성검사, 성인용 직업적성검사 등이 있다. GATB는 미국 훈련 및 고용 서비스의 직업상담 프로그램에서 사용될 목적으로 개발된 집단검사이다. 일반학습능력, 언어, 수리, 공간, 형태지각, 사무적 지각, 운동 협응, 손가락 재능 및 손 재능을 평가한다. 청소년 적성검사는 중학교 2학년부터 고등학생까지를 대상으로 하며, 여러 직업들의 직무 수행에서 요구되는 직업적 능력을 측정하여 청소년의 적성 능력에 적합한 직업을 탐색해 주는 검사이다. 중학생용은 8개 적성 요인으로 구성되어 있고 고등학생용은 10개 적성 요인으로 구성되어 있다. 고용노동부의 워크넷 홈페이지(https://www.work.go.kr)에서 컴퓨터로 실시할 수 있다.

6) 작업표본

작업표본은 학생의 직업 잠재력을 평가하는 데 도움이 되는 검사 도구이다. 작업표본이란 실제 직무 혹은 직무표본에서 사용되는 과제나 유사한 과제를 수행하기 위한 재료와 도구들을 사용하는 능력을 검사하기 위해 고안된 모의 작업 혹은 작업활동이다(Brolin, 1982). Valpar 작업표본과 같이 상업적으로 이용 가능한 많은 작업표본은 때때로 특정 직업 분야 내에서 직업을 수행할 수 있는 학생의 직업 잠재력 또는 능력을 평가하는 데 사용된다.

(1) 재능평가 프로그램

작업표본평가 도구 중의 하나인 재능평가 프로그램(Talent Assessment Program: TAP)은 미국의 직업적성 평가 분야에서 수년간 인정받아 온 프로그램으로, 작업

재능, 직업적 잠재력, 손작업 기능 등을 평가하기 위해 사용된다. 이 검사는 10개 하위 검사로 이루어져 있으며 '실제' 도구와 '실제' 작업을 통해서 각 개인의 기능 성향과 장점을 빠르고 효과적으로 측정할 수 있다. 각 하위 과제의 수행 시간은 최대 30분이다(박은영, 2015). 13~15세를 대상으로 6개월 간격의 검사-재검사를 실시한 결과, 신뢰도 계수는 0.86으로 보고되었다(한국장애인개발원, 2011). 구체적으로 하위 검사는 세부 구조의 시각화, 크기와 모양 분류, 색 분류, 촉각에 따른 분류, 작은 물체 다루기, 큰 물체 다루기, 작은 도구 사용하기, 큰 도구 사용하기, 흐름도의 시각화, 세부 구조의 기억으로 구성되어 있다.

(2) Valpar 작업표본

Valpar 작업표본은 특정 직무에만 국한된 작업특성보다 일반적인 작업특성을 측정할 수 있도록 고안되었다. 언어 및 읽기에 대한 요구 수준이 낮아서 평가 장벽이 낮으며, 다른 작업표본들과 마찬가지로 작업을 수행하는 데 흥미가 있어 장애학생의 동기를 쉽게 유발할 수 있다. 현재 25개의 작업표본이 포함되어 있는데, 소공구, 크기변별, 숫자분류, 동작의 상한 범위, 사무이해 및 적성, 독자적 문제해결, 다차원 분류, 모의조립, 전신동작범위, 삼차원측정, 눈-손-발의 협응, 납땜과 점검, 금전관리, 동료와의 협동 작업, 전기회로와 활자 읽기, 제도, 직업 준비도 평가, 블라인드 검사를 통한 개념 이해, 동적 신체 역량, 신체 역량과 움직임 선별 평가, 기계적 조립, 기계적 추론, 손가락 재능, 독립 지각 검사, Valpar 300 시리즈 민첩성 모듈이다.

(3) VITAS

VITAS(Vocational Interest, Temperament and Aptitude System)는 미국 노동부에서 발간한 직업명 사전에 제시된 15가지 작업자 특성군과 관련 있는 21개의 작업표본으로 구성되어 있다. 구체적으로는 나사, 볼트 및 워서 조립, 성냥갑 포장, 타일 분류 및 무게 달기, 헝겊 견본 대조, 번호 대조, 천 조각 다림질, 가계부 조립, 못과 나사못 분류, 파이프 조립, 글자 정리, 자물통 조립, 회로판 검사, 계산 작업, 전화 메모받기, 은행 출납, 교정 작업, 임금 계산, 인구조사면접, 스포츠 용접, 실험실 보조, 제도 작업이다.

(4) 맥캐런 다이얼 시스템

맥캐런 다이얼 시스템(McCarron-Dial System: MDS)은 언어 · 공간 · 인지, 감각, 운동, 정서, 통합 · 대응의 다섯 가지 신경심리적 요인을 바탕으로 한 도구들과 척도들로 구성되어 있다(McCarron & Dial, 1976). 언어 · 공간 · 인지 요인에는 웩슬러 성인지능검사와 피바디 그림어휘검사가 포함되어 있으며 언어, 학습능력, 기억력 및 성취도를 평가한다. 감각 요인에는 벤더 시각운동형태검사와 촉각시각변별검사가 포함되어 있으며 주위 환경 지각 및 경험을 평가한다. 운동 요인에는 맥캐런 신경근육발달검사가 포함되어 있으며 근력, 이동 속도 및 정확성, 균형과 조화능력을 평가한다. 정서 요인에는 정서관찰척도, 미네소타 다면인성검사, 집-나무-사람 검사가 포함되어 있으며 대인관계 및 환경으로부터의 스트레스에 대한 반응을 평가한다. 통합 · 대응 요인에는 행동평정척도, 노변생존기능검사, 기능적 적응행동조사가 포함되어 있으며 적응행동을 평가한다.

(5) 직업기능 훈련세트

직업기능 훈련세트(Work Activities)는 양손의 기능, 작업기술, 색 변별력, 인지력, 작업태도 등을 평가할 수 있으며 직업흥미탐색 및 훈련 프로그램으로도 활용되고 있는 도구이다. 작업 과제는 크게 변별, 조립, 포장 과제로 구성되어 있다(한국장애인개발원, 2011). 변별에는 빗과 솔 분류 등 7개 과제, 조립에는 다양한 색상의 볼트와 너트 조립/분해 등 12개 과제, 포장에는 연필 포장/분해 등 8개 과제가 포함되어 있다.

7) 상황평가

상황평가는 장애가 있는 사람이 좋아하는 직업 유형과 작업 환경에 대해 선택하도록 돕는 귀중한 도구이다. 상황평가(현장 평가 또는 환경 평가라고도 함)는 실제 고용 및 지역사회 환경을 사용하는 평가이다. 모의 작업 환경과 보호작업장과 같은 시설 기반 프로그램에서의 평가에는 고용 옵션과 관련하여 교육받은 선택을 내리는 데 필요한 실제 작업 환경의 다양한 변수가 포함되어 있지 않다. 상황평가를 통해 구직자를 다양한 작업 환경에 노출하고 이를 통해 실질적인 선택권을 부여받을 수 있다. 구직자는 작업 기술 요구 사항, 직장에서의 다양한 작업 및 활동, 사회적 기술 요구 사항, 작업 환경 대 비공식적인 형식 및 경직성, 활동의 속도, 개인적인 상호 작용의 양, 궁극적으로 다양한 환경에서 구직자의 편안함 수준 등을 포함하는 작업 환경의 완전한 '현실'에 대해 배울 수 있다. 상황평가는 배치 과정에서 구직자와 고용주 모두의 위험을 줄일 수 있다. 특히 지역사회에서 일하는 것에 대해 결정하지 못하고 있거나 우려하는 구직자의 경우 상황평가는 위험도가 낮은 방식으로 구직자의 지역사회 노출을 확대할 수 있다. 보다 전통적인 평가 기법에 대한 비판 중 하나는 오늘날 직장에서 제한적으로 적용되는 업무 기술을 평가한다는 것이며, 이에 반해 상황평가는 실제 작업 환경에서 사용되는 기술을 평가할 수 있다는 장점이 존재한다(Haines & Domin, 2020).

진로와 직업 중학교 나책과 고등학교 가책에서는 농수산업, 제조업 및 서비스업에 대한 직업체험 내용을 다루고 있다. 교과서에서 제시하고 있는 체험활동을 상황평가에 활용할 수 있는 방안을 농수산업의 예를 들어 설명하면 다음과 같다. 중학교 나책에서는 새싹채소 재배하기, 상추 재배하기, 열대어 기르기 등 농수산업을 체험하고 자신이 잘한 활동과 체험을 통해 하고 싶은 직무를 선택해 볼 수 있다. 고등학교 가책에서는 식량 작물 재배, 원예작물 재배 및 패류 기르기 체험활동을 하고 농수산업의 체험 내용을 써 보고 재배, 사육, 수산업 체험 결과를 스스로 평가할 수 있는 활동을 제시하고 있다. 교내 체험은 수행과정을 교사가 관찰하여 평가하도록 되어 있는데, 교내 체험활동을 하는 동안 교내 모의 작업장에서의 학생의 수행 성과와 행동 관찰을 통해 모의상황평가 결과를 활용할 수 있을 것이다.

5. 평가 결과의 해석

1) 국립특수교육원 발달장애인용 직업흥미검사

국립특수교육원에서 제공하고 있는 국립특수교육원 발달장애인용 직업흥미검사 결과 예시는 [그림 3-3]과 같다. 직군의 흥미를 살펴보면 [사무지원, 제조]에서 높은 흥미를, [음식, 농수산업, 대인서비스]에서 보통 흥미를, [청소, 예술스포츠]에서 낮은 흥미를 보였다. 직종의 흥미를 살펴보면 [사무보조, 사서보조, 생산, 우체국보조, 운송판매,조립]에서 높은 흥미를, [재배, 조리, 음료, 세차, 사육, 유아보조, 패스트푸드, 수산업, 미용]에서 보통 흥미를, [미술, 노인장애인보조, 실내외청소, 세탁]에서 낮은 흥미를 보였다. 포장·운반·정리의 흥미를 살펴보면 [포장]에서 높은 흥미를, [정리]에서 보통 흥미를, [운반]에서 낮은 흥미를 보였다. 학생은 직군에서는 [사무지원, 제조]에, 직종에서는 [사무보조, 사서보조, 생산, 우체국보조, 운송판매, 조립]에, 포장·운반·정리에서는 [포장]에 흥미가 있는 것으로 평가된다.

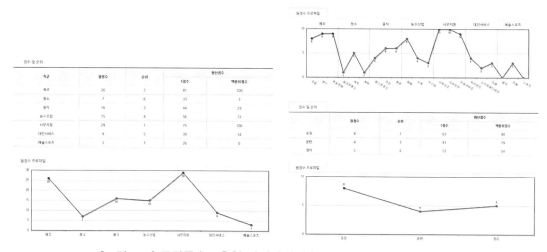

[그림 3-3] 국립특수교육원 발달장애인용 직업흥미검사 결과 예시

2) 재능평가 프로그램

재능평가 프로그램을 이용하여 자폐범주성장애인 3명의 평가를 실시한 결과의 예를 제시하면 〈표 3-1〉과 같다. 표에서 보는 바와 같이, 학생 A는 25.0%의 수행도를 보였고, 학생 B는 37.1%의 수행도를 보였으며, 학생 C는 68.6%의 수행도를 보이는 것으로 나타나, 작업 수행도가 대체적으로 양호한 편으로 나타났다. 특히 세 명의 장애학생 모두 촉각 분류 작업 및 구조물 기억 작업 과제에서 높은 수행 수준을 보였다.

〈표 3-1〉 재능평가 프로그램 결과

작업 과제	참여자 A	참여자 B	참여자 C
시각적 구조물 조립	14%	56%	84%
크기와 모양 분류	0%	19%	23%
색 분류	14%	39%	64%
촉각 분류	65%	76%	99%
작은 물체 조작	4%	12%	36%
큰 물체 조작	32%	46%	88%
작은 도구 사용	20%	35%	34%
큰 도구 사용	20%	0%	51%
시각적 흐름도	35%	36%	99%
구조물 기억	60%	52%	98%
수행수준 평균	25.0%	37.1%	68.6%

3) 장애청소년 진로성숙도 검사

장애청소년 진로성숙도 검사 결과 예시는 [그림 3-4]와 같다. 진로성숙도 전체 프로파일은 매우 높음은 지원 없이도 일반고용이 가능한 경우로, 조금 높음은 간헐적 지원이 필요한 일반고용이 가능한 경우로, 중간의 경우 간헐적 지원이 필요한 지원고용이 가능한 경우로, 조금 낮음은 지속적인 모니터링 기반 지원고용이 가능한 경우로, 매우 낮음은 보호고용이 가능한 경우로 해석된다. 하위 영역은 백분위 71% 이상은 높음으로, 백분위 31~70%는 중간으로, 백분위 30% 이하는 낮음으로 구분한다. 하위 구인별 프로파일 해석 방법은 한국장애인고용공단 홈페이지에서 자세히 제공하고 있으며, 예를 들어 진로태도의 일에 대한 태도 세부 영역의 경우 높음은 '삶에서 직업이 가지는 의미를 잘 알고 있으며 직업에 대한 합리적인 사고를 하는 편이다.'로 해석하고, 중간은 '삶에서 직업의 의미를 깊이 인식하고 직업에 대한 경직된 생각을 갖지 않도록 노력할 필요가 있다.'로 해석하며, 낮음은 '직업이 자신의 삶에서 중요하지 않다고 생각하며 직업에 대한 차별적인 사고를 가지고 있다.'로 해석한다.

기초 수준 테스트

- 본 검사는 진로성숙 기초 수준을 측정하는 3개의 문항을 포함하고 있습니다.
- 기초수준 테스트에서 평균 2점을 받았다면 본 검사 결과를 신뢰하기에 다소 어려움이 있는 것으로 판단되오니 검사 해석에 유의해주십시오.

평균 2.33점 / 총점 3점

하위영역(해당 문항)	원점수	T점수	백분위점수	구인	원점수	T점수	백분위점수
일에 대한 태도(4, 5, 32)	7	60	83	진로태도	23	68	96
독립성(6, 7, 8, 9)	10	65	93				
계획성(10, 11)	6	78	99				
자기이해(12, 13, 14, 15)	7	55	68	진로능력	42	60	84
직업지식(16, 17, 18, 19, 2)	11	55	68				
자립성(1, 2, 3)	7	55	68				
직장적응능력(21, 22, 23, 24, 25, 26)	17	66	94				
진로탐색(27, 28, 29)	5	58	78	진로행동	9	59	82
진로준비행동(30, 31)	4	58	78				
원점수총점		74		하위구인별 T점수의 합	187		92
				환산점수(T점수)	64		
단계		초급 높음 (4단계)		직업기능수준	간헐적 지원이 필요한 일반고용		

진로성숙도 하위영역별 그래프 (백분위점수)

단계안내 : 5-매우높음 4-조금높음 3-중간 2-조금낮음 1-매우낮음

하위구인	하위영역	백분위	%ile
진로태도	일에대한태도		83
	독립성		93
	계획성		99
진로능력	자기이해		68
	직업지식		68
	자립성		68
	직장적응능력		94
진로행동	진로탐색		78
	진로준비행동		78

[그림 3-4] 장애청소년 진로성숙도 검사 결과 예시

 활동하기

- 학교에서의 직업평가의 목적을 설명해 보세요.
- 직업평가 도구를 활용하여 평가를 실시해 보세요.
- 평가결과 보고서를 해석해 보세요.

제2부

진로와 직업교육의 내용 체계

제4장

진로와 직업 교육과정

홍정숙

개요

우리나라 특수교육 교육과정은 유치원 교육과정, 기본 교육과정, 공통 교육과정 및 선택 중심 교육과정으로 편성되어 있다. 공통 교육과정은 초등학교 1학년부터 중학교 3학년까지, 선택 중심 교육과정은 고등학교 1학년부터 3학년까지 적용되며, 초등학교 1학년부터 고등학교 3학년까지 적용되는 기본 교육과정은 공통 교육과정과 선택 중심 교육과정에 참여하기 어려운 특수교육대상자를 지원하기 위하여 그 내용을 대체한 대안교육과정이다. 이 장에서는 특수교육 교육과정 중 특수교육대상자를 위한 진로와 직업 교육과정의 이해를 도모하고자 한다. 이를 위해 우선 현행 2015 특수교육 교육과정 중 진로와 직업 교육과정의 개정 배경과 방향을 살펴본다. 그리고 기본 교육과정 '진로와 직업' 교과와 선택 중심 교육과정 전문 교과Ⅲ '직업' 교과의 성격, 목표, 내용 체계, 교수ㆍ학습 방법, 평가 방법을 중심으로 그 특징을 제시한다. 아울러 제1장에 사례로 기술된 학생들을 위해 어떤 진로와 직업 교육과정이 운영되어야 하는지 제시한다.

구성 내용

1. 진로와 직업 교육과정의 개정 배경과 방향
2. 기본 교육과정 – 진로와 직업
3. 선택 중심 교육과정 – 전문 교과Ⅲ 직업
4. 학생 사례에 따른 진로와 직업 교육과정

1. 진로와 직업 교육과정의 개정 배경과 방향

현행 특수교육 교육과정인 2015 특수교육 교육과정의 개정은, 첫째, 2015 초 · 중등학교 교육과정과 동시 개정 고시, 둘째, 교육과정을 기반으로 실질적인 통합교육이 될 수 있는 지침 마련, 셋째, 특수교육대상자의 교육 요구에 따른 진로 · 직업교육 내용 확대 반영, 넷째, 기본 교육과정의 성격 및 교과 편제 등의 개정 필요성에 따라 이루어졌다(전병운, 2016). 또한 2015 특수교육 교육과정 총론은 2015 초 · 중등학교 교육과정의 내용을 준용하여, 추구하는 인간상과 6가지 핵심역량(자기관리 역량, 지식정보처리 역량, 창의적 사고 역량, 심미적 감성 역량, 의사소통 역량, 공동체 역량)을 도입하였고, 기본 교육과정을 적용하는 학생의 경우에는 진로 · 직업 역량을 추가하여 7가지 핵심역량을 제시하였다. 여기서는 2015 특수교육 교육과정 진로와 직업 교육과정의 개정 배경과 방향을 기본 교육과정의 '진로와 직업' 교과와 선택 중심 교육과정의 전문 교과III을 중심으로 소개하고자 한다.

1) 기본 교육과정

2015 기본 교육과정 진로와 직업과의 개정 배경과 방향을 살펴보면 다음과 같다. 첫째, 핵심역량 중심으로 진로와 직업 교육과정을 재구조화하였다. 진로와 직업 교육과정은 2015 특수교육 교육과정의 6개 기본 핵심역량과 기본 교육과정의 특성을 반영한 진로 · 직업 역량을 포함해 총 7개의 핵심역량 개발을 목표로 하였고, 이들이 진로와 직업과를 학습함으로써 길러져야 하는 핵심역량이다(김선희, 2016). 구체적인 내용은 〈표 4-1〉과 같다.

〈표 4-1〉 진로와 직업 교육과정 핵심역량

핵심역량	개념
자기관리 역량	진로와 직업을 준비하는 과정에서 자기 주도적으로 자신과 주어진 자원을 관리하고 활용하는 능력
지식정보처리 역량	정보와 자료를 수집, 분석하여 일상생활과 일 등에서 직면하게 되는 문제를 합리적으로 해결하는 능력
창의적 사고 역량	문제를 인식하고 과제 해결을 위해 자신이 학습한 것이나 경험을 바탕으로 타당한 해결책을 제시하는 능력
심미적 감성 능력	새로운 경험에 대한 개방적 태도를 바탕으로 삶의 질 향상과 행복을 위해 적극적으로 어울려 참여하는 능력
의사소통 역량	일상과 직장 생활의 업무 수행 과정에서 타인의 말과 글을 올바르게 이해하고 자기의 의사를 정확하고 효과적으로 표현하는 능력
공동체 역량	학교나 직장에서의 인간관계와 사회적 상황 속에서 정서적 유대, 협력, 중재, 리더십 등에 대한 이해를 바탕으로 공동의 목표를 추구하는 능력
진로·직업 역량	진로 탐색과 직업 생활에 필요한 기능과 태도를 알고 준비함으로써 지역사회 구성원으로 살아갈 수 있는 능력

출처: 교육부(2015d)에서 발췌.

둘째, 중도중복장애 학생을 위한 기능적 진로와 직업 교육과정에 대한 요구를 반영하였다. 2011 기본 교육과정 적용 대상은 '모든 장애학생'이었으나, 2015 기본 교육과정에서는 '공통 교육과정 및 선택 중심 교육과정의 적용이 어려운 중등도 및 중도 장애학생'으로 조정되었다. 따라서 기존의 일반교육 연계 원칙보다는 지역사회 생활과 향후 직업 생활에 필요한 핵심역량 중심으로 교육과정을 개편해야 하고, 대상 학생의 지적 수준 및 발달 단계를 고려하여 실생활 기능 중심의 내용이 강화되어야 하며, 학습 내용 및 난이도 역시 중도장애 학생의 요구에 맞게 조절될 필요성이 제기되었다(김선희, 2016).

2) 선택 중심 교육과정

2011 특수교육 교육과정의 '직업' 교과는 직종 중심으로 편제되어, 장애학생들의 특성과 직업 관련 요구, 산업구조와 노동시장의 변화, 산업체 현황 등을 적절

하게 반영하지 못하고 현장 적용성이 떨어지는 제한점을 가지고 있었다. 따라서 2015 특수교육 교육과정 전문 교과는 장애학생들이 장래 직업을 가지는 데 필요한 기초지식과 직무능력을 갖출 수 있도록 하는 데 역점을 두어 개발하였다. 개정 중점을 살펴보면 다음과 같다.

첫째, 직업 교과 9개 과목을 직업 교과 11개 과목, 이료 교과 10개 과목으로 교육과정을 재구조화하였다. 그 이유로는 직업 생활에 필요한 태도 및 습관 형성, 직업군에 관련된 기초능력 습득, 직업기능 및 직무능력 중심의 교과 편제, 산업 동향과 취업 가능성을 고려한 직업 과목 개발 등을 들 수 있다(박정식, 2016). 〈표 4-2〉는 2015 특수교육 교육과정 중 선택 중심 교육과정의 전문 교과 개정 내용이다.

〈표 4-2〉 2015 특수교육 교육과정 중 선택 중심 교육과정 전문 교과

2011 특수교육 교육과정			2015 특수교육 교육과정		
교과	과목	수	교과	과목	수
직업	직업과 생활, 공예, 포장·조립·운반, 전자조립, 제과·제빵, 정보처리, 시각디자인, 농업	9	직업	직업준비, 안정된 직업 생활, 기초작업기술 Ⅰ, 기초작업기술 Ⅱ, 정보처리, 농생명, 사무지원, 대인서비스, 외식서비스, 직업현장실습, 직업과 자립	21
	이료(시각장애학교에만 해당)		이료 (시각장애 학교)	해부·생리, 병리, 이료보건, 안마·마사지·지압, 전기치료, 한방, 침구, 이료임상, 진단, 이료실기실습	

출처: 박정식(2016)에서 일부 수정.

둘째, 모든 학습자가 길러야 할 지식, 기술, 태도인 핵심역량, 직업 기초 능력 중심, 산업과 직업 세계의 변화에 부응, 국가직무능력표준(NCS)을 기반으로 학교와 산업 현장이 협업하는 교육과정을 특수교육 전문 교과 교육과정에 적극 반영하여 교과별로 구체화했다. 이는 '2015 초·중등학교 교육과정'에 따른 전문 교과 교육과정 개정 방향을 공유하는 것이다. 셋째, 적용 대상 학생은 경도의 지적장애 학생이거나 지적장애가 없는 모든 장애 유형의 학생을 포괄한다. 일반고등학교 선택 중심 교육과정의 '전문 교과'와 기본 교육과정의 '진로와 직업' 교과의 중간 정도 수준의 교육과정으로 개발되었다(국립특수교육원, 2015a).

2. 기본 교육과정-진로와 직업

　기본 교육과정의 중학교와 고등학교 교육과정은 교과(군)와 창의적 체험활동으로 편성하고, 교과(군)는 국어, 사회, 수학, 과학, 진로와 직업, 체육, 예술(음악/미술), 선택으로 하며, 선택 교과는 재활, 여가활용, 정보통신활용, 생활영어, 보건 등의 과목으로 한다. 여기서는 기본 교육과정의 진로와 직업과를 중심으로 살펴보고자 한다.

1) 진로와 직업과의 성격

(1) 본질 및 목적
　진로와 직업과는 학생이 자신을 이해하고 진로와 직업의 세계를 탐색하여 적합한 진로와 직업에 대한 의사결정을 하며, 이를 바탕으로 자신에게 필요한 지식, 기능, 태도를 갖추고 핵심역량을 길러 장차 안정되고 행복한 직업인으로 살아갈 수 있도록 돕는 것을 목표로 한다. 이 교과를 통해 학생은 자신의 진로 및 직업에 대한 방향을 설정하고, 작업 기초 능력을 기르며, 진학 및 취업 준비와 직업을 체험하고, 직업의 기초 능력과 직무수행 능력을 습득하며, 직업 생활의 태도 및 습관 형성을 통하여 사회에서 안정된 직업 생활과 품격 있는 삶을 영위할 수 있게 된다. 진로와 직업과에서는 장차 성인으로서 지역사회 내에서 생활하는 데 필요한 기능적 생활 중심의 지식, 기능, 태도 함양에 중점을 두고, 교과 내용에 대한 인식을 바탕으로 이를 다양한 상황에서 적용하고 지역사회에서 실천할 수 있도록 교내외에서의 활동과 수행 및 실습을 강조한다.

(2) 내용 및 역량개발 중점
　또한 생애주기별 진로 발달 단계인 진로 인식, 진로 탐색, 진로 준비 등에 이르는 일련의 경험과정에 기초하여 학생이 학교교육을 마친 후 지역사회 생활 및 직업 생활로 나아갈 수 있도록 연결하는 전환교육의 관점이 강조된다. 궁극적으로 학생이 실제적인 환경에서 수행할 수 있는 능력을 갖추고 지역사회의 구성원으로서 보다 독립적인 생활을 할 수 있도록 한다. 진로와 직업과는 '자기 탐색' '직업의 세계' '작업 기초 능력' '진로 의사 결정' '진로 준비' '직업 생활'의 6개 영역으로 구성되며, 기본 교육과정의 실과와 연계되고 선택 중심 교육과정 전문 교과Ⅲ의 직업 교과와 관련성을 가진다. 학생은 이 교과를 학습함으로써 자기관리, 지식정보처리, 창의적 사고, 심미적 감성, 의사소통, 공동체 및 진로·직업 등의 핵심역량을 기를 수 있다(⟨표 4-1⟩ 참조).

2) 목표

(1) 목표 설정의 기본 방향

진로와 직업과의 궁극적 목적은 자신과 직업에 대한 탐색과 체험을 통해 긍정적인 자아개념과 진로에 대한 적극적인 태도를 형성하고 주도적으로 자신의 진로를 개척하여 지역사회의 한 구성원으로서 독립적으로 사회생활과 직업 생활을 할 수 있도록 하는 데 있다. 그러한 목적과 함께 특수교육 기본 교육과정 적용 대상 학생이 달성해야 할 학습의 도달점을 진로 개척과 직업 역량 향상으로 삼고 있다. 목표는 교과 총괄 목표와 세부 목표, 학교급별 목표와 그에 따른 영역별 세부 목표로 구성되었다.

(2) 목표 체계

진로와 직업과는 ⟨표 4-3⟩과 같이 교과 총괄 목표와 세 개 항의 세부 목표(교과 목표), 그리고 ⟨표 4-4⟩와 ⟨표 4-5⟩와 같이 이를 달성하기 위한 학교급별 목표와 각 6개 항의 하위 영역별 목표로 구성되어 있다.

〈표 4-3〉 교과 총괄 목표 및 하위 목표

총괄목표	'진로와 직업'은 자신의 흥미, 적성, 능력을 이해하고 다양한 직업 세계 및 진로에 대한 폭넓은 탐색과 경험을 바탕으로 진로 계획을 수립하며 진학 또는 취업에 필요한 지식, 기능, 태도를 익혀 진로를 개척해 나갈 수 있는 역량을 기르는 것을 목표로 한다.	
하위 목표	자기 탐색, 직업의 세계	자신의 흥미, 적성과 능력에 대한 이해를 바탕으로 진로를 탐색하고 체험하여 자신에게 맞는 진로와 미래의 직업을 찾는다.
	작업 기초 능력, 직업 생활	신체 및 도구 사용, 정보통신활용과 같은 작업 기초 능력을 기름과 동시에 직업인의 올바른 태도를 함양하여 스스로를 관리하고 공동체에 기여하는 직업인으로서의 삶을 준비한다.
	진로 의사 결정, 직업 준비	전환에 필요한 의사결정 능력과 진로 잠재력을 바탕으로 전환 계획을 수립하고 선택한 진로에 대한 구체적인 정보를 수집하며 전환 기관에 대한 실제적 체험을 통하여 진로를 준비한다.

〈표 4-4〉 중학교 교과 목표 및 영역별 목표

중학교 교과 목표	자신의 흥미, 적성, 능력을 이해하고 진로와 직업에 대한 인식을 바탕으로 미래의 직업을 탐색하며 중학교 이후의 진로와 직업 준비에 필요한 지식, 기능, 태도를 형성하고 가정생활과 학교 생활을 통하여 작업활동에 필요한 능력을 길러 자신의 진로와 직업을 탐색하고 미래의 직업 생활을 준비한다.	
영역별 목표	자기 탐색	자신에 대한 긍정적 자아상을 바탕으로 중학교 이후의 진로를 설계하고 가정, 학교, 지역사회에서 역할과 책임을 다하는 태도를 익힌다.
	직업의 세계	일과 직업의 의미를 알고 직업의 세계를 조사하여 자신의 흥미와 적성에 맞는 직업을 탐색한다.
	작업 기초 능력	작업 수행에 필요한 기초 지식과 체력을 기르고 작업 도구 및 기기 사용에 따른 신체 능력을 길러 다양한 직종의 직무 수행에 필요한 기초 기능을 기른다.
	진로 의사 결정	개인의 권리와 책임에 대한 이해를 바탕으로 자신의 의사를 결정하고 일상생활에서의 문제해결 능력을 길러 흥미와 적성에 맞는 고등학교로의 진학 계획을 수립한다.
	진로 준비	진학할 고등학교에 대한 정보를 수집하고 미래의 직업을 준비하기 위하여 자신이 흥미를 가진 직업을 체험한다.
	직업 생활	가정과 학교에서 미래의 직업인으로서 갖추어야 할 실생활 기능과 태도를 길러 독립적이고 자주적인 직업인의 생활을 준비한다.

〈표 4-5〉 고등학교 교과 목표 및 영역별 목표

고등학교 교과 목표	자신의 흥미, 적성, 능력을 파악하고 진로와 직업의 세계를 탐색하여 미래의 직업을 준비하며 고등학교 이후의 진로와 직업에 필요한 지식, 기능, 태도를 형성하여 교내 실습과 지역사회 실습에 적용하고 직업 생활에 필요한 능력을 함양하여 자신의 전환 목표에 도달한다.
영역별 목표	
자기 탐색	자신에 대한 긍정적 자아상을 확립하여 고등학교 이후의 진로를 개척하고 가정, 직장, 지역사회에서 역할과 책임을 다하는 민주 시민의 태도와 자세를 기른다.
직업의 세계	일과 직업에 대한 가치를 이해하고 직업의 종류를 파악하여 자신의 직업 흥미와 적성에 맞는 직업을 탐색한다.
작업 기초 능력	작업 수행에 필요한 학습 및 신체 능력을 기르고 도구 사용 방법을 익혀 농수산업, 제조업, 서비스업 등의 작업 수행에 필요한 기능을 익힌다.
진로 의사 결정	개인의 권리와 책임을 바탕으로 학교와 지역사회 생활의 문제를 스스로 해결하고 자신의 직업 능력에 대한 이해와 교내 실습 및 지역사회 실습 수행을 통하여 자신의 진로를 결정한다.
진로 준비	중등 이후 교육 또는 취업을 위해 필요한 정보를 수집하고 입학 준비 또는 현장실습을 실시하며 지역사회의 다양한 기관을 이용하여 진로를 준비한다.
직업 생활	지역사회에서 직업인으로서 갖추어야 할 성인 생활의 기능과 태도를 익혀 장차 독립적이고 자주적인 직업 생활을 한다.

3) 내용 체계

진로와 직업과는 〈표 4-6〉과 같이 6개의 영역, 즉 자기 탐색, 직업의 세계, 작업 기초 능력, 진로 의사 결정, 직업 준비, 직업 생활로 내용을 구성하였다.

〈표 4-6〉 내용 체계표

영역	핵심 개념	내용 (일반화된 지식)	내용 요소		기능
			중학교 1~3학년	고등학교 1~3학년	
자기 탐색	자기 이해	행복한 미래 설계와 직업 생활의 준비는 자기 이해에서 출발한다.	• 나의 기본 정보 • 나의 장단점 • 행복한 미래 생활의 설계	• 나와 주변 환경 정보 • 나의 직업적 특성 • 행복한 직업 생활 준비	• 기록하기 • 소개하기 • 설계하기 • 실천하기
	역할과 책임	가정, 학교, 직장에서 자신의 역할과 책임을 수행하는 것은 민주 시민의 기본 자세이다.	• 가족 구성원의 역할과 책임 • 학생의 역할과 책임 • 배려 · 협동 · 봉사하는 자세	• 미래 가정 생활의 준비 • 직장인의 역할과 책임 • 민주 시민의 권리와 의무	
직업의 세계	직업의 의의	직업의 종류는 다양하며 사람은 좋아하는 일을 통하여 보람과 행복을 느끼고 자아를 실현한다.	• 일과 보람 • 가족의 직업	• 일과 행복 • 지역사회의 직업과 미래 유망 직업	• 조사하기 • 탐색하기 • 비교하기 • 분류하기 • 설정하기 • 체험하기
	직업 탐색	직업을 선택하기 위하여 직종별 직업의 특성을 파악하고 개인의 흥미, 적성 등을 고려하는 것이 중요하다.	• 직업 선택 고려 사항 • 농수산업 직종 탐색 • 제조업 직종 탐색 • 서비스업 직종 탐색	• 직업 선택 기준 • 농수산업 직종 탐색과 체험 • 제조업 직종 탐색과 체험 • 서비스업 직종 탐색과 체험	
작업 기초 능력	작업 수행	신체기능에 맞는 작업 수행은 작업의 효율을 높인다.	• 작업과 자세 • 단순한 작업의 신체 동작	• 정확성, 지속성, 신속성 향상 • 복잡한 작업의 신체 동작	• 습득하기 • 수행하기 • 작업하기 • 사용하기 • 활용하기
	작업 도구 및 기기	직종마다 다양한 작업 도구 및 기기가 있으며 이의 효과적인 사용은 작업의 능률을 높인다.	• 농수산업 도구 및 기기의 종류와 기능 • 제조업 도구 및 기기의 종류와 기능 • 서비스업 도구 및 기기의 종류와 기능	• 농수산업 도구 및 기기 사용 • 제조업 도구 및 기기 사용 • 서비스업 도구 및 기기 사용	
	직업과 정보통신	정보통신기술의 활용은 작업활동을 편리하고 효율적이게 하며 경험의 폭을 넓힌다.	• 직업과 전화기 사용 • 직업과 컴퓨터 활용	• 직업과 스마트 기기 활용 • 업무에서의 컴퓨터 활용	

진로 의사 결정	자기결정	자기결정은 주체적으로 의사를 결정하고 문제를 해결하는 능 력이다.	· 의사결정	· 문제해결	
	직업 능력	개인의 직업 능력을 파악하는 것은 최적의 직업 선택을 가능 하게 한다.	· 심리적 특성 · 신체적 특성 · 환경 적응 능력	· 직업흥미, 적성, 요구 · 작업 수행 능력 · 사업체 적응 능력	· 파악하기 · 수행하기 · 점검하기 · 계획하기 · 선택하기
	전환 계획	전환 계획은 진학 및 사회로의 전환을 위하여 자기의 진로 방향 및 목표를 설정하는 과정이다.	· 특수학교 진학 계획 · 일반고/특성화고 등 진학 계획	· 전공과 및 대학으로 의 진학 계획 · 직업훈련기관으로의 전환 계획 · 취업으로의 전환 계획	
진로 준비	진학 및 취업 준비	진학할 학교 또는 취업할 기관 을 선택한 후에는 이에 대한 구체적인 정보 수집과 준비과 정이 필요하다.	· 고등학교 정보 · 진학 준비	· 진학 및 취업 기관 정 보 · 취업 준비	· 수집하기 · 비교하기 · 작성하기 · 체험하기 · 실습하기
	직업 체험	직업 체험과 현장실습은 선택 한 진로에 대한 실제적인 경험 을 제공한다.	· 농수산업 직업 체험 · 제조업 직업 체험 · 서비스업 직업 체험	· 농수산업 현장실습 · 제조업 현장실습 · 서비스업 현장실습	
직업 생활	자기관리	자기관리는 독립적인 직업 생 활을 위해 개인이 갖추어야 할 기본 능력이다.	· 기본적인 자기관리 · 등하교 · 일과 여가	· 직업인의 자기관리 · 출퇴근 · 직업 생활과 여가	· 수행하기 · 조사하기 · 구분하기 · 실천하기 · 점검하기
	작업 태도	정확하고 안전한 작업 수행과 대인관계 능력은 직업인이 갖 추어야 할 기본적인 작업 태도 이다.	· 간단한 작업 지시 수 행 · 대인관계 · 작업 규칙 · 안전한 작업	· 연속된 작업 지시 수 행 · 직장에서의 예절 · 직장 규칙 · 직장에서의 안전	

출처: 교육부(2015d).

4) 교수 · 학습 방법

진로와 직업과의 교수 · 학습 과정에서 체험적 활동을 통해 실제적인 학습 경험
이 축적되도록 하고 배운 것을 다양한 현실에 적용할 수 있는 기회를 제공하는 것
은 학습의 확인과 확장이라는 측면에서 핵심 원리라고 할 수 있다. 중도중복장애
학생이 포함된 학급을 운영하는 특수학교는 해당 학급 학생의 교육과정을 교과
(군)별 50% 범위 내에서 시수를 감축하여 창의적 체험활동으로 편성 운영할 수 있

도록 교육과정의 유연성이 제시되어 있는 만큼, 진로와 직업과는 체험적 교수·학습 과정 중심으로 운영되는 것이 바람직하다. 실제 경험과 현장학습 등이 가장 효과적일 수 있으나, 여의치 않을 경우 또는 스마트 교육 확대의 일환으로 가상 경험 등의 기회를 제공할 수도 있을 것이다. 체험 중심, 현장 중심의 교수·학습 과정 운영을 위하여 지역사회의 다양한 전문 인력의 참여를 유도하고 관련 기관을 활용하는 노력이 필요하다(국립특수교육원, 2015b). 구체적인 방법을 제시하면 다음과 같다(교육부, 2015d, pp. 246-247).

- 교수·학습 과정에서 모델링, 역할 놀이, 모의 상황 훈련, 교내 실습, 지역사회 현장실습 등 다양한 활동과 경험을 활용한다.
- 학생의 특성, 흥미, 지역사회의 여건과 개인차를 고려하여 활동 중심으로 운영한다.
- 학생이 체험활동과 경험을 통해 직업의 세계를 이해하고 탐색하며 진로를 준비하고 자신의 진로를 결정하도록 한다.
- 국가 수준의 배당 시간 외에 교과 내용의 특성상 다양한 활동, 교내 실습, 지역사회 현장실습 등의 체험활동으로 인하여 지도 시간이 부족할 경우에는 창의적 체험활동 시간을 활용한다.
- 다양한 활동과 현장 경험을 활용하여 학습의 실효성을 거둘 수 있도록 수업 시간을 연속하여 융통성 있게 편성·운영할 수 있다.
- 실물이나 모형, 인터넷 자료, 사진 및 동영상 자료, 멀티미디어 자료 등 다양한 학습 자료를 적극 활용하여 교수·학습의 효율성을 높이고 생동감 있는 교수·학습 활동이 이루어지도록 하며, 화상 수업이나 스마트 미디어 등의 테크놀로지 활용을 통해 흥미로운 수업이 될 수 있도록 한다.
- 교수·학습 계획 시 학생의 수준과 특성, 진로 방향, 학교 상황, 지역사회 여건 등에 따라 내용의 우선순위를 정하여 계획한다.
- 교내의 직업 훈련실, 실습실, 특별실, 기타 시설이나 장비를 활용하여 교육과정에 대한 실제적인 활동과 경험을 통해 장차 개인의 진로 및 직업을 탐색하고 준비할 수 있도록 한다.
- 지역사회 내 직업훈련기관, 지역사회 전환 기관, 사업체 등 관련 기관과의 연

계 속에서 다양한 시설이나 설비, 기구 등을 활용하여 체험, 활동, 실습을 할 수 있도록 하며 지역사회 전문가를 활용하여 현장 중심의 수업이 이루어질 수 있도록 한다.

5) 평가 방법

평가 시기와 방법 등은 사전에 계획하여 실시하되, 과목의 목표가 반영되도록 해야 하고 활동의 과정과 결과에 대한 평가가 모두 반영되도록 해야 한다. 특히 면담이나 수행 표본, 포트폴리오, 관찰, 활동 기록지 분석 등을 활용하여 과정 평가에 대한 현실적인 방안을 모색해야 한다. 특히 학교에서의 평가는 교육과정 기반 평가(Curriculum-Based Assessment: CBA)가 되도록 하는 것이 필요하다. 진로와 직업과의 평가는 진학과 졸업 후 사회 참여, 직장 적응을 위해 개인에 대한 평가뿐만 아니라 집단에의 적응, 역할 분담 및 협업 능력, 집단 중시 태도 등도 평가할 수 있어야 한다. 이러한 평가는 학생의 수행 및 행동을 관찰하고 정보를 수집하여 학생의 강점과 약점을 파악함으로써 개별화된 교육 계획의 자료로 삼도록 한다(국립특수교육원, 2015b). 구체적으로 살펴보면 다음과 같다(교육부, 2015d, p. 248).

- 평가 시기, 평가 목적, 평가 상황, 평가자 등을 종합적으로 고려하고 심리검사, 지필, 관찰, 면담, 실기, 과제, 수행 표본, 포트폴리오, 교육과정 중심 평가 등 다양한 방법을 활용하여 학생의 인성 영역과 기술, 수행 능력이 효율적으로 평가되도록 한다.
- 교사, 학생, 부모, 전문가 등 관계자들이 서로의 전문성과 장점을 토대로 평가에 참여하고 그 결과를 공유한다.
- 학생의 필요에 따라 직업흥미와 적성 등을 분석할 수 있도록 심리검사 및 작업표본 평가, 상황평가, 현장 평가 등 적절한 방법을 활용한다.
- 실습 및 실기 평가는 사전 목표에 따른 평가 항목과 기준을 세분화·단계화하여 작성하고, 실제 작업 환경의 요소를 충분히 반영하여 객관적으로 평가한다.
- 평가는 사전 준비 상황, 참여 태도 및 집단 간의 협력적 태도 등을 포함한다.

3. 선택 중심 교육과정–전문 교과Ⅲ 직업

고등학교 교육과정은 교과(군)와 창의적 체험활동으로 편성되어 있다. 교과는 보통 교과와 전문 교과로 한다. 보통 교과의 영역은 기초, 탐구, 체육·예술, 생활·교양으로 구성하며, 교과(군)는 국어, 수학, 영어, 한국사, 사회(역사/도덕 포함), 과학, 체육, 예술, 기술·가정/제2외국어/한문/교양으로 되어 있다. 전문 교과는 전문 교과Ⅰ과 전문 교과Ⅱ, 전문 교과Ⅲ으로 구분한다(교육부, 2015b). 전문 교과Ⅲ은 '직업 교과'(11과목)와 '이료 교과'(10과목)로 구분된다(〈표 4-2〉 참조). 여기서는 전문 교과Ⅲ 직업 교과 중에서 직업준비, 농생명, 대인서비스의 3개 과목을 중심으로 살펴본다.

1) 직업준비

(1) 목표

직업준비 과목에서는 직업 세계로 진입하기 위하여 학생이 자신에 대한 이해를 바탕으로 직업에 대한 탐색을 통해 자신의 진로 및 직업의 방향을 설정하고 성공적으로 취업에 도달하는 데 목표를 두고 있다. 이를 위해 긍정적 자아개념과 건전한 직업관·직업의식 형성, 진로 의사 결정 능력과 직업인으로서의 삶의 방향 설정, 취업에 필요한 역량 기르기와 같은 세부 목표를 설정하여 학생이 자신의 이해, 직업 세계의 탐색, 진로 의사 결정, 취업 준비를 할 수 있는 구체적인 역량을 계발할 수 있도록 한다.

(2) 내용 체계

영역	핵심 개념	내용(일반화된 지식)	내용 요소	기능
나의 이해	소중한 나	자신의 기본 정보와 강점 및 약점을 정확하게 파악하고 자아존중감을 갖는 것은 성공적인 취업을 위한 첫 걸음이다.	• 나의 기본 정보 • 나의 강점과 약점 • 자아존중감 갖기	• 기록하기 • 발표하기 • 조사하기 • 계획하기 • 인식하기 • 해결하기 • 실천하기
	미래의 나	행복한 삶을 위해서는 행복의 의미를 알고 꿈과 희망을 향한 미래 삶에 대한 계획이 필요하다.	• 행복한 삶 • 나의 특성과 직업 • 미래 삶을 위한 계획	
	사회 속의 나	직장생활의 성공은 다른 사람을 배려하고 존중하며 긍정적인 대인관계 능력을 갖추는 데 있다.	• 역할과 책임 • 감정과 생각의 표현 • 배려 · 협동 · 봉사하는 삶	
직업의 세계	직업의 가치와 종류	직업의 경제 · 심리 · 사회적 가치 인식, 여러 직업 세계에 대한 탐색과 체험은 자신에게 적합한 직업을 찾는 데 중요한 과정이다.	• 직업의 가치 • 직업의 필요성 • 주변의 직업 • 내가 희망하는 직업	• 조사하기 • 설명하기 • 인식하기 • 준비하기 • 탐색하기
	미래사회와 직업	사회와 직업의 변화에 따라 적절하고 빠르게 자신을 적응시킬 수 있는 역량이 미래 삶에는 필수적이다.	• 사회의 변화와 직업 • 미래 사회를 위한 직업 준비	
진로 의사 결정	직업 선택 준비	진로와 직업 선택을 준비하기 위해서는 정확한 직업평가와 함께 자격증이나 체험이 필요하다.	• 직업평가 • 자격증 • 진로와 직업 체험	• 조사하기 • 계획하기 • 준비하기 • 취득하기 • 체험하기 • 이용하기
	진로계획	진로계획은 자신에게 적합한 진로를 구체적으로 세우고 적합한 직업을 갖기 위한 요소이다.	• 진로계획 수립 과정 • 진로 목표 설정	
	직업전환	전환 관련 기관이나 서비스를 이용하는 것이 직업과 사회로 전환하는 데 도움이 된다.	• 직업전환교육기관 • 전환 서비스	
취업 준비	취업 정보 수집	취업 정보를 수집, 분석, 활용하는 과정은 취업 준비의 기본 요소이다.	• 취업 정보의 수집 • 취업 정보 분석과 활용	• 수집하기 • 선택하기 • 준비하기 • 작성하기 • 참여하기
	취업 서류 준비와 면접	자신을 잘 드러낼 수 있는 취업 서류 준비와 면접에서의 바른 태도 및 적절한 대화 방법은 취업을 위한 마무리 단계로서 익혀야 할 요소이다.	• 이력서와 자기소개서 • 취업 관련 서류 • 면접 태도 • 면접 대화법	

출처: 교육부(2015c).

(3) 교수 · 학습 방법

직업준비 교과의 교수 · 학습 방법은 다음과 같다(교육부, 2015c, pp. 308-309).

- 학생의 요구, 학교의 여건, 지역사회 상황 등을 고려하여 학습 지도 방법을 선정하되, 학습 목표를 달성하고 핵심역량을 함양하도록 한다.
- 지역사회 중심 학습, 현장실습, 견학 등을 통하여 학생이 교실을 떠나 현장에서 체험, 면접, 조사, 관찰을 토대로 다양한 경험을 획득하고 그 경험을 바탕으로 직업을 탐색하고 진로 의사 결정을 하도록 하며, 실습 및 체험을 통해 다양한 장면에서 자신을 이해하고 문제해결 능력을 기르도록 지도한다.
- 시뮬레이션과 역할 놀이, 시범 등을 통하여 학생이 취업이라는 목표에 도달하는 과정에서 해결해야 할 다양한 문제해결 상황 및 면접 상황 등을 실제적인 장면 혹은 유사한 상황을 인위적으로 만들어 반복하고 연습하도록 환경을 제공하여 지도한다.
- 정보통신기술과 신문 활용 교육 등을 통하여 학생이 학습 및 일상생활의 문제해결에 인터넷이나 신문을 활용할 수 있도록 하고 직업과 관련된 다양한 정보를 스스로 탐색 및 수집하여 활용할 수 있도록 지도한다.
- 토의와 협동 학습 등을 통하여 특정한 학습 과제에 대하여 학생 상호 간에 의견을 교환하고 협동 학습의 역할과 협동을 통해 과제를 성공적으로 수행하고 목표를 달성하는 경험을 하도록 지도한다.
- 문제해결학습을 통하여 학생이 문제의 인식, 자료 수집, 자료의 비교, 문제해결 방안 검토, 문제해결 방안 선택, 시험, 결과 평가 등을 실시함으로써 비구조화된 문제를 해결하는 과정을 학습하게 한다.
- 교과 간 연계성을 고려하여 선택 중심 교육과정 전문 교과 과목들과 직업준비 과목, 기본 교육과정 고등학교 진로와 직업과의 관련 내용을 참고하여 융합되도록 지도한다.

(4) 평가 방법

직업준비 교과의 평가 방법은 다음과 같다(교육부, 2015c, pp. 310-311).

- 평가는 사전에 구체적으로 계획한 기준과 방법을 활용하고 개인별 특성을 고려하여 다양한 방식의 대안 및 대체 평가 방법을 적용한다.
- 직업을 준비하는 과정에서 학생의 가치, 태도와 행동의 변화를 중시하여 평가하되, 단순한 지식 위주의 지필평가를 지양하고 직업준비 과정에서의 지식 및 정보의 획득과 적용 및 실천 능력이 종합적으로 평가되도록 한다.
- 학생의 영역별 지식, 기능, 태도 등이 균형 있게 평가되도록 (가) 시뮬레이션, 역할 놀이 등에서의 지식, 기능과 태도에 대한 관찰을 통한 상황평가, (나) 직접 수행할 수 있는 정도를 관찰하는 수행평가, (다) 포트폴리오, 프로젝트, 교육과정 중심 평가, (라) 지식에 대한 지필검사, (마) 부모, 학교 및 지역사회 관련인 등과의 면담 방법을 포함하여 다양한 방식으로 평가하되, 양적 자료와 더불어 질적 자료를 수집한다.
- 실습평가는 사전 목표에 따른 평가 항목과 기준을 세분화 · 단계화하여 작성함으로써 객관적인 평가가 될 수 있도록 한다.
- 교사, 학생, 지역사회 기관 등의 관계자들이 서로의 전문성과 장점을 토대로 평가에 함께 참여하고 그 결과를 공유한다.

2) 농생명

(1) 목표

농생명 과목은 농생명 산업에 관한 기본 지식과 주요 기술을 습득하고, 이를 바탕으로 자신에게 적합한 진로를 선택하여 실제 활용할 실무 능력을 함양하며, 공동체의 발전을 위하여 성실한 직업인으로서의 자질과 능력을 기르는 것을 목표로 한다. 특히 농생명 과목은 학생이 자기관리 역량, 문제해결 역량, 의사소통 역량, 대인관계 역량, 창의적 사고 역량, 지식정보처리 역량 및 수리능력, 직무기술능력, 자원관리능력 등과 같은 핵심역량을 계발할 수 있도록 지도한다.

(2) 내용 체계

영역	핵심 개념	내용(일반화된 지식)	내용 요소	기능
농생명의 이해	농생명과 과학	농생명은 인간 생활에 중요하고 과학기술과 함께 발달한다.	• 농생명 환경과 과학 기술	• 인식하기 • 설명하기 • 정보 찾기 • 태도 갖추기
	농직업과 진로	농직업은 종류가 다양하고 적성에 맞는 진로 선택과 바람직한 직업관이 필요하다.	• 농직업의 종류 • 직업 선택	
식물 자원	작물의 이해	작물을 이해하기 위해서는 작물의 의미와 종류를 알아야 한다.	• 작물의 의미와 종류	• 인식하기 • 파악하기 • 재배 환경 알기 • 재배하기
	작물 재배 기초	작물 재배에 적합한 재배 환경이 있다.	• 작물의 재배 환경	
	작물 재배 관리	작물에는 종류별로 적절한 재배 방법이 있다.	• 작물의 재배 관리 방법	
동물 자원	동물 사육 기초	동물을 사육하기 위해서는 사료 개발, 번식 및 개량 방법 등의 기초 기술이 필요하다.	• 동물 사육	• 특성 알기 • 구별하기 • 사육하기 • 조성하기 • 관리하기
	동물 사육 및 관리	동물을 사육하기 위해서는 적절한 환경 조성과 관리가 필요하다.	• 동물 사육 환경 조성 • 동물 관리	
산림 자원	산림 자원 조성 및 관리	산림 자원의 조성 및 관리를 위해서는 지속 가능한 산림 경영 기술이 필요하다.	• 산림 자원 조성 및 관리 방법	• 조성하기 • 관리 방법 알기 • 의미/종류 알기 • 방법 익히기 • 이용 분야 알기
	산림 자원의 이용	산림 자원의 이용 분야를 알기 위해서는 산림 자원의 가공 및 이용 방법에 대한 지식과 기술이 필요하다.	• 산림 자원 생산물과 이용 분야	
농생명 산업	가공 및 유통	농축산물 가공 및 유통을 알기 위해서는 농산물의 수확 후 처리 및 유통에 대한 기초 지식이 필요하다.	• 농축산물 가공 기술 및 유통 과정	• 습득하기 • 과정 익히기 • 이해하기 • 재배하기 • 방법 익히기 • 기술 익히기 • 설명하기 • 사례 찾기
	친환경 농업	친환경 농업 분야에 종사하기 위해서는 친환경 농업의 뜻과 중요성에 관한 인식과 친환경 농업 기술이 필요하다.	• 친환경 농업과 생활	
	도시 농업	도시 농업 분야에 종사하기 위해서는 도시 농업의 효과와 가치를 알고 알맞은 지식과 기술이 필요하다.	• 도시 농업의 발달 과정 • 도시 농업의 효과와 가치	

관광 농업	관광 농업 분야에 종사하기 위해서는 관광 농업에 대하여 알고 알맞은 지식과 기술이 필요하다.	• 관광 농업의 의의 • 농원 관리를 위한 지식 및 기술
생명 공학 기술	생명 공학 기술을 이해하기 위해서는 생명 공학 기술의 발달 과정과 기초 기술 이해가 필요하다.	• 농생명 산업에 적용되는 생명 공학 기술

출처: 교육부(2015c).

(3) 교수 · 학습 방법

농생명의 각 영역과 내용 요소를 지도할 때에는 학생의 요구, 학교의 여건, 지역사회 상황 등을 고려하여 핵심역량을 구현할 수 있도록 적절한 학습 방법으로 지도한다(교육부, 2015c, pp. 366–367).

- 학생의 학업 성취 수준이나 지역사회의 특성, 학교의 여건 등을 고려하여 학습 내용의 지도 중점을 달리할 수도 있다.
- 학생의 특성 및 창의성이 최대한 반영되도록 자기 학습의 기회를 주는 활동으로 구성하여 운영한다.
- 일반적인 과정에서 특수한 과정으로, 반복 학습을 통하여 자연스럽게 심화된 기능을 익히도록 내용을 선정 · 구성한다.
- 학습 내용을 충분히 이해하고 기능을 숙달하도록 이론과 실습을 병행하고 사례를 중심으로 지도한다.
- 일반적인 재배 및 사육 과정을 익히고, 각 작물이나 가축에 따른 특수한 재배 및 사육 방법을 알게 함으로써 폭넓은 지식과 심화된 전문적인 지식을 익혀 활용하도록 한다.
- 과목의 성격상 실습활동을 중심으로 하되, 발표, 토의, 관찰, 조사, 실습, 견학 등 다양한 학습 활동을 체험하도록 한다.
- 과학화, 기계화된 영농활동에 종사하도록 학생의 특성에 따라 다양한 학생 중심의 교수 · 학습 방법을 구체적으로 제시한다.
- 실습 시간에는 안전에 대한 기본 습관을 기르고, 안전사고 예방에 대한 지도

를 철저히 한다.

- 생명을 다루는 교과로서 생명의 소중함과 가치를 강조하여 인성교육이 함께 이루어지도록 한다.

(4) 평가 방법

농생명 교과의 평가 방법은 다음과 같다(교육부, 2015c, p. 368).

- 평가 목적, 평가 목표와 내용에 적합하게 다양한 평가 방법과 평가 도구를 활용한다.
- 실습의 평가는 관점 또는 항목을 사전에 학생들에게 제시하고 실시한다.
- 실습의 평가는 과정을 중요시하고, 교사의 평가와 학생의 자기평가, 학생과 학생 간의 상호 평가를 적극적으로 활용한다.
- 성취 수준과 성취기준을 설정하고, 다양한 도구와 방법으로 성취도를 평가하여 학생의 목표 성취도를 확인한다.
- 평가 대상의 특성이 다양하고 실습이 많은 내용임을 고려하여 평가 장면과 평가 문항의 형태를 선정하여 평가한다.
- 내용에 따라 실습, 체험, 견학, 조사 등의 활동을 실시하고, 평가하도록 구성한다.

3) 대인서비스

(1) 목표

대인서비스 과목은 서비스 관련 분야의 기초적인 지식과 기술을 습득하여 자신에게 알맞은 직업을 선택하고, 미래 사회의 변화에 대처할 수 있는 대인서비스 관련 종사자로서의 능력과 태도를 기르는 것을 목표로 한다. 특히 대인서비스 과목을 통해 의사소통 역량, 자기관리 역량, 대인관계 역량, 창의적 사고 역량, 문제해결 역량, 지식정보처리 역량, 시민의식, 직업윤리, 기술자원 관리능력과 같은 핵심 역량을 계발하도록 한다.

(2) 내용 체계

영역	핵심 개념	내용(일반화된 지식)	내용 요소	기능
대인 서비스 이해	대인서비스 산업	대인서비스 산업은 산업별 특징과 사회 변화에 따른 전망을 보인다.	• 대인서비스 산업의 발전 • 대인서비스 산업의 전망	• 조사하기 • 탐색하기 • 향상하기 • 익히기 • 해결하기
	대인서비스와 직업	대인서비스 산업에는 다양한 분야별 직업이 있다.	• 생활 · 교육 · 보건 · 미용 서비스 분야의 직업 정보	
	대인서비스 매너	직업을 갖기 위해서는 인사 예절, 복장과 용모, 고객을 응대하는 서비스 매너 등이 필요하다.	• 올바른 인사 예절 • 복장과 용모 • 응대 태도	
	대인서비스 기초 직업 능력	직업인으로서의 의사소통 역량, 대인관계 역량, 문제해결 역량이 필요하다.	• 의사소통 역량 • 대인관계 역량 • 문제해결 역량 • 직업윤리	
생활 서비스	청소 대행 실무	청소에 적절한 도구의 사용법과 순서가 있다.	• 청소 도구 사용 • 청소 대행 업무 능력	• 사용하기 • 기르기 • 익히기 • 수행하기 • 설명하기
	세탁 실무	세탁물의 종류에 따라 세탁 방법과 기술이 다르다.	• 세탁물의 종류 • 세탁 방법	
	세차 실무	세차에 필요한 도구가 있으며 작업 방법과 순서가 있다.	• 세차 도구 사용 • 세차 방법	
	택배 실무	택배는 물품의 훼손과 분실을 방지하고 목적지까지 배송하는 능력이 필요하다.	• 물류 운송 과정 • 택배 실무 능력	
교육 서비스	특수교육 지원 실무	서비스 대상자의 특성을 이해하고 개인 맞춤형 지원을 할 수 있는 역량이 필요하다.	• 특성에 맞는 서비스 제공 • 특수교육 지원 실무 능력	• 제공하기 • 조사하기 • 실습하기 • 설명하기
	통학 지원 실무	안전한 이동을 위한 승하차 및 이동 지원 방법을 익히는 역량이 필요하다.	• 안전사고 예방 및 대처 능력 • 통학 지원 실무 능력	
	교무 행정 실무	효율적인 교무 행정 업무를 수행할 수 있는 대인관계 역량과 행정 기술 역량이 필요하다.	• 교무 행정의 중요성 • 교무 행정 실무 능력	
	보육 실무	영 · 유아기는 인간 발달에 중요한 시기이며 이에 맞는 적절한 보육 기술 역량이 필요하다.	• 보육의 필요성 및 중요성 • 보육 관련 실무 능력	

보건 서비스	요양 보호 실무	요양 보호 업무는 노인에게 필요한 신체 수발, 가사 지원, 정서 지원 등의 서비스를 제공한다.	• 요양 보호 종사자의 역할과 자격 • 요양 보호 실무 능력	• 기르기 • 조사하기 • 인식하기 • 실습하기 • 설명하기
	간호 조무 실무	간호 조무는 환자의 상태에 적절한 간호 조무 업무를 제공한다.	• 간호조무사의 일과 자격 • 간호 조무 실무 능력	
미용 서비스	헤어 미용 실무	헤어 미용은 모발의 구조와 성질에 따라 커트, 파마, 컬러링의 기술이 필요하다.	• 헤어 미용의 원리 • 헤어 미용 실무 능력	
	피부 미용 실무	피부 미용 서비스는 피부 유형에 맞는 관리 서비스를 제공하는 역량이 필요하다.	• 피부의 구조와 기능 • 피부 미용 실무 능력	• 파악하기 • 조사하기 • 실습하기 • 설명하기
	네일아트 실무	네일아트는 고객의 기호에 부합하는 창의적이고 유능한 서비스 역량을 필요로 한다.	• 손톱의 역할과 구조 • 네일아트 실무 능력	
	메이크업 실무	메이크업은 색의 기초적인 이해를 통해 피부, 눈과 아이섀도, 입술과 볼 메이크업 역량이 필요하다.	• 색채의 활용 • 메이크업 실무 능력	

출처: 교육부(2015c).

(3) 교수 · 학습 방법

대인서비스 교과의 교수 · 학습 방법은 다음과 같다(교육부, 2015c, pp. 397-398).

• 개인차를 지닌 학생들의 특성과 요구를 수용하여 학습 동기를 높이도록 수업 참여 방식을 다양화하며, 각 영역의 내용에 따라 견학, 실습, 조사, 토의, 역할놀이, 협동 학습, 문제해결학습, 프로젝트 학습, 시범, 지역사회 중심 학습, 현장실습 등 다양한 활동 중심, 실습 중심 교수 · 학습 방법을 적용한다.

• 교내의 직업 훈련실, 실습실, 특별실, 기타 시설이나 장비를 활용하여 교육과정에 대한 직무 중심적인 활동과 경험을 하여 장차 개인의 진로를 탐색 · 준비하도록 하며, 다양한 실습 및 교육활동 방안을 모색하여 관련 내용들이 실습 중심의 수업이 전개되도록 학교 환경과 교육 내용을 재구성하여 지도한다.

- 지역사회의 특성을 고려하여 교과 학습 후 학교와 관련 기관과의 산학 협력, 교내 사업체 운영, 사업체 실습 등 전문 교과의 특성에 맞는 직업 기반 운영 방안을 모색하여 지도한다.

- '대인서비스 이해' 영역에서는 대인서비스 산업이 차지하는 비중이 점차 높아지고 미래 유망 전략 직업으로 새롭게 인식되고 있음을 강조한다. 대인서비스 산업의 발전과 전망을 통해 분야별 직업의 종류 및 특징 등을 탐색하도록 지도한다. 학생의 흥미와 적성에 적합하게 역할극, 시뮬레이션 학습, 모의 실습 등을 통하여 인사 예절, 서비스 종사자의 복장과 용모, 고객을 응대하는 매너, 의사소통 역량, 대인관계 역량, 문제해결 역량 등 대인서비스 관련 직업에 필요한 기초 소양과 태도를 익히도록 지도한다.

- '생활 서비스' 영역에서는 청소 대행 실무, 세탁 실무, 세차 실무, 택배 실무에 필요한 기초지식과 직무를 습득하여 생활 서비스 종사자로서 자질을 갖추게 한다. 실습 중심의 영역으로 사용하는 도구가 많아 특히 학생들의 안전에 유의하도록 지도하며, 교사 중심의 수업을 지양하고 학생 중심의 수업, 문제해결 중심의 수업이 이루어지도록 한다. 사업체의 직무 내용을 조사하고, 서비스에 대한 기술을 익혀 현장실습을 통하여 유능한 생활 서비스 종사자가 될 수 있도록 지도한다.

- '교육 서비스' 영역에서는 특수교육 지원 실무, 통학 지원 실무, 교무 행정 실무, 보육 실무에 필요한 기초 소양과 태도, 직무 능력을 길러 교육 서비스 종사자로서 자질을 갖추게 한다. 실물이나 모형, 사진 및 동영상 자료, 인터넷 자료 등 다양한 학습 자료를 활용하여 교육 서비스의 중요성과 의의, 개념을 이해시키고, 또 역할극, 교내 실습, 지역사회 현장실습 등 다양한 실습을 통해 서비스 대상자의 특성에 맞는 개인 욕구 지원, 학습 지원, 문제행동 관리 지원 등의 직무를 익혀 특수교육 기관에서 학생들의 지원을 담당할 수 있도록 지도한다.

- '보건 서비스' 영역에서는 요양 보호 실무, 간호 조무 실무에 필요한 기초 소양과 태도, 직무능력을 길러 보건 서비스 종사자로서 자질을 갖추게 한다. 노인 요양 시설 등에서 실습을 통해 신체 수발 서비스, 가사 지원 서비스, 개인 활동 서비스, 말벗이 되어 드리는 정서 지원 서비스, 방문 목욕 서비스 등의

직무를 익혀 건강한 노년 생활에 필요한 서비스를 제공할 수 있도록 지도한
다. 의료 기관에서 충분한 실습을 통해 위생 간호하기, 환자 돌보기, 운동 및
활동 도와주기 등으로 구성된 기본 간호 업무와 외래 진료 업무 협조, 간호 업무
협조, 환경 관리 등의 업무를 익혀 안전하고 정확하게 수행하도록 지도한다.
- '미용 서비스' 영역에서는 헤어 미용 실무, 피부 미용 실무, 네일아트 실무, 메
  이크업 실무에 필요한 기초 소양과 태도, 직무 능력을 길러 미용 서비스 종사
  자로서 자질을 갖추게 한다. 동영상 자료나 매체를 이용하여 미용의 원리를
  이해하고, 모형을 이용하여 미용에 필요한 다양한 기술을 익히도록 지도한
  다. 모의 역할극을 통하여 손님과 서비스 제공자의 역할을 익히고 피드백을
  통해 미용 기술을 향상하도록 지도한다.

(4) 평가 방법
대인서비스 교과의 평가 방법은 다음과 같다(교육부, 2015c, p. 399).

- 평가 방법은 지필 평가, 관찰 평가, 면담 등에 의한 평가와 실기 평가, 과제 평
  가, 수행 평가, 상황 평가, 현장 평가 등 다양한 방법을 활용하여 학생의 정의
  적 · 인성 영역과 기술, 수행능력을 효율적으로 평가한다.
- 실습 평가는 사전 목표에 따른 평가 항목과 기준을 세분화 · 단계화하여 작성
  하고, 실제 작업 환경의 요소를 충분히 반영하여 객관적이고 유의미한 평가
  가 되도록 한다.
- 실습 평가에서는 실습 내용에 대한 이론적인 평가를 지양하고, 직무의 단계
  별 과정의 평가와 지도 시간 단위별 평가를 실시하여 타당도와 신뢰도를 높
  인다.
- 평가는 사전 준비 상황, 참여 태도 및 집단 간의 협력적 태도 등을 포함한다.

4. 학생 사례에 따른 진로와 직업 교육과정

여기서는 제1장의 '2. 진로와 직업교육 학생 사례'에 기술된 학생들을 위해 어떤
진로와 직업 교육과정이 운영되어야 하는지를 제시하고자 한다.

1) 중학교 특수학급에 재학 중인 준상

중학교 특수학급에 재학하는 준상이를 위한 교육과정은 공통 교육과정에 준하
며, 통합학급의 교육과정 편제와 시간 배당을 적용하여야 한다. 그러나 학생의 수
준에 따라 교과의 내용을 '생활기능 및 진로와 직업교육, 현장실습' 등으로 대체
하는 방법으로 조정하여 운영할 수 있다. 준상이의 진로와 직업교육을 위해 교과
의 내용을 기본 교육과정 진로와 직업과의 내용이나 생활기능의 내용으로 대체
할 수 있다.

2) 특수학교 중학교에 재학 중인 은지

2015 특수교육 교육과정은 장애 유형에 따른 특정 교육과정을 규정하지 않았
으나 특수학교 중학교에 재학 중인 지적장애 학생 은지를 위한 교육과정으로는
기본 교육과정을 편성·운영하는 것이 적절할 것이다. 은지의 진로와 직업교육을
위해 기본 교육과정 진로와 직업과와 창의적 체험활동을 아우를 뿐만 아니라 기
본 교육과정 진로와 직업과와 각 교과 간의 연계 및 통합적 접근이 필요하다.

3) 특성화계 고등학교에 재학 중인 미영

특성화계 고등학교에 재학 중인 미영이의 진로와 직업교육은 선택 중심 교육
과정 전문 교과Ⅱ와 전문 교과Ⅲ을 통해 주로 이루어진다. 특성화 고등학교와 산
업수요 맞춤형 고등학교에서 비장애학생들이 배우는 전문 교과Ⅱ는 국가직무능
력표준(NCS)을 기반으로 하고 있다. 미영이가 입학한 조리과의 전문공통과목은
성공적인 직업 생활이고, 기초과목은 식품과 영양, 급식 관리이며, 실무 과목은

한국 조리, 서양 조리, 중식 조리, 일식 조리, 소믈리에, 바리스타, 바텐더로 구성되어 있다. 미영이는 통합교육의 과정에서 전문 교과Ⅱ를 중심으로 하면서 전문교과Ⅲ의 내용도 함께 배울 수 있고, 특수학급에서 전문 교과Ⅲ의 내용을 학습할수도 있다.

4) 일반계 고등학교에 재학 중인 진수

일반계 고등학교에 재학 중인 진수는 선택 중심 교육과정의 적용을 받는다. 일반학급 및 특수학급에 배치된 특수교육대상자 교육과정의 편제와 시간 배당은해당 학년군의 교육과정을 따르고, 교과의 내용을 대신하여 생활기능 및 진로와직업교육, 현장실습 등으로 편성·운영할 수 있으므로, 개별화교육계획에 따라선택 중심 교육과정 전문 교과Ⅲ의 내용이나 기본 교육과정의 진로와 직업과의내용도 함께 배울 수 있다. 그 영역과 내용은 학생의 장애 특성 및 정도를 반영하여 학교가 정한다.

5) 특수학교 고등학교에 재학 중인 하은

특수학교 고등학교 재학 중인 지체중복장애 학생 하은이를 위한 진로와 직업교육과정은 기본 교육과정과 선택 중심 교육과정을 근거로 하며 지역의 특수성과 학교 실정을 반영하여 편성하고 내용의 양과 수준을 적정화할 필요가 있다.특히 하은이는 중복장애가 있어 특수교육 교육과정 총론에서 제시하는 바와 같이 기본 교육과정 진로와 직업과의 내용 중에서 생활기능 영역을 중심으로 편성·운영할 수 있다.

6) 전공과에 재학 중인 은옥

「장애인 등에 대한 특수교육법」에서는 "전공과의 교육과정은 교육감의 승인을받아 학교장이 정한다."(제20조 제1항)라고 규정되어 있어, 전공과 교육과정 운영은 시도교육청 전공과 운영 방침 및 지역·학교 환경, 장애 특성 등 여러 변수에 따라 특수성이 있다. 이를 전제로 특수학교 전공과에 재학 중인 은옥이의 진로와 직업 교육과정은 특수교육 교육과정 선택 중심 교육과정 전문 교과Ⅲ에 준하여 편성하거나, 기본 교육과정의 고등학교 진로와 직업과에서 적합한 내용을 선정하여 편성하는 것이 적절할 것이다.

이 장에서는 중학교와 고등학교 특수교육대상자를 위한 진로와 직업 교육과정을 기본 교육과정 '진로와 직업' 교과와 선택 중심 교육과정의 전문 교과Ⅲ '직업' 교과를 중심으로 살펴보았다. 특수교육대상자를 위한 진로·직업교육은 기본 교육과정의 '진로와 직업' 교과 외에도 선택 중심 교육과정의 전문 교과 중에서 학교의 여건에 맞는 것을 선택적으로 편성할 수 있다. 중학교와 고등학교 특수교육대상자의 진로와 직업 교육과정은 학생의 요구에 따라 조정되고 학교 졸업 이후의 삶에 대한 장기적인 비전에 근거를 두어야 한다. 또한 특수교육대상자가 지역사회에서 독립적으로 생활하고 자립할 수 있는 능력을 향상시킬 수 있도록 풍부한 교육 기회를 제공하여야 한다. 학교는 진로와 직업 교육과정 내용과 관련이 있는 현장실습을 다양한 형태로 운영하기 위해 최선을 다하여야 할 것이다. 특수교사 또한 진로와 직업교육 실천을 도모하기 위하여 진로와 직업 교육과정의 이론적·실제적 측면을 학생의 요구에 맞게 적용하기 위해 노력하여야 한다.

활동하기

- 기본 교육과정 진로와 직업과의 내용 체계가 타당한지, 개선점이 있다면 어떤 점에서 그러한지 토의해 보세요.
- 특수학교와 특수학급에서 진로와 직업 교육과정이 실제로 어떻게 운영되고 있는지 실태를 조사해 보세요.
- 진로와 직업 교육과정을 성공적으로 운영하고 있다고 알려진 교사를 찾아 가능하면 수업을 관찰하고, 교사와의 면담을 통해 어떤 점이 성공적인 교육과정 운영과 관련이 있는지 파악해 보세요.

제5장

진로와 직업 인식 지도

배세진

개요

진로와 직업과는 진로 발달 단계를 중심으로 진로 · 직업 역량 개발을 체계화하기 위하여 진로 인식, 진로 탐색, 진로 준비의 순차적인 과정에 따라 개발되었다. 이 장은 진로와 직업과를 지도하기 위하여 진로 인식 단계에서 달성해야 하는 핵심역량과 성취기준을 파악하고 교육과정 및 교과용 도서와의 연계를 통하여 실제 진로 인식의 과정을 지도하는 방안을 구안하고 적용하는 것을 지도하는 데 목적이 있다. 이 장에서는 '자기 탐색' 및 '직업의 세계' 영역과 관련된 내용 체계 및 성취기준을 분석하고 성취기준과 교과용 도서와의 연계 구조를 이해하며, 장애학생들에게 자기 탐색 및 직업의 세계와 관련된 내용을 효과적으로 지도하는 방법 및 아이디어를 얻을 수 있도록 한다.

구성 내용

1. 자기 탐색
2. 직업의 세계

[진로와 직업 인식 지도 사례]

　중학교 특수학급에 재학 중인 준상이를 지도하는 특수교사는 준상이의 개별적인 관심과 선호도를 반영하여 진로를 계획하고 개발하고자 한다. 그리하여 중학교에 재학하는 동안 특수학급에서는 준상이의 흥미와 적성이 무엇인지 파악하고 준상이에게 알맞은 구체적인 직업과 직무가 무엇인지 찾아보는 데 중점을 두고 진로와 직업교육을 실시하고자 한다.

　진로와 직업 수업 시간에 준상이는 자신의 이름, 가족, 학교를 포함한 개인정보에 관한 내용을 파악하고, 자신이 좋아하는 것과 잘하는 것, 강점과 약점이 무엇인지 알아보는 활동을 실시하며, 동시에 가정과 지역사회에서 볼 수 있는 다양한 직업의 세계에 대해 탐색하게 된다. 준상이는 자신에게 적절한 진로 방향이 무엇인지 탐색함으로써 진로 인식과 관련된 내용을 학습하는 데 주안점을 둔다.

1. 자기 탐색

　기본 교육과정 진로와 직업과는 진로 발달 단계를 중심으로 한 진로·직업 역량 개발을 체계화해야 한다는 필요성에 근거하여 진로 인식, 진로 탐색, 진로 준비의 순차적 과정과 순환적 적용 원칙에 충실하면서도 각 진로 발달 단계에서 개발되어야 할 핵심역량을 동시에 고려하여 개발되어야 한다. 즉, 생애주기별 진로 발달 단계인 진로 인식, 진로 탐색, 진로 준비 등에 이르는 일련의 경험 과정에 기초하여 학생이 학교교육을 마친 후 지역사회 생활 및 직업 생활로 나아갈 수 있도록 연결하는 전환교육의 관점이 강조되어야 한다.

진로 발달 단계 중 진로 인식 영역은 학생들의 진로 발달 측면에서 첫 번째 단추를 꿰는 중요한 단계이다. 따라서 진로교육이 평생에 걸쳐서 지속적으로 이루어지는 일련의 과정이라는 측면에서 볼 때, 진로 인식 영역은 진로교육의 초기 경험으로서 중요한 부분을 차지한다. 특히 진로 인식 영역에서는 학생들에게 직업에 대한 인식을 바르게 심어 주고 일의 세계와 자신의 능력을 알고 깨달을 수 있도록 하여 학생들이 스스로의 성장에 대해 긍정적으로 인식하고 장차 자신의 능력에 맞는 일을 할 수 있도록 하는 기본 바탕이 되도록 한다(신영순, 고근영, 전주성, 2017).

기본 교육과정 진로와 직업과에서 진로 인식 영역의 자기 탐색은 자신에 대한 이해를 바탕으로 다른 사람 또는 환경과의 관계를 발전시킬 수 있는 영역이다. 자기 탐색 영역에서 요구하는 역량을 갖추게 되면 학생은 자아존중감을 키우고 자신의 장·단점과 능력에 대한 바른 이해를 바탕으로 자신의 꿈과 진로를 설정할 수 있다. 또한 상황에 따른 효과적인 의사소통 능력을 갖추어 올바른 대인관계를 형성하기 위한 기초를 다질 수 있게 된다.

1) 목표

2015 특수교육 기본 교육과정 진로와 직업과에서 '자기 탐색' 영역의 교육 목표는 자신의 흥미, 적성과 능력에 대한 이해를 바탕으로 진로를 탐색하고 체험하여 중학교에서는 자신에게 맞는 고등학교 과정을 찾고, 고등학교에서는 미래의 직업을 찾도록 하는 데 있다. 중학교 및 고등학교에서 제시하는 자기 탐색 영역의 구체적인 교육 목표는 〈표 5-1〉과 같다.

〈표 5-1〉 자기 탐색 영역의 교육 목표

과정	교육 목표
중학교	자신에 대한 긍정적 자아상을 바탕으로 중학교 이후의 진로를 설계하고 가정, 학교, 지역사회에서 역할과 책임을 다하는 태도를 익힌다.
고등학교	자신에 대한 긍정적 자아상을 확립하여 고등학교 이후의 진로를 개척하고 가정, 직장, 지역사회에서 역할과 책임을 다하는 민주 시민의 태도와 자세를 기른다.

진로와 직업교육의 출발은 먼저 자신에 대한 폭넓은 이해를 바탕으로 긍정적인 자아개념을 형성하는 데 있다. 또한 타인과의 상호작용을 익혀 장차 지역사회와 같은 복잡하고 다양한 환경 속에서 자신에 대한 신뢰를 바탕으로 진로를 개척할 수 있는 역량을 개발하도록 하는 것도 진로와 직업교육의 중심이 되는 목표점이다. 이에 자기 탐색 영역의 지도는 중학교 시기에는 가정과 학교라는 공간에서 다양한 경험을 통해 자아개념을 발전시키고 지역사회에서의 책임과 태도를 준비하고 탐색하는 과정이며, 고등학교 시기에는 지역사회에서의 자신의 역할에 대한 인식을 발전시키고 책임을 다하는 민주 시민의 일원이 되도록 준비하는 과정으로 볼 수 있다.

2) 내용

자기 탐색 영역의 내용 체계는 학생이 스스로에 대한 객관적 이해를 바탕으로 긍정적 자아개념을 형성하고 가정과 학교, 더 나아가 직장에서 맡은 역할과 책임을 다함으로써 자신의 특성에 맞는 직업 생활을 준비할 수 있도록 구성되어 있다. 이를 위하여 자기 탐색 영역은 '자기 이해'와 '역할과 책임'이라는 핵심 개념(영역별 학문의 가장 기초 개념 또는 원리)을 중심으로 구성되어 있으며, 학생들이 영역별 학습을 통해 체득해야 할 생활 역량이나 기능에 기반을 둔 일반화된 지식과 함께 중학교와 고등학교 각각 6개의 내용 요소로 이루어져 있다. 자기 탐색 영역의 내용 체계에 대한 자세한 내용은 제4장에 제시되어 있다.

(1) 중학교

중학교 과정 '자기 탐색' 영역의 내용 요소와 진로와 직업 교과서의 단원 및 제재의 구성을 비교해 보면 〈표 5-2〉와 같다. 교과서의 단원명은 교육과정 내용 요소를 고려하여 선정되었다. '나의 정보' 단원은 '나의 기본 정보'와 '나의 장단점'이라는 내용 요소가 비슷한 성격을 가지고 있어 통합하여 '나의 정보' 단원으로 편성되었고 '행복한 미래 생활 설계'라는 내용 요소는 '미래 생활의 설계'라는 단원으로 편성되었다. 또한 '가족 구성원의 역할과 책임'과 '학생의 역할과 책임'의 내용 요소는 통합하여 '역할과 책임'이라는 단원으로, '배려, 협동, 봉사하는 자세'의 내용 요소는 '배려, 협동, 봉사' 단원으로 편성되었다.

〈표 5-2〉 자기 탐색 영역 교육과정과 교과서 비교(중학교)

진로와 직업 교육과정			진로와 직업 교과서	
영역	핵심 개념	내용 요소	단원	제재
자기 탐색	자기 이해	나의 기본 정보	나의 정보	1. 나의 인적 사항 2. 나의 장단점 3. 자기소개
		나의 장단점		
		행복한 미래 생활의 설계	미래 생활의 설계	1. 꿈과 희망 2. 행복한 미래 설계
	역할과 책임	가족 구성원의 역할과 책임	역할과 책임	1. 가정에서 나의 역할과 책임 2. 학교에서 나의 역할과 책임
		학생의 역할과 책임		
		배려, 협동, 봉사하는 자세	배려, 협동, 봉사	1. 감정과 생각 조절 2. 배려 · 협동 · 봉사 실천

　자기 탐색 영역의 첫 번째 단원인 '나의 정보' 단원은 스스로에 대한 기본적인 정보와 특징을 알고 필요한 상황에서 다른 사람에게 자신을 소개하는 것을 지도 목표로 하고 있으며, '나의 인적 사항' '나의 장단점' '자기소개'의 제재로 구성되어 있다. '나의 정보' 단원의 지도 목표를 달성하기 위하여 자기소개서나 이력서, 지원서, 프로그램 이용 신청서 등 인적사항을 기록할 수 있는 다양한 상황을 가정하여 기본 정보를 실제 상황에서도 활용할 수 있도록 지도 내용이 구성되어 있다.

　'미래 생활의 설계' 단원은 미래에 행복한 삶을 살기 위하여 현재 자신의 꿈과 희망을 알아보고 행복한 미래의 삶을 설계하는 것을 지도 목표로 하고 있으며, '꿈과 희망' '행복한 미래 설계'의 제재로 구성되어 있다. 꿈과 희망을 이룬 사람들의 모습을 통하여 꿈을 이루기 위한 과정을 살펴보고 자신의 꿈과 희망이 무엇인지 파악할 수 있도록 하며, 미래 삶의 목표를 설정하고 행복한 미래 모습을 설계하는 과정을 익힐 수 있도록 학습 활동이 구성되어 있다.

　'역할과 책임' 단원은 책임감 있게 맡은 역할을 수행해야 하는 것의 중요성을 인지하고 실제 가정과 학교에서 자신의 역할과 책임을 알고 실천하는 것을 지도 목표로 한다. 제재는 '가정에서 나의 역할과 책임' '학교에서 나의 역할과 책임'으로 구분되며 각각 가정과 학교에서 자신이 맡은 역할을 알고 역할을 실천할 수 있는 방안을 지도할 수 있도록 활용 내용이 구성되어 있다.

'배려, 협동, 봉사' 단원에서는 스스로의 감정과 생각을 적절하게 표현하고 나아가 상대방의 입장에서 생각하는 태도를 갖춤으로써 공동체의 일원으로 더불어 살아가는 데 필요한 배려, 협동, 봉사의 태도를 갖추도록 하는 것을 지도 목표로 한다. 이러한 목표를 달성하기 위하여 상대방의 감정과 생각을 파악하고 자신의 감정을 적절하게 표현할 수 있도록 '감정과 생각 조절' 제재를 구성하였고, '배려·협동·봉사 실천' 제재를 통하여 가정과 학교의 다양한 상황에서 배려, 협동, 봉사를 실천할 수 있는 활동을 제시하였다.

(2) 고등학교

고등학교 과정 '자기 탐색' 영역 내용 요소와 진로와 직업 교과서의 단원 및 제재의 구성을 비교해 보면 〈표 5–3〉과 같다.

〈표 5-3〉 자기 탐색 영역 교육과정과 교과서 비교(고등학교)

진로와 직업 교육과정			진로와 직업 교과서	
영역	핵심 개념	내용 요소	단원	제재
자기 탐색	자기 이해	나의 기본 정보	나의 이해	1. 나의 정보
		나의 장단점		2. 나의 특성
		행복한 미래 생활의 설계	행복한 직업 생활	1. 행복한 나의 미래
				2. 행복한 직업 생활 준비
	역할과 책임	가족 구성원의 역할과 책임	역할과 책임	1. 가족의 역할과 책임
		학생의 역할과 책임		2. 학생의 역할과 책임
				3. 직장인의 역할과 책임
		배려, 협동, 봉사하는 자세	민주 시민과 직장인	1. 민주 시민의 권리와 의무
				2. 민주 시민의 배려·협동·봉사의 실천

'나의 이해' 단원은 나와 관련된 주변 환경 정보를 파악하고, 나의 신체적 특성과 직업적 강약점을 파악하여 특성에 맞는 직업을 찾는 것을 지도 목표로 한다. 제재는 '나의 정보' '나의 특성'으로 구분되며 나의 인적 사항과 더 나아가 내가 이용하는 지역사회 환경에 대한 정보를 파악함으로써 그 속에서의 나를 이해할 수 있도

록 하고, 나의 신체적·직업적 특성을 파악함으로써 나의 특성에 어울리는 직업을 탐색하는 활동으로 학습 내용이 구성되어 있다.

'행복한 직업 생활' 단원은 행복한 미래 생활을 설계하고 희망하는 직업을 얻기 위한 준비 사항을 파악하는 것을 지도 목표로 하고 있으며, '행복한 나의 미래' '행복한 직업 생활 준비'의 제재로 구성되어 있다. 각 제재에서는 행복한 삶에 대해서 생각해 보고 미래에 내가 원하는 가정의 형태 및 직업 생활, 여가생활 등의 모습을 찾으며 3년, 5년, 10년 후의 나의 모습을 계획해 보는 활동으로 구성되어 있다. 또한 직업을 선택할 때 고려해야 하는 사항에 대해 생각해 보고 희망하는 직업인이 되기 위한 능력이 무엇인지 파악하고 준비할 수 있도록 학습 내용이 구성되어 있다.

'역할과 책임' 단원은 중학교에서는 가정과 학교에서의 역할과 책임을 알고 실천하는 것이 지도 목표였다면, 고등학교에서는 가정과 학교뿐만 아니라 직장에서의 역할과 책임으로까지 범위가 확대되었다. 제재 역시 '가족과 역할과 책임' '학생의 역할과 책임' '직장인의 역할과 책임'으로 구분되었으며, 각각 가정과 학교, 직장에서 자신이 맡은 역할을 알고 역할을 실천할 수 있는 방안을 지도할 수 있도록 활동 내용이 구성되어 있다.

'민주 시민과 직장인' 단원은 민주 시민의 권리와 의무를 이해하고 지역사회와 직장에서 배려·협동·봉사를 실천하는 것을 지도 목표로 한다. 이러한 목표를 달성하기 위하여 내가 가지고 있는 권리, 직장인의 권리와 의무를 알아보는 '민주 시민의 권리와 의무' 제재를 구성하였고, '민주 시민의 배려·협동·봉사의 실천' 제재를 통하여 지역사회 및 직장에서 경험할 수 있는 배려·협동·봉사의 사례를 살펴보고 실천할 수 있도록 활동이 구성되었다.

3) 성취기준

교육과정의 각론에서는 각 교과의 내용 체계에 따라 학생이 교과를 통해 성취해야 하는 지식과 기능인 준거를 제시하고 있는데, 이를 성취기준이라 한다 (Solomon, 2009). 진로와 직업과는 교과 하위 영역당 2~3개 정도의 핵심 개념으로 구성되어 있고, 각각의 핵심 개념은 다시 2~4개의 내용 요소로 구성되어 있다. 따라서 진로와 직업과는 중학교 37개, 고등학교 38개의 내용 요소로 이루어져 있는

데 이 내용 요소 단위로 성취기준이 제시되어 있다. 그러므로 진로와 직업과는 중학교 과정에 37개, 고등학교 과정에 38개의 학생이 도달해야 할 학습 목표로 제시된 성취기준이 주어져 있다.

중학교와 고등학교 자기 탐색 영역의 성취기준을 핵심 개념별로 살펴보면 〈표 5-4〉와 같다.

〈표 5-4〉 자기 탐색 영역의 성취기준

영역	핵심 개념	학교급	성취기준
자기 탐색	자기 이해	중학교	[9진로01-01] 이름, 나이, 주소, 가족, 학교 등 자기의 기본 정보를 알고 기록한다. [9진로01-02] 자기의 소중함을 알고 장점과 단점을 파악하여 자신을 긍정적으로 소개한다. [9진로01-03] 자기의 꿈과 희망을 알아보고 행복한 미래 생활을 설계한다.
		고등학교	[12진로01-01] 자기와 가족, 학교, 직장, 지역사회 등 주변 환경에 대한 정보를 파악하고 기록한다. [12진로01-02] 직업적 신체 특성과 강점과 약점을 파악하고 긍정적인 직업 자아상을 확립하여 소개한다. [12진로01-03] 미래의 행복한 삶을 설계하고 직업 생활을 준비한다.
	역할과 책임	중학교	[9진로01-04] 가정에서 자신의 역할과 책임을 알고 실천한다. [9진로01-05] 학교에서 자신이 해야 할 역할과 책임을 알고 실천한다. [9진로01-06] 사회생활 속에서 자신의 생각과 감정을 조절하며 배려, 협동, 봉사를 실천한다.
		고등학교	[12진로01-04] 가족으로서의 역할과 책임을 알고 실천하며 행복한 가정을 계획한다. [12진로01-05] 학교와 직장에서 자신이 해야 할 역할과 책임을 알고 실천한다. [12진로01-06] 민주 시민으로서의 권리와 의무를 이해하고 사회생활 속에서 배려, 협동, 봉사를 실천한다.

4) 교과용 도서의 구성

(1) 교과서

진로와 직업 교과서는 2015 특수교육 기본 교육과정 진로와 직업과의 내용 요소를 바탕으로 단원-제재-활동의 체제로 구성되어 있다. 교과서의 한 단원은 2개 이상의 제재로, 하나의 제재는 2개 이상의 활동으로 구성되어 있으며, 각 단원은 도입-활동-되돌아보기의 순서로 제시되어 있다. 도입-활동-되돌아보기에 대한 구체적인 설명은 〈표 5-5〉와 같으며, 교과서 단원의 도입, 활동, 되돌아보기의 구체적인 구성 요소는 [그림 5-1]~[그림 5-3]과 같다.

〈표 5-5〉 도입-활동-되돌아보기

도입	단원의 도입 활동으로 단원의 학습 요소에 대한 개관, 학습 목표, 제재가 제시되어 있다. 생활 주변의 진로와 직업 관련 사례, 그 사례 속에 들어 있는 지식, 기술, 태도 등을 모두 포함하여 그림으로 제시되었다.
활동	제재에 포함된 기초적인 내용 요소로 학생의 생활과 관련된 소재로 문제를 인식할 수 있는 활동, 제재의 주요 내용을 다양한 방법으로 적용하고 해결할 수 있도록 제시하는 활동, 학습한 지식, 기술, 태도를 다양한 상황에서 적용·실천할 수 있는 활동 등으로 구성되어 있다.
되돌아 보기	단원에서 배운 내용을 확인하고 일상생활에 적용하여 볼 수 있는 내용으로 단원을 정리하고 평가하는 활동이다.

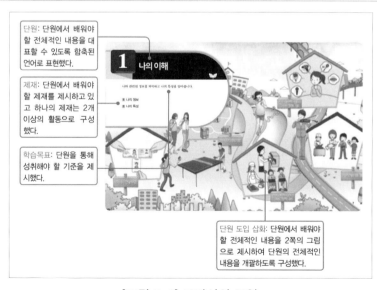

[그림 5-1] 교과서의 도입

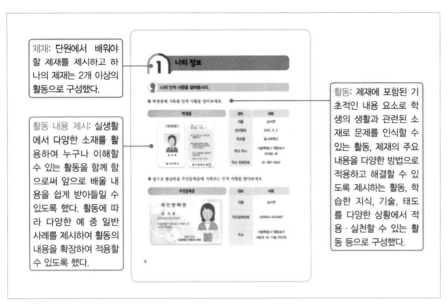

[그림 5-2] 교과서의 활동

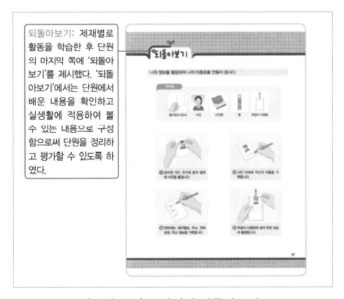

[그림 5-3] 교과서의 되돌아보기

(2) 교사용 지도서

진로와 직업과 교사용 지도서는 교사들의 학습지도를 돕기 위한 예시적인 자료로서 구체적인 지도 내용과 방법을 제시한 자료이다. 교사용 지도서의 단원 소개는 단원의 개관, 단원의 교육과정적 기초, 단원의 목표, 단원의 지도 계획, 가정 및 생활과의 연계, 단원의 평가, 단원 지도의 유의점으로 구성되어 있다. 단원 소개와 관련된 내용의 자세한 설명은 〈표 5-6〉과 같다.

〈표 5-6〉 교사용 지도서의 단원 소개 설명

단원의 개관	단원의 목적과 의의, 성취하고자 하는 목표, 제재 및 활동 구성의 내용, 단원의 운용과 활동 중점, 단원의 활동 운영 방법, 학습 소재 또는 학습 내용 선정 이유 등을 기술
단원의 교육과정적 기초	단원이 속한 영역과 단원의 핵심 개념, 성취기준, 기능, 핵심역량, 다른 교과의 관련 성취기준을 제시
단원의 목표	성취기준에 근거하여 단원의 목표와 하위 목표를 제시
단원의 지도 계획	단원을 구성하고 있는 제재, 활동, 활동 유형, 차시, 교과서 쪽, 지도서 쪽을 제시
가정 및 생활과의 연계	단원에서 학습한 내용을 실제 생활과 연결하는 방법을 제시
단원의 평가	단원에서의 학습 활동과 각 학습 활동의 지도 내용, 학습지도 후 학생이 달성하게 될 학습 목표 및 단원의 중점 핵심역량의 도달 정도에 대한 평가 방법과 평가 결과 활용 방안을 제시
단원 지도의 유의점	단원을 지도할 때의 구체적인 유의 사항이나 단원 목표, 내용과 관련지어 유념해야 할 사항을 구체적으로 제시

교사용 지도서의 제재별 활동의 소개는 학습 목표, 지도 중점, 지도의 유의점, 교수·학습 자료, 교수·학습 개요, 교수·학습 활동으로 구성되어 있으며, 교수·학습 활동은 도입, 전개, 정리 및 평가의 순으로 제시되어 있다. 제재별 활동 소개에 대한 자세한 설명은 〈표 5-7〉과 같으며, 교사용 지도서의 단원의 소개와 제재별 활동 소개에 대한 구체적인 모습은 [그림 5-4] 및 [그림 5-5]와 같다.

〈표 5-7〉 제재별 활동 소개 설명

학습 목표	활동별 학습 목표를 제시
지도 중점	활동에서 중점을 두어 지도해야 할 내용을 제시
지도의 유의점	활동을 지도할 때의 구체적인 유의 사항이나 학습 목표, 내용과 관련지어 유념해야 할 사항을 구체적으로 제시

교수 · 학습 자료	전자 저작물에 탑재하는 자료인 CD 탑재 자료와 그 외 자료를 구분하여 교사들이 수업에서 준비해야 하는 자료를 구체적으로 알 수 있도록 제시
교수 · 학습 개요	교수 · 학습 활동을 한눈에 볼 수 있도록 표로 정리하여 제시
교수 · 학습 활동	활동 유형과 기능을 제시한 후, 활동과 관련 있는 교수 · 학습 활동을 도입, 전개, 정리 및 평가의 순으로 제시

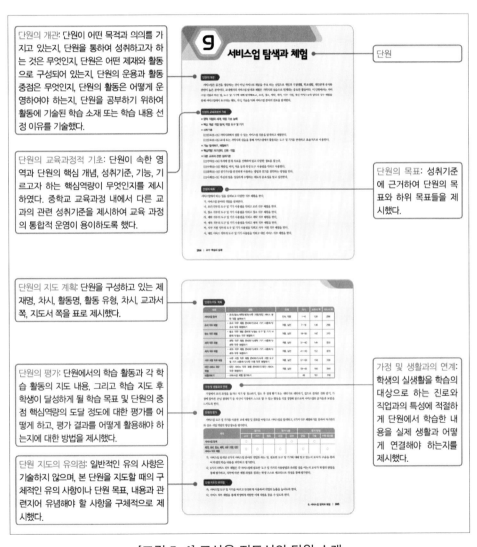

[그림 5-4] 교사용 지도서의 단원 소개

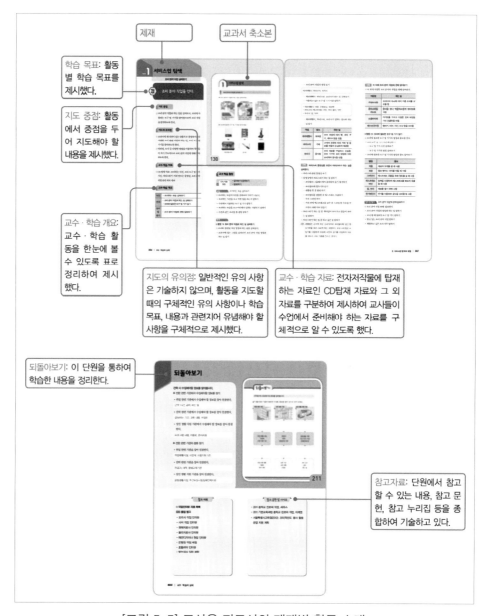

[그림 5-5] 교사용 지도서의 제재별 활동 소개

5) 지도의 실제

교과서와 교사용 지도서를 활용한 자기 탐색 영역의 지도 실제를 소개하기 위하여 중학교 가책의 1단원 '나의 정보'의 첫 번째 제재인 '나의 인적 사항'의 '나의 인적 사항 알아보기' 활동을 예시로 활용하고자 한다. 제재 '나의 인적 사항'은 크게 나의 인적 사항을 알아보고 소개하는 두 가지 활동으로 구성되어 있다. 첫 번째 활동인 '나의 인적 사항 알아보기' 활동은 네 가지의 활동 내용을 포함하고 있는데, 첫째, 친구의 자기소개 내용을 듣고 인적 사항을 알아보기, 둘째, 인적 사항에 포함된 내용 알아보기, 셋째, 친구의 인적 사항 알아보기, 넷째, 나를 소개하는 다른 정보 알아보기이다. '나의 인적 사항 알아보기' 활동과 관련된 교과서의 구체적인 구성은 〈표 5-8〉과 같다.

〈표 5-8〉 '나의 인적 사항 알아보기' 활동 관련 교과서 내용

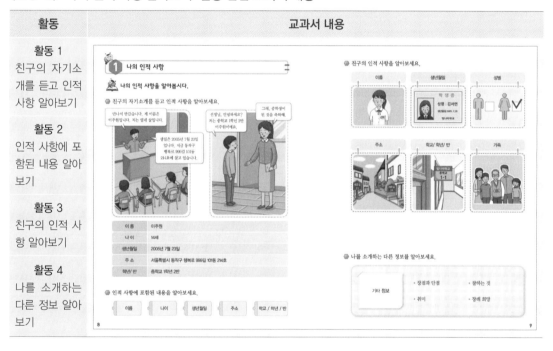

앞의 활동 내용의 지도를 돕기 위하여 교사용 지도서에는 도입(게임을 통해 이름 소개하기)-활동 1(친구의 자기소개를 듣고 인적 사항 알아보기)-활동 2(인적 사항에 포함된 내용 알아보기)-활동 3(친구의 인적 사항 알아보기)-활동 4(나를 소개하는 다른 정보 알아보기)-정리 및 평가(인적 사항에 포함되는 내용 정리하기)의 순서로 제시되어 있다. 또한 활동 3에는 학습 요소에는 포함되지만 활동 내용에는 없는 내용으로 선택(나의 인적 사항을 알 수 있는 단서를 탐색하기) 활동이 추가로 제시되어 있

다. 해당 활동은 인식활동으로 살펴보기와 파악하기를 통하여 활동이 이루어질 수 있다. 교사용 지도서에 안내된 구체적인 지도 내용은 〈표 5-9〉에 제시되어 있다.

〈표 5-9〉 '나의 인적 사항 알아보기' 활동의 교수 · 학습 실제

단원	중학교 가책 1. 나의 정보
제재	1. 나의 인적 사항 (1) 인적 사항 알아보기
학습 목표	나의 인적 사항을 안다.
지도 중점	자신을 소개하는 데 필요한 기본적인 인적 사항의 구성 요소를 알아보고 이름, 나이, 생일, 주소, 학년, 반 등과 관련된 인적 사항을 파악하도록 한다.
지도의 유의점	학생증, 복지카드 등 학생이 소유한 신분증을 활용하여 자신의 객관적이고 정확한 인적 사항을 파악할 수 있도록 한다.
교수 · 학습 자료	• CD 탑재 자료: 인적 사항 알아보기 피티 자료 • 그 외 자료: '당신은 누구십니까?' 동요 음원

교수 · 학습 활동

| 도입
게임을 통해
이름 소개하기 | **도입**
게임을 통해 이름 소개하기
▪ 게임을 통해 자신의 이름을 소개하고 친구의 이름에 관심을 가진다.
• '당신은 누구십니까' 게임 하기

당신은 누구십니까
나 – 는 ○○○
그 이 – 름 아름답구나

– 게임을 통해 새로 만난 친구 이름 익히기 | 도입 활동은 '게임을 통해 이름 소개하기' 활동으로 나의 인적 사항 중에 가장 핵심인 이름을 소재로 한 흥미 유발 활동이다.
〈당신은 누구십니까〉 노래를 부르며 자신의 이름을 소개하고 친구의 이름에 관심을 갖도록 지도할 수 있다. |

[활동 1] **친구의 자기소개를 듣고 인적 사항 알아보기**

■ 그림에서 자신을 소개하는 장면을 살펴본다.

• 자신을 소개하는 주원이의 모습 살펴보기

 – 새 학기, 친구들에게 자신을 소개하는 주원이의 모습 살펴보기

 – 말풍선의 소개하는 말 읽기

> 만나서 반갑습니다. 제 이름은 이주원입니다.
> 저는 열네 살입니다. 생일은 2005년 7월 23일입니다. 지금 동작구 행복로 999길 101동 214호에 살고 있습니다.

 – 복도에서 만난 선생님께 자신을 소개하는 주원이의 모습 살펴보기

 – 말풍선의 소개하는 말 읽기

> 이주원: 선생님, 안녕하세요? 저는 중학교 1학년 2반 이주원이에요.
> 선생님: 그래, 중학생이 된 것을 축하해.

 – 소개 글을 통해 알게 된 주원이의 인적 사항 이야기하기

 – 이름, 나이, 생년월일, 주소, 학년, 반 이야기하기

• 이름: 이주원
• 나이: 열네 살
• 생년월일: 2005년 7월 23일
• 주소: 서울특별시 동작구 행복로 999길 101동 214호
• 학년, 반: 중학교 1학년 2반

활동 1
친구의 자기소개를 듣고 인적 사항 알아보기

활동 1은 '친구의 자기소개를 듣고 인적 사항 알아보기' 활동으로 친구들 앞에서 자기소개를 하는 주원이의 모습이 담긴 삽화를 살펴보는 것으로 활동을 시작할 수 있다. 주원이의 모습을 보면서 언제 어떤 상황에서 자기소개를 하였는지 경험했던 일을 떠올리고 이야기할 수 있다.

자기소개의 경험을 나누었으면 주원이의 자기소개 사례를 읽으며 자기소개에 포함될 인적 사항의 의미와 항목을 파악해 보고, 자신의 인적 사항에 대해 궁금해할 수 있도록 한다.

중학교 특수학급에 재학 중인 준상이의 사례에서 준상이는 다른 사람들과 자발적인 상호작용을 하지 않는 경향이 있으므로 교과서에 제시된 주원이의 자기소개 자료를 준상이에게 좀 더 친숙한 자료로 수정하여 학급 내 다른 친구가 자기소개하는 동영상을 활용하거나, 학생들에게 친숙한 교사가 자기소개하는 동영상을 활용하면 준상이의 흥미를 유발하고 집중도를 향상시킬 수 있으며, 동영상을 통해 상대방에 대한 관심을 표현하는 연습도 할 수 있을 것이다.

[활동 2] **인적 사항에 포함된 내용 알아보기**

■ 인적 사항에 포함된 내용이 무엇인지 알아본다.

• 인적 사항의 사전적 뜻 알아보기

> • 인적: 사람에 관한
> • 사항: 항목이나 내용
> 인적 사항이란, 사람에 관한 항목이나 내용을 의미한다.

• 인적 사항에 포함된 내용이 무엇인지 알아보기

활동 2
인적 사항에 포함된 내용 알아보기

내용	뜻
이름	다른 것과 구별하기 위하여 사물, 단체, 현상 따위에 붙여서 부르는 말
나이	사람이나 동물, 식물 따위가 세상에 나서 살아온 햇수
생년월일	세상에 태어난 날. 태어난 날을 기념하는 해마다의 그날
주소	사람의 실질적인 생활의 근거가 되는 곳
학교, 학년, 반	자신이 속한 학교의 학년과 반

 – 그 외에 인적 사항에 포함될 수 있는 내용이 무엇인지 더 알아보기

내용	뜻
성별	자신의 성이 남성인지 여성인지를 구별하는 것
가족	같은 집에서 살고 있는 가족 구성원

활동 2는 '인적 사항에 포함된 내용 알아보기' 활동으로 인적 사항의 사전적인 뜻이 무엇인지 알아보고 인적 사항에 포함되는 내용, 이름, 나이, 생년월일, 주소, 학교, 학년, 반 등의 의미와 그 외에 인적 사항에 포함될 수 있는 내용이 무엇인지 파악하는 활동이다.

단순히 인적 사항에 포함될 내용을 파악하는 활동에서 더 나아가 인적 사항의 내용과 뜻, 사례가 각각 적힌 카드를 제작하여 서로 짝을 이루는 카드를 활동판에 찾아 붙이거나, 학생들이 서로 카드를 나누어 갖고 자신의 짝(인적 사항의 내용-뜻-사례)을 찾는 활동을 통해 인적 사항의 의미를 알아볼 수 있도록 한다.

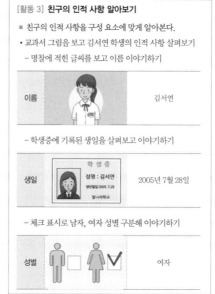

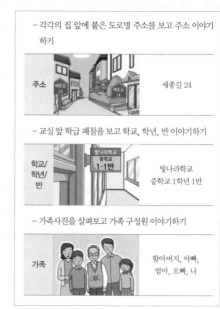

활동 3
친구의 인적 사항
알아보기

활동 3은 '친구의 인적 사항 알아보기' 활동으로 친구의 인적 사항을 구성 요소에 알맞게 연결해 보는 활동이다.

이 활동을 수행하기 전에 학생들 모두 각자 자신의 인적 사항을 작성해 보도록 한다. 학생들의 수준을 고려하여 인적 사항을 글로만 제시하거나 그림과 함께 제시하거나 선택지를 제시하는 등 다양한 방법으로 학생들이 자신의 인적 사항을 작성할 수 있도록 한다. 또한 인적 사항을 작성하기 전 학생증, 복지카드 등 자신의 인적 사항을 알 수 있는 다양한 단서를 탐색하는 것을 선택 활동으로 진행하고, 탐색한 단서를 보고 작성할 수도 있다.

각자 인적 사항을 작성했으면, 학생들이 돌아가며 자신의 인적 사항을 발표하고 친구들의 인적 사항을 기록하는 적용 활동을 해 볼 수 있다.

활동 4
나를 소개하는
다른 정보
알아보기

[활동 4] 나를 소개하는 다른 정보 알아보기

■ 나를 소개하는 다른 정보가 무엇인지 더 알아본다.

• 인적 사항 외에 나와 관련된 정보 더 이야기하기
  – 나의 장점과 단점 이야기하기
  – 내가 잘하는 것 이야기하기
  – 나의 취미 이야기하기
  – 나의 장래 희망 이야기하기

내용	뜻
장점	좋거나 잘하거나 긍정적인 점
단점	잘못되고 모자라는 점
잘하는 것	어떤 일에 알맞은 성질이나 적응 능력. 또는 그와 같은 소질이나 성격
취미	전문적으로 하는 것이 아니라 즐기기 위하여 하는 일
장래 희망	미래에 자신이 바라는 장래 형(形), 살아가는 방식, 혹은 자신이 원하는 직업

활동 4는 '나를 소개하는 다른 정보 알아보기' 활동으로 나의 인적 사항 외에 나와 관련된 정보인 나의 장점. 단점. 잘하는 것. 취미. 장래 희망 등의 의미를 알아보고 나의 장·단점과 잘하는 것, 취미, 장래 희망을 이야기하거나 다양한 방법으로 나타내 보는 활동이다.

다양한 활동사진을 통해 내가 좋거나 잘하는 것, 잘 못하는 것, 휴식시간에 자주 하는 활동, 장래 희망 관련 사진을 선택하고 하나의 활동지에 정리하여 나를 소개할 수 있는 다른 정보를 탐색해 볼 수 있다.

정리 및 평가

정리 및 평가

인적 사항에 포함되는 내용 정리하기

■ 인적 사항에 포함되는 내용이 무엇인지 확인한다.

• 인적 사항에 포함되는 내용과 그 외의 기타 정보 확인하기

인적 사항에 포함되는 내용	기타 정보
이름, 나이, 생일, 주소, 학교/학년/반, 성별, 가족	장점과 단점, 잘하는 것, 취미, 장래 희망

• 수업 내용을 잘 학습했는지 ○, × 퀴즈로 확인하기

○, × 퀴즈 예시	
• 학생증에는 이름, 학교와 관련된 인적 사항이 포함되어 있다.	○
• 주소는 인적 사항에 포함되지 않는다.	×
• 나이, 생일, 성별은 인적 사항에 포함된다.	○

나의 인적 사항을 알고 자신을 소개할 수 있는지 알아봅시다.	잘함	보통	노력
• 자신을 소개하는 친구의 모습에서 인적 사항을 파악하는가?			
• 인적 사항에 포함된 내용을 아는가?			
• 단서를 통해 인적 사항을 구별하고 파악할 수 있는가?			
• 나와 관련된 기타 정보를 파악할 수 있는가?			

정리 및 평가 활동에서는 앞의 활동에서 학습했던 인적 사항에 포함되는 내용이 무엇인지 다시 한 번 확인하고 그 이외의 기타 정보를 확인함으로써 평가 활동을 진행한다. 학습 내용을 확인하는 방법으로 ○, ×퀴즈를 하거나, 나의 인적 사항을 알고 자신을 소개할 수 있는지 체크리스트를 활용하여 평가할 수 있다.

2. 직업의 세계

진로 인식 단계에서는 자기에 대한 이해와 더불어 직업 세계에 대한 이해를 통해 자신에게 적합한 직업이 있다는 자신감을 가질 수 있는 단계이다. 특히 산업이 다양하게 분화되고 고도로 전문화되어 가는 복잡한 직업 세계에서 다양한 직업을 탐색하고 적성과 능력에 맞는 일을 선택하는 것은 매우 중요한 과제이다. 일의 세계에 대한 올바른 인식과 건전한 태도를 기르기 위하여 학생들이 다양한 일과 직업의 세계를 이해하고 미래에 대한 희망을 키워 나갈 수 있도록 직업에 대한 지식, 직업관, 직업의식, 직업 선호도 등을 지도하는 것은 의미 있는 과정이다(김형균, 2014).

진로 인식 영역에서의 직업의 세계는 일의 의미와 가치를 깨닫고 직업의 세계를 탐구하여 자신에게 적합한 직업을 탐색할 수 있는 영역이다. 직업의 세계 영역에서 요구하는 역량을 갖추게 되면 학생은 일을 통해 얻을 수 있는 기쁨과 보람, 행복을 이해하고 가치를 탐색하며 다양한 직업의 세계에서 갖추어야 할 능력을 기를 수 있는 기초를 다질 수 있게 된다.

1) 목표

2015 특수교육 기본 교육과정 진로와 직업과에서 '직업의 세계' 영역의 교육 목표는 자기 탐색 영역에서 탐색했던 스스로에 대한 흥미와 적성, 능력에 대한 이해를 바탕으로 자신에게 적합한 진로를 탐색하고 체험하여 적절한 진로를 찾는 데 있다. 중학교 및 고등학교에서 제시하는 직업의 세계 영역의 구체적인 교육 목표는 〈표 5-10〉과 같다.

〈표 5-10〉 직업의 세계 영역의 교육 목표

과정	교육 목표
중학교	일과 직업의 의미를 알고 직업의 세계를 조사하여 자신의 흥미와 적성에 맞는 직업을 탐색한다.
고등학교	일과 직업에 대한 가치를 이해하고 직업의 종류를 파악하여 자신의 직업흥미와 적성에 맞는 직업을 탐색한다.

'직업의 세계' 영역에서는 인간 생활에 있어 일과 직업의 의미를 이해하고 자신의 능력과 적성에 맞는 다양한 직업을 탐색하는 것을 목표로 한다. 이를 통해 학생들이 직업의 세계가 여러 활동으로 구성되어 있고 역동성과 다변성을 가지고 있음을 이해하도록 한다. 따라서 직업의 세계 영역에서는 생애 진로발달 단계의 진로 인식과 탐색 과정에서 이루어지는 활동을 통하여 중학교에서는 직업의 종류를 이해하고 다양한 직종을 폭넓게 탐색하는 것에 목표를 두고 있으며 고등학교에서는 자신의 능력과 적성을 고려하여 좀 더 구체적으로 지역사회의 직종을 탐색함과 동시에 체험하는 것을 목표로 한다.

2) 내용

직업의 세계 영역의 내용 체계는 직업의 경제적·사회적 의미를 알고 직업 세계에 대한 지식과 정보를 바탕으로 '진로 준비' 영역에서 구체적으로 학습하게 될 농업, 제조업, 서비스업 등의 직종에 대한 탐색을 시도함으로써 학생 자신의 적성과 능력에 맞는 직업을 찾아 미래를 준비할 수 있도록 구성되어 있다. 이를 위하여 직업의 세계 영역은 '직업의 의의'와 '직업 탐색'이라는 핵심 개념을 중심으로 구성되어 있으며 중학교와 고등학교 각각 6개의 내용 요소로 이루어져 있다. 직업의 세계 영역의 내용 체계에 대한 자세한 내용은 이 책의 제4장에 제시되어 있다.

(1) 중학교
중학교 과정의 '직업의 세계' 영역 내용 체계의 내용 요소와 진로와 직업 교과서의 단원 및 제재의 구성을 비교해 보면 〈표 5-11〉과 같다. 자기 탐색 영역과 마찬가지로 직업의 세계 영역의 교과서 단원명은 교육과정 내용 체계의 내용 요소를 고려하여 선정되었다. '일과 보람' 단원은 '일과 보람'이라는 내용 요소를 그대로 가져와 단원으로 구성하였고, '가족과 지역사회의 직업' 단원은 '가족의 직업'이라는 내용 요소를 가족의 직업과 더불어 주변의 다양한 직업의 세계를 조사할 수 있도록 편성하였다. '농수산업 탐색' '제조업 탐색' '서비스업 탐색' 단원은 각각 '농수산업 직종 탐색' '제조업 직종 탐색' '서비스업 직종 탐색'이라는 내용 요소를 그대로 활용하여 편성하였다.

〈표 5-11〉 직업의 세계 영역 교육과정과 교과서 비교(중학교)

	진로와 직업 교육과정		진로와 직업 교과서	
영역	핵심 개념	내용 요소	단원	제재
직업의 세계	직업의 의의	일과 보람	일과 보람	1. 일의 기쁨과 보람 2. 직업의 뜻과 가치
		가족의 직업	가족과 지역사회의 직업	1. 가족의 직업과 의미 2. 지역사회 직업의 분류 3. 직업의 소중함
	직업 탐색	직업 선택 고려사항	직업 기초 능력	1. 직업흥미 2. 직업 적성 3. 신체 능력 4. 직업 태도
		농수산업 직종 탐색	농수산업 탐색	1. 농수산업 기초 2. 재배 탐색 3. 사육 탐색 4. 수산업 탐색
		제조업 직종 탐색	제조업 탐색	1. 제조업 기초 2. 공예 탐색 3. 조립 탐색 4. 포장 탐색 5. 운반 탐색
		서비스업 직종 탐색	서비스업 탐색	1. 서비스업 기초 2. 세차 탐색 3. 조리 탐색 4. 청소 탐색 5. 세탁 탐색 6. 사무 지원 탐색 7. 대인서비스 탐색

중학교 과정 직업의 세계 영역의 첫 번째 단원인 '일과 보람' 단원은 일을 통해 얻을 수 있는 기쁨과 보람을 이해하고 직업의 경제적·사회적 가치를 이해하는 것을 지도 목표로 하고 있으며, '일의 기쁨과 보람' '직업의 뜻과 가치'의 제재로 구성되어 있다. '일과 보람' 단원의 지도 목표를 달성하기 위하여 가정과 학교에서 하는 일을 알아보고 게으른 농부 이야기를 통해 일해야 하는 까닭과 가정과 학교에서 학생이 스스로 했던 일의 결과를 살펴보면서 일을 통해 얻는 기쁨과 보람을

이해할 수 있도록 지도 내용이 구성되어 있다. 더불어 일과 직업의 관련성을 파악하고 개인적 가치와 사회적 가치 등 직업의 가치를 파악할 수 있도록 내용이 구성되어 있다.

'가족과 지역사회의 직업' 단원에서는 가족과 지역사회의 직업을 조사하고 분류하여 직업의 소중함을 아는 것을 지도 목표로 하고 있으며, '가족의 직업과 의미' '지역사회 직업의 분류' '직업의 소중함'의 제재로 구성되어 있다. 가족과 지역사회의 직업을 조사함으로써 우리 주변의 다양한 직업을 탐색하고 가치와 관련된 직업을 조사함으로써 직업의 소중함을 이해할 수 있도록 학습 활동이 구성되어 있다.

'직업 기초 능력' 단원에서는 직업흥미와 적성, 신체 능력, 직업 태도를 알아보고 직업 기초 능력을 기르는 것을 목표로 하고 있다. '직업 기초 능력' 단원은 실제로 성취기준 [9진로04-02] [9진로04-03] [9진로04-04]에 해당하는 단원으로 자신에 대한 이해를 토대로 진로를 선택하는 진로 의사 결정 영역과 직접적인 연관이 있는 단원이다. 그러나 '직업 기초 능력' 단원이 직업의 세계 영역의 '직업 선택 고려사항'이라는 내용 요소와 관련이 된 이유는 직업 선택 시 흥미와 적성과 같은 심리적 특성과 신체적 능력을 고려하여야 한다는 내용이 해당 단원에 간접적으로 포함되어 있기 때문이다. 따라서 진로와 직업과의 내용 요소를 그대로 가져와 단원으로 편성하지 않은 사례도 있으며, '직업 기초 능력' 단원처럼 여러 단원에 걸쳐 학습한 내용을 토대로 성취기준을 충족하도록 구성된 단원도 있다.

'농수산업 탐색' '제조업 탐색' '서비스업 탐색'에서는 각 직종에서 하는 일을 알아보고 사용하는 도구의 기능을 익히는 것을 지도 목표로 한다. 제재는 공통적으로 각 직종의 의미를 살펴보고 농수산업에서는 재배, 사육, 수산업을, 제조업에서는 공예, 조립, 포장, 운반을, 서비스업에서는 세차, 조리, 청소, 세탁, 사무 지원, 대인서비스를 탐색해 보는 것으로 구성되어 있다. 각 제재에서는 해당 분야의 직업을 알아보고 도구 및 기기의 사용 방법을 익히는 활동으로 구성되어 있다.

(2) 고등학교

고등학교 과정 '직업의 세계' 영역의 교육과정(내용 체계의 내용 요소)과 진로와 직업 교과서의 단원 및 제재의 구성을 비교해 보면 〈표 5-12〉와 같다.

〈표 5-12〉 직업의 세계 영역 교육과정과 교과서 비교(고등학교)

진로와 직업 교육과정			진로와 직업 교과서	
영역	핵심 개념	내용 요소	단원	제재
직업의 세계	직업의 의의	일과 행복	일과 행복	1. 일과 행복한 생활 2. 일과 직업에 대한 올바른 태도 3. 직업의 가치
		지역사회의 직업과 미래 유망 직업	미래 유망 직업	1. 미래 유망 직업 탐색 2. 성공한 직업인의 자세와 능력
		직업 선택 기준	행복한 직업 생활	1. 행복한 나의 미래 2. 행복한 직업 생활 준비
	직업 탐색	농수산업 직종 탐색과 체험	농수산업 탐색과 체험	1. 농수산업 탐색 2. 재배 직무 체험 3. 사육 직무 체험 4. 수산업 직무 체험
		제조업 직종 탐색과 체험	제조업 탐색과 체험	1. 제조업 탐색 2. 공예 직무 체험 3. 조립 직무 체험 4. 포장 직무 체험 5. 운반 직무 체험
		서비스업 직종 탐색과 제험	서비스업 탐색과 체험	1. 서비스업 탐색 2. 조리 직무 체험 3. 청소 직무 체험 4. 세탁 직무 체험 5. 세차 직무 체험 6. 사무 지원 직무 체험 7. 대인서비스 직무 체험

'일과 행복' 단원은 일과 작업을 통해 느끼는 행복을 알고 직업에 대한 올바른 태도를 갖추며 체험을 통해 직업의 가치를 아는 것을 지도 목표로 한다. 제재는 '일과 행복한 생활' '일과 직업에 대한 올바른 태도' '직업의 가치'로 구분되며, 직업과 행복의 관계를 통해 일을 하면서 느끼는 행복을 이해하고 일과 직업에 대한 긍정적 태도를 가지며 체험활동을 통해 직업의 경제적 · 사회적 가치를 경험하는 활동으로 학습 내용이 구성되어 있다.

'미래 유망 직업' 단원은 지역사회의 다양한 직업 가운데 미래 유망 직업을 탐색

하고 미래 직업인의 자세와 능력을 갖추는 것을 지도 목표로 하고 있으며, '미래 유망 직업 탐색' '성공한 직업인의 자세와 능력'의 제재로 구성되어 있다. 각 제재에서는 직업 세계의 변천 과정을 탐구함으로써 미래 사회의 변화를 통한 미래 직업을 탐색하고 성공한 직업인의 모습을 통해 직업인의 능력과 자세를 알아보는 활동으로 학습 내용이 구성되어 있다.

'행복한 직업 생활' 단원에는 '직업 선택 기준'이라는 내용 요소와 관련하여 행복한 직업 생활을 위해 고려할 점 중에서 직업을 선택할 때 고려해야 하는 사항을 알아보는 활동이 포함되어 있다. 중학교에서도 마찬가지로 '행복한 직업 생활' 단원에서 '직업 선택 기준'이라는 내용 요소가 직접적으로 드러나지는 않지만 행복한 직업 생활을 위한 고려사항의 하나로 직업 선택 기준에 관련된 내용이 포함되어 있어 해당 성취기준을 충족할 수 있도록 구성되어 있다.

'농수산업 탐색과 체험' '제조업 탐색과 체험' '서비스업 탐색과 체험' 단원은 농수산업, 제조업, 서비스업에서 하는 일을 살펴보고 다양한 직무를 체험하는 것을 지도 목표로 한다. '농수산업 탐색과 체험' 단원의 제재는 '농수산업 탐색' '재배 직무 체험' '사육 직무 체험' '수산업 직무 체험'으로 이루어졌으며, '제조업 탐색과 체험' '서비스업 탐색과 체험' 단원에서도 같은 형태의 제재로 구성되어 있다. 각 제재는 직무 체험을 위해 준비하는 과정과 다양한 직무를 체험하는 활동으로 구성되어 있다.

3) 성취기준

중학교와 고등학교 직업의 세계 영역의 성취기준을 핵심 개념별로 살펴보면 〈표 5-13〉과 같다.

〈표 5-13〉 직업의 세계 영역의 성취기준

영역	핵심 개념	학교급	성취기준
직업의 세계	직업의 의의	중학교	[9진로02-01] 일을 통해 얻을 수 있는 기쁨과 보람을 이해하고 직업의 경제적·사회적 가치 등을 조사한다. [9진로02-02] 가족 구성원의 직업과 지역사회 내 다양한 직업을 조사하고 분류하여 가치를 탐색한다.

	고등학교	[12진로02-01] 일과 행복한 삶의 관계를 이해하고 직업의 경제적·사회적 가치를 다양한 활동으로 체험한다. [12진로02-02] 지역사회의 다양한 직업들 가운데 미래 유망 직업을 탐색하고 미래 직업인의 자세와 능력을 갖춘다.
직업 탐색	중학교	[9진로02-03] 자신의 직업흥미와 적성 등 직업 선택 시 고려해야 할 사항을 살펴본다. [9진로02-04] 지역사회에서 접할 수 있는 농수산업 직종을 탐색한다. [9진로02-05] 지역사회에서 접할 수 있는 제조업 직종을 탐색한다. [9진로02-06] 지역사회에서 접할 수 있는 서비스업 직종을 탐색한다.
	고등학교	[12진로02-03] 자신의 직업흥미와 적성, 직업 조건 등을 고려하여 직업 선택 기준을 설정한다. [12진로02-04] 지역사회에서 접할 수 있는 농수산업 직종을 탐색하고 체험한다. [12진로02-05] 지역사회에서 접할 수 있는 제조업 직종을 탐색하고 체험한다. [12진로02-06] 지역사회에서 접할 수 있는 서비스업 직종을 탐색하고 체험한다.

4) 지도의 실제

교과서와 교사용 지도서를 활용한 직업의 세계 영역의 지도 실제를 소개하기 위하여 중학교 가책의 6단원 '가족과 지역사회의 직업'의 두 번째 제재인 '지역사회 직업의 분류'의 '지역사회 직업 조사하기' 활동을 예시로 활용하고자 한다. 제재 '지역사회 직업의 분류'는 지역사회의 직업을 조사하고 직업을 분류하는 활동으로 구성되어 있다. 첫 번째 활동인 '지역사회 직업 조사하기'는 두 가지 활동 내용을 포함하고 있는데, 첫째는 지역사회 직업의 종류 조사하기, 둘째는 우리 지역에서 볼 수 있는 직업 조사하기이다. 해당 내용과 관련된 교과서의 구체적인 구성은 〈표 5-14〉와 같다.

〈표 5-14〉 '지역사회 직업 조사하기' 활동 관련 교과서 내용

활동	교과서 내용
활동 1 지역사회 직업의 종류 조사하기 **활동 2** 우리 지역에서 볼 수 있는 직업 조사하기	

앞의 활동 내용의 지도를 돕기 위하여 교사용 지도서에는 도입(다양한 환경의 지역사회 직업 이야기하기)–활동 1(지역사회 직업 종류 조사하기)–활동 2(우리 지역사회의 직업 조사하기)–정리 및 평가(지역사회 직업 현장과 직업명 정리하기)의 순서로 제시되어 있다. 해당 활동은 인식 · 적용 활동으로 인식활동에서는 살펴보기, 이야기하기 활동이 주로 이루어지고, 적용활동에서는 조사하기, 설명하기 활동으로 이루어질 수 있다. 교사용 지도서에 안내된 구체적인 지도 내용은 〈표 5-15〉에 제시되어 있다.

〈표 5-15〉 '지역사회 직업 조사하기' 활동의 교수 · 학습 실제

단원	중학교 가책 6. 가족과 지역사회의 직업
제재	2. 지역사회 직업의 분류 (1) 지역사회 직업 조사하기
학습 목표	지역사회에서 볼 수 있는 다양한 직업을 조사한다.
지도 중점	가족의 직업 외에 우리 지역사회에서 볼 수 있는 다양한 직업들을 살펴봄으로써 직업의 가치와 소중함을 느끼고, 이 직업들이 우리에게 어떤 편리함을 주는지 알 수 있도록 한다.
지도의 유의점	평소에 잘 알지 못했던 직업에 대해서는 자세히 알아볼 수 있도록 조사활동을 추가로 제시하여 다양한 직업을 알 기회가 되도록 한다.

교수·학습 자료	• CD 탑재 자료: 농어촌, 대도시 생활 환경에 대한 동영상, 지역사회 직업 분류 관련 피티 자료, 지역사회 직업 생활 그림

교수·학습 활동

도입
다양한 환경의
지역사회 직업
이야기하기

> **도입**
>
> **다양한 환경의 지역 사회 직업 이야기하기**
> ■ 농촌, 산촌, 어촌, 대도시 생활의 동영상을 보고, 다양한 환경의 지역 사회 직업을 이야기한다.
> • 다양한 환경의 생활 동영상 보기
> • 농촌 및 산촌에서 볼 수 있는 직업 이야기하기
> – 농촌 및 산촌 생활 동영상에 나타난 직업 이야기하기
> – 이 외에 농촌 및 산촌에 있는 직업 이야기하기
> • 어촌에서 볼 수 있는 직업 이야기하기

> – 어촌 생활 동영상에 나타난 직업 이야기하기
> – 이 외에 어촌에 있는 직업 이야기하기
> • 대도시에서 볼 수 있는 직업 이야기하기
> – 대도시 생활 동영상에 나타난 직업 이야기하기
> – 이 외에 대도시에 있는 직업 이야기하기
> • 환경에 따른 다양한 직업을 본 경험 이야기하기
>
> • 우리 동네에서는 어부나 농부를 찾아볼 수 없어요.
> • 할머니 댁에 놀러가서 수산 시장을 가 본 적이 있어요. 여러 가지 수산물을 파는 아저씨, 아주머니를 보았어요.

도입 활동은 '다양한 환경의 지역사회 직업 이야기하기' 활동으로 농촌, 산촌, 어촌, 대도시 생활의 동영상을 살펴보고 동영상에 제시된 각 지역에서 볼 수 있는 직업에 관해 이야기하는 활동이다. 더불어 동영상에서 보았던 다양한 직업인을 직접 보았던 경험에 관해 이야기하며 지역사회의 직업을 조사하기 전 주변의 다양한 직업에 대해 흥미를 유발할 수 있도록 한다.

활동 1
지역사회 직업
종류 조사하기

> **[활동 1] 지역 사회 직업 종류 조사하기**
> ■ 그림에서 볼 수 있는 직업 현장을 이야기한다.
> • 직업 생활을 할 수 있는 현장 찾기
>
> 과수원, 농장, 놀이동산, 호텔, 병원, 사회 복지관, 제과점, 마트
>
> • 각 현장에서 하는 일이 무엇인지 이야기하기
> – 과수원과 농장에서 하는 일 이야기하기
>
> • 과일 재배(과일 기르기)
> • 과일 수확 및 판매
> • 가축 사육(가축 기르기)
>
> – 놀이동산에서 하는 일 이야기하기
>
> • 입장권 판매
> • 놀이 기구 작동 및 운행
> • 동물원에 있는 동물 사육
> • 놀이공원 주변 청소
>
> – 호텔에서 하는 일 이야기하기
>
> • 호텔 안내 및 투숙객 편의 제공
> • 객실 안내, 판매, 예약
> • 객실 청소 및 정리

> – 사회 복지관에서 하는 일 이야기하기
>
> • 장애인, 노인 등 도움이 필요한 사람들에게 도움 주기
> • 지역 주민에게 다양한 교육 활동 및 서비스 제공
>
> – 제과점에서 하는 일 이야기하기
>
> • 빵, 쿠키, 과자 등 생산
> • 생산된 빵, 쿠키, 과자 등 포장
> • 상품 판매 및 계산
>
> – 마트에서 하는 일 이야기하기
>
> • 고객 안내 및 서비스센터 운영
> • 물건 운반 및 진열, 포장
> • 상품 판매 및 계산
>
> ■ 각 직업 현장에서 하는 일을 보고 직업을 조사한다.
> • 하는 일에 따른 직업명 조사하기
> – 그림에서 하는 일을 통해 직업명 조사하기
>
> • 과수원, 농장: 과일 재배업, 가축 사육업
> • 놀이동산: 매표원, 동물 사육사, 청소원
> • 호텔: 호텔 지배인, 호텔 조리사, 청소원
> • 병원: 의사, 간호사, 조리사, 청소원
> • 복지관: 사회 복지사
> • 제과점: 제과·제빵사, 판매원
> • 마트: 물건 운반원, 계산원, 안내원

– 병원에서 하는 일 이야기하기

- 환자 진료
- 지역 주민 건강 검진
- 환자 식사 조리
- 입원실 청소 및 정리
- 진료 예약, 진료비 수납 등

• 그림에 나타난 직업 외에 다른 직업 조사하기
 – 인터넷 검색을 통해 각 장소에서 할 수 있는 다른 직업 조사하기
• 조사한 내용 발표하기
 – 내가 조사한 내용과 친구가 조사한 내용을 비교해 보며 다양한 직업 알아보기

활동 1은 '지역사회 직업 종류 알아보기' 활동으로 교과서 그림을 통해 직업 생활을 할 수 있는 직업 현장을 찾고 각 현장에서 하는 일이 무엇인지 파악하는 활동이다. 교과서 삽화에 제시된 과수원, 농장, 호텔, 병원 등의 이용 경험을 나누고 각 현장에서 어떤 일을 하는지 조사하는 형식으로 활동을 진행한다.

다음으로 직업 현장에서 하는 일을 통해 직업명을 조사한다. 직업명은 진로정보망에 접속하여 관련 키워드를 입력한 후 직업명을 검색하는 방식으로 진행할 수 있다. 또한 교과서에 제시된 직업 이외에 인터넷 검색을 통해 각 장소에서 할 수 있는 다양한 직업을 조사한다.

조사 활동은 협동 학습을 통해 모둠으로 실시할 수 있으며, 조사 결과를 사진 보고서로 완성하여 각 모둠에서 조사한 내용을 비교해 보며 다양한 직업의 종류를 탐색해 볼 수 있다.

활동 2
우리 지역사회의 직업 조사하기

[활동 2] **우리 지역 사회의 직업 조사하기**
■ 교과서에 나타나지 않은 우리 지역 사회의 직업을 조사한다.
• 농촌, 산촌, 어촌, 대도시에서 나타나는 특징 이야기하기
 – 농촌의 특징 이야기하기

• 인구가 적은 편이다.
• 넓은 평야가 있고 주민 대부분이 농업에 종사한다.

 – 산촌의 특징 이야기하기

• 지대가 높고 평야가 적다.
• 밭농사를 주로 하며 꿀, 약초, 버섯, 우유 등을 생산한다.

 – 어촌의 특징 이야기하기

• 갯벌에서 조개, 게, 낙지 등을 잡거나 어선을 타고 바다로 나가 고기를 잡는다.
• 관광지로 많이 개발되고 있다.

 – 대도시의 특징 이야기하기

• 인구 밀도가 높아 주거 환경이 대부분 높은 빌딩이나 아파트로 이루어져 있다.
• 상업, 교통, 교육 등 다양한 분야에서 많은 발전이 이루어져 있다.
• 높은 인구 밀도로 인해 환경오염, 주택 문제 등 복잡한 도시 문제가 발생한다.

• 우리 지역 사회 환경 이야기하기

• 우리 동네는 바닷가에서 가깝고, 어업을 하시는 분들이 많으니 어촌에 속합니다.
• 우리 지역에는 상가가 많고 학교와 아파트 등이 많아 대도시에 속하는 것 같습니다.

• 우리 지역 사회 특징에 맞는 직업 찾아보기
 – 우리 지역 사회에서 할 수 있는 일 찾아보기
 – 우리 지역에서 내가 할 수 있는 일은 무엇인지 생각해 보기
• 내가 찾은 직업 조사하기
 – 지역 사회 직업과 내가 할 수 있는 일을 더 자세하게 조사하기
• 조사한 내용 발표하기

활동 2는 '우리 지역사회의 직업 조사하기' 활동으로 교과서에 나타나지 않은 우리 지역사회의 직업을 조사하는 활동이다. 특히 활동 2에서는 우리 지역사회의 특성에 따라, 즉 농촌, 산촌, 어촌, 대도시 등의 구분에 따라 지역사회의 특성을 파악하고, 그에 알맞은 직업을 조사하는 활동이다.

활동 2 역시 활동 1과 비슷한 방식으로 협동 학습을 통해 모둠으로 진행될 수 있으며, 학교를 중심으로 약도 형식의 우리 마을 지도를 그려 우리 마을에 있는 직업의 현장과 직업명, 하는 일 등을 종합적으로 조사하여 우리 마을 직업 지도를 완성할 수 있을 것이다.

중학교 특수학급에 재학 중인 준상이의 경우 자신의 적성과 흥미에 알맞은 직업을 찾기 위해서는 다양한 직업의 종류를 파악할 필요가 있으며, 특히 지역사회에서 쉽게 접근하고 경험할 수 있는 직업 위주로 탐색 활동을 실시할 수 있다.

정리 및 평가

정리 및 평가
지역 사회 직업 현장과 직업명 정리하기
■ 각 직업 현장에서 볼 수 있는 직업에 대해 정리한다.
• 과수원, 농장에서 볼 수 있는 직업에 대해 설명하기
• 놀이동산에서 볼 수 있는 직업에 대해 설명하기
• 호텔에서 볼 수 있는 직업에 대해 설명하기
• 병원에서 볼 수 있는 직업에 대해 설명하기
• 복지관에서 볼 수 있는 직업에 대해 설명하기
• 제과점에서 볼 수 있는 직업에 대해 설명하기
• 마트에서 볼 수 있는 직업에 대해 설명하기

정리 및 평가 활동에서는 지역사회 직업 현장과 직업명을 정리한다. 활동 1, 2에서 조사하였던 직업 현장과 직업명을 설명, 또는 연결하는 활동을 하거나 퀴즈활동을 통해 확인하고 정리하는 과정을 진행할 수 있다.

 활동하기

- '자기 탐색' 영역과 '직업의 세계' 영역의 핵심 개념을 제시해 보세요.
- '자기 탐색' 영역의 단원과 제재를 선택하여 교수 · 학습 개요에 따른 지도의 실제를 구성해 보세요.
- '직업의 세계' 영역의 단원과 제재를 선택하여 교수 · 학습 개요에 따른 지도의 실제를 구성해 보세요.

진로와 직업 탐색 지도

김운지

개요

이 장은 진로와 직업 교육과정 내용 중 작업 기초 능력 영역과 진로 의사 결정 영역이 교과용 도서에 어떻게 구현되어 학생들에게 교육하는지 이해하는 데 목적이 있다. 이러한 내용을 알아보기 위해 이 장에서는 작업 기초 능력 영역과 진로 의사 결정 영역의 목표와 내용, 성취기준 그리고 실제로 학생들에게 어떻게 지도하고 있는지 지도의 실제를 살펴본다. 이 장의 학습을 통하여 진로와 직업 탐색의 작업 기초 능력 영역과 진로 의사 결정 영역의 세부 내용을 이해하고 실제적인 지도 방법을 체득하게 된다.

구성 내용

1. 작업 기초 능력
2. 진로 의사 결정

[진로와 직업 탐색 지도 사례]

　특수학교 중학교에 재학 중인 지적장애 학생 은지는 익숙한 장소의 이동은 가능하나 걸음걸이가 부자연스럽다는 신체적 특징을 가지고 있다. 그러므로 은지의 신체 기능에 맞는 작업 수행이 무엇인지 알아보고 이러한 능력을 기반으로 직장 생활을 위해 작업활동을 편리하고 효율적이게 만들어 주는 정보 통신 기술 활용 방법을 학습해야 할 필요가 있다.

　특수학교 고등학교에 재학 중인 지체중복장애 학생 하은이는 졸업을 앞두고 진로를 고민하고 있으므로 주체적으로 의사를 결정하는 방법이나 자신의 직업 능력을 파악하여 최적의 직업을 선택하는 방법 또는 진학을 위하여 진로 방향 및 목표를 설정하는 과정을 학습해야 할 필요가 있다. 2015 특수교육 교육과정 진로와 직업과는 앞서 기술한 은지와 하은이에게 필요한 능력을 기르기 위해 작업 기초 능력 영역과 진로 의사 결정 영역을 편성하였으며, 이 교육을 통해 그에 적합한 능력을 향상할 수 있을 것이다.

1. 작업 기초 능력

　작업 능력은 동일한 일을 하는 경우, 동일 시간 안에 얼마나 많은 일을 할 수 있는가, 또는 동일 강도의 일을 얼마나 오래 계속할 수 있는가 하는 능력을 말한다(이태신, 2000). 작업 능력은 직업 생활을 하는 데 꼭 필요한 능력으로 기준근로자 선정, 수행 작업 분석, 평가기준 결정, 작업 수행량 측정, 작업 수행량 비교, 평가 결과 도출의 과정으로 평가된다(한국장애인고용공단, 2008). 이러한 작업 능력을 기르기 위한 영역으로 2015 특수교육 기본 교육과정 진로와 직업과는 작업 기초 능력 영역을 편성하였다. 작업 기초 능력은 장애학생의 취업뿐만 아니라 직업 생활을 영위하는 데에도 필수적인 능력이기 때문에 이에 대한 교육 역시 매우 중요하다고 할 수 있다.

1) 목표

작업 기초 능력 영역의 교육 목표는 직업 현장의 다양한 요구를 반영하여 학생들에게 고용 현장에서 요구하는 기초적이고 공통적인 직업 및 작업 능력을 갖추도록 하는 데 있다. 이 영역에서 교육하고자 하는 것은 단순한 직무 기술 교육이라기보다는 다양한 직업의 세계에서 공통적으로 요구되는 기초 능력으로 이해할 수 있다. 중학교 과정에서는 작업 수행에 필요한 작업 도구의 종류 및 기능을 이해하고 도구 및 기기의 사용을 위해 필요한 기초 지식과 신체 능력을 익히는 것을 목표로 하고 있으며, 고등학교에서는 이러한 기초능력을 바탕으로 좀 더 복잡하고 정교한 도구 및 기기의 활용과 신체적 능력을 경험하는 것에 중점을 두고 있다.

2) 내용

작업 기초 능력 영역의 핵심 개념은 작업 수행, 작업 도구 및 기기, 직업과 정보통신 3개로 구성했으며, 내용(일반화된 지식)도 핵심 개념별로 진술하였다. 내용 요소는 중학교와 고등학교의 내용 요소를 연속적인 과정으로 구성하였으며, 중학교 7개, 고등학교 7개의 내용 요소를 제시하였다. 작업 기초 능력 영역의 내용 체계는 이 책의 제4장에 제시되어 있다.

작업 기초 능력 영역에 대한 교육과정의 내용 요소와 교과서의 내용(중학교)을 비교해 보면 〈표 6-1〉과 같다. 교과서의 단원명은 교육과정 내용 체계의 내용 요소를 고려하여 선정되었다. '작업과 자세' 단원은 '작업과 자세'와 '단순한 작업의 신체 동작'이라는 내용 요소가 '작업'이라고 하는 공통된 측면이 있어 내용의 중복을 피하고자 하나의 '작업과 자세' 단원으로 편성되었고, '농수산업 탐색' '제조업 탐색' '서비스업 탐색' 단원은 '직업의 세계' 영역의 '직업 탐색'이라는 핵심 개념과 내용의 중복을 피하고자 내용 요소를 통합하여 단원을 편성하였다. 앞서 제5장에

서 '직업의 세계' 영역과 통합되어 편성된 '농수산업 탐색' '제조업 탐색' '서비스업 탐색' 단원 설명이 이미 기술되었기에 그에 관한 내용은 생략한다.

〈표 6-1〉 작업 기초 능력 영역 교육과정과 교과서 비교(중학교)

진로와 직업 교육과정			진로와 직업 교과서	
영역	핵심 개념	내용 요소	단원	제재
작업 기초 능력	작업 수행	작업과 자세 단순한 작업의 신체 동작	작업과 자세	1. 작업과 바른 자세 2. 작업과 신체 동작 3. 도구를 사용하는 단순 작업
직업의 세계	직업 탐색	농수산업 직종 탐색	농수산업 탐색	1. 농수산업 기초 2. 재배 탐색 3. 사육 탐색 4. 수산업 탐색
작업 기초 능력	작업 도구 및 기기	농수산업 도구 및 기기의 종류와 기능		
직업의 세계	직업 탐색	제조업 직종 탐색	제조업 탐색	1. 제조업 기초 2. 공예 탐색 3. 조립 탐색 4. 포장 탐색 5. 운반 탐색
작업 기초 능력	작업 도구 및 기기	제조업 도구 및 기기의 종류와 기능		
직업의 세계	직업 탐색	서비스업 직종 탐색	서비스업 탐색	1. 서비스업 기초 2. 세차 탐색 3. 조리 탐색 4. 청소 탐색 5. 세탁 탐색 6. 사무 지원 탐색 7. 대인서비스 탐색
	작업 도구 및 기기	서비스업 도구 및 기기의 종류와 기능		
작업 기초 능력	직업과 정보 통신	직업과 전화기 사용	직업과 전화기 사용	1. 전화기 사용 2. 전화 예절 3. 직업 생활과 전화기 사용
		직업과 컴퓨터 활용	직업과 컴퓨터 활용	1. 컴퓨터 구성 요소와 사용 방법 2. 컴퓨터 문서 작업 3. 인터넷 활용

'작업과 자세' 단원은 바른 자세로 신체와 도구를 사용하여 작업하는 것을 목표로 하며, 작업과 바른 자세를 익혀 앉아서 또는 서서 움직이면서 작업하기, 손, 팔, 다리를 사용하여 작업하기, 도구를 사용하여 간단한 작업하기 제재로 구성되어

있다. 작업을 원활하게 수행하기 위해서는 작업별로 요구되는 몸의 자세를 알고 바른 자세를 유지하며 작업하는 것이 중요하다. 이에 학생들이 바른 자세와 바르지 못한 자세를 비교하여 바른 자세의 중요성을 알도록 하고 실제로 바른 자세로 다양한 작업을 해 보는 기회를 제공한다. 가정에서도 세탁물 정리하기와 같은 앉아서 하는 활동, 설거지와 같은 서서 하는 활동, 물건 운반하기 등 움직이면서 하는 작업활동을 연계하여 실시하고 점검표를 통해 부모의 확인을 받아 지도할 수 있다. 무엇보다도 적절한 신체 부위와 도구를 사용하여 바른 자세로 작업하는 것은 몸의 안전과 건강에 도움이 되고 작업의 효율을 높인다는 것을 인식하고 바르게 앉는 자세를 생활화하는 데 주안점을 두고 반복적으로 지도하는 것이 바람직하다.

'직업과 전화기 사용' 단원은 전화기 사용법과 통화 예절을 익혀 직업 생활에 활용하는 능력을 기르는 것을 목표로 한다. 직장 생활에서 전화기를 바르게 사용하는 방법을 익혀 사용하는 것은 효과적인 업무 수행과 밀접한 관련이 있으며, 직장에서 업무 관련 전화를 걸 때와 받을 때의 예절은 업무 수행뿐만 아니라 대인관계 유지를 위한 기본이 된다. 따라서 학생들이 유선 전화기와 휴대용 전화기 사용법과 기능을 익히고 상황과 장소에 따라 예절에 맞게 전화를 사용하도록 하는 것이 필요하다. 또한 전화 금융사기에 바르게 대처하는 방법을 배우고, 배운 내용이 직장에서 일반화될 수 있도록 지도한다. 가정에서도 전화 사용이 필요한 모든 상황에서 스스로 전화를 바르게 사용하고 다른 사람과 정보를 주고받을 수 있도록 반복적으로 연습하여 의사소통, 긴급 상황 대처 및 정보 활용 능력을 기르도록 연계하여 지도할 수 있다. 실제로 일상생활과 직장 생활에서 일어날 수 있는 다양한 상황을 충분히 연습하여 전화 예절을 알고 사용할 수 있도록 지도하는 것이 중요하다.

'직업과 컴퓨터 활용' 단원은 문서를 작성하고 인터넷을 이용하는 컴퓨터 활용 능력을 기르는 것을 목표로 하며, 컴퓨터의 구성 요소와 사용법을 알고 기초적인 컴퓨터 문서 작업과 인터넷을 사용하는 활동을 통하여 직장 생활을 위한 컴퓨터 활용 능력을 기르는 데 중점을 둔다.

컴퓨터를 활용하는 것은 현대 사회를 살아가는 사회인들에게 꼭 필요한 능력이고, 더 나아가 학생들이 진로와 직업 선택에 필요한 정보를 얻고 올바른 진로와 직업을 선택하도록 돕는 데 유용하다. 따라서 컴퓨터를 구성하고 있는 대표적인 요소를 알고 마우스와 키보드의 기본적인 사용 방법을 익히도록 하는 것이 필요하다. 한글 프로그램으로는 이름표와 학급 시간표를 만들며 스스로 문서를 작성하는 활동을 해 볼 수 있고, 인터넷 활용은 누리집을 검색하거나 전자 우편을 사용하는 활동을 해 볼 수 있다. 특히 인터넷 활용 시 주의할 점과 예절을 지키도록 해야 하며, 인터넷을 잘못 사용하여 피해를 보지 않도록 개인정보에 대한 중요성을 강조하여 지도하고, 학생 수준을 고려하여 '정보 통신 활용' 교과서를 참고하여 심화한 내용을 가르치는 것도 필요하다. 주말에 장을 보기 위한 물건의 목록을 한글 문서로 작성해 보거나 집에서 선생님이나 친구들에게 전자 우편을 보내기 등을 과제로 내어 가정과도 연계하여 지도할 수 있다. 컴퓨터는 학생의 수준을 고려하여 개별적으로 지도하도록 하고, 팔이나 손을 사용하지 못하는 중증학생의 경우 관련 보조공학기기를 활용하도록 하는 것이 바람직하다.

작업 기초 능력 영역에 대한 교육과정의 내용 요소와 교과서의 내용(고등학교)을 비교해 보면 〈표 6-2〉와 같다. '효율적인 작업' 단원은 '정확성, 지속성, 신속성 향상'과 '복잡한 작업의 신체 동작' 내용 요소가 내용의 중복을 피하고자 하나의 단원으로 편성되었고, '농수산업 탐색과 체험' '제조업 탐색과 체험' '서비스업 탐색과 체험' 단원은 '직업의 세계' 영역의 '직업 탐색'이라는 핵심 개념과 내용의 중복을 피하고자 내용 요소를 통합하여 단원을 편성하였다. 앞서 제5장에서 '직업의 세계' 영역과 통합되어 편성된 '농수산업 탐색과 체험' '제조업 탐색과 체험' '서비스업 탐색과 체험' 단원 설명이 이미 기술되었기에 그에 관한 내용은 생략한다.

〈표 6-2〉 작업 기초 능력 영역 교육과정과 교과서 비교(고등학교)

진로와 직업 교육과정			진로와 직업 교과서	
영역	핵심 개념	내용 요소	단원	제재
작업 기초 능력	작업 수행	정확성, 지속성, 신속성 향상 복잡한 작업의 신체 동작	효율적인 작업	1. 정확한 작업 2. 신속한 작업 3. 지속적인 작업 4. 복잡한 작업
직업의 세계	직업 탐색	농수산업 직종 탐색과 체험	농수산업 탐색과 체험	1. 농수산업 탐색 2. 재배 직무 체험 3. 사육 직무 체험 4. 수산업 직무 체험
작업 기초 능력	작업 도구 및 기기	농수산업 도구 및 기기 사용		
직업의 세계	직업 탐색	제조업 직종 탐색과 체험	제조업 탐색과 체험	1. 제조업 탐색 2. 공예 직무 체험 3. 조립 직무 탐색 4. 포장 직무 탐색 5. 운반 직무 탐색
작업 기초 능력	작업 도구 및 기기	제조업 도구 및 기기 사용		
직업의 세계	직업 탐색	서비스업 직종 탐색과 체험	서비스업 탐색과 체험	1. 서비스업 탐색 2. 조리 직무 체험 3. 청소 직무 체험 4. 세탁 직무 체험 5. 세차 직무 체험 6. 사무 지원 직무 체험 7. 대인서비스 직무 체험
작업 기초 능력	작업 도구 및 기기	서비스업 도구 및 기기 사용		
작업 기초 능력	직업과 정보 통신	직업과 스마트 기기 활용	직업과 스마트 기기 활용	1. 스마트 기기 기본 기능 2. 정보 활용 3. 직업 생활과 스마트 기기
		컴퓨터의 업무 활용	업무에서 컴퓨터 활용	1. 워드프로세서 2. 스프레드시트 3. 문서 관리 4. 인터넷 활용

‘효율적인 작업’ 단원은 다양한 작업을 효율적으로 수행하는 것을 목표로 하며, 정확하고 신속한 작업 능력 습득을 위하여 필요한 작업 방법을 알아보고 일과 체력의 관계에 대한 이해를 바탕으로 작업 지속성을 기르기 위한 체력증진의 꾸준한 실천 방법을 제시하여 섬세하게 집중력이 필요한 작은 동작의 숙달로 기초 작

업 능력을 함양하여 효율적인 작업을 수행하는 데 중점을 둔다. 따라서 정확하게 작업하는 방법이 생활화되도록 작업별로 반복적인 실습을 하도록 하거나 검수하기, 목표량 달성 정도 확인하기 등 스스로 점검하며 작업할 수 있는 점검표를 제시하여 지도하는 것이 필요하다. 또한 지속적인 작업을 위해 체력을 길러야 함을 주지시키고 선물용 상자나 수납함 제작하기 등 복잡한 작업을 실습하는 것도 중요하다. 가정에서도 맡겨진 일을 주어진 시간 내에 책임감을 느끼고 실천하는 습관을 형성하고 드라이버, 핀셋 등의 도구를 학생과 함께 사용해 봄으로써 작은 동작의 작업에 익숙해지도록 하며 직업 생활을 유지하는 데 중요한 기초체력 향상을 위하여 보호자와 함께 운동 방법을 선택하고 지역사회의 다양한 체육시설을 이용하여 실천하도록 연계하여 지도할 수 있다. 무엇보다도 직장 생활에서 주어진 작업을 정확하고 신속하게 일정 시간 동안 능률 저하 없이 지속하는 작업의 효율성은 작업의 생산성 향상을 위하여 필수적으로 갖추어야 하는 중요한 능력임을 주지시키는 것이 바람직하다.

'직업과 스마트 기기 활용' 단원은 스마트 기기 기능을 알고 직업 생활의 대인관계 유지와 업무 관련 정보 공유 및 활용에 이용하는 것을 목표로 한다. 이에 이 단원에서는 스마트 기기 기본 기능 및 정보 활용에 관련한 기능들을 알아보고 직업 생활에서 이 기능들을 제대로 활용할 수 있는 능력을 기르도록 하며 스마트 기기 사용 예절과 정보 통신 윤리 행동 양식을 익혀 직장 및 사회생활에서 스마트 기기를 바르게 사용할 수 있도록 하는 데 중점을 둔다. 최근 스마트 기기는 대인관계 유지와 업무 관련 정보 활용을 위해 아주 중요하게 사용되고 있으며 업무 수행에 큰 편리함을 주고 있다. 따라서 스마트폰이나 태블릿 PC 등의 사용 방법을 익히고 향후 직업 생활에서 활용할 내용을 실생활과 연계하여 스스로 활용할 수 있도록 지도하는 것이 필요하다. 진로와 직업 교과서에는 애플리케이션을 활용하는 방법이 나와 있는데, 다양한 애플리케이션이 계속 개발되고 있으므로 배운 내용을 일반화할 수 있도록 반복 지도한다. 또한 스마트 기기를 한 번도 접해 보지 않은 학생들도 스마트 기기 작동 방법을 알고 기능을 사용할 수 있도록 기회를 제공하여 생활에서 더욱 편리함을 추구하고 정보사회에 뒤처지지 않는 능력을 갖추도록 하여 다른 사람과의 소통 능력과 정보 활용 능력을 기르도록 하는 것도 필요하다. 현재 스마트 기기 중독이 심각한 사회문제로 대두되고 있는 만큼, 학생들이 스마트 기기를 예절에 맞게 절제하여 사용하도록 스마트 기기 중독 예방 교육도 반드시 시행하도록 한다.

'업무에서 컴퓨터 활용' 단원은 컴퓨터 사무용 프로그램 사용 방법을 익혀 문서를 관리하고 업무에 활용하는 것을 목표로 하며, 업무에서의 컴퓨터 활용 능력을 기르기 위해 워드프로세서의 대표 프로그램인 한글 프로그램과 스프레드시트의 대표 프로그램인 엑셀 프로그램의 사용 방법을 익히고 문서 관리 활동과 다양한 인터넷 활용 능력을 기르는 데 중점을 둔다. 컴퓨터를 이용하여 문서를 작성 · 편집하고 인터넷을 활용하는 능력은 일상생활과 직업 생활에 필요한 기본적인 기능이다. 따라서 학생들이 취업 시 직접 활용하는 프로그램 위주로 교육하고 수준에 따라 너무 어려운 내용은 재구성하여 지도해야 한다. 교과서에 있는 내용을 확장하여 컴퓨터를 활용하여 생일 초대 카드, 편지, 시간표, 생활 계획표, 일기, 독후감, 현장 학습 보고서, 기업체에 제출할 자기소개서를 작성하여 봄으로써 일상생활과 연계한 지속적인 활동이 이루어질 수 있도록 하고 일상생활에서 전자 우편을 주고받고, 생활 정보 및 취업 정보를 검색하여 활용할 수 있도록 한다. 실습 과정에서 학생들이 학습의 과정을 놓치지 않도록 자세한 설명과 개별 지도를 통해 상세하게 지도하도록 하고, 인터넷 활용 시 유해 사이트에 접속하지 않도록 지도하는 것도 필요하다.

3) 성취기준

중학교의 작업 기초 능력 영역의 성취기준을 핵심 개념별로 살펴보면, 작업 수행의 성취기준은 작업을 원활하게 수행하기 위해서는 직업별로 요구되는 몸의 자세와 신체 기능에 적절하게 작업을 수행하는 능력이 필요하므로 앉아서 하는 작업, 서서 하는 작업, 움직이면서 하는 작업의 바른 자세를 익혀 안전하게 작업하고 신체와 도구를 사용하여 단순한 작업을 수행하는 데 중점을 두고 있다. 작업 도구 및 기기의 성취기준은 직업의 종류에 따라 쓰이는 다양한 작업 도구 및 기기가 있으며 도구 및 기기의 효과적인 사용은 작업의 능률을 높이기 때문에 재배 · 사육 등의 농수산업, 조립 · 공예 · 포장 · 운반 등의 제조업, 조리 · 청소 · 세탁 · 세차 · 사무 지원 · 대인서비스 등의 서비스업에서 활용하는 도구 및 기기의 종류와

용도, 기능을 익히는 데 중점을 두고 있다. 직업과 정보 통신의 성취기준은 직업에서 정보 통신 기술의 활용은 작업활동을 쉽고 편리하게 할 뿐 아니라 다양한 활동 경험의 폭을 넓히게 하므로 전화기의 올바른 사용 방법과 통화 예절을 익혀 미래의 직업 생활을 준비하고 컴퓨터를 활용하여 문서 작성 및 인터넷 검색 능력을 기르는 데 중점을 두고 있다. 구체적인 내용을 표로 정리하면 〈표 6-3〉과 같다.

〈표 6-3〉 중학교 작업 기초 능력 영역의 성취기준

영역	핵심 개념	성취기준
작업 기초 능력	작업 수행	[9진로03-01] 앉아서 하는 작업, 서서하는 작업, 움직이면서 하는 작업의 바른 자세를 익혀 안전하게 작업을 수행한다. [9진로03-02] 신체와 도구를 사용하여 단순한 작업을 수행한다.
	작업 도구 및 기기	[9진로03-03] 농수산업에서 필요한 작업 도구 및 기기의 종류와 용도, 기능을 익힌다. [9진로03-04] 제조업에서 필요한 작업 도구 및 기기의 종류와 용도, 기능을 익힌다. [9진로03-05] 서비스업에서 필요한 작업 도구 및 기기의 종류와 용도, 기능을 익힌다.
	직업과 정보 통신	[9진로03-06] 전화기 사용법과 통화 예절을 익혀 직업 생활에 활용하는 능력을 기른다. [9진로03-07] 문서 작성과 인터넷 활용 등 작업에서 필요한 컴퓨터 활용 능력을 기른다.

고등학교의 작업 기초 능력 영역의 성취기준을 핵심 개념별로 살펴보면, 작업 수행의 성취기준은 올바른 작업 방법을 익혀 작업의 정확성·지속성·신속성을 향상시키고 신체와 도구를 사용하여 복잡한 작업을 수행하는 데 중점을 두고 있다. 작업 도구 및 기기의 성취기준은 재배·사육 등의 농수산업, 조립·공예·포장·운반 등의 제조업, 조리·청소·세탁·세차·사무 지원·대인서비스 등의 서비스업을 중심으로 한 교내 또는 지역사회 실습을 통해 작업 도구 및 기기를 안전하고 효율적으로 사용하는 데 중점을 두고 있다. 직업과 정보 통신의 성취기준은 직업 현장에서 스마트 기기와 컴퓨터의 쓰임을 알고 교내 또는 지역사회 실습을 통하여 정보 통신 기술을 업무에 활용하는 데 중점을 두고 있다. 구체적인 내용을 표로 정리하면 〈표 6-4〉와 같다.

〈표 6-4〉 고등학교 작업 기초 능력 영역의 성취기준

영역	핵심 개념	성취기준
작업 기초 능력	작업 수행	[12진로03-01] 작업을 지속적으로 정확하고 신속하게 수행하여 작업의 생산성을 향상시킨다. [12진로03-02] 신체와 도구를 사용하여 복잡한 작업을 수행한다.
	작업 도구 및 기기	[12진로03-03] 교내 또는 지역사회 실습을 통해 농수산업에서 활용되는 도구 및 기기를 안전하고 효율적으로 사용한다. [12진로03-04] 교내 또는 지역사회 실습을 통해 제조업에서 활용되는 도구 및 기기를 안전하고 효율적으로 사용한다. [12진로03-05] 교내 또는 지역사회 실습을 통해 서비스업에서 활용되는 도구 및 기기를 안전하고 효율적으로 사용한다.
	직업과 정보 통신	[12진로03-06] 스마트 기기를 직장 생활의 대인관계 유지와 업무 관련 정보의 공유 및 활용에 이용한다. [12진로03-07] 컴퓨터의 사무용 프로그램 사용 방법을 익혀 문서를 관리하고 업무에 활용한다.

4) 지도의 실제

작업 기초 능력 영역의 지도의 실제를 알아보기 위해 중학교 나책 5단원 '작업과 자세'의 첫 번째 제재인 '작업과 바른 자세'의 '바른 자세로 앉아서 작업하기' 활동을 예시로 활용하고자 한다. '바른 자세로 앉아서 작업하기' 활동은 하위 활동으로, 첫째, 앉아서 하는 작업 자세 살펴보기, 둘째, 앉아서 작업하는 모습 살펴보기, 셋째, 앉아서 작업하는 자세를 친구들과 확인하기, 넷째, 바른 자세로 앉아서 물건 포장하기로 구성되어 있다. 해당 교과서의 내용은 〈표 6-5〉와 같다.

〈표 6-5〉 '바른 자세로 앉아서 작업하기' 활동 관련 교과서 내용

활동	교과서 내용
활동 1 앉아서 하는 작업 자세 살펴보기	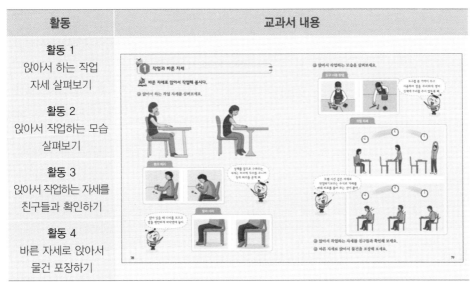
활동 2 앉아서 작업하는 모습 살펴보기	
활동 3 앉아서 작업하는 자세를 친구들과 확인하기	
활동 4 바른 자세로 앉아서 물건 포장하기	

'바른 자세로 앉아서 작업하기' 활동의 지도서 내용을 살펴보면 '바른 자세로 앉아서 작업하기' 수업에 대한 여러 가지 내용을 알 수 있는데, 수업을 실제 구성하는 데에는 교수·학습 개요를 활용할 수 있다. '바른 자세로 앉아서 작업하기' 교수·학습 개요에는 도입(앉아서 하는 작업에 관하여 이야기하기) → 전개[활동 1(앉아서 하는 작업 자세 살펴보기) → 활동 2(앉아서 작업하는 모습 살펴보기) → 활동 3(앉아서 작업하는 자세를 친구들과 확인하기) → 활동 4(바른 자세로 앉아서 물건 포장하기)] → 정리 및 평가(앉아서 하는 바른 작업 자세 정리하기)의 순서로 제시되어 있다. 수업 내용은 학생들의 수준 및 교사가 준비한 수업 자료 등에 따라 확장하여 수업할 수 있고 지도서에 제시되어 있더라도 학생 장애 정도 및 환경 여건에 따라 수정할 수 있다. 교수·학습 개요에 따른 '바른 자세로 앉아서 작업하기' 지도의 실제는 〈표 6-6〉과 같다.

〈표 6-6〉 '바른 자세로 앉아서 작업하기' 지도의 실제

단원	중학교 나책 5. 작업과 자세
제재	1. 작업과 바른 자세 (1) 바른 자세로 앉아서 작업하기
학습 목표	바른 자세로 앉아서 작업한다.

지도 중점	앉아서 하는 작업과 바른 자세를 발과 다리, 등과 허리, 도구 사용 방법, 작업 자세로 나누어 알아본다. 일정 시간 동안 앉아서 조립 작업을 하는 활동을 통하여 바른 자세로 앉아서 작업하기를 익히도록 지도한다.
지도의 유의점	교사의 시범과 학생들의 실습을 통하여 바르게 앉는 자세가 생활화되도록 지도한다.
교수 · 학습 자료	• CD 탑재 자료: 바른 자세로 앉아서 작업하는 그림, 바른 자세로 앉아서 하는 작업 피티 자료, 학습지 • 그 외 자료: 작업대, 의자, 작업에 필요한 도구, 타이머, 상자, 연필깎이

교수 · 학습 활동

도입

도입은 앉아서 하는 작업에 관하여 이야기한다. 학교에서 조립이나 포장, 컴퓨터 문서 작성, 공예품 만들기 등 앉아서 작업한 다양한 경험과 더불어 가정에서 앉아서 공부했거나 식사를 한 내용도 충분히 나누어 학생들이 앉아서 했던 다양한 경험을 끌어낸다. 특수학교 중학교에 재학 중인 은지의 경우, 비교적 화목한 가정에서 자랐고 사람을 좋아하는 점을 고려하여 가정이나 학교, 지역사회 여러 기관에서 앉아서 무언가를 해 본 경험을 떠올리도록 유도한다. 이때 은지의 자발적인 발화가 이루어지지 않으면 은지가 관심이 있는 정보 통신 관련 수업 활동을 상기하는 것으로 친구들의 대답을 유도하거나 활동카드를 선택하여 관련 경험을 비언어적인 방법으로 표현하도록 격려할 수 있다.

앉아서 하는 작업에 관하여 이야기하기

- 교내 실습 시간에 앉아서 작업한 경험을 이야기한다.
  - 앉아서 조립 작업을 한 내용 말하기
  - 앉아서 포장 작업을 한 내용 말하기
  - 앉아서 컴퓨터 문서 작성을 한 내용 말하기
  - 앉아서 공예품을 만들었던 내용 말하기
  - 그 외에 앉아서 공부하고 식사한 내용 말하기

활동 1

[활동 1] 앉아서 하는 작업 자세 살펴보기

- 앉아서 하는 작업 자세를 살펴본다.
- 의자에 앉아 있는 동안 턱, 등과 허리, 발과 다리의 바른 자세 알아보기
  - 턱은 아래로 가볍게 당기기
  - 등과 허리는 곧게 펴기
  - 등은 등받이에 바짝 붙이기
  - 엉덩이는 의자에 깊숙이 넣기
  - 발은 발바닥이 바닥에 닿도록 하기
  - 다리는 무릎이 90° 각도가 되도록 세우기

  ■ 다리와 발의 자세
  앉아 있을 때 발이 편안하게 바닥에 놓이도록 해야 한다. 책상 밑은 무릎과 다리를 위해 충분한 공간이 있어야 한다. 무릎 근처 허벅지 아래쪽과 다리 밑 부분의 뒤쪽을 따라서 압력이 가해지지 않도록 일과 시간 동안 자주 다리를 뻗거나 다리의 자세를 바꾸어 주도록 한다.

- 의자에 앉아 있는 동안 목, 등과 허리, 발과 다리의 바르지 못한 자세 알아보기
  - 목을 아래로 많이 숙이는 자세로 앉는다.
  - 등과 허리를 구부리고 등을 등받이에 붙이지 않는다.
  - 엉덩이를 의자 깊숙이 넣지 않고 앉는다.
  - 발바닥이 바닥에 닿지 않고 다리를 벌리고 앉는다.

- 등과 허리 자세의 차이점 알아보기

바른 자세	바르지 못한 자세
등과 허리를 곧게 편다.	등과 허리를 구부린다.

- 발과 다리 자세의 차이점 알아보기

바른 자세	바르지 못한 자세
발바닥을 바닥에 붙이고 다리를 90°로 구부린다.	발바닥이 바닥에 닿지 않아 뒤꿈치를 들고 다리를 벌리고 있다.

TIP 허리와 등의 자세는 의자가 몸 전체를 지지해 주도록 한다. 체중을 골고루 분산시켜 주고 의자의 바닥면과 등받이가 체중을 잘 지탱하도록 한다. 앞으로 구부리는 자세는 허리에 무리를 줄 수 있으므로 피하는 것이 좋다.

활동 1은 앉아서 하는 작업 자세를 살펴본다. 교과서에 제시된 앉아서 하는 작업 자세 삽화를 자세히 살펴보면서 의자에 앉아 있는 동안 턱, 등과 허리, 발과 다리의 신체 부위별로 바른 자세를 세세하게 알아본다. 또한 의자에 앉아 있는 동안 목, 등과 허리, 발과 다리의 바르지 못한 자세를 알아보고, 바른 자세와 바르지 못한 자세의 차이점을 비교해 보도록 한다. 특수학교 중학교에 재학 중인 은지의 경우, 사람을 좋아하기 때문에 자신이나 친구들의 모습을 수업 내용에 반영하면 수업시간에 집중도를 높일 수 있다. 교사는 은지와 학급 구성원의 평소 자세를 실물 사진으로 제시한 뒤 학생들이 서로의 모습을 확인해 보도록 한다. 은지는 학급 구성원의 사진을 보며 바른 자세와 어긋난 자세를 취하는 친구를 찾아 가리키거나 턱, 등-허리, 발-다리 중 어긋난 부분을 특정하여 가리킬 수도 있다. 서로의 자세를 확인하고 점검하는 활동을 통해 표현언어의 제한으로 수업 참여 및 또래와의 상호작용에 제한이 있는 은지에게 자신감을 높여 주고 은지뿐만 아니라 학급 구성원 모두 각자의 평소 자세를 돌아보고 바른 자세의 중요성을 깨닫는 기회를 제공할 수 있다.

활동 2

[활동 2] 앉아서 작업하는 모습 살펴보기

■ 앉아서 작업하는 모습을 삽화를 보면서 살펴본다.

• 앉아서 도구를 사용하는 작업 모습 알아보기
• 도구를 사용하는 작업 모습의 차이점 알아보기

바른 모습	바르지 못한 모습
도구를 몸 가까이에 두고 사용한다.	도구를 몸에서 멀리 두어 신체에 무리를 주는 팔을 뻗는 자세로 도구를 사용한다.

• 앉아서 오랫동안 작업하는 모습 알아보기
• 교과서 삽화를 보면서 작업하는 모습의 차이점 알아보기

[선택 1] 앉아서 하는 작업의 바른 자세 표현하기

■ '즐겁게 춤을 추다가 그대로 멈춰라' 노래를 개사하여 부르면서 바른 자세로 의자에 앉기를 표현한다.

• 노래를 개사하여 부르면서 등과 허리, 발, 다리를 바르게 하여 의자에 앉기

> 즐겁게 걸어가다가 바르게 앉아라
> 즐겁게 걸어가다가 바르게 앉아라
> 등과 허리는 곧게, 다리는 모으고
> 발은 바닥에 붙이고
> 즐겁게 걸어가다가 바르게 앉아라

− 위의 노래 가사와 같이 바른 자세로 의자에 앉기
− 친구들과 의자에 앉은 모습 확인하기
− 친구들과 바르게 앉은 모습 칭찬하기
− 친구들과 바르지 못한 자세 말하기

■ 바른 자세로 앉아 책상(작업대) 위의 연필깎이(도구)를 사용하는 바른 모습을 표현한다.

• 바른 자세로 작업대(책상) 앞에 앉기
− 허리를 펴고 작업대(책상)에 몸을 붙이기
− 팔의 높이를 작업대(책상)와 비슷하게 하기
− 시선은 작업하는 도구(연필깎이)와 손에 두기

− 도구(연필깎이)를 몸 가까이에 두고 사용하기
− 친구들과 작업대 앞에 앉은 모습 서로 확인하기
− 친구들과 작업대 앞의 바르게 앉은 모습 칭찬하기
− 친구들과 작업대 앞의 바르지 못한 자세 말하기

🔵TIP 자주 사용하는 물건들은 가능한 한 동선을 짧게 배열하여 동선을 최소화한다.

[선택 2] 바른 자세로 작업하지 않을 경우 문제점 말하기

■ 바르지 못한 자세로 작업하는 경우의 문제점을 이야기한다.

바른 모습	바르지 못한 모습
앉아서 작업할 때 앉은 자세만 유지하지 않고 앉은 자세에서 선 자세로 자세를 바꾸거나 또는 가벼운 스트레칭으로 피로를 풀면서 작업한다.	앉아서 작업할 때 앉은 자세만 오랫동안 유지하거나 몸의 피로를 푸는 활동을 하지 않아 피로가 누적된 상태로 작업한다.

• 바르지 못한 작업 자세의 문제점 말하기

> • 신체의 피로를 유발시켜 작업 능률이 저하되며 신체의 통증을 유발한다.
> • 근골격계 질환이 발생하며 체형이 변형되고(거북목, 척추 옆굽음증) 혈액 순환을 방해하여 다리가 붓는다.

> • 피로란, 일에 시간과 힘을 지나치게 많이 사용해서 정신이나 육체 따위가 지쳐서 고단한 상태를 의미한다.
> • 거북목 증후군이란, 컴퓨터나 스마트 폰을 사용할 때 고정된 목의 자세가 지속되면서 목과 어깨의 근육 및 인대가 늘어나 통증을 느끼는 증상이다.

🔵TIP 바른 자세로 앉아서 작업하는 것이 중요한 까닭은 앉아서 하는 작업은 근육의 수고를 덜어 주지만, 이때도 허리 통증, 근육 약화를 경험하게 되기 때문이다.

활동 2는 앉아서 작업하는 모습을 살펴본다. 앉아서 작업하는 교과서의 삽화를 살펴보면서 앉아서 도구를 바르게 사용하는 작업 모습과 바르지 못한 모습이 자세에 영향을 미칠 수 있음을 알도록 한다. 또한 앉아서 오랫동안 작업하는 삽화를 보면서 작업하는 바른 모습과 바르지 못한 모습을 살펴보고 바른 자세의 중요성을 깨닫게 한다. 학생들이 삽화를 보는 것만으로 내용을 이해하지 못하면 직접 삽화를 따라 해 보는 활동도 함께 해 볼 수 있다. 여기서는 교과서에는 제시되어 있지 않지만, 지도서에 제시된 활동 수준의 [선택 1]의 내용을 추가로 구성할 수 있다. [선택 1]에서는 앉아서 하는 작업의 바른 자세를 표현한다. '즐겁게 춤을 추다가 그대로 멈춰라' 노래를 개사하여 부르면서 바른 자세로 의자에 앉기를 표현하거나 바른 자세로 앉아 책상 위의 연필깎이를 사용하는 바른 모습을 표현해 보도록 한다. 특수학교 중학교에 재학 중인 은지처럼 전반적인 지원이 필요한 학생들을 위해서는 수업시간에 음악을 활용하거나 움직이는 활동적인 수업 내용을 구성하는 것이 필요하다. [선택 2]에서는 바른 자세로 작업하지 않을 경우의 문제점을 이야기해 본다. 바른 자세로 작업하지 않으면 작업이나 신체에 미칠 영향 등 다양한 문제를 끌어낼 수 있다.

활동 3

[활동 3] 앉아서 작업하는 자세를 친구들과 확인하기

■ 앉아서 하는 작업의 바른 자세 점검표를 만들어 친구들과 함께 확인한다.
• 앉아서 하는 작업의 점검표 만들기

점검 내용	잘함	보통	노력
• 머리는 숙이지 않았는가?			
• 등과 허리는 곧게 펴고 등받이에 붙였는가?			
• 엉덩이는 의자 깊숙이 넣어 앉았는가?			
• 무릎은 90° 각도로 세웠는가?			
• 발바닥은 바닥에 닿았는가?			
• 팔은 뻗지 않았는가?			
• 어깨는 구부리지 않았는가?			
• 팔은 작업대와 비슷한 높이를 유지하는가?			
• 도구는 몸 가까이에 두고 사용하는가?			
• 휴식 시간에 자세를 바꾸거나 스트레칭으로 피로를 푸는가?			

• 옆 친구와 함께 앉아서 하는 작업 자세 확인하기
  – 점검표를 보고 나의 작업 자세 확인하기
  – 친구와 서로 작업 자세 확인하기
• 친구와 서로 점검 결과를 보고 고쳐야 할 점 말하기
  – 나의 고쳐야 할 작업 자세 말하기
  – 친구의 고쳐야 할 작업 자세 말하기
  ⑪ 자신의 작업 자세를 수시로 점검·평가하므로 작업 장면에서 바른 작업 자세가 일반화될 수 있도록 지도한다.

■ 나의 생활 자세를 점검해 본다.
• 점검표를 만들어 나의 생활 자세 점검하기

점검 내용	잘함	보통	노력
• 나는 책상에 한쪽 팔을 베고 엎드려서 공부하는가?			
• 나는 등을 구부정하게 하고 목을 앞으로 빼고 앉는가?			
• 나는 한쪽 다리를 꼬고 앉는가?			
• 나는 의자에 앉을 때 엉덩이를 의자 끝에 걸쳐 앉거나 등을 기대고 앉는가?			

활동 3은 앉아서 작업하는 자세를 친구들과 확인한다. 앉아서 하는 작업의 바른 자세 점검표를 만들어 친구들과 함께 확인하고 서로 고쳐야 할 점을 이야기하며 자신의 작업 자세를 수시로 점검·평가하여 작업 장면에서 바른 작업 자세가 일반화될 수 있도록 지도한다. 또한 생활에서도 바른 자세를 취하고 있는지 점검해 보도록 한다. 특수학교 중학교에 재학 중인 은지처럼 글씨를 모르는 학생들을 위해서 점검표의 척도를 학생 수준에 맞게 그림으로 제시하면 학생들의 참여도를 더욱 높일 수 있다.

활동 4

[활동 4] **바른 자세로 앉아서 물건 포장하기**

■ 바른 자세로 앉아서 물건을 포장하는 작업을 한다.

• 앉아서 하는 작업의 바른 자세 말하기
 - 등과 허리, 발과 다리 바른 자세 말하기
 - 바르게 작업 도구 사용 방법, 휴식 시간을 어떻게 활용하는지 말하기

• 바르게 앉아 박스 포장하기
 - 작업대 높이에 맞게 의자 높이를 조절하여 작업하기
 - 등과 허리를 곧게 펴고 작업하기
 - 발과 다리를 바르게 하여 작업하기
 - 턱을 너무 숙이지 않고 작업하기
 - 포장해야 할 도구를 몸 가까이에 두고 작업하기
 - 신체에 무리가 가지 않는 자세로 작업하기
 - 휴식 시간을 활용하여 자세를 바꾸어 주기
 - 휴식 시간을 이용하여 가벼운 스트레칭으로 피로를 풀면서 작업하기
 - 친구의 작업 자세를 서로 점검하면서 작업하기

■ [선택 1] 그 외에 작업을 바른 자세로 앉아서 작업해 본다.

• 바르게 앉아서 드라이버로 나사못 조이기
 - 작업대와 적당한 간격을 유지하며 바른 자세로 의자에 앉기
 - 나사의 머리 모양과 크기에 따라 드라이버 선택하기
 - 나사 조일 물건 또는 부분을 안전하게 손으로 잡기
 - 수평으로 나사를 조일 때는 나사 머리와 수평이 되게 나사의 홈에 대기
 - 드라이버를 통하여 힘을 나사못에 가한 후, 오른쪽으로 조이기
 - 한 번 조인 후 조임을 멈추고, 엄지와 검지를 이용하여 손의 방향을 원 위치로 하기
 - 소형의 나사를 수직으로 조일 경우에는 앉은 자세에서 드라이버를 수직으로 나사의 머리에 대기
 - 손에 닿지 않는 부분은 긴 드라이버를 사용하며, 나사를 나사 구멍에 맞추기 위하여 자석 봉이나 홀더가 달린 드라이버를 보조기로 이용하기

■ [선택 2] 앉아서 작업하는 동안 피해야 할 것을 알아본다.

• 앉아서 작업할 때 피해야 할 내용 친구들과 이야기하기
 - 너무 높은 의자에 앉지 않기
 - 머리를 앞으로 기울이지 않기
 - 허리 지지 없이 앉지 않기
 - 팔을 올린 채 작업하지 않기
 - 손목 굽히지 않기
 - 발이 바닥에 닿지 않은 상태로 앉지 않기
 - 좁은 작업대 밑으로 다리를 억지로 넣지 않기

활동 4는 바른 자세로 앉아서 물건을 포장한다. 바른 자세로 앉아서 물건을 포장하는 작업을 하면서 앞서 배운 내용을 잘 지키는지 최종적으로 점검하도록 한다. 이에 대한 하위 선택사항으로 이 외에 다양한 작업을 바른 자세로 앉아서 해 보거나 앉아서 작업하는 동안 피해야 할 것을 알아보는 활동도 해 볼 수 있다. 특수학교 중학교에 재학 중인 은지는 전반적인 지원이 필요하나 주변의 물건들을 여기저기 옮겨 놓기 좋아하기 때문에 물건을 직접 포장하는 작업에 참여하기 어려운 경우 친구들이 포장한 물건을 특정한 장소에 옮기도록 역할을 부여하여 활동에 참여시킬 수 있다.

정리 및 평가

앉아서 하는 바른 작업 자세 정리하기

■ 배운 내용을 수업 도중 관찰과 실습으로 정리한다.

• 등과 허리는 곧게 펴서 등받이에 붙이고 앉기
• 무릎은 90° 각도로 발바닥은 바닥에 붙이고 앉기
• 도구를 몸 가까이 두고 사용하기
• 휴식 시간에 자세를 바꿔 주거나 가벼운 스트레칭 하기

정리 및 평가는 앉아서 하는 바른 작업 자세를 수업 도중 관찰과 실습으로 정리한다. 앞서 배운 바른 작업 자세를 해 보고 수업을 마무리한다. 평가는 학습 과정을 관찰하여 평가하도록 한다.

2. 진로 의사 결정

사람이 삶을 살아가면서 정해야 할 일들이 많지만, 특별히 진로를 선택하고 결정하는 일은 한 사람의 일생에 매우 중요한 과업 중의 하나이다. 왜냐하면 개인이 진로를 어떻게 설계하고 설정하느냐에 따라 인생의 많은 부분이 변화될 수 있기 때문이다. 그러나 장애를 가지고 있는 학생들에게 진로 결정이란 매우 힘들고 어려운 일이다. 장애학생들은 유년기에서부터 청년기에 이르기까지 양육자의 과잉보호로 인하여 독립적으로 결정할 수 있는 능력이 부족하기 때문이다(김성애, 2001). 2015 특수교육 기본 교육과정 진로와 직업과는 장애학생들의 진로 결정 능력을 향상하기 위한 영역으로 '진로 의사 결정' 영역을 편성하였다. 진로 의사 결정은 자신에게 적합한 진로를 발견하고 준비하여 자신의 진로에 대한 의사 결정을 내리는 과정으로 개인의 삶에 중요한 의사 결정에 접근하고 해결에 활용하는 전략을 말한다(Harrem, 1979). 따라서 진로와 직업 교과서에 '진로 의사 결정' 영역의 주요 내용은 학생이 자신의 의사를 주체적으로 결정하고 자신의 진로와 직업 능력을 스스로 파악하여 최적의 진로 및 직업을 선택하도록 함으로써 성공적인 전환이 이루어지는 데 중점을 두고 있다.

1) 목표

'진로 의사 결정' 영역의 교육 목표는 기본적으로 미래에 관한 결정을 스스로 내리고 직면한 문제를 스스로 해결하는 능력을 기르는 데 있다. 의사 결정의 의미가 자신의 가치에 대한 지식을 기초로 목표를 세우고 이를 성취할 수 있는 능력이라는 관점에서 학생이 자신의 직업 능력에 대한 지식을 기초로 원하는 진로를 스스로 결정하도록 교육하는 것을 목표로 한다. 중학교에서는 자신의 심리적, 신체적, 환경 적응적 특성을 바탕으로 자신이 원하는 고등학교로 진학할 수 있도록 하고, 고등학교에서는 자신의 직업흥미, 적성, 요구, 작업 수행 능력 등을 고려하여 원하는 직업전환이 이루어지도록 하는 데 그 목적이 있다.

2) 내용

'진로 의사 결정' 영역의 핵심 개념은 자기결정, 직업 능력, 전환 계획의 3개로 구성했으며, 내용(일반화된 지식)도 핵심 개념별로 진술하였다. 내용 요소는 학교급에 적합한 내용으로 구성하였으며, 중학교 6개, 고등학교 6개의 내용 요소를 제시하였다. 진로 의사 결정 영역의 내용 체계는 제4장에 제시되어 있다. 진로 의사 결정 영역에 대한 교육과정의 내용 요소와 교과서의 내용(중학교)을 비교해 보면 〈표 6-7〉과 같다. '의사 결정' 단원은 하나의 '의사 결정' 단원으로 편성되었고, '직업 기초 능력' 단원은 '심리적 특성' '신체적 특성' '환경 적응 능력'을 모두 고려하여 하나의 '직업 기초 능력' 단원으로 편성되었다. '진학 계획' 단원은 '특수학교 진학 계획'과 '일반고/ 특성화고 등 진학 계획' 내용 요소가 내용의 중복을 피하기 위해 하나의 '진학 계획' 단원으로 편성되었다.

〈표 6-7〉 진로 의사 결정 영역 교육과정과 교과서 비교(중학교)

	진로와 직업 교육과정		진로와 직업 교과서	
영역	핵심 개념	내용 요소	단원	제재
진로 의사 결정	자기결정	의사 결정	의사 결정	1. 현명한 의사 결정 2. 진로 의사 결정
	직업 능력	심리적 특성 신체적 특성 환경 적응 능력	직업 기초 능력	1. 직업흥미 2. 직업 적성 3. 신체 능력 4. 직업 태도
	전환 계획	특수학교 진학 계획 일반고/ 특성화고 등 진학 계획	진학 계획	1. 진학 이해 2. 진학 정보 탐색 3. 진학 계획

'의사 결정' 단원은 의사 결정의 과정을 알고 나의 진로 의사를 결정하는 것을 목표로 하며, '현명한 의사 결정'과 '진로 의사 결정'이라는 제재로 구성되어 있다. 행복한 삶을 추구하기 위해서는 개인이 주체적으로 선택·결정하는 의사 결정 능력이 필수적이다. 장애학생의 경우 선택의 기회가 제한되거나 타율에 의해 결정되는 경우가 많아 이들의 의사 결정 능력을 향상하기 위해서는 스스로 선택하고 결

정하는 기회가 제공되어야 한다. 따라서 이 단원은 여러 가지 상황에서 선택ㆍ결정해 보는 과정을 통해 의사 결정 능력을 향상하는 데 중점을 두며 의사 결정과 진로 의사 결정의 뜻과 중요함을 알고 일상생활 및 진로와 관련된 상황에서 현명하고 합리적인 의사 결정을 하도록 한다. 이를 통해 선택과 결정에 대한 올바른 태도를 형성할 수 있게 하고, 나아가 의사 결정에 대한 자기 책임감을 가질 수 있도록 지도한다. 가정 및 일상생활에서도 여러 가지 상황과 자연스러운 환경을 중심으로 의사 결정 교수를 연계해 주는 것이 중요하다. 물건, 음식, 활동 등 작은 것에서부터 진로와 같이 더 크고 광범위한 것까지 선택과 결정의 기회를 주도록 하며, 처음에는 '너는 이 자동차로 놀고 싶니, 저 자동차로 놀고 싶니?'와 같이 학생이 선택할 사항의 수를 제한한 후 '오늘은 놀이동산에서 무엇을 하고 싶니?'와 같이 좀 더 개방적인 전략을 사용하는 등 횟수, 방법 등을 다양하게 제시하도록 한다. 생활과 연계하여 스스로 의사 결정이 이루어질 수 있도록 교사의 개입을 줄여 가며 학습 과정을 전개하도록 하는 것도 필요하다.

'직업 기초 능력' 단원은 나의 직업흥미, 적성, 신체 능력, 직업 태도를 알아보고 직업 기초 능력 향상을 위해 실천하는 것을 목표로 한다. 자신의 직업흥미와 적성을 알고, 직업에 필요한 신체 능력과 태도를 이해하는 것은 합리적인 진로 의사 결정을 하는 데 있어 기초가 되는 과정이다. 이 단원은 합리적인 진로 의사 결정을 위해 자신의 직업흥미와 적성, 신체 능력과 심리 태도를 파악하여 자신의 직업 기초 능력 수준을 확인하고, 직업 기초 능력을 향상하기 위한 활동으로 구성된다. 따라서 장차 희망하는 직업을 갖는 데 필요한 능력을 향상하도록 계획하고 실천할 수 있도록 한다. 가정에서도 일상생활에서 경험하는 다양한 활동 속에서 자신의 흥미와 적성을 이해할 수 있도록 자극하며 역할 수행에 있어 자신의 능력을 점검하는 습관을 기르고, 직업 능력을 향상하기 위해 다양한 방법을 실천하도록 한다. 무엇보다 자신에 대한 객관적인 이해를 통해 직업 기초 능력의 필요성을 스스로 알도록 하는 것이 중요하다.

'진학 계획' 단원은 진학의 뜻과 과정을 알고, 정보를 수집하여 진학 계획을 수립하는 것을 목표로 한다. 이 단원에서는 우리나라 교육 제도에 대한 이해를 바탕으로 중학교 졸업 이후에 선택할 수 있는 다양한 교육 경로를 파악하고, 자신의 진로에 적합한 교육 경로를 준비하는 방법을 살펴본다. 진로 과정을 이해하기 위해 진

학 과정의 경험을 소재로 활용하면서 진학 과정에 대한 이해를 통해 진학의 뜻과 중요성을 알고, 고등학교에 관한 정보를 수집하여 미래에 하고 싶은 일을 준비하기 위해 진학 계획을 구체적으로 수립해 본다. 중학교 이후의 교육 경로는 선택할 수 있으므로 여러 경로를 탐색함으로써 적절한 교육 경로를 설정하고, 그에 필요한 준비를 실천할 수 있도록 지도한다. 집 주변의 다양한 학교를 직접 찾아가 보거나 알아보고, 주변 사람들을 통해 자신이 진학하고자 하는 학교에 관한 정보를 수집하고, 구체적인 진학 계획을 수립해 본다. 그리고 미래에 자신이 하고 싶은 일을 직접 체험해 보거나 그 직업을 가진 사람과의 인터뷰 등을 통해 실제적인 계획을 수립할 수 있도록 한다.

　진로 의사 결정 영역에 대한 교육과정의 내용 요소와 교과서의 내용(고등학교)을 비교해 보면 〈표 6-8〉과 같다. '문제 해결' 단원은 하나의 단원으로 편성되었고, '직업 능력' 단원은 '직업흥미, 적성, 요구' '작업 수행 능력' '사업체 적응 능력'을 모두 고려하여 하나의 단원으로 편성되었다. '전환 계획' 단원은 '전공과 및 대학으로의 전환 계획'과 '취업으로의 전환 계획' 내용 요소가 내용의 중복을 피하기 위해 하나의 단원으로 편성되었다.

〈표 6-8〉 진로 의사 결정 영역 교육과정과 교과서 비교(고등학교)

진로와 직업 교육과정			진로와 직업 교과서	
영역	핵심 개념	내용 요소	단원	제재
진로 의사 결정	자기결정	문제 해결	문제 해결	1. 문제 해결의 이해 2. 올바른 문제 해결
	직업 능력	직업흥미, 적성, 요구 작업 수행 능력 사업체 적응 능력	직업 능력	1. 직업흥미와 적성 2. 직업 관련 능력 3. 교내 체험 적응 능력 4. 현장실습 적응 능력
	전환 계획	전공과 및 대학으로의 전환 계획 취업으로의 전환 계획	전환 계획	1. 전환 이해 2. 전환을 위한 정보 3. 전환 계획 수립

'문제 해결' 단원은 일상생활에서 일어나는 여러 가지 문제를 합리적으로 해결할 수 있는 능력을 기르는 것을 목표로 한다. 문제 해결은 사회적 상황 속에서 스스로 문제를 해결하고 독립적인 사회의 일원으로 책임과 역할을 다하기 위한 중요한 요소이다. 그러므로 문제를 해결하는 능력을 지도하는 것은 일상생활기술, 여가기술 습득 및 고용성과의 증진을 포함하여 긍정적인 전환 성과를 얻는 데 매우 중요하며, 문제 해결의 과정을 통하여 성취감을 느끼고 졸업 후 직업 현장에서 긍정적인 사회적 상호작용을 하는 데 기여할 수 있을 것이다. 이 단원은 문제를 해결하는 데 필요한 여러 가지 기술을 점검하고 문제 해결을 위한 계획을 수립하며 자신과 관련된 문제를 해결하기 위한 실행 방안을 선택하여 문제를 해결하는 과정을 경험함으로써 일상생활의 여러 가지 문제를 해결할 때 계획과 단계를 점검하며 스스로 실행하여 합리적으로 문제를 해결할 수 있는 능력이 향상될 수 있도록 한다. 일상생활 속에서 겪는 문제들을 자연스럽게 해결하는 방법을 찾아봄으로써 문제 해결이 어려운 것이 아님을 인식하도록 하고, 생활에서 겪을 수 있는 여러 가지 상황을 함께 찾아보고 공유하며 자신이 일상생활에서 해결하기 어려운 문제들을 어떻게 해결했는지, 해결했다면 그 문제 인식과 해결 방안 그리고 그 실행 결과는 적절했는지 다시 한번 생각해 보면서 문제 해결의 중요성을 알도록 한다. 또한 문제 해결 평가에서 내가 실행한 결과를 문제 해결 절차와 연계하여 정확하게 확인할 수 있도록 지원하며, 이 결과를 다른 문제 해결 상황에서 일반화될 수 있도록 다양한 상황 속에서 지도해야 한다.

'직업 능력' 단원은 나의 직업 능력을 점검하고 직업 능력 향상을 위해 실천하는 것을 목표로 한다. 자신의 직업적 능력에 대하여 객관적으로 이해하는 과정은 합리적으로 진로를 계획하고 진로 의사 결정을 하는 데 있어 중요한 과정이다. 이 단원은 학생의 직업적 잠재력을 파악하여 최적의 직업을 선택하고 관련 직업을 수행하는 데 필요한 능력을 향상하기 위한 활동으로 구성된다. 자신의 직업 관련 신체, 심리, 태도 및 작업 수행 능력을 점검하고, 실습과 관련한 적응 능력을 점검하여 자신의 강점과 약점을 이해하고, 이를 바탕으로 장차 희망하는 직업을 갖는 데 필요한 능력을 향상하도록 계획하고 실천할 수 있도록 지도한다. 가정에서도 자신의 역할을 명확히 하고 일기 쓰기, 활동 점검지 확인, 활동 일지 쓰기와 같은 활동으로 사전에 자신의 능력을 평가하며 스스로 직업 능력을 향상하기 위해 실

천하도록 하며 무엇보다 자신에 대한 객관적 이해를 바탕으로 직업 능력을 스스로 점검할 수 있도록 하는 것이 중요하다.

'전환 계획' 단원은 전환에 필요한 다양한 정보를 수집하고 전환 방향과 목표를 설정하여 전환 계획을 수립하는 것을 목표로 한다. 전환 계획은 졸업 후 성인 사회에 성공적으로 적응하여 독립된 삶을 살아갈 수 있도록 학령기 동안 지속적인 교육과 서비스를 받을 수 있는 계획을 세우는 것이다. 이 단원에서는 고등학교를 졸업한 후 어떻게 살아갈 것인지에 대한 계획 수립을 통해 전환에 필요한 정보를 수집하고, 고등학교 졸업 이후의 전환 방향을 설정하여 전환 계획을 세우도록 지도한다. 가정에서도 가족회의 등을 통해 가족의 의사를 반영하고 구체적인 목표를 설정하는 것은 매우 중요하며 학생 본인의 생각을 존중해야 한다. 그뿐만 아니라 장애학생의 사회 경험을 확대하기 위해 가정과 학교와 지역사회 장애인 단체와의 긴밀한 협력을 통해 지역사회 활동에 적극적으로 참여시켜야 한다. 무엇보다 전환 계획 수립 시 적극적인 학생의 참여를 유도하고 학생의 생각을 존중하여 전환 목표를 수립하고 실행 과정에서 희망과 용기를 가지고 노력하도록 지도하는 것이 중요하다.

3) 성취기준

중학교 '진로 의사 결정' 영역의 성취기준을 핵심 개념별로 살펴보면, 자기결정은 어렸을 때부터 개발되고 자연스러운 경험을 통해 길러져야 하는 것으로 개인이 주체적으로 선택·결정하는 행위이자 문제를 해결하는 능력으로써 삶의 질 향상과 진로 의사 결정에 필수적이다. 의사 결정 과정을 이해하고 외부의 간섭 없이 합리적이고 주체적으로 자신의 일을 결정해 봄으로써 자기결정 능력을 기르는 데 중점을 두고 있다. 직업 능력에서 개인이 자신의 직업 특성을 파악하고 정보를 수집하여 진로를 합리적으로 찾아가는 것은 진로 의사 결정의 중요한 과정이다. 자신의 심리, 신체, 환경 적응 특성을 파악하여 이를 직업의 특성과 비교 분석함으로써 합리적인 진로 의사 결정에 도달하는 데 중점을 두고 있다. 전환 계획은 진학에 필요한 다양한 정보를 수집하여 진로 방향 및 목표를 설정하는 과정이다. 고등학교, 특수학교, 대안학교 등에 대한 정보를 수집하여 중학교 이후 자신의 진로에 맞는 전환 계획을 수립하는 데 중점을 두고 있다. 구체적인 내용을 표로 정리하면 〈표 6-9〉와 같다.

〈표 6-9〉 중학교 진로 의사 결정 영역의 성취기준

영역	핵심 개념	성취기준
진로 의사 결정	자기결정	[9진로04-01] 의사 결정 과정을 이해하고 합리적이고 주체적으로 일을 결정한다.
	직업 능력	[9진로04-02] 흥미, 적성, 요구 등을 이해하고 자신의 심리적 특성을 파악한다. [9진로04-03] 힘, 자세, 이동 등을 이해하고 자신의 신체적 특성을 파악한다. [9진로04-04] 학교, 가정, 지역사회 환경을 이해하고 자신의 적응 능력을 파악한다.
	전환 계획	[9진로04-05] 특수학교 진학 정보를 수집하여 진학에 필요한 전환 계획을 수립한다. [9진로04-06] 일반고·특성화고 등 진학 정보를 수집하여 진학에 필요한 전환 계획을 수립한다.

고등학교 '진로 의사 결정' 영역의 성취기준을 핵심 개념별로 살펴보면, 자기결정은 자연스러운 경험을 통해 길러져야 하는 것으로 문제 해결 과정을 이해하고 다양한 문제 상황에서 외부의 간섭 없이 스스로 해결 방법을 계획하고 합리적으로 문제를 해결하는 능력을 기르는 데 중점을 두고 있다. 직업 능력은 자신의 심리, 신체, 사업체 환경 적응 특성을 파악하여 이를 직업의 특성과 비교 분석함으로써 적합한 진로를 결정하는 데 중점을 두고 있다. 전환 계획은 전공과, 대학, 직업훈련기관, 취업 등에 대한 정보를 수집하여 고등학교 이후 자신의 진로에 맞는 전환 계획을 수립하는 데 중점을 두고 있다. 구체적인 내용을 표로 정리하면 〈표 6-10〉과 같다.

〈표 6-10〉 고등학교 진로 의사 결정 영역의 성취기준

영역	핵심 개념	성취기준
진로 의사 결정	자기결정	[12진로04-01] 다양한 문제 상황에서 합리적인 해결 방법을 계획하고 문제를 주체적으로 해결한다.
	직업 능력	[12진로04-02] 프로그램과 도구를 활용하여 자신의 직업과 관련된 흥미, 적성, 요구 등을 파악한다. [12진로04-03] 프로그램과 도구를 활용하여 자신의 작업 수행 능력을 파악한다.

2. 진로 의사 결정 **183**

	[12진로04-04] 지역사회 및 사업체 환경에 적응하는 능력을 파악한다.
	[12진로04-05] 전공과 및 진학에 필요한 정보를 수집하여 전환 계획을 수립한다.
전환 계획	[12진로04-06] 직업훈련기관으로의 전환에 필요한 정보를 수집하여 전환 계획을 수립한다.
	[12진로04-07] 취업에 필요한 정보를 수집하여 전환 계획을 수립한다.

4) 지도의 실제

진로 의사 결정 영역의 지도의 실제를 알아보기 위해 고등학교 가책 12단원 '전환 계획'의 세 번째 제재인 '전환 계획 수립'의 '전환 계획 세우기' 활동을 예시로 활용하고자 한다. '전환 계획 세우기' 활동은 하위 활동으로, 첫째, 졸업 후 가고 싶은 전환 관련 기관 선택하기, 둘째, 자신의 수행 능력 점검하기, 셋째, 자신이 노력할 점 알기, 넷째, 성공적인 전환을 위한 전환 능력 향상하기, 다섯째, 전환 계획 실행에 도움받을 사람과 필요한 지원 알아보기'로 구성되어 있다. 해당 교과서의 내용은 〈표 6-11〉과 같다.

〈표 6-11〉 '전환 계획 세우기' 활동 관련 교과서 내용

활동	교과서 내용
활동 1 졸업 후 가고 싶은 전환 관련 기관을 선택하기	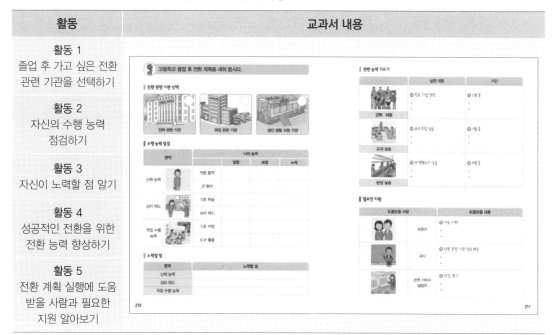
활동 2 자신의 수행 능력 점검하기	
활동 3 자신이 노력할 점 알기	
활동 4 성공적인 전환을 위한 전환 능력 향상하기	
활동 5 전환 계획 실행에 도움받을 사람과 필요한 지원 알아보기	

'전환 계획 세우기' 활동의 지도서 내용을 살펴보면, '전환 계획 세우기' 교수·학습 개요에는 도입(계획 수립의 필요성 알기) → 전개[활동 1(졸업 후 가고 싶은 전환 관련 기관 선택하기) → 활동 2(자신의 수행 능력 점검하기) → 활동 3(자신이 노력할 점 알기) → 활동 4(성공적인 전환을 위한 전환 능력 향상하기) → 활동 5(전환 계획 실행에 도움받을 사람과 필요한 지원 알아보기)] → 정리 및 평가(전환 계획 수립 확인하기)의 순서로 제시되어 있다. 교수·학습 개요에 따른 '전환 계획 세우기' 지도의 실제는 〈표 6-12〉와 같다.

〈표 6-12〉 '전환 계획 세우기' 활동의 교수·학습 실제

단원	고등학교 가책 12. 전환 계획
제재	3. 전환 계획 수립 (3) 전환 계획 세우기
학습 목표	수집한 정보를 가지고 전환 계획을 세운다.
지도 중점	고등학교를 졸업한 후 성인으로서 살아갈 전환 성과에 따라 전환 계획을 세우는 것은 자신의 꿈을 이루기 위한 중요한 활동이다. 이 단원에서는 진로와 직업 교과서에 나오는 단원 목표를 중심으로 자신의 수행 능력을 파악하여 전환 방향을 설정하고, 전환 계획을 수립하도록 한다.
지도의 유의점	자신이 고등학교를 졸업한 후 어떻게 살아갈 것인지에 대한 계획 수립을 통해 자신의 미래에 필요한 기본 자료를 준비하고, 전환 성과에 대한 방향을 설정하여 개별화전환교육계획을 수립하는 데 도움이 되는 자료를 제공한다.
교수·학습 자료	• CD 탑재 자료: 전환 관련 기관 선택 및 수행 능력 점검 학습지, 전환 능력 기르기 실천 학습지, 전환 계획서, 전환 계획 피티 자료

교수·학습 활동	
도입	**도입** 계획 수립의 필요성 알기 ◦ 계획 수립의 필요성을 말한다. • 자신에게 맞는 옷을 입기 위하여서는 미리 계획을 세우고 준비하여야 함을 알기 〔자신의 체격, 선호하는 스타일, 용도 등을 고려하여 디자인하기〕 • 집을 지을 때 필요한 것 말하기 〔함께 살아갈 사람의 수, 사는 곳의 환경, 건축비 등을 고려하여 설계하고, 도면에 따라 건축함을 알기〕	도입은 계획 수립의 필요성에 대해서 알아본다. 계획 수립이 왜 필요한지 이야기하면서 실생활에서 자신에게 맞는 옷을 입기 위해서는 체격이나 스타일, 용도 등을 미리 고려하여 준비해야 하며 집을 지을 때도 건물에 살아갈 사람의 수나 건축비 등을 고려하여 설계하고 건축해야 한다는 것을 알아보면서 계획의 중요성을 확인하도록 한다. 특수학교 중학교에 재학 중인 은지의 경우, 의사소통 사전을 활용하여 의사소통하기 때문에 수업 시작 전에 미리 수업 활동에 맞게 의사소통 사전을 재구성하는 것이 필요하다.

활동 1

▌활동 1▌ 졸업 후 가고 싶은 전환 관련 기관 선택하기

◎ 고등학교 졸업 후 가고 싶은 전환 관련 기관을 선택한다.

- 진학 기관 – 취업 기관 – 성인 생활 지원 기관

- 진학 기관: 대학교, 전공과, 전문대학, 직업 전문학교
- 취업 기관: 일반사업체, 사회적 기업, 표준사업장, 각종 일자리 사업 참여, 직업재활시설, 창업
- 성인 생활 지원 기관: 단기 보호 시설, 장기 보호 시설, 장애인 복지관

활동 1은 졸업 후 가고 싶은 전환 관련 기관을 선택한다. 고등학교 졸업 후 가고 싶은 기관이 진학 기관인지 취업 관련 기관인지 성인 생활 지원 기관인지를 선택하도록 한다. 전환 계획에 대한 구체적인 계획이 있는 학생은 자신이 선택한 기관 밑에 구체적인 기관명을 적어 보도록 할 수도 있다. 특수학교 고등학교에 재학 중인 하은이는 현재 졸업 후 진로를 고민하고 실제로 전환 관련 기관을 선택해야 하는 상황이므로 배운 내용을 충분히 고려하여 가고 싶은 곳을 선택할 수 있도록 한다. 여기서는 보호자의 생각보다는 하은이 스스로의 선택이 중요함을 강조하여 지도하는 것이 필요하다.

활동 2

▌활동 2▌ 자신의 수행 능력 점검하기

◎ 자신의 전환 목표와 직업 능력을 비교하여 본다.

- 자신의 신체적 능력 점검하기

	잘함	보통	노력
작은 동작			V
큰 동작	V		

- 자신의 심리 태도 능력 점검하기

	잘함	보통	노력
기초 학습	V		
심리 태도		V	

- 자신의 작업 수행 능력 점검하기

	잘함	보통	노력
기초 작업	V		
도구 활용			V

활동 2는 자신의 수행 능력을 점검한다. 자신의 신체 능력, 심리 태도, 작업 수행 능력을 객관적으로 생각하면서 잘함, 보통, 노력에 표시한다. 각 영역에 대하여 학생이 스스로의 능력을 객관적으로 평가하기 어려울 수 있으므로 교사는 각 영역에 대한 평가의 척도를 시청각 자료 또는 모델링을 통해 제시하여 학생이 충분히 이해할 수 있도록 한다. 스스로 점검하기 어려운 학생들은 친구들에게 도움을 받거나 교사와 함께 점검하도록 한다. 점검 후에는 앞서 선택한 자신의 전환 목표와 직업 능력을 비교하여 생각해 보도록 하는 것도 필요하다. 특수학교 고등학교에 재학 중인 하은이는 간단한 단어만 보고 읽을 수 있기 때문에 해당 학생의 지능지수와 언어능력 등을 고려하여 각 평가 영역의 용어와 평가표 자체에 대한 충분한 설명이 주어져야 한다.

활동 3은 자신이 노력할 점을 알아본다. 각각의 능력에서 부족한 점을 극복하기 위해 어떻게 노력해야 하는지 구체적으로 생각하고 그 방법을 적어 보도록 한다. 노력해야 할 점은 다양한 방법을 생각하기보다는 실제로 실천할 수 있는 것을 적는 것이 중요하다는 것을 상기시키도록 한다. 스스로 노력할 점을 찾지 못하거나 노력할 점을 알고 있어도 회피하려고 할 경우, 교사가 직접 열거한 내용을 선택하도록 할 수 있다. 특수학교 고등학교에 재학 중인 하은이도 향후 진로를 위해 양손을 사용해야 하는 과제나 수행에 실패한 과제를 다른 사람에게 의존하는 행동들을 노력해야 할 점으로 주지시키는 것이 필요한데, 이때 하은이의 노력할 점을 이야기하는 것이 단점을 지적하는 것처럼 느껴지지 않도록 충분한 설명이 필요하다.

활동 3

▌ 활동 3 ▌ 자신이 노력할 점 알기
◎ 자신의 수행 능력 점검 후 부족한 점을 알고 노력할 능력을 알아본다.

신체적 능력	매일 달리기를 30분씩 한다.
심리 태도	아침 인사를 생활화한다.
작업 수행 능력	도구 사용능력을 기른다.

활동 4는 성공적인 전환을 위한 전환 능력을 향상한다. 견학이나 체험, 교내 실습, 현장실습을 계획하여 성공적인 전환을 위한 전환 능력을 기르도록 한다. 견학이나 체험을 통하여 자신의 적성을 찾도록 하고, 교내 실습 및 현장실습을 통하여 업무 능력과 의사 결정 능력, 직업 생활에 대한 전반적인 능력을 기르도록 한다. 다양한 체험으로 전환 능력을 향상하되 자신의 신체적 조건과 의사소통 능력을 고려하여 충분히 작업이 가능한 업무형태를 파악하는 것이 필요하다. 특수학교 고등학교에 재학 중인 하은이는 왼쪽 편마비가 있지만 오른손 소근육을 조작하는 능력은 우수하기 때문에 하은이가 가진 능력만을 요구하는 실습장을 찾는 것이 필요하다. 이때 신체적 조건으로 인한 작업장 내에서의 이동 문제나 안전사고에 대한 부분도 충분히 고려하도록 한다.

활동 4

▌ 활동 4 ▌ 성공적인 전환을 위한 전환 능력 향상하기
◎ 견학/ 체험, 교내 실습, 현장 실습을 통하여 성공적인 전환을 위한 전환 능력을 기른다.
• 견학/체험을 통한 전환 능력 기르기
  – 견학/체험을 통한 자신의 적성 찾기
  – 견학/체험을 통한 자신의 부족한 작업 수행 능력 기르기
• 교내 실습 및 현장 실습을 통한 능력 기르기
  – 실습 참여하기
  – 실습에서 업무능력 기르기
  – 실습에서 의사결정 능력 기르기
  – 실습에서 직업 생활에 대한 전반적인 능력 기르기
• 전환 능력 기르기 계획하기

	실천 내용	기간
견학/ 체험	예) 학교 기업 견학하기 •	예) 5월 중 •
교내 실습	예) 교내 조립 실습 •	예) 7월 중 •
현장 실습	예) ㈜ 행복누리 실습 •	예) 9월 중 •

┃활동 5┃ 전환 계획 실행에 도움받을 사람과 필요한 지원 알아보기

○ 전환 계획을 실행하는 데 도움받을 사람과 필요한 지원을 알아본다.

• 보호자(부모 및 가족)의 지원
  - 전환 계획 수립 및 평가의 전반적인 부분에 참여
  - 전환 실행에 대한 동의와 서비스 및 재조정 요구
  - 장애 학생의 옹호자이며 교육 지도 방안과 활동을 강화하는 능동적인 참여자
  - 이동 지원하기
  - 학생 정보 제공하기
• 교사의 지원
  - 특수 교사: 전환 계획 수립에 필요한 정보 수집, 직접적인 전환 교육, 조정 및 협력
  - 직업 교육 교사: 직접적인 직업 훈련과 업무 수행에 필요한 지원
  - 통합 학급 교사: 전환에 필요한 학문적인 지식과 기능 교육
• 관련 서비스 담당자의 지원
  - 관공서, 지역 보건소, 장애인 복지관, 장애인 관련 기관, 은행, 도서관, 우체국 등의 기관에서 제공하는 서비스의 종류, 자격 조건, 서비스 관할 지역, 신청 절차 등의 정보를 제공함.
• 도움받을 지원 계획하기

도움받을 사람	지원 내용
보호자	예 이동 지원하기
교사	예 전환 관련 기간 정보 제공하기
관련 서비스 담당자	예 직업 평가하기

[선택] **전환 계획 수립 과정에서 자신의 권리와 책임 알기**

○ 전환 계획 수립에 참여하는 과정에서 자신의 권리와 책임을 안다.

• 학생의 권리
  - 회의에 참석할 권리
  - 의견을 발표할 권리
  - 교육 목표를 선택하고 자신의 의사를 결정할 권리
• 학생의 책임
  - 결과에 대하여 책임지기
  - 현실적인 목표를 결정하기 위한 보호자와 교사와 상담하기
  - 책임이 따르는 목적 수행하기
  - 전환 실행 계획 실천하기

활동 5

활동 5는 전환 계획 실행에 도움받을 사람과 필요한 지원을 알아본다. 도움받을 사람은 보호자, 교사, 관련 서비스 담당자 등이며 이에 대한 지원 내용을 구체적으로 생각해 보도록 한다. 보호자는 전환 계획 수립 및 평가의 전반적인 부분에 참여하기 때문에 출퇴근 이동지원이나 학생에게 필요한 특별한 지원에 대한 정보를 제공하는 도움을 받을 수 있다. 교사에게는 전환 계획 수립에 필요한 기관의 정보나 직접적인 직업 훈련, 전환에 필요한 학문적인 지식 등의 도움을 받을 수 있는데 학생은 한 사람이 아닌 만나게 되는 주변의 많은 사람에게 다양한 도움을 받을 수 있음을 알고 필요한 지원을 생각해 보아야 한다. 또한 관련 기관에서도 여러 가지 도움을 받을 수 있다는 것을 아는 것도 필요하다. 여기서는 [선택]으로 전환 계획 수립 과정에서 자신의 권리와 책임을 알아보는 내용을 추가로 구성할 수 있다. 학생이 교육 목표를 선택하고 자신의 의사를 결정할 권리가 있다면 그에 따른 계획을 실천할 책임도 꼭 필요함을 강조해야 한다. 예를 들어, 전환 계획을 수립하여 일정 기간 현장실습을 하게 된 경우 힘들다는 이유로 의사를 번복하거나 책임감 없이 쉽게 그만두면 안 된다는 점을 사전에 충분히 주지시켜야 한다. 특수학교 고등학교에 재학 중인 하은이의 경우, 지체중복장애를 가지고 있으므로 하은이의 전환 계획 지원 내용은 출퇴근 방법뿐만 아니라 작업장 내에서의 이동에 대한 지원이 사전에 반드시 계획되어야 하며, 의사소통 사전을 활용하는 하은이의 작업장 내에서의 의사소통에 대한 지원 방법도 고려되어야 한다.

정리 및 평가

정리 및 평가 전환 계획 수립 확인하기

○ 어른이 되어 이루고 싶은 전환 성과와 현재 자신이 노력
하여야 할 점을 말한다.
- 어른이 되어 이루고 싶은 전환 성과 말하기
- 전환 계획서 작성 확인하기
- 전환 계획 실행을 위한 자신이 해야 할 일 다짐하기

○ 전환 계획을 수립 할 수 있는지 평가한다.

점검 내용	잘함	보통	노력
• 졸업 후 가고 싶은 전환 관련 기관을 선택하는가?			
• 자신의 수행능력을 아는가?			
• 자신의 수행능력 향상을 위한 방법을 아는가?			
• 전환 능력 신장을 위한 계획을 세우는가?			
• 성공적인 전환을 위한 도움 받을 사람과 필요한 도움을 요구할 수 있는가?			

정리 및 평가는 전환 계획 수립을 확인한다. 자신이 작성한 전환 계획서를 보면서 어른이 되어 이루고 싶은 전환 성과와 현재 자신이 노력하여야 할 점을 말하고 전환 계획 실행을 위해 자신이 해야 할 일을 다짐하도록 한다. 평가는 체크리스트를 통해 학습 과정을 관찰하여 평가하도록 하고 스스로 전환 계획을 수립할 수 있는지를 평가한다.

 활동하기

- 작업 기초 능력 영역과 진로 의사 결정 영역의 핵심 개념을 제시하세요.
- 작업 기초 능력 영역의 단원과 제제를 선택하여 교수 · 학습 개요에 따른 지도의 실제를 구성하세요.
- 진로 의사 결정 영역의 단원과 제제를 선택하여 교수 · 학습 개요에 따른 지도의 실제를 구성하세요.

제 7 장

진로와 직업 준비 지도

한세진

개요

장애학생이 다양한 탐색과 경험을 바탕으로 자신의 진로를 결정하고 진학이나 취업에 필요한 준비를 하는 것은 진로와 직업과의 궁극적인 목표라고 할 수 있다. 이 장은 진학 또는 취업을 위한 '진로 준비'와 독립적이고 자주적인 생활을 준비하기 위한 '직업 생활'로 구성되었다. 이 장에서는 교육과정의 내용을 기반으로 해당 성취기준이 교과용 도서에 어떻게 구현되었는가를 이해하고 장애학생들에게 효과적으로 지도하기 위한 실제적 방법을 터득하도록 한다.

구성 내용

1. 진로 준비
2. 직업 생활

1. 진로 준비

[진로 준비 지도 사례]

특수학교 중학교에 재학 중인 은지에게 진로와 직업과 시간을 활용하여 '진로 준비' 영역을 지도하고자 한다. 중학교의 '진로 준비' 영역은 선택한 진학 기관에 대한 구체적인 정보를 수집하여 진로를 준비하는 과정이다. 은지는 고등학교 진학을 앞두고 있기 때문에 은지의 장애 특성 및 개별적인 관심과 선호도 등을 고려하여 진로를 계획하고 그에 알맞은 고등학교를 선택하는 것은 매우 중요한 과제이다. 이를 위해 고등학교에 대한 구체적인 정보를 수집하여 진학의 절차를 파악하고 진학을 준비할 수 있도록 지도하여야 한다.

---

1) 목표

미래 사회에서는 학생 개인의 소질과 적성, 꿈에 따라 다양한 진로가 존재하기 때문에 학생 개개인의 특성에 맞는 진로를 준비하는 것은 매우 중요하다. 기본 교육과정 진로와 직업과의 '진로 준비' 영역의 교육 목표는 진로 의사 결정 과정을 통하여 선택한 진학 기관이나 취업 기관에 대한 구체적인 정보를 수집하여 진로를 준비하는 과정으로, 중학교에서는 진학할 고등학교에 대한 구체적인 정보 수집이나 사전 방문을 통하여 진학을 준비하고, 고등학교에서는 자신이 선택한 취업 기관이나 중등 이후 교육기관에 대한 구체적인 정보를 수집하여 준비하는 것을 목표로 하고 있다. 이와 함께 중학교에서는 선택한 진로와 관련된 직종의 직업을 체험하고, 고등학교에서는 자신이 선택한 직종 가운데 지역사회의 직업 현장에

서 실습을 통하여 구체적인 진로 준비가 이루어지도록 하고 있다. 중학교 및 고
등학교에서 제시하고 있는 진로 준비 영역의 구체적인 교육 목표는 〈표 7-1〉과
같다.

〈표 7-1〉 진로 준비 영역의 교육 목표

과정	교육 목표
중학교	진학할 고등학교에 대한 정보를 수집하고 미래의 직업을 준비하기 위하여 자신이 흥미를 가진 직업을 체험한다.
고등학교	중등 이후 교육 또는 취업을 위해 필요한 정보를 수집하고 입학 준비 또는 현장실습을 실시하며 지역사회의 다양한 기관을 이용하여 진로를 준비한다.

2) 내용

'진로 준비' 영역에서는 학생이 진학할 학교 또는 취업할 기관에 대하여 의사를
결정 후 자신의 선택에 대한 목표지향적인 정보 수집, 진학 및 취업 기관의 체험과
실습 등의 실천적 경험을 통하여 구체적인 진로 준비가 이루어지도록 내용이 구
성되어 있다. 진로 준비 영역의 핵심 개념은 진학 및 취업 준비와 직업 체험이다.
진학 및 취업 준비는 중학교 또는 고등학교 졸업 후 진학하고자 하는 학교 또는
취업하고자 하는 기관을 선택한 후에 이에 대한 구체적인 정보를 수집하고 준비
하는 과정이며, 직업 체험은 직업 체험 또는 현장실습을 통하여 선택한 진로에 대
한 실제적인 경험을 제공하는 내용을 포함한다.

(1) 중학교

중학교 진로 준비 영역의 내용 체계와 진로와 직업 교과서의 단원 및 제재의 구
성을 비교해 보면 〈표 7-2〉와 같다. 교과서의 단원명은 교육과정 내용 체계의 내
용 요소를 고려하여 선정되었는데, '진학 및 취업 준비'의 두 가지 내용 요소가 공
통된 측면이 있어 교과서에서는 한 단원으로 통합하여 구성되었다.

〈표 7-2〉 진로 준비 영역 교육과정과 교과서 비교(중학교)

진로와 직업 교육과정			진로와 직업 교과서	
영역	핵심 개념	내용 요소	단원	제재
진로 준비	진학 및 취업 준비	고등학교 정보 진학 준비	고등학교 진학 준비	1. 고등학교 정보 수집 2. 고등학교 견학 3. 고등학교 진학 준비와 상담 4. 진학 서류 작성
	직업 체험	농수산업 직업 체험	농수산업 체험	1. 재배 직무 체험 2. 사육 직무 체험 3. 수산업 직무 체험
		제조업 직업 체험	제조업 체험	1. 제조업 체험 계획 2. 공예 직무 체험 3. 조립 직무 체험 4. 운반 직무 체험
		서비스업 직업 체험	서비스업 체험	1. 서비스 직무 체험 계획 2. 세차 직무 체험 3. 조리 직무 체험 4. 청소 직무 체험 5. 세탁 직무 체험 6. 사무 지원 직무 체험 7. 대인서비스 직무 체험

　진로 준비 영역의 첫 번째 단원인 '고등학교 진학 준비'에서는 진로 의사 결정을 통하여 선택한 고등학교의 진학 정보, 교육과정 정보, 교내 생활에 대한 정보를 수집하고 체험하며, 고등학교 진학 절차에 대한 이해를 통해 필요한 서류에 대해 알아보고 직접 서류를 작성하여 제출하는 일련의 과정을 통하여 고등학교 진학을 준비한다. 이 단원은 선택한 고등학교의 정보를 수집하여 진학을 준비하는 것을 목표로 하며, '고등학교 정보 수집' '고등학교 견학' '고등학교 진학 준비와 상담', '진학 서류 작성'의 제재로 구성되어 있다. 학생이 직접 고등학교를 방문하거나 관련 있는 사람과의 인터뷰를 통해 진로에 대한 이해를 높이고 자신에게 맞는 학교를 선택할 수 있도록 하여 올바른 선택을 할 수 있도록 지도하는 것이 중요하다.

직업 체험과 관련된 '농수산업·제조업·서비스업 체험' 단원은 농수산업, 제조업, 서비스업의 체험을 통하여 직업의 특성과 필요한 능력을 파악하는 것을 목표로 한다. 재배·사육·어업 등의 농수산업, 조립·공예·포장·운반 등의 제조업, 조리·청소·세탁·세차·사무 지원·대인서비스 등의 서비스업 체험은 관련 직업의 특성과 필요한 능력을 파악하는 과정으로 자신의 능력과 적성에 적합한 직업의 실제적인 경험을 제공함으로써 진로를 선택하기 위한 기반이 된다. 분야별 직무 체험을 준비하고 실습하고 평가함으로써 관련 직업의 특성을 알아보고, 자신의 적성과 비교하며 필요한 능력을 파악함으로써 진로 선택의 기초가 되도록 한다. 직무 체험은 지역사회의 환경, 계절, 학교의 특성 등을 고려하여 선정하고, 체험의 과정은 안전하게 도구 및 기기 사용하기, 적성에 맞게 체험하기, 체험 후 정리하기 등으로 구성하여 직무 능력을 기를 수 있도록 한다. 체험을 통하여 농수산업, 제조업, 서비스업에 대한 동기를 유발하여 관심을 가질 수 있도록 하고 이를 통해 자신의 적성을 발견하는 데에 주안점을 둔다. 체험 후에는 가정 및 지역사회에서 관련된 일을 관찰하고 직접 수행할 수 있는 기회를 제공하여 일반화하는 것도 필요하다.

(2) 고등학교

중학교 교과서와 마찬가지로 고등학교 진로와 직업 교과서의 단원명은 교육과정 내용 체계의 내용 요소를 고려하여 선정되었다. '진학 및 취업 준비'의 두 가지 내용 요소가 공통된 측면이 있어 이를 통합하고 재구성하여 교과서 두 단원으로 구성되었다. '진로 준비' 영역 내용 체계와 진로와 직업 교과서의 단원 및 제재의 구성을 비교해 보면 〈표 7-3〉과 같다.

〈표 7-3〉 진로 준비 영역 교육과정과 교과서 비교(고등학교)

진로와 직업 교육과정			진로와 직업 교과서	
영역	핵심 개념	내용 요소	단원	제재
진로 준비	진학 및 취업 준비	진학 및 취업 기관 정보 취업 준비	전환 관련 기관 견학	1. 전환 관련 기관 견학 준비 2. 진학 관련 기관 견학 3. 취업 관련 기관 견학 4. 성인 생활 지원 기관 견학

	전환 준비	1. 전환을 위한 절차 2. 전환 서류 작성 3. 면접 준비
직업 체험	농수산업 현장 실습	농수산업 현장 실습	1. 농수산업 현장 실습 준비 2. 재배 직무 현장 실습 3. 사육 직무 현장 실습 4. 수산업 직무 현장 실습 5. 농수산업 현장 실습 평가
	제조업 현장 실습	제조업 현장 실습	1. 제조업 현장 실습 준비 2. 조립 직무 현장 실습 3. 공예 직무 현장 실습 4. 포장 및 운반 직무 현장 실습 5. 제조업 현장 실습 평가
	서비스업 현장 실습	서비스업 현장 실습	1. 서비스업 현장 실습 준비 2. 조리 직무 현장 실습 3. 청소 직무 현장 실습 4. 세탁 직무 현장 실습 5. 세차 직무 현장 실습 6. 사무 지원 직무 현장 실습 7. 대인서비스 직무 현장 실습 8. 서비스업 현장 실습 평가

'전환 관련 기관 견학' 단원은 자신의 진로 선택을 위해 진학·취업·성인 생활 지원 기관을 견학하고 정보를 얻는 것을 목표로 한다. 학생들이 졸업 후 진학 및 취업할 기관의 견학을 통하여 자신의 미래 삶이나 진로를 설계하는 것은 중요한 요소이며, 이 단원은 전환 관련 기관 견학을 위해 견학 준비를 하고, 진학 관련 기관, 취업 관련 기관, 성인 생활 지원 기관의 견학을 계획하여 견학한 후 견학 보고서를 작성하는 내용으로 구성되어 있다. 견학 시 지켜야 할 예절을 익혀 체계적이고 효과적인 견학이 될 수 있도록 하고, 지역사회 내의 전환 관련 다양한 기관을 견학하여 자신의 진로를 결정하는 데 도움이 되도록 지도한다.

'전환 준비' 단원은 진학 관련 기관, 취업 관련 기관, 성인 생활 지원 기관에 들어가기 위한 준비를 하는 것을 목표로 한다. 이 단원은 전환을 위한 절차 알기, 전환 서류 작성하기, 면접 준비하기로 구성되어 있다. 전환 관련 기관을 이용하기 위한 절차와 필요한 서류를 알고 그 작성 방법을 바르게 숙지하여 작성하도록 하며, 면접의 절차와 바른 자세를 익혀 전환 관련 기관에 들어가기 위한 면접 시험에 응시하여 성공적인 전환을 위한 준비를 하도록 한다. 전환 서류 작성하기에서는 이력서, 자기소개서 등의 작성 방법을 익혀 서류를 작성하고, 행정복지센터 등을 방문하거나 무인 발급기, 인터넷 등을 통하여 전환에 필요한 서류를 발급받을 수 있도록 지도한다.

현장실습과 관련된 농수산업, 제조업, 서비스업 현장실습 단원은 현장실습을 통하여 자신의 적성과 실습의 경험을 비교하고 필요한 직무 능력을 기르는 것을 목표로 한다. 현장실습은 관련 직업의 특성과 필요한 능력을 파악하는 과정으로 학생의 능력과 적성에 적합한 직업의 실제적인 경험을 제공함으로써 진로를 선택하기 위한 기반을 마련하게 한다. 재배·사육·수산업 등의 농수산업, 조립·공예·포장·운반 등의 제조업, 조리·청소·세탁·세차·사무 지원·대인서비스 등의 서비스업 현장실습을 준비하고 실습하고 평가함으로써 관련 직업의 특성을 알아보고 자신의 적성과 비교하며 필요한 직무 능력을 길러 졸업 후 진로를 선택하고 직업 생활을 하는 데 기초가 되도록 한다.

3) 성취기준

중학교 진로 준비 영역의 성취기준을 핵심 개념별로 살펴보면, 진학 및 취업 준비는 선택한 고등학교 유형의 진학 정보, 교육과정 정보, 교내 생활에 대한 정보를 수집하고 체험하여 고등학교 진학을 준비하도록 하고 있다. 직업 체험의 성취기준은 재배·사육·어업 등의 농수산업, 조립·공예·포장·운반 등의 제조업, 조리·청소·세탁·세차·사무 지원·대인서비스 등의 서비스업 직업 체험을 통해 관련 직업의 특성과 필요한 능력을 파악하여 진로를 준비하도록 한다. 구체적인 내용을 표로 정리하면 〈표 7-4〉와 같다.

〈표 7-4〉 중학교 진로 준비 영역의 성취기준

영역	핵심 개념	성취기준
진로 준비	진학 및 취업 준비	[9진로05–01] 선택한 고등학교 유형의 진학 정보를 수집한다. [9진로05–02] 선택한 고등학교의 교육과정 및 생활에 대한 정보를 수집하고 체험한다.
	직업 체험	[9진로05–03] 농수산업 분야의 직업 체험을 통하여 관련 직업의 특성과 필요한 능력을 파악한다. [9진로05–04] 제조업 분야의 직업 체험을 통하여 관련 직업의 특성과 필요한 능력을 파악한다. [9진로05–05]서비스업 분야의 직업 체험을 통하여 관련 직업의 특성과 필요한 능력을 파악한다.

진로 준비 영역의 고등학교에 해당하는 성취기준을 핵심 개념별로 살펴보면, 진학 및 취업 준비의 성취기준은 선택한 대학, 전공과, 직업 훈련 기관, 지역사회 전환 기관, 사업체 등의 정보를 수집하여 분석하고, 이력서 및 자기소개서 등의 취업 서류를 작성하여 면접을 준비하도록 한다. 직업 체험의 성취기준은 재배·사육·어업 등의 농수산업, 조립·공예·포장·운반 등의 제조업, 조리·청소·세탁·세차·사무 지원·대인서비스 등의 서비스업 현장실습을 통하여 관련 직종의 직무 능력을 기르고 자신의 적성과 실습의 경험을 비교하여 취업을 준비하는 데 중점을 둔다. 구체적인 내용을 표로 정리하면 〈표 7-5〉와 같다.

〈표 7-5〉 고등학교 진로 준비 영역의 성취기준

영역	핵심 개념	성취기준
진로 준비	진학 및 취업 준비	[12진로05–01] 선택한 대학 및 전공과, 직업 훈련 기관, 지역사회 전환 기관, 사업체 등의 정보를 수집하여 분석한다. [12진로05–02] 이력서 및 자기소개서 등 진학 및 취업 관련 서류를 작성하고 면접을 준비한다.
	직업 체험	[12진로05–03] 농수산업 분야의 현장실습을 통하여 자신의 적성과 실습의 경험을 비교하고 필요한 직무 능력을 기른다. [12진로05–04] 제조업 분야의 현장실습을 통하여 자신의 적성과 실습의 경험을 비교하고 필요한 직무 능력을 기른다. [12진로05–05] 서비스업 분야의 현장실습을 통하여 자신의 적성과 실습의 경험을 비교하고 필요한 직무 능력을 기른다.

4) 지도의 실제

진로 준비 영역의 첫 번째 핵심 개념인 진학 및 취업 준비는 중학교 교과서 나책의 11단원 '고등학교 진학 준비'에 해당된다.

(1) 단원의 개관

단원	중학교 나책 11. 고등학교 진학 준비
영역	진로 준비
핵심 개념	진학 및 취업 준비
성취기준	[9진로05–01] 선택한 고등학교 유형의 진학 정보를 수집한다. [9진로05–02] 선택한 고등학교의 교육과정 및 생활에 대한 정보를 수집하고 체험한다.
핵심역량	지식정보처리 역량, 진로 · 직업 역량
단원의 목표	선택한 고등학교의 정보를 수집하여 진학을 준비한다. 가. 고등학교에 대한 정보를 수집한다. 나. 고등학교 견학 절차를 알아보고 견학한다. 다. 고등학교에 생활에 대해 알아보고 진학을 위한 준비를 한다. 라. 진학에 필요한 서류를 알아보고 작성하여 제출한다.

(2) 단원의 구성

이 단원은 고등학교 정보 수집, 고등학교 견학, 고등학교 진학 준비와 상담, 진학 서류 작성으로 구성되어 있으며, 각각의 제재는 〈표 7-6〉과 같이 고등학교 정보 수집에 관한 여러 가지 활동을 포함하고 있다.

〈표 7-6〉 '고등학교 진학 준비' 단원의 구성

단원	제재	활동
고등학교 진학 준비	고등학교 정보 수집	고등학교 조사하는 방법 알아보기
		고등학교 정보 수집하기
	고등학교 견학	견학하는 방법 알기
		견학 시 지켜야 할 예절 알기
		견학하기

	고등학교 생활 알기
고등학교 진학 준비와 상담	고등학생이 되기 위한 준비하기
	고등학교 상담하기
	진학 절차 알기
진학 서류 작성	신입생 모집 공고 확인하기
	고등학교 배치 결과 확인하기
되돌아보기	견학 보고서 작성하기

(3) 수업에서의 적용

'고등학교 진학 준비' 단원의 첫 번째 제재 '고등학교 정보 수집'은 고등학교 조사하는 방법 알아보기와 고등학교 정보 수집하기의 두 가지 활동으로 구성된다. 활동 1 '고등학교 조사하는 방법 알아보기'의 구체적인 교과서 구성은 〈표 7-7〉과 같다.

〈표 7-7〉 '고등학교 조사하는 방법 알아보기' 활동 관련 교과서 내용

'고등학교 조사하는 방법 알아보기' 활동은 고등학교에 대해 조사하는 방법을 아는 것을 학습 목표로 한다. 고등학교를 조사하기 위해 인터넷 검색, 선배 초청, 입학 설명회, 견학, 홍보 자료, 진학 상담하기를 통하여 고등학교와 관련된 정보를 수집하는 것에 중점을 두고, 지도의 유의점으로 학교 주소, 누리집, 교육과정 계열, 원서 접수 기간, 합격자 발표 등을 고입 정보 포털 사이트를 이용하여 조사하도록 한다. 교수·학습 자료는 고등학교 조사하는 방법 관련 피티 자료를 활용한다. 교사용 지도서에 안내된 '고등학교 조사하는 방법 알아보기' 활동의 교수·학습의 실제의 구체적인 지도 내용은 〈표 7-8〉에 제시되어 있다.

〈표 7-8〉 '고등학교 조사하는 방법 알아보기' 활동의 교수·학습 실제

단원	고등학교 진학 준비
제재	고등학교 정보 수집
학습 목표	고등학교에 대해 조사하는 방법을 안다.
지도 중점	고등학교를 조사하기 위해 인터넷 검색, 선배 초청, 입학 설명회, 견학, 홍보 자료, 진학 상담하기를 통하여 고등학교와 관련된 정보를 수집할 수 있도록 지도한다.
지도의 유의점	학교 주소, 누리집, 교육과정 계열, 원서 접수 기간, 합격자 발표 등을 고입 정보 포털 사이트를 이용하여 조사하도록 한다.
교수·학습자료	고등학교 조사하는 방법 관련 피티 자료

교수·학습 활동

| 도입
고등학교 정보
탐색의 필요성
알기 | **도입**
고등학교 정보 탐색의 필요성 알기
■ 고등학교 정보 수집의 필요성과 정보에 대해 알아본다.
• 고등학교 정보 수집의 필요성 이야기하기
　• 내가 가고 싶은 학교에 대해 알고 싶기 때문이에요.
　• 고등학교에서 배우는 내용이 궁금해요.
• 학교생활에 대한 정보 알아보기
　학교 누리집 주소, 학교 주소, 통학 방법, 등·하교 시간, 학교 교칙, 교육과정 및 특색 활동 등 | 　도입은 '고등학교 정보 탐색의 필요성 알기' 활동으로, 학생들에게 고등학교에 관한 정보를 수집하는 이유에 대하여 질문하여 정보 수집의 필요성을 이야기하게 하고 학교생활에 대한 정보에는 어떤 것이 있는지 알아본다. |

전개

정보 수집 방법
알아보기

전개

[활동 1] 정보 수집 방법 알아보기

■ 고등학교 정보 수집 방법을 알아본다.

• 인터넷 검색하기

커리어넷, 고입 정보 포털, 학교 알리미 등을 이용하면 온라인상에서 고등학교에 대한 정보를 확인할 수 있다. 일부 사이트는 사이버 상담도 제공하고 있다.

① 커리어넷:http:// www.career.go.kr
② 진학정보센터:http:// www.jinhak.or.kr
③ 고입정보포털:http:// www.hischool.go.kr
④ 학교 알림이:http:// www.schoolinfo.go.kr

– 학교 알리미에 접속하여 학교 정보 알아보기
– 학생 현황, 교원 현황, 교육 활동, 교육 여건, 예·결산 현황, 학업 성취도 등 검색해 보기

• 선배 초청 간담회 참석하기

선배들에게 인터뷰하거나 평소 궁금한 점을 질문한다.

• 고등학교 입학 설명회 참석하기

교육과정 안내, 교실과 특별 시설 등의 교육 환경과 학생들의 분위기 등을 파악할 수 있는 학교 개방 행사나 설명회 등을 적극 이용한다.

• 고등학교 견학하기

직접적인 학교 체험을 통해 교실과 특별 시설 등의 교육 환경과 학생들의 분위기 등을 파악하고 학교의 특성을 직접 경험하여 학교를 탐색한다.

• 홍보 자료 살펴보기

학교 요람, 입학 요강, 팸플릿 등을 수집하여 활용한다.

• 진학 상담하기

학교생활의 어려움이나 현실적인 문제에 대해 궁금한 부분을 해소할 수 있으며, 현장성 있는 정보를 제공받는다.

전개의 활동은 '정보 수집 방법 알아보기'로 교과서의 그림을 보며 어떤 그림인지 학생들에게 질문하고 자유롭게 대답하도록 한다. 교과서에 제시된 그림의 순서대로 인터넷 검색하기, 선배 초청 간담회 참석하기, 고등학교 입학 설명회 참석하기, 고등학교 견학하기, 진학 상담하기 등의 정보 수집 방법에 대한 설명을 한다. 인터넷 검색하기에서는 고입에 관한 정보를 제공해 주는 포털 사이트, 진학 정보 제공 사이트, 고등학교 누리집, 학교 알리미 등을 검색하여 볼 수 있다. 실제 수업 장면에서 학생들과 함께 고입 정보를 알아볼 수 있는 사이트에 접속하여 학교에 대한 구체적인 정보를 검색해 보도록 한다. 선배 초청 간담회 참석하기에서는 선배들에게 인터뷰를 하거나 평소 궁금한 점을 질문하도록 하는데, 간담회에서 선배에게 어떤 질문을 하고 싶은지 이야기하거나 적어 보는 활동을 하도록 한다. 고등학교 입학 설명회 참석하기는 입학 설명회를 통해 얻을 수 있는 정보의 종류를 알아보고 인근의 고등학교 누리집을 방문하여 입학 설명회 일정을 알아보는 활동을 할 수 있다. 고등학교 견학하기는 직접적인 학교 체험을 통해 학교의 특성을 탐색할 수 있는데, 인근의 학교 중에서 견학하고 싶은 학교를 정하고 특히 어떤 점을 직접 경험하고 싶은지 자유롭게 이야기를 나눈다. 홍보 자료 살펴보기에서는 학교 요람, 입학 요강, 팸플릿 등을 수집하여 어떤 내용이 있는지 살펴보는 활동을 한다. 진학 상담하기에서는 현장성 있는 정보를 제공받을 수 있으므로 어떤 정보를 제공받고자 하는지 적어 보는 활동을 하도록 한다.

각각의 방법을 설명한 후에는 진학하고 싶은 학교가 있는지 질문하고 인근의 학교를 정하여 인터넷을 통해 학교 정보를 알아보는 개별 실습을 할 수도 있다.

| 정리 및 평가

정보 수집
방법 확인하고
평가하기 | **정리 및 평가**

정보 수집 방법 확인하고 평가하기

■ 정보 수집 방법을 이야기하고 평가한다.
• 여섯 가지 정보 수집 방법을 그림과 낱말 카드를 활용하여 찾아보고 확인하기
• 정보 수집 방법 중에서 내가 선택한 방법을 이야기하고, 선택한 까닭 이야기하기 | 정리 및 평가에서는 '정보 수집 방법 확인하고 평가하기' 활동을 한다. 여섯 가지 정보 수집 방법 그림을 그림에 해당하는 설명과 연결하게 하거나, 교사가 설명하는 정보 수집 방법에 대한 그림을 찾는 활동 등으로 수업 내용을 확인한다. 마지막 활동으로는 정보 수집 방법 중 내가 선택한 방법을 이야기하고, 선택한 까닭을 이야기하도록 하여 수업을 정리한다. |

'고등학교 조사하는 방법 알아보기' 활동을 특수학교 중학교에 재학 중인 은지를 대상으로 수업한다고 할 때, 먼저 수업 전에 부모님과의 상담을 통해 은지가 어느 고등학교에 진학하기를 희망하는지 사전 조사를 하여 수업을 준비하도록 한다. 수업의 도입에서는 중학교를 졸업한 이후의 진학 과정을 알아보고 현재 은지가 재학 중인 특수학교의 고등학교 과정 선배들의 생활을 사진 자료 또는 동영상 자료를 보면서 이야기 나눈다. 전개에서는 교과서의 그림을 보며 정보 수집 방법을 설명하고, 은지는 자발적인 발화를 하지 않으므로 은지가 인지할 수 있는 그림을 찾을 수 있도록 하여 주의를 집중한다. 예를 들면, '컴퓨터로 인터넷하는 그림은 어떤 그림인지 찾아보세요.'라고 한 후 첫 번째 그림을 가리키면 칭찬하여 강화하고 그림에 대한 설명을 이어서 제공한다. 정보를 수집하는 방법에 대한 설명을 마친 후에는 은지가 진학하고자 희망하는 고등학교의 누리집을 방문하여 학교 시설 및 교육활동 사진 등을 검색해 보는 활동으로 확장할 수 있다. 정리 및 평가에서는 고등학교 정보 수집 방법에 관한 그림 자료 중 직접 경험해 보고 싶은 방법을 선택하도록 하여 활동을 마무리한다.

2. 직업 생활

[직업 생활 지도 사례]

특수학교 고등학교에 재학 중인 하은이에게 진로와 직업과 시간을 활용하여 '직업 생활' 영역을 지도하고자 한다. '직업 생활' 영역은 자기관리 능력을 바탕으로 직장 및

대인관계에서 올바른 태도를 기르도록 하는 과정이다. 하은이는 지체중복장애 학생으로 고등학교 졸업을 앞두고 있다. 하은이는 왼쪽 편마비로 인하여 양손을 사용하는 데 어려움이 있기 때문에 가정에서 스스로 해야 하는 많은 일을 어머니께서 도와주고 계신다. 그렇기 때문에 졸업 후의 진로에 대한 준비와 함께 자립생활 능력을 갖추는 것은 하은이에게 매우 중요한 과제이다. 이를 위해 기본적인 자기관리 능력뿐 아니라 직업인으로서의 생활 태도를 기를 수 있도록 지도하여야 한다.

1) 목표

기본 교육과정 진로와 직업과의 '직업 생활' 영역의 교육 목표는 우선 가정과 사회생활에서의 자기관리 능력을 바탕으로 작업 수행 상황과 대인관계에서 올바른 태도를 기르는 데 있다. 이를 위해 중학교에서는 개인의 신변 자립, 등하교, 여가생활, 작업 수행 및 대인관계 능력을 기르는 것을 목표로 하고, 고등학교에서는 이러한 능력이 직업인으로서의 자기관리, 출퇴근, 직장인으로서의 여가생활, 직업 수행 및 동료와의 관계 능력으로 발전되도록 하는 것을 목표로 하고 있다. 직업 생활 영역의 중학교 및 고등학교에서 제시하는 구체적인 교육 목표는 〈표 7-9〉와 같다.

〈표 7-9〉 직업 생활 영역의 교육 목표

과정	교육 목표
중학교	가정과 학교에서 미래의 직업인으로서 갖추어야 할 실생활 기능과 태도를 길러 독립적이고 자주적인 직업인의 생활을 준비한다.
고등학교	지역사회에서 직업인으로서 갖추어야 할 성인생활의 기능과 태도를 익혀 장차 독립적이고 자주적인 직업 생활을 한다.

2) 내용

'직업 생활' 영역은 독립적이고 자주적인 직업인의 생활과 직결되는 여러 가지 기능과 태도를 중점적으로 다루고 있으며, '자기관리'와 '작업 태도'라는 핵심 개념을 중심으로 관련된 내용 요소가 구성되었다. 자기관리는 독립적인 직업 생활을 위해 개인이 갖추어야 할 기본 능력에 관한 내용을 포함하고 있으며, 작업 태도는 직업인이 갖추어야 할 기본적인 작업 태도로서 정확하고 안전한 작업 수행과 대인관계 능력에 관한 내용을 포함한다. 내용 체계에 대한 보다 자세한 내용은 제4장에 제시되어 있다.

(1) 중학교

'직업 생활' 영역 내용 체계와 진로와 직업 교과서의 단원 및 제재의 구성을 비교해 보면 〈표 7-10〉과 같다. 교육과정의 각각의 내용 요소는 교과서의 단원으로 구성되었는데, 직업 생활 영역의 첫 번째 핵심 개념인 자기관리의 내용 요소 중 기본적인 자기관리와 등하교는 교과서의 '자기관리'라는 한 단원으로 구성되었고, 일과 여가는 '일과 여가'라는 단원으로 구성되었다. 작업 태도의 내용 요소 중 간단한 작업 지시 수행, 작업 규칙, 안전한 작업은 내용 요소에서 공통된 측면이 있어 '안전한 작업 수행'이라는 하나의 단원으로 통합하여 구성되었고, 대인관계는 '인사 예절과 감정 표현'이라는 단원으로 편성되었다.

중학교 진로와 직업 교과서의 '자기관리' 단원은 미래의 직업인으로서 삶을 주체적으로 영위하기 위해 선행되어야 하는 자립 생활에 필요한 기술들을 포함하고

〈표 7-10〉 직업 생활 영역 교육과정과 교과서 비교(중학교)

진로와 직업 교육과정			진로와 직업 교과서	
영역	핵심 개념	내용 요소	단원	제재
직업 생활	자기관리	기본적인 자기관리	자기관리	1. 용모와 건강 2. 등하교 3. 시간 관리 4. 용돈 관리
		등하교		
		일과 여가	일과 여가	1. 일과 여가활동 2. 여가활동 실천
	작업 태도	간단한 작업 지시 수행	안전한 작업 수행	1. 작업 지시 따르기 2. 작업 규칙 지키기 3. 안전한 작업 태도
		작업 규칙		
		안전한 작업		
		대인관계	인사 예절과 감정 표현	1. 상황에 맞는 인사 2. 상황에 맞는 감정 표현

있다. 이 단원에서는 용모와 건강, 등하교, 시간, 용돈을 스스로 관리하는 능력을 기르는 것을 목표로 하고 있으며, 단정한 용모, 건강한 생활 습관 유지, 등하교, 일과 시간 관리 및 용돈 관리 능력을 익혀 일상생활에서 자기관리가 가능하도록 내용이 구성되어 있다.

'일과 여가' 단원은 일의 소중함과 여가활동의 가치를 알고 자신의 상황에 맞는 여가활동 계획을 세워 실천하도록 하는 것을 목표로 하고 있으며, 일과 여가활동에 대해 살펴보고 여가활동의 필요성과 여가활동이 일에 미치는 영향을 알아보도록 활동이 구성되어 있다. 이 단원을 통하여 개인의 상황에 맞는 여가활동을 찾고 계획을 세워 여가활동을 실천하도록 하여 일과 여가의 균형을 맞추어 행복한 삶을 살아갈 수 있도록 지도한다.

작업 태도와 관련된 '안전한 작업 수행' 단원은 작업 지시를 따르고 작업 규칙을 지키며 안전하게 작업을 수행하는 것을 목표로 한다. 이 단원은 '작업 지시 따르기' '작업 규칙 지키기' '안전한 작업 태도'의 제재로 구성되어 있으며, 구두 작업 지시와 서면 작업 지시에 따라 정확하고 안전하게 작업하고 여러 가지 작업 환경에서 지켜야 할 규칙을 익혀, 안전하게 작업하는 태도를 갖출 수 있도록 활동이 구성되어 있다.

'인사 예절과 감정 표현' 단원은 상황과 상대에 맞는 인사 예절을 익히고 적절하게 감정을 표현하여 원만한 대인관계를 유지하도록 하는 것을 목표로 하고 있다. 이를 위해 '상황에 맞는 인사'와 '상황에 맞는 감정 표현'의 제재로 구성되어 있으며, 사람의 감정은 상황과 기분에 따라 다양하게 표현됨을 알고 다른 사람의 표정이나 모습을 통해 다양한 감정의 종류를 익힐 수 있도록 활동을 제시하고 있다.

(2) 고등학교

고등학교 과정의 '직업 생활' 영역의 내용 체계와 진로와 직업 교과서의 단원 및 제재의 구성을 비교해 보면 〈표 7-11〉과 같다. '직업인의 자기관리'와 '출퇴근'은 '직업인의 자기관리' 단원으로 구성되었고, 직업 생활과 여가는 '직업 생활과 여가' 단원으로 구성되었다. 연속된 작업 지시 수행, 직장 규칙, 직장에서의 안전은 '안전한 직업 생활' 단원으로 통합하여 구성되었고, 직장에서의 예절은 '직장에서의 예절' 단원으로 구성되었다.

〈표 7-11〉 직업 생활 영역 교육과정과 교과서 비교(고등학교)

진로와 직업 교육과정			진로와 직업 교과서	
영역	핵심 개념	내용 요소	단원	제재
직업 생활	자기관리	직업인의 자기관리 출퇴근	직업인의 자기관리	1. 용모와 건강 2. 출퇴근 3. 시간 관리 4. 금전 관리
	작업 태도	직업 생활과 여가	직업 생활과 여가	1. 직업인의 여가 2. 여가활동 실천
		연속된 작업 지시 수행 직장 규칙 직장에서의 안전	안전한 직업 생활	1. 작업 지시 수행 2. 작업 규칙 준수 3. 안전한 작업 태도
		직장에서의 예절	직장에서의 예절	1. 직장 예절 2. 적절한 감정 표현

'직업인의 자기관리' 단원은 직업인이 갖추어야 할 자기관리 능력을 기르고 실천하는 것을 목표로, 타인에게 호감을 주는 용모 관리, 건강 유지, 출퇴근, 직장에서 시간 관리, 합리적인 금전 관리 등 자기관리 능력을 길러 안정적인 직업 생활을 유지하도록 하기 위한 내용으로 구성되었다. 이 단원에서는 독립적인 자기관리 능력을 향상시킬 수 있도록 개별 학생에게 꼭 필요한 자기관리 내용에 초점을 맞추어 중점적인 지도가 이루어지도록 하고 있다.

'직업 생활과 여가' 단원은 직장과 지역사회의 시설을 이용하여 여가활동을 실천하도록 하는 것을 목표로 하고 있으며, '직업인의 여가'와 '여가활동 실천'이라는 제재로 구성되어 있다. '직업인의 여가'에서는 직장 생활과 여가활동을 이해하고 여가활동이 직장 생활에 미치는 영향에 대해 알아본다. '여가활동 실천'에서는 직장과 지역사회의 여가 시설을 알아보고 시설 이용 방법 및 이용 예절 등을 익혀 독립적으로 지역사회 여가활동 프로그램에 참여할 수 있도록 내용이 구성되어 있다.

'안전한 직업 생활' 단원은 직업인이 갖추어야 할 기본 자세에 관한 단원으로, 작업 지시를 파악하고 작업 규칙을 준수하여 안전하게 작업하도록 하는 것을 목표로 하고 있다. 이 단원의 제재는 '작업 지시 수행' '작업 규칙 준수' '안전한 작업 태

도'의 세 가지로 구성되어 있으며, 작업 지시를 정확하게 따르고 작업장에서 요구되는 규칙을 이해하여 안전하게 작업하는 태도를 기를 수 있도록 하고 있다.

'직장에서의 예절' 단원은 직장에서 지켜야 할 예절을 알고, 상대와 상황에 맞게 감정을 표현하여 원만한 대인관계를 유지하는 것을 목표로 하고 있으며, '직장 예절'과 '적절한 감정 표현'의 제재로 구성되어 있다. '직장 예절'은 직장에서의 일반적 예절과 인사 예절, 대화 예절 등의 내용을 포함하고 있고, '적절한 감정 표현'에서는 직정에서의 적절한 감정 표현 방법과 함께 감정 조절 방법을 익혀 원만한 직업 생활을 유지하도록 하는 데에 중점을 두고 있다.

3) 성취기준

중학교 직업 생활 영역의 성취기준을 핵심 개념별로 살펴보면, 자기관리는 단정한 용모, 합리적인 소비, 건강한 생활 습관 유지 등의 기본적인 자기관리 방법을 익히고, 등하교나 가까운 거리 이동 능력을 키우며, 일의 소중함과 함께 여가생활의 가치를 알고 여가생활을 즐길 수 있도록 하고 있다. 작업 태도의 성취기준은 작업 지시에 대한 정확한 이해와 실행, 원만한 대인관계 유지, 작업 환경에서 규칙 준수 등을 통하여 효율적이고 안전한 작업을 하도록 한다. 중학교 직업 생활 영역의 성취기준에 대한 구체적인 내용을 표로 정리하면 〈표 7-12〉와 같다.

〈표 7-12〉 중학교 직업 생활 영역의 성취기준

영역	핵심 개념	성취기준
직업 생활	자기관리	[9진로06-01] 용모, 건강, 금전, 시간 등에 대한 기본적인 자기관리 능력을 기른다. [9진로06-02] 상황에 맞는 교통수단을 선택하여 등하교한다. [9진로06-03] 일의 소중함과 여가생활의 가치를 알고 적합한 여가활동을 즐긴다.
	작업 태도	[9진로06-04] 간단한 구두 및 서면 작업 지시에 따라 과제를 수행한다. [9진로06-05] 상황에 맞는 인사와 적절한 감정 표현으로 원만한 대인관계를 유지한다. [9진로06-06] 학교와 직장의 작업 환경을 조사하고 작업 규칙을 지킨다. [9진로06-07] 위험한 물건과 상황을 인지하고 교내에서 안전하게 작업한다.

직업 생활 영역의 고등학교에 해당하는 성취기준을 핵심 개념별로 살펴보면, 자기관리의 성취기준은 타인에게 호감을 주는 용모 관리, 건강 유지, 합리적인 금전 관리, 교통수단 이용, 여가 선용 등의 자기관리를 통하여 직업 생활을 유지하는 내용으로 구성되어 있고, 작업 태도의 성취기준은 연속된 작업 지시에 따라 정확하게 작업을 수행하고 점검하며, 직장 동료에게 예절을 지켜 원만한 관계를 유지하고, 안전 수칙을 지켜 사고를 예방하는 작업 태도를 기르도록 하는 내용을 포함하고 있다. 고등학교 직업 생활 영역의 성취기준에 대한 구체적인 내용을 표로 정리하면 〈표 7-13〉과 같다.

〈표 7-13〉 고등학교 직업 생활 영역의 성취기준

영역	핵심 개념	성취기준
직업 생활	자기관리	[12진로06-01] 직업 생활에 필요한 용모, 건강, 급여, 시간 등에 대한 자기관리 능력을 기른다. [12진로06-02] 시간과 비용에 맞는 교통수단을 선택하여 출퇴근한다. [12진로06-03] 일과 여가의 관계를 이해하고 직장과 지역사회의 시설을 이용하여 여가활동을 즐긴다.
	작업 태도	[12진로06-04] 직장에서 연속된 작업 지시에 따라 과제를 수행하고 결과를 점검한다. [12진로06-05] 직장에서 상대와 상황에 맞게 의사소통하고 대화 예절을 지켜 원만한 대인관계를 유지한다. [12진로06-06] 직장에서 요구되는 규칙을 이해하고 지킨다. [12진로06-07] 작업장에서 발생할 수 있는 안전사고의 유형을 조사하고 작업장 안전 수칙에 따라 사고를 예방하고 대처한다.

4) 지도의 실제

직업 생활 영역의 첫 번째 핵심 개념인 자기관리는 고등학교용 교과용 도서 나책 1단원 '직업인의 자기관리'와 나책 10단원 '직업 생활과 여가'에 해당되며, 여기서는 1단원 '직업인의 자기관리'를 중심으로 살펴보고자 한다.

(1) 단원의 개관

단원	고등학교 나책 1. 직업인의 자기관리

영역	직업 생활
핵심 개념	자기관리
성취기준	[12진로06-01] 직업 생활에 용모, 건강, 급여, 시간 등에 대한 자기관리 능력을 기른다. [12진로06-02] 시간과 비용에 맞는 교통수단을 선택하여 출퇴근한다.
핵심역량	자기관리 역량, 심미적 감성 역량
단원의 목표	직업인이 갖추어야 할 자기관리 능력을 기르고 실천한다. 가. 단정한 용모를 가꾸고 건강한 생활 습관을 기른다. 나. 시간과 비용을 고려한 교통수단을 선택하여 출퇴근한다. 다. 출퇴근 시간과 직장의 일과 시간을 지키고 주어진 시간을 효율적으로 관리한다. 라. 금전관리 계획을 세우고 급여에 적절한 지출과 저축을 한다.

(2) 단원의 구성

'직업인의 자기관리' 단원은 용모와 건강, 출퇴근, 시간 관리, 금전 관리의 제재로 구성되어 있으며, 각각의 제재는 〈표 7-14〉와 같이 여러 가지 활동을 포함하고 있다.

〈표 7-14〉 '직업인의 자기관리' 단원의 구성

단원	제재	활동
직업인의 자기관리	용모와 건강	얼굴 단장하기
		단정한 옷차림하기
		직업인이 갖추어야 할 건강한 생활 습관 기르기
	출퇴근	자신에게 적합한 출퇴근 방법 찾기
		교통수단을 이용하여 출퇴근하기
	시간 관리	출근과 퇴근 시간 지키기
		직장에서 일과 시간 지키기
		일과 이후의 시간 활용하기
	금전 관리	월급 사용 계획 세우기
		합리적인 소비 생활하기
		미래를 위한 저축하기
	되돌아보기	직업인의 자기관리

(3) 수업에서의 적용

첫 번째 제재인 용모와 건강은 얼굴 단장하기, 단정한 옷차림하기, 직업인이 갖추어야 할 건강한 생활 습관 기르기의 세 가지 활동으로 구성된다. 첫 번째 활동인 '얼굴 단장하기'의 구체적인 교과서 구성은 〈표 7-15〉와 같다.

〈표 7-15〉 '얼굴 단장하기' 활동 관련 교과서 내용

'얼굴 단장하기'는 출근 전, 자신의 얼굴을 깨끗하게 단장하는 것을 학습 목표로 하고 있으며, 출근 전 깨끗하게 세수하고 기본적인 화장으로 얼굴을 보호하며 아름답게 단장하는 것을 중점으로 지도한다. 이 활동에 필요한 교수ㆍ학습 자료는 면도하기 동영상 자료와 얼굴 단장 방법의 피티 자료 및 거울, 화장품, 면도기 등을 활용한다. 교수ㆍ학습의 개요를 살펴보면 도입 단계에서 거울에 자신의 모습을 비추어 보며 점검하는 활동을 하고, 전개에서는 '출근 전, 얼굴 단장하기'와 '거울을 보며 얼굴 모습 점검하기' 활동을 하며, 정리 및 평가의 단계에서는 출근 전 얼굴 단장하는 순서를 확인하는 것으로 구성한다.

〈표 7-16〉 '얼굴 단장하기' 활동의 교수 · 학습 실제

단원	고등학교 나책 1. 직업인의 자기관리
제재	용모와 건강
학습 목표	출근 전, 자신의 얼굴을 깨끗하게 단장한다.
지도 중점	출근 전, 깨끗하게 세수하고 기본적인 화장으로 얼굴을 보호하며 아름답게 단장하도록 한다.
지도의 유의점	• 색조 화장을 할 때 기초 화장을 먼저 꼼꼼히 하여 얼굴 피부를 보호하도록 한다. • 면도기 사용법을 바르게 익혀 면도 시 얼굴에 상처를 내지 않도록 한다.
교수 · 학습자료	면도하기 동영상, 얼굴 단장 방법 피티 자료, 대야, 거울, 화장품, 면도기

교수 · 학습 활동

도입
거울에 자신의
모습을 비추어
보고 점검하기

| 도입 | 거울에 자신의 모습을 비추어 보고 점검하기 |

○ 거울에 자신을 비추어 보고 현재 자신의 모습을 이야기해 본다.
• 질문에 답을 하면서 자신의 모습을 점검하기
 – 전체적으로 얼굴이 깨끗한가?
 – 눈곱이 끼어 있지 않은가?
 – 머리는 단정히 빗었는가?
 – 수염이 길지 않은가?

도입 단계에서는 거울에 자신의 모습을 비추어 보고 점검하는 활동으로, 거울에 자신을 비추어 보고 현재 자신의 모습을 이야기하는 활동으로 진행한다. 학생들이 자유롭게 이야기하도록 하거나 다음의 질문에 답을 하면서 자신의 모습을 점검하도록 할 수도 있다.

• 전체적으로 얼굴이 깨끗한가?
• 눈곱이 끼어 있지 않은가?
• 머리는 단정히 빗었는가?
• 수염이 길지 않은가?

활동 1
출근 전, 얼굴
단장하기

| 전개 |

▎활동 1▎ 출근 전, 얼굴 단장하기
○ 출근 전 여성의 얼굴 단장 방법을 알아본다.

• 깨끗하게 세수하기
 – 양손에 물을 받아 얼굴에 전체적으로 문지르기
 – 비누 거품을 낸 후 얼굴을 골고루 닦기
 – 거품이 남지 않도록 얼굴을 깨끗이 헹구기
• 기초화장 하기
 – 스킨 바르기: 손바닥에 덜거나 화장 솜에 적셔서 가볍게 얼굴 안쪽에서 바깥쪽으로 펴 발라 준 후 손끝으로 가볍게 두드려 흡수시킨다.
 – 로션 · 크림 바르기: 적당량을 덜어 피부 결을 따라 부드럽게 펴 발라 준 후 손끝으로 가볍게 두드려 흡수시킨다.
 – 자외선 차단제 바르기: 한꺼번에 많은 양을 바르면 잘 펴지지 않고 뭉치게 되므로 바르고자 하는 양을 2~3회로 나누어 펴 바른다.

○ 출근 전, 남성의 얼굴 단장 방법을 알아본다.
• 미지근한 물로 세안하기
• 면도하기
 – 전기면도기 사용하기
  ① 면도기 사용 전 긴 수염은 먼저 가위를 사용하여 정리하기
  ② 면도 망을 피부에 가볍게 직각으로 밀착하기
  ③ 한쪽 손으로 피부를 펴 주면서 수염이 자란 반대 방향으로 면도하기
 – 수동면도기 사용하기
  ① 면도할 부위에 면도 크림 바르기
  ② 피부 결에 따라 면도하기
  ③ 얇은 볼과 목에서부터 면도를 시작해서 턱과 콧수염 쪽으로 밀어나가기
  ④ 물로 깨끗이 씻어내기
• 머리 손질하기
• '면도하기 동영상'을 보면서 면도 실습하기

- 파운데이션 바르기
  - 피부색에 맞는 색상 선택하기
  - 적당량을 골고루 얼굴에 펴 바르기
- 눈썹 그리기: 눈썹연필이나 아이라이너를 이용하여 눈썹이 선명하게 보이도록 원하는 눈썹 모양을 그린다.
- 립스틱 바르기: 입술 모양에 맞게 바르고 여분의 립스틱을 티슈로 가볍게 닦는다. 너무 진한색 보다는 자신의 피부톤에 맞는 색을 선택하여 바른다.
- 머리 손질하기: 드라이기를 이용하여 머리를 말린 후 빗을 이용하여 단정하게 빗어주거나 머리핀을 이용하여 꽂거나 머리끈으로 단정하게 묶는다.
- 거울을 보면서 화장품이 뭉치거나 번진 부분이 있는지 확인하기
- 머리 모양의 전체적인 조화 확인하기

전개 단계의 첫 번째 활동은 '출근 전, 얼굴 단장하기'로 교과서의 그림 자료를 살펴보며 출근 전 여성의 얼굴 단장 방법과 남성의 얼굴 단장 방법에 대해 알아본다. 여성과 남성의 얼굴 단장 순서를 그림을 보며 학생들과 함께 이야기한다. 여성은 깨끗하게 세수하기, 기초 화장하기, 파운데이션 바르기, 눈썹 그리기, 립스틱 바르기, 머리 손질하기로 이루어지고, 남성은 세안을 한 후 면도하기, 기초 화장하기, 머리 손질하기의 순서로 이루어지는 것을 파악하고 여성과 남성의 얼굴 단장 방법에 따라 실습을 하도록 한다. 실습 전 동영상 자료를 활용하여 세수하기, 기초 화장하기, 색조 화장하기, 면도하기 등의 방법을 파악하도록 한다.

여성의 얼굴 단장하기 실습은 교과서에 제시된 순서에 따라 진행한다. 깨끗하게 세수하기는 세면대 또는 대야, 세안제 등을 준비하여 세수하는 시범을 보이고 학생들이 직접 깨끗하게 세수를 해 보도록 한다. 기초 화장하기는 스킨, 로션, 선크림의 순서로 적당량을 손에 짜고 얼굴에 펴 바르는 시범을 보인 후 개별적으로 실습하도록 한다. 파운데이션 바르기, 눈썹 그리기, 립스틱 바르기는 처음에는 어색할 수 있으므로 거울을 보며 천천히 연습해 보도록 한다. 얼굴을 단장한 후에는 머리를 단정하게 빗거나 액세서리를 착용해 보도록 한다. 단장이 끝난 후에는 거울을 보면서 화장품이 뭉치거나 번진 부분이 있는지와 머리 모양의 전체적인 조화를 확인하도록 한다.

남성의 얼굴 단장하기 실습은 여성과 같이 깨끗하게 세안을 한 후 전기면도기 또는 수동 면도기를 사용하여 면도하고, 머리를 손질하는 순서로 이루어진다. 면도기의 사용 방법은 동영상 자료를 보면서 지도하고 날이 없는 면도기를 활용하여 거울을 보면서 면도 동작을 익혀 본다. 동작이 익숙해진 후에는 실제 면도기를 사용하여 실습을 하는 데 반드시 교사가 함께하여 안전사고에 유의하도록 하여야 한다.

활동 2
거울을 보며 얼굴 모습 점검하기

❚ **활동 2 | 거울을 보며 얼굴 모습 점검하기**
◎ 출근 전, 거울을 보고 자신의 얼굴 모습을 점검하여 본다.
• 항목별 점검표의 실천 여부 란에 ∨표하기

점검 내용	실천 여부	
	☺	☹
• 얼굴은 깨끗한가?		
• 양치는 깨끗이 하였는가?		
• 머리는 단정히 빗었는가?		
• (여성) 화장은 자연스럽게 되었는가?		
• (남성) 수염은 깨끗하게 잘 깎았는가?		

두 번째 활동은 얼굴 단장을 마친 후 거울을 보며 자신의 얼굴 모습을 점검하는 활동이다. 점검표의 내용을 숙지한 후 거울을 보면서 점검을 하도록 한다.

점검 내용

얼굴은 깨끗한가?
양치는 깨끗이 하였는가?
머리는 단정히 빗었는가?
(여성) 화장은 자연스럽게 되었는가?
(남성) 수염은 깨끗하게 잘 깎았는가?

• 점검표를 보고 실천하지 못한 활동의 내용을 확인해 보고 잘못된 부분 이야기하기 • 출근 전, 자신의 얼굴 모습을 점검해야 하는 필요성 이야기하기

점검표를 보고 실천하지 못한 내용을 확인하여 이야기해 보도록 하고 실습을 통하여 출근 전 자신의 얼굴 모습을 점검해야 하는 필요성에 대해 생각해 보고 이야기하도록 한다.

정리 및 평가 단계에서는 출근 전 얼굴 단장하는 순서를 이야기하도록 한다. 여성과 남성의 얼굴을 단장하는 그림 자료를 제시하여 순서대로 배치하고 순서를 말하도록 하여 수업 내용을 확인하고 평가한다. 수업을 마친 후, 1주일 혹은 그 이상의 기간을 정하여 매일 자신의 모습을 단장하고 점검표를 작성하는 과제를 제시하여 출근 전 자신의 모습을 점검하는 습관을 기를 수 있도록 하는 것이 필요하다.

정리 및 평가
출근 전, 얼굴 단장하는 순서 확인하기

> **정리 및 평가** **출근 전, 얼굴 단장하는 순서 확인하기**
> ○ 그림 자료를 순서대로 제시하면서 얼굴 단장하는 순서를 이야기한다.
> • 여성의 얼굴 단장하는 그림 자료를 순서대로 제시하기
> • 화장하는 순서 말하기
> • 남성의 얼굴 단장하는 그림 자료를 순서대로 제시하기
> • 남성의 얼굴 가꾸는 순서 말하기

'얼굴 단장하기' 활동을 특수학교 고등학교에 재학 중인 하은이를 대상으로 지도할 때, 하은이는 왼쪽 편마비로 왼손을 사용하는 데에 어려움이 있으나 오른손으로는 세밀한 과제를 수행할 수 있으므로 오른손으로 얼굴을 단장할 수 있도록 지도한다. 도입에서는 거울을 보면서 현재 자신의 모습에 대해 간단한 단어 중심으로 이야기하도록 한다. 전개의 첫 번째 활동에서는 오른손에 비누를 묻혀 얼굴을 골고루 닦고 깨끗이 헹구어 보도록 한다. 화장품 사용 시에는 한 손으로만 수행하기에 어려움이 있기 때문에 뚜껑을 쉽게 열 수 있는 화장품 용기나 펌프형을 사용하여 연습하도록 하고 화장품 팔레트 등을 활용하여 필요한 만큼 짜서 사용할 수 있도록 한다. 화장품을 적당량만 사용하여 골고루 펴 바르거나 눈썹 그리기, 립스틱 바르기 등은 가정과 연계하여 충분히 연습할 수 있는 기회를 제공하여 익숙해질 수 있도록 격려한다. 머리 손질하기는 빗으로 머리를 단정하게 빗고, 한손으로 착용이 가능한 액세서리를 활용하여 장식해 보도록 한다. 얼굴과 머리 단장하기 실습을 한 후 두 번째 활동인 거울 보고 점검하기에서는 교사가 점검 내용을 읽어 주면 거울을 보며 스스로 점검하여 점검표에 ∨표시를 하도록 한다. 하은이는 과제 수행이 잘되지 않으면 포기하려는 경향이 있으므로 좋아하는 색의 화장품 등으로 동기를 유발하고 꾸준히 연습하여 익숙해질 수 있도록 격려하는 것이 필요하다. 자기관리의 가장 기본이 되는 용모 단장하기를 스스로 해낼 수 있도록 격려하고 이를 통해 자신감을 얻어 졸업 후 성인 생활을 준비할 수 있도록 지도한다.

활동하기

- '진로 준비' 영역과 '직업 생활' 영역의 핵심 개념을 제시해 보세요.
- '진로 준비' 영역의 단원과 제재를 선택하여 교수·학습 개요에 따른 지도의 실제를 구성해 보세요.
- '직업 생활' 영역의 단원과 제재를 선택하여 교수·학습 개요에 따른 지도의 실제를 구성해 보세요.

제3부

진로와 직업교육의 교수 · 학습 실제

제8장

진로와 직업과 교수 · 학습

이현주

개요

이 장에서는 기본 교육과정에서 제시하는 진로와 직업과 교수 · 학습의 기본 방향, 수업설계와 수업단계에 따른 교수 · 학습 방법, 진로와 직업과에 적용할 수 있는 수업모형과 적용의 실제를 제시한다. 2015 특수교육 기본 교육과정에서 제시하는 진로와 직업과 성격, 목표, 내용, 교수 · 학습 방법을 중심으로 이 장의 내용을 전개하면서, 장애학생에게 진로와 직업과의 교육 내용을 효율적으로 가르치고 학습 목표를 효과적으로 달성하는 데 필요한 교수 · 학습의 기본 개념, 원리 및 특징, 다양한 전략과 구체적인 적용 사례들에 초점을 둔다. 이 장의 학습을 통해 기본 교육과정에서 제시하는 진로와 직업과 교수 · 학습의 방향과 기본적인 개념을 이해하고, 장애학생의 진로역량 개발 및 효과적인 학습을 위해 체계적이고 명확하게 수업을 설계하고, 적절한 수업모형을 적용하여 교수 · 학습 과정을 계획하는 전문적인 교수역량을 함양하게 될 것이다. 또한 장애학생의 장애 특성 및 다양한 교육적 요구를 고려하여 기본 교육과정 진로와 직업과의 교수 · 학습을 설계하고 실행할 수 있는 현장 중심의 전문성을 함양하게 될 것이다.

구성 내용

1. 진로와 직업과 교수 · 학습의 기본 방향
2. 진로와 직업과 교수 · 학습의 방법
3. 진로와 직업과 수업모형

1. 진로와 직업과 교수 · 학습의 기본 방향

양질의 진로와 직업 수업을 계획하고 실행하기 위해서는 체계적이고 구조적인 교수 · 학습 설계가 요구된다. 이를 위해 기본 교육과정 진로와 직업과의 성격과 구조에 대한 이해가 선행되어야 하고, 이는 교수 · 학습 방법, 전략 및 수업모형의 탐색, 수업계획과 평가 등 전반적인 교수 · 학습 설계의 근간으로 고려되어야 한다. 질 높은 수업을 구현하기 위해 교사는 주로 다양한 교수 · 학습 방법이나 전략부터 고려하곤 한다. 그러나 학습 목표와 내용에 근거하여 연계성을 띠면서 적절한 교수 · 학습 방법과 원리의 선택과 적용에 초점을 두는 것은 효과적인 교수를 위해 가장 기본이 되므로, 이것이 교수 · 학습 설계의 첫 단계가 되도록 유념해야 한다. 아무리 교사가 최신의 효과적인 교수 · 학습 방법과 전략을 활용한 수업을 실행하더라도 학습자에게 교육 내용을 적절하게 전달하지 못하거나 계획하였던 학습 목표를 달성하지 못한다면, 그 수업은 효율성을 잃게 되며 양질의 효과적인 수업으로 구현하기 어렵다.

기본 교육과정 진로와 직업과의 목표는 장애학생의 흥미, 적성, 능력을 이해하고 다양한 직업 세계 및 진로에 대한 폭넓은 탐색과 경험을 바탕으로 진로계획을 수립하며 진학 또는 취업에 필요한 지식, 기능 및 태도를 익혀 진로를 개척하는 역량을 기르는 것이다(교육부, 2015b). 직업 기초 능력 및 직무수행능력 습득, 직무 태도 및 습관 형성 등 직업 관련 역량 함양과 직업 방향성 결정에 중점을 둘 뿐만 아니라 가정생활, 일상생활, 지역사회 생활 등 포괄적인 진로 방향성을 고민하고 미래생활 역량을 증진하는 전환교육 관점에서의 전반적인 지원도 중시한다. 따라서 진로와 직업 수업을 위한 교수 · 학습 설계는 기본 교육과정 진로와 직업과의 성격과 구조, 핵심역량, 교육과정과 학습 내용에 대한 이해가 선행되는 것부터 시작되어야 한다. 진로와 직업 수업을 어떻게 가르칠 것인가에 앞서 무엇을 가르칠 것인지를 체계적으로 분석하고, 이는 적절한 교수 · 학습 원리 및 방법의 선택으로 이어지도록 유기적 연계가 필요하다.

진로와 직업과 교수 · 학습의 핵심 원리는 장애학생에게 진로와 직업에 관련된 체험 중심의 교육경험을 충분히 제공하고, 학습한 내용을 실제 상황에 잘 적용하고 실천할 수 있도록 이끄는 것이다. 이로써 학습의 확인과 확장이 반복적으로 계열성을 고려하여 이루어진다(교육부, 2015d). 2015 특수교육 교육과정은 장애학생이 습득한 지식을 바탕으로 하여 실생활에서 높은 실천 역량을 갖추도록 하는 교육과정의 기능적인 측면을 강조한다. 더욱이 진로와 직업과는 장애학생의 성인기 이후의 삶과 직결되는 내용을 중점적으로 구성하고 있으므로, 진로와 직업 수업에서 배운 내용의 적용, 유지 및 일반화에 주안점을 두고 교수 · 학습의 기능적인 측면을 강조하여 지도하는 것이 필수적이다. 특수교육 기본 교육과정 진로와 직업과 교수 · 학습 방향은 다음과 같다(교육부, 2015d).

첫째, 장애학생의 장애 정도와 특성, 발달 단계, 학습 수준, 관심, 필요, 흥미 등을 고려하여 진로와 직업 교수 · 학습 설계 및 계획이 이루어져야 한다. 장애학생이 지닌 독특한 교육적 요구를 바탕으로 하여 실제적이고 실용적인 기능을 가진 진로와 직업 관련 교육활동들로 구성된 학습자 중심의 수업이 구현되어야 한다. 개별 학생의 관심, 흥미를 중심으로 운영하는 수업은 학습자의 동기유발 및 수업 참여를 높이고, 선행 학습 수준을 고려한 수업은 학습 목표 달성에 효과적이다. 양질의 수업을 위해 수업설계에서 반드시 고려해야 하는 학습자의 배경 정보는 다양한 유형의 직업 및 전환평가를 통해 파악된다(직업평가에 관한 내용은 제3장 참조). 장애학생을 위한 진로와 직업 수업에서는 개별 학습자의 특수성, 다양성, 개인차를 고려함과 동시에 장애학생의 발달 단계, 생물학적 연령을 고려하여 진로와 직업과 교육활동이 개발되도록 유념해야 한다. 또한 진로와 직업 수업 운영을 위한 학교나 지역사회의 여건도 고려하여 학습 내용의 비중이나 순서를 계획해야 한다.

둘째, 진로와 직업과 교수 · 학습의 큰 방향은 학습자의 기능적 생활 중심의 지식, 기능 및 태도를 함양하는 것으로, 이는 구체적으로 7가지 핵심역량을 계발하는 것으로 강조된다. 핵심역량은 '자기관리 역량' '지식정보처리 역량' '창의적 사고 역량' '심미적 감성 역량' '의사소통 역량' '공동체 역량' '진로·직업 역량'을 포함하며, 이러한 핵심역량들이 학습을 통해 육성될 수 있도록 진로와 직업 내용을 선정하는 것이 필요하다(교육부, 2015d).

- 자기관리 역량: 자기주도적이고 독립적으로 자신의 생활, 학습, 건강, 일 등을 계획하고 실행하는 자원을 관리하고 활용하는 능력
- 지식정보처리 역량: 학습과 일상생활, 일 등에서 직면하게 되는 문제를 해결하기 위해 기본 정보와 자료를 수집하여 이를 기반으로 처리할 수 있는 능력
- 창의적 사고 역량: 일상생활에서 직면하는 문제를 정확하게 인식하고 과제 해결을 위해 자신이 지금까지 학습한 것이나 경험을 활용해 해결의 방법을 찾는 능력
- 심미적 감성 역량: 타인에 대한 공감적 이해와 환경과 사물에 대한 감수성을 바탕으로 다원적 가치를 수용하는 능력으로 특히 직업 생활에서 자신의 일에 대한 의미와 가치를 발견하는 능력
- 의사소통 역량: 다른 사람의 말과 글의 의도를 파악하고 자신의 생각을 표현할 수 있는 능력으로 특히 직업 생활에서 업무의 이해와 갈등 해결을 위해 중요한 능력
- 공동체 역량: 학교와 직장 및 사회생활에서 인간관계를 통한 정서적 유대, 협력, 중재, 리더십, 조직에 대한 이해를 바탕으로 공동의 목표를 추구하는 능력
- 진로·직업 역량: 자기 이해를 바탕으로 진로를 계획하고 직업 수행에 필요한 기능과 태도를 익혀 지역사회에 참여할 수 있는 역량

셋째, 기본 교육과정 진로와 직업과는 중학교와 고등학교에서 편성·운영된다. 학교 실정에 맞게 학교 교육과정을 편성·운영하게 되고, 학교 교육과정 편성·운영 계획을 바탕으로 학년(군)별 교육과정 및 교과(목)별 교육과정을 편성한다. 진로와 직업과의 경우, 기본 교육과정 교과와 창의적 체험활동을 아우르는 통합적 접근을 취하고 운영할 수 있다. 또한 기본 교육과정 각 교과 간 연계 및 통합을 주도할 수 있는 교과로 계획하여 운영할 수 있다. 2015 특수교육 교육과정 총론에서 제시하는 기본 교육과정 편성·운영의 주요 내용은 다음과 같다(교육부, 2015b).

- 학교는 3년간 이수해야 할 교과목을 학년별, 학기별로 편성하여 학생과 학부모에게 안내한다.
- 교과(군)의 이수 시기와 그에 따른 수업 시수는 학교가 자율적으로 결정할 수 있다.

- 학교는 해당 학년군 교육과정을 적용하되, 필요한 경우 타 학년군의 교과 내용으로 대체하여 운영할 수 있다.
- 학교는 학교의 특성, 학생 · 교사 · 학부모의 요구 및 필요에 따라 자율적으로 교과 (군)별 30% 범위 내에서 시수를 증감하여 편성 · 운영할 수 있다. 단, 체육, 예술(음악/미술) 교과는 기준 이수 단위를 감축하여 편성 · 운영할 수 없다.
- [중학교] 학교는 창의적 체험활동 영역을 학생들의 발달 수준, 학교의 여건 등을 고려하여 자율적으로 편성 · 운영한다. 창의적 체험활동은 학교스포츠클럽 활동 및 자유학기에 이루어지는 다양한 활동과 연계하여 운영할 수 있다.
- [중학교] 학교는 필요한 경우 학생의 장애 특성 및 요구에 따른 교육 내용을 창의적 체험활동으로 편성 · 운영할 수 있다.
- [중학교] 학교는 학생들이 자신의 적성과 미래에 대해 탐색하고, 학습의 즐거움을 경험하여 스스로 공부하는 자기주도적 학습 능력과 태도를 기를 수 있도록 자유학기를 운영한다.
- [고등학교] 진로 · 직업교육은 '진로와 직업' 교과 외에도 선택 중심 교육과정의 전문교과 중에서 학교의 여건에 맞는 것을 선택적으로 편성할 수 있다.
- [고등학교] 체육, 예술, 진로와 직업 등 교과를 중심으로 중점 학교를 운영할 수 있으며 이 경우, 교과(군)별 50% 범위 내에서 시수를 감축하여 해당 교과로 편성할 수 있다. 단, 체육, 예술(음악/미술) 교과는 기준 수업 시수를 감축하여 편성할 수 없다.
- [고등학교] 학교는 '진로와 직업' 교과의 교육과정 내용과 관련이 있는 현장실습을 다양한 형태로 운영할 수 있으며, 이와 관련한 구체적인 사항은 시 · 도 교육청이 정한 지침을 따른다.

출처: 교육부(2015b), pp. 46-52.

넷째, 진로와 직업과의 학습 내용은 내용에 대한 '인식', 제한적 상황 속에서의 '적용', 지역사회나 현장에서의 '실천'이라는 3단계로 구분하여 교수 · 학습 지도가 이루어진다. 이를 통해 진로와 직업 교수 · 학습의 결과가 장애학생의 학교 졸업 이후의 삶에 직접적으로 연관될 수 있도록 방향을 설정하게 된다. 따라서 학습 내용의 기능적인 측면을 강조하고 실생활 중심적인 교육경험 제공에 중점을 두면서 학습의 반복과 확장이 이루어지도록 지도해야 한다. 그 결과, 장애학생은 진로와 직업 수업을 통해 배운 지식을 학교, 가정, 지역사회라는 실생활에 적용할 수 있는 실천적 지식으로 발전시키게 된다. 장애학생을 위한 진로와 직업과 학습 내용의 단계별 교수 · 학습 지도상의 유의점은 다음과 같다(교육부, 2015a; 국립특수교육원, 2015b).

- 인식 단계: 다양한 교수활동을 통해 진로와 직업 관련 기초 지식의 습득 및 이해 증진을 목적으로 하며, 습득한 지식을 가상 혹은 실제 상황에 적용 및 실천하기 이전에 필요한 학습과정이다. 그림, 사진 등 분류하기, 찾아보기, 살펴보기, 동영상이나 시범 따라 하기 등 교육활동이 주로 이루어진다. 직접교수, 역할수행학습, 문제해결학습, 시뮬레이션 교수, 교내 현장실습 등 교수 · 학습 방법을 활용하여 지도할 수 있다.
- 적용 단계: 학습 내용에 대한 이해를 기반으로 하여 가상의 모의상황이나 제한된 상황에서 학습 활동을 수행하는 것이다. 교실에서 역할놀이, 상황 설정 후 교실이나 교내에서 실습, 자기점검 모니터링, 프로젝트 수행, 모형물에 적용, 게임 등 교육활동으로 구성한다. 모델링, 역할수행학습, 문제해결학습, 시뮬레이션 교수, 교내 및 지역사회 현장실습 등 교수 · 학습 방법을 활용할 수 있다.
- 실천 단계: 실제 지역사회 환경이나 지역사회 내 사업체 공간에서 습득한 지식, 기능, 태도를 수행하는 활동을 의미한다. 교내, 가정, 지역사회 실습 등 다양한 실제 상황에서의 실습과 경험을 중심으로 하는 교육활동으로 구성한다. 지역사회 중심 교수, 지역사회 현장실습 등 교수 · 학습 방법을 활용하여 지도할 수 있다.

출처: 교육부(2015a), pp. 11-62에서 재구성.

　다섯째, 진로와 직업과의 학습 내용은 학생의 진로발달 단계를 고려하여 '자기 탐색' '직업의 세계' '작업 기초 능력' '진로 의사 결정' '진로 준비' '직업 생활'이라는 6개 영역으로 구성된다. 이러한 영역들은 순차적이고 반복적으로 지도되어야 하며, 학교급 간의 종적 연계성을 고려하여 학습 내용의 반복 혹은 심화가 이루어지도록 편성 · 운영할 수 있다. 따라서 진로와 직업 수업을 위한 교수 · 학습 설계는 6개 영역에 해당하는 학습 내용에 먼저 중점을 두고 이를 가장 잘 가르칠 수 있는 방향으로 구체적인 교수방법의 탐색이 이루어져야 하고, 동시에 학습자, 교수자, 학습 환경 등 다양한 요인을 고려하여 최종적인 교수 · 학습 설계 및 실행이 이루어져야 한다. 장애학생을 위한 진로와 직업과 학습 내용 영역별 지도상의 유의점과 교수 · 학습 방법은 다음과 같다(교육부, 2015a; 국립특수교육원, 2015b).

- 자기 탐색 영역: 자신의 장점, 단점, 직업적 특성 등을 기록하고 소개하는 활동, 자기의 꿈과 희망을 알아보고 미래를 설계하는 활동을 통해 자기 이해를 높이고 긍정적인 자아개념을 형성하도록 지도한다. 조사학습, 문서작성, ICT 활용 학습, 발표, 토론 및 토의 등 교수 · 학습 방법을 고려할 수 있다. 또한 가정, 학교에서의 역할과 책임, 지역사회 내 민주 시민으로서의 자세, 미래 직장에서의 역할과 책임을 실천하는 역량을 기르도록 지도한다. 모델링, 역할수행학습, 문제해결학습, 지역사회 중심 교수 등 실생활 중심의 실천적 기능에 초점을 둔 교수 · 학습 방법이 활용될 수 있다.
- 직업의 세계 영역: 일과 직업의 사회 · 경제적 의미를 이해하고 자신의 능력과 적성에 맞는 직업을 인식하고 탐색하는 데 초점을 둔다. 생애 진로발달 단계인 진로 인식과 진로 탐색 과정을 고려하여 다양한 직업의 종류를 조사 및 탐색하고, 지역사회의 직종을 체험할 수 있도록 지도한다. 조사학습, 문서작성, ICT 활용 학습, 강의 등 교수 · 학습 방법을 활용할 수 있다. 다양한 직종에 대한 진로체험을 위해서는 시뮬레이션 교수, 역할수행학습, 지역사회 중심 교수, 현장실습 등 교수 · 학습 방법을 활용할 수 있다.
- 작업 기초 능력 영역: 직업 현장에서 요구되는 기초적이고 공통적인 직업 및 작업 능력을 갖추도록 하는 데 초점을 둔다. 신체 기능에 맞는 직업 수행 능력 증진, 직종별 작업 도구에 대한 지식과 실제 사용 능력 함양, 정보통신 기기 활용 능력 향상에 중점을 둔 간접적이고 직접적인 경험을 다양하게 제공한다. 모델링, 문제해결학습, 역할수행학습, 시뮬레이션 교수, 작업중심학습 등 교수 · 학습 방법을 활용할 수 있다.
- 진로 의사 결정 영역: 학생이 자신의 적성과 흥미, 요구, 신체 및 심리적 특성을 스스로 파악하도록 지도하고, 이를 바탕으로 원하는 진로를 주체적으로 선택 및 결정하도록 지도하여 전환 계획을 수립한다. 자신의 의사를 결정하고 직면한 문제를 해결하며 직업 능력을 파악하기 위해 조사학습, 문제해결학습, 역할수행학습, 시뮬레이션 교수, 토론 및 토의 등 교수 · 학습 방법이 활용할 수 있다. 전환 계획 수립을 위해 조사학습, 프로젝트 학습 방법을 중심으로 지도한다.
- 진로 준비 영역: 학생이 진학할 학교 또는 취업할 기관에 대하여 의사를 결정한 후 이에 대한 구체적인 정보를 수집하고, 사전 방문, 현장체험, 현장실습 등 실천적 경험을 통하여 구체적인 진로 준비가 이루어지도록 지도한다. 진로에 관한 구체적인 정보와 자료 수집은 조사학습, 강의, 프로젝트 학습, ICT 활용 학습 등 교수 · 학습 방법을 활용한다. 직업체험과 현장실습을 위해 모델링, 문제해결학습, 역할수행학습, 지역사회 중심 교수, 현장실습 등 교수 · 학습 방법을 활용할 수 있다.
- 직업 생활 영역: 가정과 사회생활에서의 자기관리 능력을 바탕으로 작업 수행 상황과 대인관계에서 올바른 태도를 기르는 데 초점을 두고 지도한다. 신변 자립, 이동, 여가, 작업 수행 및 대인관계능력 등 기본 능력을 증진하기 위해 모델링, 역할수행학습, 또래교수, 문제해결학습 등 교수 · 학습 방법이 활용될 수 있다. 작업 태도를 갖추기 위해 작업중심학습, 현장견학, 지역사회 중심 교수 등 교수 · 학습 방법을 활용할 수 있다.

출처: 국립특수교육원(2015b), pp. 470-526에서 재구성.

2. 진로와 직업과 교수 · 학습의 방법

1) 진로와 직업과 교수 · 학습 원리

장애학생을 위한 기본 교육과정 진로와 직업과 교수 · 학습 설계를 할 때 고려해야 하는 교수 · 학습의 기본 원리는 다음과 같다(국립특수교육원, 2015b).

첫째, 보편성이다. 생활연령 적합성을 고려한 장애학생과 비장애학생을 포함하는 모든 학습자의 교육적 요구에 관한 것이다. 보편성 원리에 따르면, 진로와 직업과 교수 · 학습 활동은 같은 연령대의 학습자들이 경험하는 보편적인 진로와 직업 경험에 초점을 둔 교육활동으로 구성된다. 그리고 장애학생의 발달 수준을 고려하여 특성에 맞는 진로 혹은 직업 관련 교육활동 및 경험을 선택하여 수업을 설계해야 한다. 생활연령에 맞는 진로와 직업 활동을 선택하는 것은 사회적 통합 기회 증진에도 중요하다.

둘째, 특수성이다. 장애학생만이 가진 독특한 교육적 요구에 관한 것으로, 장애 유형, 특성, 적성, 흥미, 진로 성숙도, 작업 기초 능력, 요구 등 개별 학생이 지닌 배경요인이 진로와 직업 교수 · 학습 설계 단계부터 충분히 고려되어야 한다. 이어 장애학생의 특수성과 개인차를 고려한 수준별 수업, 다차원적인 학습활동으로 구성된 수업이 운영되어야 한다. 특수성 원리에 따르면, 장애학생을 위한 개별화 교육과 차별화된 교수가 교실에서 구현된다. 장애 특성이나 교육적인 요구의 반영, 교수자의 선호, 교실 환경 등 교수활동에 영향을 미치는 복합적인 요인들이 교수 · 학습 방법을 구안하는 데 중요하게 고려되어야 한다(김수천, 2003; 이성호, 1999).

셋째, 연계성이다. 진로와 직업과는 공통 교육과정 및 선택 중심 교육과정의 적용이 어려운 중등도 및 중도 장애학생을 대상으로 실생활 기능 중심의 내용을 수준별 교육과정으로 활용하는 종적 연계성을 고려하여 개발되었다. 예를 들어, 중학교는 가정, 학교 공간을 중심으로, 고등학교는 교내 및 교외 실습, 지역사회 공간을 중심으로 교수 · 학습이 이루어지고, 이를 통해 학습 내용의 심화, 적용 및 확장이 이루어진다. 이에 따라 초등학교 실과, 중학교와 고등학교 진로와 직업, 전문 교과Ⅲ의 직업은 종적인 연계성을 고려하여 지도할 수 있다. 또한 진로와 직업과는 통합적인 교과의 성격이 있으므로, 타 교과 융합 수업, 주제통합 수업 혹은 연계가 가능하도록 교수 · 학습을 설계할 수 있다. 다음과 같이 진로와 직업과 교사용 지도서의 각 단원 개관을 살펴보면, 단원의 교육과정적 기초의 내용으로 타 교과와의 관련성이 제시되어 있고, 이에 따라 교과융합, 주제통합 수업이 가능하며 횡적 연계성을 고려할 수 있다.

[단원의 교육과정적 기초]

- 영역: 자기 탐색
- 핵심 개념: 자기 이해
- 성취기준: [12진로01−03] 미래의 행복한 삶을 설계하고 직업 생활을 준비한다.
- 기능: 설계하기, 살펴보기
- 핵심역량: 진로 · 직업, 자기관리
- 다른 교과와 관련 성취기준:
  [12사회01−01] 자신의 일상을 되돌아보고 스스로 할 일을 미리 계획하여 준비하고 실천한다.
  [12사회01−03] 자신의 미래를 긍정적으로 전망하고 성인으로서의 삶을 준비한다.
  [12미술01−04] 자신이 장래에 희망하는 직업을 다양한 방법으로 표현한다.

넷째, 계속성이다. 학습 내용의 주요 요소들이 반복적으로 다루어지는 특성을 의미하며, 학교급 간 종적 연계성을 고려하여 관련 내용을 반복 혹은 심화하도록 편성 · 운영한다. 진로와 직업과는 6개 영역의 학습 내용이 중학교 37개, 고등학교 38개의 내용 요소로 구분되어 동일한 영역의 핵심 개념과 일반화된 지식이 확장성을 지니면서 심화되고 반복적으로 제시된다. 따라서 진로와 직업 교수 · 학습은 하나의 내용 요소를 일회성으로 교수하지 않고, 동일한 수준에서 반복하여 가르치며 학습의 효과를 높여 간다. 예를 들어, 다음과 같이 '직업의 세계' 영역에 해당하는 '직업 탐색' 핵심 개념을 가르치기 위해 중학교에서는 직업 선택 시 고려사항을 알아보고, 고등학교에서는 직업 선택의 기준을 알아본다. 학습 내용이 반복적으로 다루어지되, 심화 학습이 이루어질 수 있도록 교수 · 학습 과정을 구성하게 된다.

영역	핵심 개념	내용 요소	
		중학교	고등학교
직업의 세계	직업의 의의	• 일과 보람 • 가족의 직업	• 일과 행복 • 지역사회의 직업과 미래 유망 직업
	직업 탐색	• 직업 선택 고려사항 • 농수산업 직종 탐색 • 제조업 직종 탐색 • 서비스업 직종 탐색	• 직업 선택 기준 • 농수산업 직종 탐색과 체험 • 제조업 직종 탐색과 체험 • 서비스업 직종 탐색과 체험

다섯째, 계열성이다. 수업의 목표 달성 및 원활한 수업 운영을 위해 학습 내용을 제시하거나 학습경험이 일어나는 순서를 의미하는 것이다(정동영 외, 2017). 진로와 직업 학습 내용은 선행학습 경험을 토대로 점진적인 심화 과정을 통해 차시 학습 경험으로 안내된다. 예를 들어, 진로와 직업 수업 시간에 배운 내용을 지역사회 상황, 현장실습 장소 등 직업적 맥락에서 적용해 보는 활용 관련 계열화를 적용할 수 있다.

2) 진로와 직업과 교수 · 학습 방법

장애학생을 위한 기본 교육과정 진로와 직업과 교수 · 학습 방법 및 유의사항은 다음과 같다(교육부, 2015d).

첫째, 기본 교육과정 진로와 직업 교수 · 학습 방법으로 모델링, 역할놀이, 모의 상황 훈련, 교내 실습, 지역사회 현장실습 등 다양한 활동과 경험을 활용한다. 체험 중심의 교육경험을 통해 실제 상황에의 적용과 실천을 이끄는 학습이 이루어지도록 다양하고 적합한 교수 · 학습 방법을 활용하고 적절한 수업모형을 적용하게 된다. 교수 · 학습 방법은 진로와 직업 교육과정의 목표, 내용, 성취기준 등을 충분히 고려하여 선택해야 한다. 기본 교육과정 진로와 직업과 관련된 주요 교수 · 학습 방법을 다음과 같이 제시한다(박희찬, 2014).

- 강의: 교사의 설명을 중심으로 지식, 정보나 기능을 학습자에게 전달
- 토의 및 토론: 특정한 학습 과제에 대하여 학생들 간 상호 의견 교환
- 협동학습: 소집단으로 구성하여 학습자 간 협동을 통해 학습 과제 수행, 이후 집단 혹은 개인 보상
- 시범: 교사가 먼저 기본적인 절차나 동작을 보여 주고 학습자에게 연습 혹은 실연 기회 제공
- 견학: 교실을 떠나 현장에서 학습 과제를 해결하기 위해 견학, 현장체험, 조사, 관찰 등 활동 수행
- 시뮬레이션: 실제 상태와 유사한 상황을 인위적으로 만들어서 이를 활용하여 학습 진행
- 역할놀이: 실제 상황을 가정하여 역할을 설정하고 역할을 수행 혹은 타인의 역할 경험
- 문제해결학습: 문제 인식, 자료 수집, 해결방안 검토 등 학습자 주도의 문제해결 과정을 통한 학습
- 프로젝트: 실제적인 개방형 문제해결에 참여하여 새로운 지식과 기술 습득
- 탐구학습: 가설 설정, 가설 입증 등 탐구내용에 대해 호기심을 갖고 연구하여 규명
- ICT 활용 학습: 정보통신기술 활용 능력을 바탕으로 학습
- 현장실습: 교내 및 지역사회 시설을 이용하여 시범, 관찰, 실습, 점검 등 실제 경험 속에서 학습
- 지역사회 중심 학습: 지역사회 참조 교수, 지역사회 중심 교수 등 지역사회와 직 · 간접적으로 연계한 학습
- 작업중심학습: 교실, 실습실, 지역사회에서 작업을 통해 지식, 기술, 태도 습득
- 모듈학습: 학생의 능력, 개인차를 고려하여 단계별 학습이 가능하도록 프로그램화된 단원 전개

출처: 박희찬(2014), pp. 45-46에서 재구성.

둘째, 진로와 직업과 수업은 장애학생의 특성, 흥미, 요구 등 다양성과 개인차, 지역사회의 여건을 고려하여 활동 중심의 수업으로 운영하는 데 중점을 둔다. 낮은 학습동기와 주의집중력은 장애학생이 학습과정에서 겪는 주된 어려움으로, 진로와 직업과는 장애학생의 이와 같은 학습특성, 지적 수준 및 발달 단계를 고려하여 실생활 기능 중심의 내용을 강조한다. 진로와 직업 교과서는 실용성과 유용성에 중점을 두고 활동 및 경험 중심의, 가정, 학교, 지역사회에서의 적용과 실천이 가능한 내용으로 구성되어 있다. 교내외 체험, 수행, 실습 등 다양한 활동 중심의

수업은 장애학생의 능동적인 수업 참여를 돕고 직업 생활이나 일상생활에의 적응력을 높일 수 있다.

셋째, 기본 교육과정 진로와 직업 수업은 진로와 직업에 관한 다양한 체험활동과 교육경험을 중심으로 구성하여, 장애학생이 직업의 세계를 이해하고 탐색하여 진로를 준비하고 자신의 진로를 결정하도록 지원한다. 직업체험의 종류로는 현장학습, 사업체 견학, 학교기업, 진로캠프, 진로 탐색, 직무참관, 자원봉사, 봉사학습, 도제교육, 인턴십, 유급 고용, 일학습 혹은 시간제 직업 등이 있다(Grigal & Hart, 2015; McDonnell & Hardman, 2015). 교육부에서 운영하는 진로드림 페스티벌 등과 같은 진로 및 진학박람회 참여, 꿈길 웹사이트(https://www.ggoomgil.go.kr)를 통해 진로체험처의 검색과 활용이 가능하다.

넷째, 국가 수준의 배당 시간 외에 교과 내용의 특성상 다양한 활동, 교내 실습, 지역사회 현장실습 등의 체험활동으로 인하여 지도 시간이 부족할 경우에는 창의적 체험활동 시간을 활용한다. 창의적 체험활동은 자율활동, 동아리 활동, 봉사활동, 진로활동으로 구성된다. 중도중복장애 학생이 포함된 학급을 운영하는 특수학교는 해당 학급 학생의 교육과정을 교과(군)별 50% 범위 내에서 시수를 감축하여 창의적 체험활동으로 편성 · 운영할 수 있도록 교육과정이 유연하게 제시되어 있다(교육부, 2015b).

다섯째, 다양한 활동과 현장 경험을 활용하여 학습의 실효성을 거둘 수 있도록 수업 시간을 연속하여 융통성 있게 편성 · 운영할 수 있다. 기본 교육과정 진로와 직업과 편성 · 운영은 전체 단원을 순차적으로 편성 · 운영, 전체 단원을 학생, 학교, 지역 등의 특성에 따라 다르게 재배열하여 편성 · 운영, 전체 단원을 필요에 따라 통합하여 편성 · 운영할 수 있다. 또한 일부 단원을 선정해서 순차적으로 편성 · 운영, 일부 단원을 학생, 학교, 지역 등의 특성에 따라 재배열하여 편성 · 운영, 일부 단원을 필요에 따라 통합하여 편성 · 운영할 수 있다(교육부, 2015a).

여섯째, 진로와 직업과는 실생활 체험 중심의 교수활동을 중심으로 운영되므로, 장애학생의 흥미를 유발하고 실용적인 기술의 습득을 돕는 교수 · 학습 자료를 적극적으로 활용하여 교육의 효율성을 높이고 생동감 있는 수업으로 구현해야 한다. 실물, 모형, 사진, 동영상 등 다양한 교재 · 교구를 활용하거나 직업사전이나 직업카드 등 다양한 직업 관련 정보를 활용할 수 있다. 최근 온라인 수업, 스마트 미디어 등의 다채로운 테크놀로지를 수업에 도입하여 흥미로운 수업을 설계할 수 있다(진로와 직업교육 교재 · 교구에 관한 내용은 제10장 참조).

일곱째, 진로와 직업 교수 · 학습을 계획할 때는 장애학생의 수준과 특성, 진로 방향뿐 아니라 학교의 특성, 지역사회 여건 등에 따라 내용의 우선순위를 정하여 계획한다. 진로와 직업과를 통해 학습한 내용은 궁극적으로 지역사회에서의 생활과 연계되므로, 지역사회를 기반으로 진로와 직업교육 프로그램이 운영되도록 하는 것이 바람직하다. 특히 진로와 직업 교육과정은 교내 실습과 함께 지역사회에서의 현장실습을 강조하여 제시하였으므로, 지역사회의 경제, 교통, 산업, 공공시설, 생활방식 등을 반영하여 교수 · 학습 설계를 하는 것이 필요하다.

여덟째, 직업훈련실, 실습실, 특별실, 기타 시설을 구축하고 다양한 장비를 활용하여 체험과 활동 중심의 수업을 운영하여 장애학생이 진로와 직업을 탐색하고 준비할 수 있도록 한다. 시도교육청은 직업교육의 내실화를 위하여 실습에 필요한 시설, 설비, 기구, 재료 등을 갖춘 진로와 직업 관련 실습실이 운영될 수 있도록 재원을 지원하고, 개발된 자료를 보급하여 활용될 수 있도록 지원한다. 교내외 진로와 직업 관련 시설에서 수업할 때는 실습 도구의 조작과 손질, 보관, 취급과 관리에 유의하도록 하고, 안전하게 사용할 수 있는 방법을 지도하며, 개인의 필요와 요구에 따른 조정과 편의 증진 방안도 모색해야 한다.

아홉째, 지역사회 내 직업훈련기관이나 전환교육 관련 기관, 사업체 등 유관기관들과의 연계 및 협력 체제를 구축하여 진로와 직업 수업에 활용하는 것이 필요하다. 이를 통해 장애학생을 위한 진로와 직업 수업에서 지역사회의 다양한 시설이나 설비, 기구 등 인프라를 활용하여 체험, 활동, 실습활동을 연계성 있고 유연하게 실행할 수 있다. 또한 지역사회 전문가를 활용하여 현장 중심의 수업이 이루어질 수 있다.

3. 진로와 직업과 수업모형

좋은 수업은 교육과정에 명시된 내용을 교수 · 학습 활동으로 적절하게 구조화하여 전달함으로써 학습자의 학습이 효율적으로 이루어지도록 하는 것이다. 교육 목표의 효과적인 달성과 학습 내용과 교수활동 간 관련성 증진을 위해서는 학습 내용에 적절한 수업모형을 선택하여 적용하는 것이 중요하다. 수업모형이란 학습 내용과 교육 목표를 효과적으로 전달하기 위해 교수·학습의 절차, 전략, 방법, 교수활동 등을 구조화 및 체계화하여 구현한 것으로, 교육 목표를 명확하게 달성할 수 있도록 수업의 방향을 제시하는 안내자 역할을 한다(이경면, 2018). 따라서 수업모형은 교육 목표를 명확하게 달성할 수 있도록 수업의 방향을 제시하는 안내자 역할을 한다(이경면, 2018). 교사는 교육 목표와 학습 내용에 대한 분석뿐 아니라 학생의 흥미와 선행학습 능력에 대한 고려, 수업환경이나 맥락에 대한 종합적인 분석을 통해 최적의 수업모형을 선택하고, 이에 따라 다양한 교수·학습 활동을 계획하고 실행해야 한다(전병운 외, 2018). 본시 수업의 단계 중 주로 전개 단계에서 수업모형이 적용되며, 수업모형 적용을 점검하는 질문은 다음과 같다(정동영, 하상근, 김용욱, 2016).

> • 교과 및 제재의 특성에 적합한 수업모형을 적용하였는가?
> • 학생이 다양한 학습방법으로 학습할 수 있도록 허용하였는가?
> • 특수교육대상자의 특별한 학습 요구를 고려한 수업모형인가?

수업모형을 적용할 때의 유의사항은 다음과 같다. 진로와 직업과의 학습 내용의 성격, 교육 목표, 학습자의 특성과 요구, 학습환경 등 다양한 요인을 종합적으로 고려하여 적합한 수업모형의 선택이 이루어져야 한다(정해동 외, 2016). 단일 차시에 수업모형의 모든 단계 혹은 절차를 적용할 수 있고 다차시 수업에 걸쳐서 수업모형을 확장해 적용할 수 있다. 또한 단일 차시 혹은 다차시 수업에 걸쳐서 다양한 수업모형을 필요한 단계 혹은 절차를 선택하여 변형하여 적용하는 것이 가능하다(전병운 외, 2018). 장애학생을 위한 진로와 직업과에서 대표적으로 적용할 수 있는 수업모형의 특성과 절차를 다음과 같이 제시한다. 더불어 진로와 직업과에의 활용 방안에 관하여도 제1장에서 제시한 사례를 기반으로 함께 제시한다.

1) 직접교수 모형

(1) 특징 및 단계

직접교수 모형은 학습 내용을 명시적이고 구체적으로 전달하는 데 초점을 두는 교사 중심의 수업모형으로, 개념과 기술을 가르치기 위해 교사의 설명과 시범, 학습자의 연습과 실행, 피드백 제공이 이루어진다. 이 모형은 과정이나 절차의 세분화가 가능한 학습 내용, 구체적인 시범이나 사례 적용이 가능한 학습 과제를 가르치는 데 적합하고, 학습 내용에 대한 이해 수준을 발달시키기 위해 방법이나 절차에 대한 구체적인 안내를 함으로써 반복적인 연습의 기회를 충분히 제공한다(전병운 외, 2018). 학습 내용을 명시적으로 제시하고 구체적으로 전달하여 학습자의 이해를 높일 뿐 아니라 적용과 실천의 방법 및 전략까지 제시하므로 학습의 효율이 높아진다. 행동이나 기능 학습에 효과적이고, 실제적인 학습을 강조한다는 측면에서 장애학생을 대상으로 하는 수업에서 많이 적용되는 수업모형이다(정동영, 김희규, 2018).

직접교수 모형은 설명하기, 시범 보이기, 질문하기, 활동하기의 단계로 진행된다(전병운 외, 2018; [그림 8-2] 참조). 첫째, 설명하기에서 교사는 학습 내용에 대한 동기를 유발하고, 학습 내용, 개념 및 전략을 자세하고 명확하게 안내한다. 둘째, 시범 보이기에서 교사는 사례나 예시를 구체적으로 제시, 학습 내용의 과제분석, 다양한 매체 활용 등을 통해 개념을 풍부하게 설명하고 시범을 보인다. 여기에서의 명시적 교수는 직접교수의 주된 특성이다. 셋째, 질문하기에서는 교사의 직접적인 감독 아래 학습자에게 학습 과제 해결에 필요한 지식, 과정 등에 관한 세부 질문을 하고 대답하도록 한다. 충분히 안내된 연습의 기회가 제공되는 동안 교사는 촉진, 피드백 및 교정 제공을 통해 학습자의 이해 정도를 점검한다. 넷째, 활동하기는 학습자의 수행 수준이 목표에 달성하면, 학습자에게 독립적으로 학습 과제를 수행하도록 한다. 독립적인 연습 기회를 충분히 제공하여 높은 수준으로 개념을 습득하게 하고, 학습 목표의 달성 여부를 평가한다.

[그림 8-1] 직접교수 모형의 절차

(2) 진로와 직업과에의 적용

직접교수 모형은 학습 내용을 이해하고 이를 기반으로 실제 상황에의 적용과 실천에 중점을 두는 진로와 직업과에서 학습자의 역량을 개발하는 데 유용하다. 장애학생이 학교를 졸업한 이후 생활하게 될 직장, 가정, 지역사회 등 광범위하고 다양한 진로에서 필요한 실용적인 개념을 습득하여 이를 적절하게 적용할 수 있도록 돕기 위해서는 이처럼 명시적인 교수와 시범이나 모델링 등을 통해 개념 학습, 교사의 도움을 받거나 독립적으로 수행하는 충분한 연습이 반복적으로 요구된다.

〈표 8-1〉은 진로와 직업과 고등학교 '역할과 책임' 단원 중에서 직장 구성원의 역할과 책임이라는 개념을 교수하기 위해 직접교수 모형을 적용한 교수·학습 계획안의 예이다. 대상 학생인 미영이는 특성화계 고등학교에 재학 중이고 중증 청각장애를 가진 여학생이다. 미영이는 호텔에서 요리사로 일하기를 희망하고, 산학일체형 도제학교 내 식당에서 기업체험을 계획하고 있다. 현장실습을 나가기 이전에 직장에서의 역할과 책임에 대해 정확히 알고 실천하는 역량을 함양하는 데 목적을 둔 수업에 직접교수 모형을 적용한다.

〈표 8-1〉 직접교수 모형을 적용한 진로와 직업과 교수 · 학습 계획안의 예(미영 사례)

학년/제재	고등학교 / 역할과 책임		
학습 목표	직장 구성원의 역할과 책임에 대하여 안다.		
성취기준	[12진로01-05] 학교와 직장에서 자신이 해야 할 역할과 책임을 알고 실천한다.		
학습 단계	학습 과정	교수 · 학습 활동의 예	
설명하기	동기 유발	• 가족 구성원이 하는 역할에 대해 말하기	
	문제 확인	• 직장에서의 역할과 책임의 중요성 안내하기	
시범 보이기	사례 및 예시 제시	• 직장에서의 역할과 책임의 의미 알기 　– 역할과 책임의 의미 이해하기 　– 장소와 자신의 속한 집단에서 역할과 책임이 다름을 이해하기 • 직장에서의 역할과 책임의 중요성 알기 　– 역할과 책임을 실천했을 때의 좋은 점 알기 　– 역할과 책임을 실천하지 않을 때 생기는 문제점 알기	
	시범	• 다양한 직장에서의 역할과 책임을 인식하고 실천하기 　– 직장인으로서 역할과 책임 조사하기 　– 직장의 일과표 작성하기 　– 장소와 일과에 따른 역할과 책임을 인식, 점검표 작성하기	
질문하기 (안내된 연습)	안내된 연습	• 직장에서의 역할과 책임을 실천하기 　– 모의 직장(호텔 조리사)에서의 맡은 역할 확인하기 　– 모의 직장(호텔 조리사)에서 일과표에 따른 역할과 책임 실천하기 　– 호텔 조리사의 역할과 책임 기록표에 실천 내용 기록하고 점검하기 　– 모의 직장(호텔 조리사)에서 역할과 책임을 실천한 내용 발표하기	
활동하기 (독립적 연습)	독립적 연습	• 교내 실습으로 직장인의 역할과 책임을 실천하기 　– 교내 실습(급식실 도우미)에서 맡은 역할 확인하기 　– 교내 실습(급식실 도우미)에서 일과표에 따른 역할과 책임 실천하기 　– 급식실 도우미의 역할과 책임 기록표에 실천 내용 기록하고 점검하기 　– 교내 실습(급식실 도우미)에서 역할과 책임을 실천한 내용 발표하기	

2) 역할수행 학습 모형

(1) 특징 및 단계

역할수행 학습 모형은 학습자가 어떤 역할을 직접 해 보는 것으로, 교과 학습 내용과 연계된 역할극을 교수 · 학습 활동으로 활용하여 수업을 진행한다. 학습자들은 모의상황 속에서 특정 인물 역할을 실연해 보면서 주어진 문제를 실감 나고 정

3. 진로와 직업과 수업모형

확하게 이해하게 되고 문제를 효과적으로 해결해 나가는 능력을 기르게 된다. 현실감 있는 상황을 설정하고 학습자에게 역할을 직접 수행하도록 함으로써 학습자의 동기를 유발하는 데 유용하고, 구체적인 상황을 실제로 경험해 볼 수 있는 기회를 제공하므로 일상생활에서 실천할 수 있는 기술을 가르치는 데 효과적이다. 역할극은 역할수행자와 관찰자로 구성된다. 역할수행자는 특정한 상황의 주인공이 되어 역할을 직접 실연하고, 관찰자는 역할극을 관찰하면서 분석 및 평가하며 간접적인 역할수행 경험을 하게 된다(전병운 외, 2018). 따라서 이 모형은 학습자 모두에게 교육 목표에 부합하는 학습이 이루어질 수 있도록 수업의 구조화에 유념해야 한다. 단순히 역할극을 수행하는 데 초점을 두지 않고, 역할극이라는 교수활동을 매개로 하여 학습 내용이 효율적으로 전달되고 교육 목표를 효과적으로 달성하도록 유념해야 한다.

역할수행 학습 모형은 상황 설정하기, 준비 및 연습하기, 실연하기, 평가하기의 단계로 진행된다([그림 8-2] 참조). 첫째, 상황 설정하기에서는 역할극 주제를 확인하고 역할수행을 할 상황을 구체적으로 설정한다. 주어진 상황과 수행해야 하는 역할 및 문제를 탐색하고 분석하는 과정을 통해 역할극 상황을 명확하게 인지한다. 둘째, 준비 및 연습하기에서는 역할극을 위해 설정한 상황에 등장하는 인물과 역할을 분석하고, 역할수행자 혹은 관찰자 집단으로 구분하여 역할수행에 참가하는 학습자의 배역을 선정한다. 역할의 순서와 내용이 담긴 극본을 준비하여 역할극 실연을 위한 연습을 진행하고 각자 맡은 역할을 확인한다. 셋째, 실연하기는 학습자들이 주어진 상황 속에서 맡은 배역을 직접 수행하면서 다양한 문제를 해결하는 활동을 한다. 넷째, 평가하기는 역할극 경험 공유 및 정리, 배우게 된 지식이나 기능 평가를 통해 일상생활에의 적용 및 확장을 이끈다. 역할수행 학습 모형은 단일 차시 혹은 다차시 수업에 걸쳐서 적용하거나 단일 차시 내에서도 아주 짧은 역할극을 실행하는 것이 가능하고, 역할극 상황을 간단하게 설정하는 등 유연하게 운영할 수 있다(전병운 외, 2018).

[그림 8-2] 역할수행 학습 모형의 절차

출처: 오세웅 외(2010), pp. 147-148에서 재구성; 전병운 외(2018), pp. 172-177에서 재구성.

(2) 진로와 직업과에의 적용

역할수행 학습 모형은 실제 상황에의 적용과 실천에 중점을 두는 진로와 직업과에서 학습자의 역량을 개발하는 데 유용하고, 학습 내용을 깊게 이해하는 데 효율적이다. 〈표 8-2〉는 진로와 직업과 중학교 '직장에서의 예절' 단원 중에서 직장에서 상황에 맞는 인사하는 방법을 교수하기 위해 역할수행 학습 모형을 적용한 교수 · 학습 계획안의 예이다. 대상 학생인 준상이는 중학교 특수학급에 재학 중이고, 다양한 진로를 탐색하는 중이다. 상황에 맞게 인사하기, 도움 요청하기 등 사회적 기술을 교육 목표로 두고 있다. 인사는 대인관계의 출발이고 각종 상황에서 예절의 기본으로, 직장에서의 다양한 상황에서 인사하는 방법을 알고 실천하는 데 목표를 둔 수업에 역할수행 학습 모형을 적용한다.

〈표 8-2〉 역할수행 학습 모형을 적용한 진로와 직업과 교수 · 학습 계획안의 예(준상 사례)

학년/제재	중학교 / 직장에서의 예절	
학습 목표	직장에서 상황에 맞게 인사를 한다.	
성취기준	[12진로06-05] 직장에서 상대와 상황에 맞게 의사소통하고 대화 예절을 지켜 원만한 대인관계를 유지한다.	
학습 단계	학습 과정	교수 · 학습 활동의 예

상황 설정하기	동기 유발	• 학교에서 인사를 했던 경험을 이야기하기 • 인사하는 이유 알아보기
	역할극 상황 설정, 장면 분석	• 직장에서 인사하는 상황 알아보기 – 직장에서 인사하는 이유 알아보기 – 다양한 상황에 대해 이야기하기 – 인사말과 바른 예절에 대해 이야기하기
준비 및 연습하기	역할극 상황 설명	• 직장에서 상황에 맞게 인사하는 방법 알아보기 – 다양한 상황에 맞게 인사하는 방법 알아보기(출근, 퇴근, 출장 등) – 다양한 상대에 따라 인사하는 방법 알아보기(구면, 초면, 손님 등) – 다양한 장소에서의 인사 예절 알아보기(복도, 식당, 엘리베이터 등)
	역할 선정 및 연습	• 역할극 극본 및 배역 정하기 • 역할극 극본을 보고 역할 연습하기
실연하기	역할극 시행 (실연 및 관람)	• 역할극을 통해 직업에서의 다양한 상황, 상대에 따라 인사하기 – 다양한 상황에 맞게 인사하기(출근, 퇴근, 출장 등) – 직장에서 만나는 다양한 상대에 따라 인사하기(구면, 초면, 손님 등) – 다양한 장소에서의 인사 예절 지키기(복도, 엘리베이터 등)
평가하기	역할극 평가 및 정리	• 역할극에 대한 경험, 소감 나누기 • 직장에 취업했다고 가정하고, 다양한 상황, 상대에 따라 인사하기

3) 시뮬레이션 교수 모형

(1) 특징 및 단계

시뮬레이션 교수(simulation instruction) 모형은 실제 상황에서 사용되는 기능이나 기술을 교수하기 위해 모의상황을 설정하여 학습자가 능동적으로 참여하면서 교육 목표의 연습 및 훈련이 이루어지도록 하여 직접 경험 이상의 효과를 거둘 수 있다(오세웅 외, 2010; Gargiulo & Bouck, 2021). 이는 물리적 시뮬레이션(사물이나 기구의 사용법을 제공하는 형태), 절차 시뮬레이션(절차의 과정을 모의상황으로 제공하는 형태), 상황 시뮬레이션(모의상황 속에서 문제를 해결하는 형태)으로 유형화된다(박건호, 1997). 현실적인 상황을 바탕으로 한 모의상황에서의 간접경험 중심의 수업으로 진행되므로 습득한 학습 내용의 실용성 및 유용성이 높고, 학습자의 동기부여가 촉진되며 적극적인 수업참여를 가져온다. 무엇보다도 습득한 기능이나 기술이 실제 상황에의 일반화를 촉진한다.

시뮬레이션 교수 모형은 주로 지역사회 기반 환경에서의 교수 · 학습 활동이 제한적일 경우 사용된다. 교실에 지역사회 내 실제 환경을 임시적으로 유사하게 설치하는 형태, 실제 상황에서 사용되는 자료를 활용하여 기술을 연습하는 형태, 수정된 환경이나 인공적인 자료를 활용하는 형태, 가상 및 증강현실 프로그램 등 인터랙티브 시뮬레이션을 활용하는 형태이다(Gargiulo & Bouck, 2021). 따라서 역할을 맡아서 입장 이해를 위해 역할극을 실연하는 역할수행 학습 모형이나 지역사회라는 실제 환경에서 교수가 이루어지는 지역사회 중심 교수와는 차이가 있다.

시뮬레이션 교수 모형은 도입, 참여자 훈련하기, 모의학습 운영하기, 결과 보고하기의 단계로 진행된다([그림 8-3] 참조). 첫째, 도입은 모의상황에서의 시뮬레이션 학습에서 사용될 개념을 제시한다. 둘째, 참여자 훈련하기에서는 시뮬레이션의 목표, 규칙, 역할, 절차 등을 포함하는 시나리오를 마련하고, 학습자의 역할을 배정한다. 본 시뮬레이션을 하기 이전에 짧은 시간 동안의 연습을 하게 된다. 셋째, 모의학습 운영하기는 시뮬레이션을 실행하고 관리한다. 넷째, 결과 보고하기에서는 시뮬레이션을 실행한 결과에 대하여 성찰 및 분석하는 시간을 통해 교과 내용과 관련시키며 전반적인 시뮬레이션을 평가하고 재설계한다.

[그림 8-3] 시뮬레이션 교수 모형의 절차

출처: 오세웅 외(2010), pp. 161-162에서 재구성.

(2) 진로와 직업과에의 적용

시뮬레이션 교수 모형은 직업 지식, 기술, 태도를 습득하는 것뿐 아니라 실제 상황에의 응용력과 적용이 매우 중요한 진로와 직업과에서 활용도가 높은 수업모형이다. 〈표 8-3〉은 진로와 직업과 고등학교 '제조업 탐색과 체험' 단원 중에서 택배 물품을 순서에 맞게 운반하는 방법을 교수하기 위해 시뮬레이션 교수 모형을 적용한 교수 · 학습 계획안의 예이다. 대상 학생인 은옥이는 전공과 1학년에 재학 중이고, 전공과에서 조립, 정리 등 자업 경험을 소유하고 있어서 졸업 이후 제조업 분야에서 근무하기를 희망한다. 조립, 공예, 포장, 운반 등 제조업과 관련된 다양한 직무를 탐색 및 체험하여 분야별 지식, 기술 및 태도를 길러서 직업적 자립을 이루는 토대를 마련하는 것이 필요한 시점이다. 제조업 분야 중에서 택배 업무에 초점을 두고 지식, 기술 및 태도를 함양하는 데 목표를 둔 수업에 시뮬레이션 교수 모형을 적용한다. 실제 택배 업무가 이루어지는 장소에서의 실습이 이루어지기 이전에, 교실 상황에서 택배 물품 운반 업무에 필요한 일련의 과정을 시뮬레이션 하여 간접경험하도록 한다.

〈표 8-3〉 시뮬레이션 교수 모형을 적용한 진로와 직업과 교수 · 학습 계획안의 예(은옥 사례)

학년/제재	전공과 / 운반 직무 체험	
학습 목표	택배 물품을 순서에 맞게 운반한다.	
성취기준	[12진로02-05] 지역사회에서 접할 수 있는 제조업 직종을 탐색하고 체험한다. [12진로03-04] 교내 또는 지역사회 실습을 통해 제조업에서 활용되는 도구 및 기기를 안전하고 효율적으로 사용한다.	
학습 단계	학습 과정	교수 · 학습 활동의 예
도입	동기 유발	• 택배원을 도와준 경험 이야기하기
	개념 제시	• 택배 물품 운반 체험활동에 필요한 개념 제시하기 – 물건을 순서에 따라 분류, 운반, 전달하기 – 배달 문제 발생 시 대처하는 방법 알기
참여자 훈련하기	시뮬레이션 설정	• 택배 물품 운반 체험활동 시뮬레이션 제시하기 – 물건을 순서에 따라 분류, 운반하는 상황 제시하기 – 여러 가지 방법으로 물품을 전달하는 상황 제시하기 – 배달 문제 발생 시 대처하는 상황 제시하기

	역할 배정 및 연습	• 시뮬레이션 시나리오 및 배역 정하기 • 시뮬레이션 시나리오를 보고 역할 연습하기
모의학습 운영하기	시뮬레이션 실행 및 관리	• 택배 물품 운반 체험 시뮬레이션 활동(모의상황 훈련)하기 　– 물건을 순서에 따라 분류하는 체험하기 　– 물건을 순서에 따라 운반하는 체험하기(배달 물품 확인, 배달한 　　물품 운반기에 싣기, 운반기로 이동, 운반장소 확인, 물품 전달 등) 　– 여러 가지 방법으로 물품을 전달하는 체험하기(본인 확인 후 전 　　달, 경비실에 맡기기, 무인 택배함에 넣기 등) 　– 배달 문제 발생 시 대처하는 방법 알고 체험하기(수취인이 없을 　　때, 고객의 무리한 요구에 대응, 물품을 배달하지 못했을 때 등)
결과 보고하기	성찰 및 평가	• 택배 물품 운반 체험활동을 점검하기 　– 택배 물품 운반 소감 이야기하기 　– 택배 물품 운반하기를 체크리스트로 점검하기

4) 문제해결학습 모형

(1) 특징 및 단계

문제해결학습 모형은 문제를 해결하는 과정을 통해 학습이 이루어지도록 고안된 수업모형으로, 해결해야 하는 문제의 확인, 해결 방법 탐색, 계획 및 가설 검증을 통한 문제해결, 일반화 활동을 강조한다. 이 모형은 교사의 직접적 개입을 최대한 줄이고 학습자가 자기주도적으로 지식 및 개념을 습득하는 방법을 찾아내고 자발적으로 탐구 활동을 하는 데 중점을 두는 학생 중심의 수업모형이다. 이러한 일련의 과정은 학습자의 문제해결능력, 창의적 사고능력 등 종합적인 능력의 신장을 가져온다.

문제해결학습 모형은 문제 확인하기, 문제해결 방법 찾기, 문제 해결하기, 일반화하기의 단계로 진행된다(전병운 외, 2018; [그림 8-4] 참조). 첫째, 문제 확인하기에서는 동기유발, 학습문제 확인, 해결해야 하는 문제의 탐색 활동을 한다. 학습자의 지적 호기심을 유발하도록 수업을 구조화하고, 교사의 적절한 발문 및 시청각 매체 등 다양한 교수 · 학습 자료의 제공을 통해 학습자가 통합적으로 문제를 파악하도록 지원한다. 둘째, 문제해결 방법 찾기는 문제를 추구하는 단계로, 학습자는 문제해결의 다양한 방법을 탐색하고, 문제해결을 위한 계획을 수립하며 학습 절차를 모색한다. 학생 주도, 교사 주도, 교사–학생 협력 등 다양한 방법의 활용이 가능하다. 셋째, 문제 해결하기는 앞서 탐색한 문제해결 방법을 사용하여 문제를 해결하는 것으로, 이를 통해 학습자는 새로운 개념을 습득하게 된다. 넷째, 일반화하기에서는 학습한 개념을 새로운 상황에 반복적으로 적용하고 연습 및 숙련하는 과정을 통해 개념의 일반화와 정착이 이루어진다.

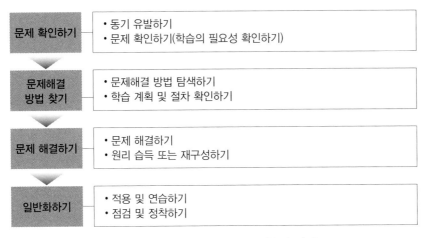

[그림 8-4] 문제해결학습 모형의 절차

(2) 진로와 직업과에의 적용

문제해결학습 모형은 진로와 직업에서 다루고 있는 기본적인 개념의 습득에 효과적이고, 학습한 개념을 실제 상황에 적용하는 기능과 전략을 중점적으로 교수하는 확장된 학습에도 유용하다. 그러나 이 모형은 학습자들이 문제해결학습 과정에 치우쳐서 학습 내용 및 개념을 습득하는 데 소홀해지지 않도록 유의해야 한다. 〈표 8-4〉는 진로와 직업과 고등학교 '직업 생활과 여가' 단원 중에서 상황에 맞는 여가활동을 선택하는 기능을 교수하기 위해 문제해결학습 모형을 적용한 교수·학습 계획안의 예이다. 대상 학생인 하은이는 고등학교 3학년에 재학 중인 지체중복장애를 가진 여학생이다. 진로 방향은 고등학교 졸업 이후 전공과 진학과 자립생활이고, 지역사회 참여와 여가생활에 관심이 있다. 다양한 상황에서 여가활동을 선택하는 방법을 알고 계획을 세우는 데 목표를 둔 수업에 문제해결학습 모형을 적용한다.

〈표 8-4〉문제해결학습 모형을 적용한 진로와 직업과 교수 · 학습 계획안의 예(하은 사례)

학년/제재	고등학교 / 직업 생활과 여가	
학습 목표	상황에 맞는 여가활동을 선택하여 여가를 즐긴다.	
성취기준	[12진로06–03] 일과 여가의 관계를 이해하고, 직장과 지역사회의 시설을 이용하여 여가활동을 즐긴다.	
학습 단계	학습 과정	교수 · 학습 활동의 예
문제 확인하기	동기 유발	• 주말에 했던 여가활동 이야기하기
	문제 확인	• 자신에게 적합한 여가활동 선택의 중요성 안내하기
문제해결 방법 찾기	문제해결 방법 탐색	• 상황에 맞는 여가활동 알아보기 　– 날씨에 맞는 여가활동 알아보기(맑은 날, 비 오는 날) 　– 장소에 맞는 여가활동 알아보기(실내, 실외) 　– 시간에 맞는 여가활동 알아보기(점심시간, 연휴 기간) 　– 인원에 맞는 여가활동 알아보기(혼자, 함께)
	학습 계획 및 절차 확인	• 오늘 날씨에 맞는 여가활동 알아보기 　– 계절에 맞는 여가활동 알아보기(봄, 여름, 가을, 겨울) 　– 여가활동 시 계절별 고려사항 알아보기 　– 계절별 여가활동표 조사하여 만들기
문제 해결하기	문제 해결	• 오늘 날씨에 맞는 여가활동 선택하기 　– 오늘 계절과 날씨에 맞는 여가활동 선택하기 　– 선택한 여가활동의 고려사항 알아보기 　– 이번 달 여가활동표 조사하여 만들기
일반화하기	적용 및 연습	• 오늘 날씨에 맞는 여가활동 실천하기 　– 선택한 여가활동을 점심시간에 친구와 함께 해 보기 　– 선택한 여가활동을 주말에 가족과 함께 해 보기

5) 지역사회 중심 교수

(1) 특징 및 개념

지역사회 중심 교수(Community-Based Instruction: CBI)는 교수 · 학습 활동이 실제 지역사회 내 장소에서 이루어지며 지역사회 환경에서 필요한 기술을 가르치는 것으로, 기술이나 기능이 사용되는 실제 환경에서 교육 및 훈련을 위한 자연스러운 기회를 지속적이고 반복적으로 제공한다. 교실 환경에서 이루어질 수 있는 교수 · 학습 활동을 특정 기술이 실제로 필요한 지역사회 환경에서 지속적인 연습 기회 제공을 통해 교수가 이루어지도록 수업을 설계한다. 지역사회 환경과 요구되는 기술이나 기능의 범주는 매우 다양한데 이들은 지역사회 중심 교수의 학습 내용으로 활용된다. 이 가운데 직업과 관련된 환경 및 기술에만 중점을 두고 수업을 설계할 때에는 이를 지역사회 중심 직업교수(Community-Based Vocational Instruction: CBVI)라고 한다. 지역사회 중심 교수는 학습자의 연령에 맞는 활동을 사용하고 다양한 실제 환경에서의 교수가 이루어지므로 습득한 기술의 적용, 유지 및 일반화를 촉진하는 데 효과적이다. 지역사회 중심의 활동들은 학습자에게 유익한 경험을 제공하며, 이는 지적장애 학생들의 성공적인 전환을 증진하는 증거기반의 실제 가운데 하나이다(Wehmeyer & Patton, 2012). 또한 전미중등전환기술 지원센터(National Secondary Transition Technical Assistance Center, 2010)는 장애학생의 전환교육을 위한 증거기반의 실제 가운데 생활기술이나 직업기술을 교수하기 위해 지역사회 중심 교수의 제공을 제시하였다.

지역사회 중심 교수 설계를 할 때 목표기술 선정을 위한 우선순위 및 고려사항은 다음과 같다. ① 지역사회 환경에서 개인이 자주 수행하거나 요구되는 기술인가? ② 지역사회에서의 건강 및 안전에 관련된 중요한 기술인가? ③ 지역사회에서 구매를 위한 비용, 대중교통 등에 관한 기술인가? ④ 지역사회에서 시간이 지남에 따라 기술을 배우고 연습하는 기회가 주어지는가? ⑤ 학생의 지역사회에서 연습과 기술 일반화의 기회를 증진시키기 위한 지역사회 중심 교수의 장소인가?(Gargiulo & Bouck, 2021). 연령대별로 적절한 지역사회 중심 교수의 빈도와 시간으로, 초등학생은 주 1~2회(회당 60분), 중학생은 주 2회(회당 90분), 고등학생은 주 2~3회(회당 90~120분), 18세 이상 성인은 주 4~5회(회당 120분 이상)이다(Gargiulo & Bouck, 2021). 지역사회 중심 교수 프로그램을 개발하는 단계는 [그림 8-5]와 같다(McDonnell & Hardman, 2015). 첫째, 과제분석, 일반사례분석 등을 활용하여 지역사회 중심 교수에 관한 수행 요구를 분석한다. 둘째, 학습자 수행에 대한 기초선을 점검하여 적절한 교수 절차를 개발하는 데 기초자료로 활용한다. 셋째, 구체적인 교수 절차를 개발한다(훈련 장소의 도입 순서 정하기, 연쇄 전략 선택하기, 반응촉구, 용암 전략, 강화 전략, 오류 교정 전략 설계하기). 넷째, 지역사회 중심 교수 자료수집 체계를 개발한다.

[그림 8-5] 지역사회 중심 교수 프로그램 개발 절차

출처: McDonnell & Hardman (2015), p. 208에서 재구성.

(2) 진로와 직업과에의 적용

지역사회 중심 교수는 다가오는 시대에 발맞추어 장애학생의 직무기술 탐색 및 습득에 요구되는 교수 · 학습 방법 가운데 하나로 제시되었다(Wehmeyer & Webb, 2012). 〈표 8-5〉는 진로와 직업과 고등학교 '제조업 탐색과 체험' 단원 중에서 포장 직무를 체험하고 관련 기술 함양을 위해 지역사회 중심 교수를 적용한 교수 · 학습 계획안의 예이다. 대상 학생인 은옥이는 전공과 1학년에 재학 중이고, 조립, 공예, 포장, 운반 등 제조업 분야에 흥미가 있다. 제조업 분야의 직무능력을 증진하기 위해 교실에서의 시뮬레이션뿐 아니라 지역사회 내 제조업체에서의 경험을 통해 관련 분야의 지식, 기술 및 태도를 기르는 것이 중요하다. 제조업 분야 중에서 포장 업무에 초점을 두고 지역사회 내 판촉물 유통업체를 방문하여 포장 직무능력에 관한 지식, 기술 및 태도를 함양하는 데 목표를 둔 수업에 지역사회 중심 교수를 적용한다.

〈표 8-5〉 지역사회 중심 교수를 적용한 진로와 직업과 교수 · 학습 계획안의 예(은옥 사례)

학년/제재	고등학교 / 포장 직무 체험
학습 목표	드립백 포장 방식으로 원두를 포장한다.
성취기준	[12진로02-05] 지역사회에서 접할 수 있는 제조업 직종을 탐색하고 체험한다. [12진로03-04] 교내 또는 지역사회 실습을 통해 제조업에서 활용되는 도구 및 기기를 안전하고 효율적으로 사용한다.
학습 단계	교수 · 학습 활동의 예
도입	• 가족에게 커피를 만들어 준 경험 이야기하기 • 포장 과정 살펴보기 – 커피 드립백 포장에 필요한 준비물 알아보기

전개	• 판촉물 유통업체에서 작업 지시서에 따라 커피 드립백 포장 실습하기
	  – 커피 드립백 포장 체험 및 실습 준비하기
	  – 커피 드립백 포장 체험 및 실습 순서: 분쇄된 커피 계량하기 → 분쇄된 커피 담기 → 드립백 접착하고 포장하기 → 드립백 포장지 접착하기 → 상품 설명 라벨지 붙이기 → 수량을 세어 포장용 상자에 넣기 → 제조일자, 유통기한 표시하기 → 제품명 라벨지 붙이기

정리	• 판촉물 유통업체에서의 커피 드립백 포장 직무 체험 및 실습 점검하기
	  – 판촉물 유통업체에서의 포장 직무 체험 및 실습 과정 및 소감 이야기하기
	  – 체험 및 실습의 과정을 체크리스트로 점검하기

6) 현장실습 중심 직업교육

(1) 특징 및 단계

현장실습은 지역사회 내 기관, 시설이나 작업 현장에서 시범, 관찰, 실습, 점검 등의 교육경험을 제공하여 직무환경에 필요한 지식, 기술 및 태도를 습득과 관련된 교육성과를 달성하기 위해 계획된 프로그램이다(박희찬, 2007). 학습자는 현장실습을 통해 학교에서 배운 직업 관련 지식이나 기능을 지역사회의 실제 작업 현장에서 적용하는 기회를 갖게 되고, 이를 통해 높은 수준의 직무수행기술을 습득하게 된다. 직무수행의 숙련도가 높아지면서 그 지식이나 기능의 유지와 일반화 증진에도 효과적이다. 현장실습처에서 직무를 체험하는 과정을 통해 적성 탐색, 미래 진로 의사 결정에 긍정적인 영향을 미치고, 무엇보다 직업 생활을 미리 겪어 보기 때문에 직업적응력 향상에 도움이 된다. 이는 고등학교, 전공과 수준에서 주로 이루어지고 있으며 학교－지역사회 사업체 연계를 통해 장애학생들에게 실제적인 작업경험을 제공한다. 기본 교육과정 진로와 직업과는 현장실습 중심의 체험형 교육이 이루어져야 함을 강조하며, 고등학교 수준에서 제시하는 현장실습 관련 내용은 다음과 같다.

단원명	농수산업 현장실습	제조업 현장실습	서비스업 현장실습
제재	• 재배 직무 현장실습 • 사육 직무 현장실습 • 수산업 직무 현장실습	• 조립 직무 현장실습 • 공예 직무 현장실습 • 포장 및 운반 직무 현장실습	• 조리 직무 현장실습 • 청소 직무 현장실습 • 세탁 직무 현장실습 • 세차 직무 현장실습 • 사무 지원 직무 현장실습 • 대인서비스 직무 현장실습

현장실습의 원리와 교사의 역할을 요약하여 제시하면 〈표 8-6〉과 같다(Hamilton, 1997: Sitlington, Clark, & Kolstoe, 2000, pp. 148-149에서 재인용).

〈표 8-6〉 현장실습의 원리와 교사의 역할

	원리	교사의 역할
1	학생들은 작업을 통해 기본적이고 높은 수준의 기술을 수행하며 획득한다.	• 작업 과제 확인하기 • 학습 활동 조직 및 학습계획 고안하기
2	학생들은 사업체 내 실습 장소를 서로 교대하여 작업활동을 통해 광범위한 기술을 수행하고 획득하며, 다양한 산업적 측면을 이해한다.	• 다양한 산업 정보 제공하기 • 사업체 내에서 학생들의 장소를 교대하여 다양한 작업 경험 계획하기
3	학생들은 사업체 내 작업자들과의 관계를 통해 개인적, 사회적인 수행 능력을 획득한다.	• 개인적 기술을 체계적으로 교수하기 • 사회적 기술을 체계적으로 교수하기 • 필요한 경우, 추가적인 지원 제공하기
4	작업장 내 직무지도자들은 학생들에 대한 목표를 숙지하고 학생들이 그 목표를 성취할 수 있도록 지도한다.	• 학습 및 행동목표 진술하기 • 수행 능력의 획득 정도 서술하기 • 학생의 진전 정도에 대해 학생, 학교, 가족, 사업체에 피드백 제공하기 • 포트폴리오 자료 수집하기
5	학생들은 직무지도자들로부터 현장의 작업 프로그램 등을 배운다.	• 직무지도자에게 명확한 역할과 책임 안내하기 • 직무지도자의 프로그램 운영 지원하기

| 6 | 학생들은 높은 학업 수준을 성취해야 한다. | • 직업 영역과 관련된 교육과정 및 범위 설정하기
• 적합한 목표 수립하기 |
| 7 | 학생들은 진로 및 직업을 확인한다. | • 진로, 직업 탐색에 관한 정보 수집하기
• 진로, 직업에 관한 정보 제공하기 |

현장실습 중심 직업교육은 작업중심학습 위주로 교육활동이 전개된다. 작업중심학습은 교실, 실습실, 지역사회에서 작업활동을 중심으로 작업 수행에 필요한 지식, 기술 및 태도를 습득하는 데 중점을 둔다(박희찬, 2014). 이는 직무 관련 과제나 순서, 기술 등을 파악하여 일련의 절차로 개발하는 직무분석과 병행할 수 있고, 이를 통해 학습자가 준비해야 하는 고용 기술의 파악, 사업체나 고용주의 기대 파악, 잠재된 지원의 파악, 장애학생의 요구에 맞는 교육 프로그램 계획, 잠재된 지원 확인이 가능하다(김형일, 2013; McDonnell & Hardman, 2015). 직무분석의 과정은 다음과 같다(McDonnell & Hardman, 2015). 첫째, 과제분석 개발하기(완수해야 하는 작업활동의 단계를 세분화 및 명확하게 정의), 둘째, 사회적 맥락 분석하기(고용 상황의 환경적·상황적 변인의 관찰, 자료 수집 및 분석), 셋째, 대안적 수행 전략 파악하기(직무 수행을 위한 조정, 보완대체의사소통 등)이다. 추가적으로, 직무훈련 과정에서 직무 수행을 유지하는 전략(Cooper, Heron, & Heward, 2007: McDonnell & Hardman, 2015, pp. 318-319에서 재인용), 생산율을 높이기 위한 지침(Bellamy, Horner, & Inman, 1979; Rusch & Mithaug, 1981; Sowers & Powers, 1991; Wehman & Moon, 1988: McDonnell & Hardman, 2015, pp. 317-318에서 재인용)을 제시하면 〈표 8-7〉과 같다.

〈표 8-7〉 직무훈련 과정 내 직무수행 유지 전략과 생산율을 위한 지침

직무수행 유지 전략	생산율을 높이기 위한 지침
• 간헐적 강화계획 사용하기 • 자연적 강화물 사용하기 • 작업 수행에 대한 강화 지연시키기 • 자기관리 절차 확립하기	• 개인에게 기대되는 생산 수준을 명확히 진술하기 • 강화에 대한 기준을 점차적으로 변화시키기 • 직무의 질과 양을 모두 요구하기 • 정기적으로 생산성 자료 수집하기

(2) 진로와 직업과에의 적용

기본 교육과정 진로와 직업과는 현장실습 중심의 체험형 교육이 이루어지는 것을 강조한다. 〈표 8-8〉은 진로와 직업과 고등학교 '제조업 현장실습' 단원 중에서 판촉물 유통업체에서의 포장 및 운반 직무 현장실습을 수행하고 관련 기술 함양을 위해 현장실습 중심 직업교육을 적용한 교수 · 학습 계획안의 예이다. 대상 학생인 은옥이는 전공과 1학년에 재학 중이고, 조립, 공예, 포장, 운반 등 제조업 분야에 흥미가 있다. 제조업 분야의 직무능력을 증진하기 위해 교실에서의 시뮬레이션뿐 아니라 제조업체에서의 현장실습을 통해 관련 분야의 지식, 기술 및 태도를 기르는 것이 중요하다. 제조업 분야 중에서 포장 및 운반 업무에 초점을 두고 지역사회 내 판촉물 유통업체를 방문하여 현장에서 포장 및 운반 직무 능력에 관한 지식, 기술 및 태도를 함양하는 데 목표를 둔 수업에 현장실습 중심 직업교육을 적용한다.

〈표 8-8〉 현장실습 중심 직업교육을 적용한 진로와 직업과 교수 · 학습 계획안의 예(은옥 사례)

학년/제재	고등학교 / 포장 및 운반 직무 현장실습
학습 목표	판촉물 유통업체에서 포장 · 운반 직무 실습을 한다.
성취기준	[12진로05-04] 제조업 분야의 현장실습을 통하여 자신의 적성과 실습의 경험을 비교하고 필요한 직무 능력을 기른다.
학습 단계	교수 · 학습 활동의 예
도입	• 판촉물 유통업체에서 하는 일 살펴보기 • 포장 및 운반 실습 과정 살펴보기 　- 판촉물 유통업체에서의 실습 전 준비하기(실습할 내용, 사용되는 도구, 주의사항)
전개	• 판촉물 유통업체에서 작업 지시서에 따라 포장 및 운반 실습하기 　- 포장 및 운반 실습 준비하기 　- 포장 및 운반 실습 순서: 송장 분류 작업하기 → 테이프 커터와 포장용 상자 준비하기 → 포장상자 만들기 → 물품 준비하기 → 상자에 물품 담기 → 검수하기 → 테이프로 상자의 윗면 붙이기 → 상자의 윗면에 송장 붙이기
정리	• 판촉물 유통업체에서의 포장 및 운반 직무 현장실습 점검하기 　- 판촉물 유통업체에서의 포장 및 운반 현장실습 과정 및 소감 이야기하기 　- 실습의 과정을 체크리스트로 점검하기

양질의 진로와 직업 수업을 위해서는 진로와 직업교육론에 대한 이해를 바탕으로 교수 · 학습 방법 및 전략, 수업모형을 탐색하여 적용하는 체계적인 교수 · 학습 설계가 이루어져야 한다. 진로와 직업과 교수 · 학습의 핵심은 장애학생에게 진로와 직업에 관련된 체험 중심의 교육경험을 제공하여 학습한 내용을 실제 상황에 잘 적용하고 실천하여 학교 졸업 이후 직업, 고등교육, 지역사회, 여가 등으로 구성된 성인의 삶으로 순조롭게 나아가는 데 필요한 진로개발 역량을 습득하여 안정된 직업인이자 사회인으로 살아가도록 지원하는 것이다. 따라서 진로와 직업과 교수 · 학습은 학생, 학교, 지역사회의 특성을 고려하여 실생활 기능 중심의 체험활동 위주로 운영하며, 이를 위해 다양한 교수 · 학습 방법과 전략, 교육활동, 교수자료를 활용하게 된다. 또한 진로와 직업 수업을 통해 장애학생이 학습한 내용을 학교, 가정, 지역사회 환경에서 적용하고 실천하여 기능적 생활 중심의 지식, 기능 및 태도를 기를 수 있도록 돕는 데 초점을 둔다. 이러한 측면을 고려하여 진로와 직업 수업설계를 체계적으로 하는 것이 필요하며, 적절한 수업모형을 적용하여 수업을 운영할 수 있어야 한다. 이 장에서는 진로와 직업과에서 대표적으로 적용할 수 있는 수업모형으로, 직접교수 모형, 역할수행 학습 모형, 시뮬레이션 교수 모형, 문제해결학습 모형, 지역사회 중심 교수, 현장실습 중심 직업교육을 제시하였고, 각 수업모형을 적용한 진로와 직업과 교수 · 학습 계획안을 제시하였다. 다양한 교육적 요구를 지닌 장애학생을 대상으로 진로와 직업과 학습 내용을 잘 가르치기 위해 교수 · 학습의 원리, 방향, 수업모형을 적절하게 적용하여 수업을 설계하는 역량과 전문성 함양을 위한 노력이 꾸준히 필요할 것이다.

활동하기

- 기본 교육과정에서 제시하는 진로와 직업과 교수 · 학습의 방향을 서술하세요.
- 진로와 직업 수업을 위한 수업 설계를 실시해 보고, 수업 단계의 특성과 각 단계별 유의사항을 서술하세요.
- 진로와 직업 수업을 위해 적절한 수업모형을 선택하고 이를 적용한 교수 · 학습 계획안을 작성해 보세요.

제9장

진로와 직업교육 교수적 수정

송승민

개요

장애학생이 진로와 직업교육 수업에 최적의 수준으로 참여하고 성취하기 위해서는 교수 환경, 교수 집단, 교수 방법, 교수 내용, 평가 방법 등을 조절하는 것이 필요하다. 이 장은 다양한 요구를 가진 장애학생의 특성을 고려한 진로와 직업교육을 실시하기 위하여 교수적 수정을 적용하고 수업을 실시하는 데 목적이 있다. 이 장은 교수적 수정, 교육 목표 수정, 보편적 학습설계, 교육평가 수정으로 구성하였다. 특수교육 교육과정의 체계를 이해하고, 학생의 요구와 특성을 반영한 진로와 직업교육을 실시하기 위해 개별화된 교수적 수정을 적용할 수 있도록 지도한다.

구성 내용

1. 교수적 수정
2. 교육 목표 수정
3. 보편적 학습설계
4. 교육평가 수정

1. 교수적 수정

1) 교수적 수정의 정의

통합교육의 확산에 따라 많은 장애학생이 일반학급에 통합되어 함께 수업을 받게 되었다. 이러한 과정에서 장애학생들은 일반학급에서 또래 학생들과 함께 수업에 참여하고 과제를 수행하게 되었다. 그러나 장애학생들이 일반 또래들과 동일한 정보의 양, 동일한 시간, 동일한 조건에서 학습하는 것에는 어려움이 있을 수밖에 없다(Browder & Wilson, 2001).

동일한 조건에서 모든 학습 활동과 과제에 참여하는 것은 불가능한 상황이므로 물리적으로 통합되어 교육을 받는 상황을 고려하여 교수적 요소들을 조정하고 변화시켜야 한다는 요구가 생기게 되었다. 따라서 장애학생이 일반학급에서 이루어지는 수업에 적극적으로 참여할 수 있게 하기 위해서 수업 내용이 각 학생에게 적합하게 수정되어야 하며, 교수 방법이나 교수 자료 및 물리적 · 사회적 환경 등 여러 면에서의 수정이 필요하게 되었다(박승희, 2003). 통합교육의 초기 연구가 통합교육에 대한 인식이나 태도에 관심을 가졌다면, 현재의 통합교육은 단순히 통합 상황을 넘어서 일반학급 내에 통합되어 있는 장애학생들의 교육의 질을 보장하기 위한 방법론에 초점이 맞추어져 있다.

다양한 능력의 학생들, 특히 개인차가 큰 장애학생이 일반학급 안에서 제공받는 수업이 의미 있게 되기 위해 필요한 '교수적 수정(instructional adaptation)'은 교수적 수정, 교수적 적합화 등 학자마다 다양한 개념으로 정의하고 있다. 여기에서는 교수적 수정의 개념을 중심으로 서술하며, 이에 대한 학자별 정의를 살펴보면 다음과 같다.

교수적 수정의 개념적 틀을 처음으로 제시한 사람은 Glaser(1977)라고 할 수 있다. Glaser(1977)는 교수적 수정을 학생이 이전에 실패한 결과에 대한 평가를 바탕으로 적절한 교수 행동을 선택하고 적용하는 과정이라고 정의하였다. 즉, 교수적 수정은 일반학급 상황에서 장애학생이 성공적으로 참여할 수 있도록 교수 자료, 과제, 평가과정, 평가 기준, 교수를 제시하는 형태, 그룹 크기, 피드백 형태 등을 수정하는 대안적인 교수 행동을 필요로 한다고 보고 있다. 정주영(2001)은 통합 과정에서 일반교사와 특수교사가 직면하게 될 갖가지 교수 과정상의 도전을 해결하기 위한 방안의 하나로서, 장애학생들이 통합학급에서 수업에 참여할 수 있도록 돕는 교수·학습상의 지원으로 정의하였다. 박승희(2003)는 교수적 수정을 일반학급의 일상적인 수업을 특수교육적 욕구가 있는 학생의 수업 참여의 양과 질을 최적합한 수준으로 성취시키기 위해서 교수 환경, 교수적 집단화, 교수 방법(교수활동, 교수 전략 및 교수 자료), 교수 내용, 혹은 평가 방법에서 수정 및 보완을 하는 것으로 정의하였으며, 신현기(2004)는 다양한 교육적 요구를 지닌 학생들의 수행의 향상과 수업 참여의 범위와 양을 확장하기 위하여 교수 환경, 교수 집단, 교수 내용, 교수 방법, 평가 방법을 포함하는 교육의 전반적인 환경을 조절(accommodation)하고 수정(modification)하는 과정으로 정의하였다.

이러한 교수적 수정들의 정의를 종합해 볼 때 교수적 수정이란 학생의 수업 참여의 질을 높이는 데 그 목적을 두고 있으며, 이를 위하여 교수 환경, 교수적 집단화, 교수 내용, 교수 방법, 평가 방법 등을 조절·수정·보완하는 것으로 교사의 교수 전달 방식과 아동의 활동 참여 방식, 이 두 가지의 상호 관련된 요소들을 변화시킴으로써 수업 참여의 범위와 양을 확대해 나가는 과정이라고 할 수 있다.

2) 교수적 수정의 유형

(1) 교수 환경의 수정

교수 환경의 수정은 장애학생이 학습 목표를 달성하고, 수업에 참여하기 위해서 일반학급의 물리적·사회적 환경을 수정하고 보완하는 것을 의미한다. 물리적 환경은 교실의 벽지나 바닥재의 재질, 조명, 온도 등에서부터 소음 정도, 시각적·청

각적 정보 입력의 정도와 강도, 교실의 물리적인 정돈 상태 혹은 가구의 배열, 교수 자료의 위치 혹은 접근성, 교수 자료의 방법 등을 말한다. 물리적인 환경을 수정하는 것은 학생의 자리를 칠판 가까이에 앉도록 하는 것, 학생의 자리를 창문의 빛으로부터 떨어지게 하는 것, 교재나 교구의 접근이 쉽도록 교실 비품의 배치를 다르게 하는 것 등이 될 수 있다. 또한 책상이나 책 등에 시간표를 붙여 둔다거나 과제나 해야 할 일의 목록을 기록해서 붙여 두는 등의 일상적인 생활을 위한 구조화된 환경 제공도 물리적 수정의 한 예가 될 수 있다. 사회적 환경은 학급의 문화와 분위기와 관련된 것으로, 사회적 환경을 수정하는 것은 장애학생들이 학급에서 좀 더 소속감을 느끼고, 만족감과 편안함을 느끼며 참여할 수 있도록 학급의 분위기를 조성하는 것이다(박승희, 2003). 장애 체험이나 장애이해교육을 통해 장애학생에 대한 편견을 없애고 서로에 대한 차이를 인정하고 이해할 수 있도록 하는 것도 사회적 환경의 수정이라고 할 수 있다. 학급의 물리적 환경과 사회적 분위기가 학생들의 행동과 상호작용에 미치는 영향은 매우 크며, 따라서 장애학생의 신체적·정서적 필요에 맞는 지원적인 교실 환경을 만들어 주는 것이 무엇보다도 우선되어야 한다.

(2) 교수적 집단화의 수정

교수적 집단화의 수정은 교육 내용을 가장 적합하게 교수하기 위해서 교사가 학생이 좀 더 효과적으로 참여할 수 있도록 다양한 형태의 집단을 구성하는 것을 의미한다. 이질적으로 구성된 통합학급에서 교수를 효과적으로 전달하기 위해서는 교수적 집단화 형태에서 특별한 고려가 필요하다(박승희 2003). 통합학급에서 사용될 수 있는 교수적 집단의 형태는 대집단 혹은 전체 학급 교수, 교사 주도적 소집단 교수, 협동학습 집단, 학생 주도적 소집단 혹은 또래 파트너, 또래 교사 혹은 다른 연령의 학생 교사, 1:1 교수, 자습 등이 있으며, 교사들은 교수 내용이나 구성원의 특성에 따라 여러 형태의 교수적 집단을 다양하게 적용할 수 있어야 한다. 하지만 장애학생의 경우 대집단 교수나 자습의 형태는 어려움을 겪을 수 있으므로 이러한 형태의 교수집단을 적용할 때는 특별한 관심과 지원이 필요하다.

(3) 교수 내용의 수정

교수 내용을 수정하는 것은 일반교육과정의 내용을 각 장애학생들이 가지는 교육적인 욕구와 수행 수준에 따라 적합하게 다양한 수준으로 수정 및 보완하는 것으로 교육과정 내용 보충하기, 내용 단순화하기, 내용 변화시키기 등이 있다. 교수 내용의 수정은 5등급의 단계로 이루어질 수 있고, 단계가 높을수록 일반교육과정으로부터 더 멀어지는 것을 의미한다. 교수 내용의 수정에 대한 자세한 설명은 〈표 9-1〉과 같다.

〈표 9-1〉 교수 내용의 수정

단계	내용	수정 방법
1단계	같은 활동, 같은 교수 목표, 같은 교수 자료	대상 학생의 IEP의 목표가 일반교육과정의 수업에서 이루어질 수 있다. 어떠한 수정도 요구되지 않으나, 감각장애가 있는 학생이라면, 점자, 보청기, 수화 등이 사용될 수 있다.
2단계	같은 활동, 수정된 교수 목표(같은 활동의 좀 쉬운 단계), 같은 교수 자료	대상 학생은 또래 동료들의 수준에 비교하여 선수 단계의 교육과정에 참여하게 된다. 같은 활동이 사용되지만, 대상 학생의 반응양식이 수정될 수 있다(예: 읽는 것 대신 듣는 것, 쓰는 것 대신 말하는 것 등). 1등급에 비해 더욱 개별화된다.
3단계	같은 활동, 다른 교수 목표, 다른 교수 자료	또래들과 같은 활동을 하지만 교수 목표와 교수 자료는 수정된다. 개별화의 정도는 2단계보다 강해지지만, 대상 학생은 또래 동료들과 같은 책상에서 물리적으로 함께하면서 학습한다.
4단계	같은 주제, 다른 교수 목표, 다른 과제	대상 학생은 또래들이 학습하고 있는 것과 주제 면에서 연관이 있는 일반교육과정에서 도출된 활동에 참여하게 된다. 장애학생을 위한 교수의 초점은 일반교육과정 내용 안에서 삽입될 수 있는 IEP의 핵심적인 목표들(예: 사회성, 의사소통, 운동성, 인지)을 개발하는 것이다. 이 단계에서 교수는 고도로 개별화된다. 같은 교실 안에 위치하나, 다른 또래들과 같은 책상에 있을 수도 있고, 그렇지 않을 수도 있다.
5단계	다른 주제, 다른 교수 목표, 다른 활동	이 수준의 교육과정 내용 수정은 기능성(functionality)과 장애학생의 일상적 생활에의 적용에 초점을 맞추게 된다. 대상 학생의 IEP 목표는 일반교육과정과 직접적인 연관이 없어, 다른 또래의 활동과는 달리 독립적으로 이루어지게 되고 고도로 개별화된다.

출처: 박승희(2003).

(4) 교수 방법의 수정

교수 방법을 수정하는 것은 교수가 제시되고 전달되는 방법을 수정하는 것을 의미하며, 좀 더 구체적으로는 교수활동, 교수 전략 및 교수 자료를 개별 학생의 필요와 특성에 따라 적절하게 수정하는 것이다. 교수 방법의 수정에 관한 구체적인 예를 살펴보면 〈표 9-2〉와 같다.

〈표 9-2〉 교수 방법 수정의 예

구분	수정의 예
교수활동	• 교수할 주요 과제를 작은 단계로 나누는 것 • 과제의 양을 줄이는 것 • 과제를 쉽게 또는 구체적으로 수정해서 제시하는 것 • 과제를 활동 중심으로 수정하는 것
교수 전략	• 수업 형태: 강의나 시범, 모의실시, 역할놀이, 발표, 주제 중심적, 활동 중심적, 경험적 수업 형태, 지역사회 중심의 수업 형태 • 교육공학 및 보조공학: 워드프로세싱, 컴퓨터 보조학습용 소프트웨어 및 장애학생의 기능적인 능력을 향상시키는 보조공학 • 행동 강화 전략: 행동계약, 모델링, 토큰 경제, 부모와 빈번한 의사소통, 즉각적이고 개별적인 피드백, 칭찬 • 정보 제시 및 반응 양식: 전체 제시, 부분 제시, 시각적 · 청각적 · 촉각적 학습 양식에 따른 정보제시 방법 적용, 장애학생들의 다양한 대안적인 반응 방식 허용(예: 쓰거나 말하는 것 대신에 그림이나 역할극으로 표현하는 방법 등)
교수 자료	• 교과서, 학습지, 상업적인 교재, 시청각자료, 녹음 자료, 슬라이드, 영화 등 또래들이 사용하는 교수 자료를 개별 학생의 학습 수준에 맞도록 조정 및 다양한 형태의 공학적인 기구 이용 • 글자가 확대된 인쇄자료, 녹음된 교과서, 계산기, 조작 가능한 구체물 • 언어의 단순화, 반응 선택 수 감소, 색깔로 표시된 교재, 짧은 지시문, 요점 정리 노트

출처: 박승희(2003).

(5) 평가 방법의 수정

각 학생의 학습 성취와 진보를 주기적으로 평가하게 되는데, 평가 방법의 수정은 이러한 과정에서 측정과 성적 기준을 수정하고 보완하는 것 등을 포함한다. 평가 방법에서의 수정이 필요한 이유는 장애학생이 일반학급에 참여하고 학습하는 과정에서 성공하는 기회를 경험할 수 있도록 각 개별 학생에 따라 적절한 평가가 이루어져야 하기 때문이다. 구체적인 예를 살펴보면 〈표 9-3〉과 같다.

〈표 9-3〉 평가 방법의 수정

구분	수정 방법
평가의 구성	• 문항 제시문 제시 방법: 지시문은 짧고 간단하게 단순화, 지시문에 답하는 방법의 예를 제시, 중요 단어에 표시 • 문항 반응 양식: 보기를 제공, 선택 항목의 수 감소 • 문항 제시구조: 활자 크기 조절, 동일 유형의 문항을 군집화하여 제시, 문제지와 답안지 같이 제시
평가의 운영	• 평가 기술에 대한 사전 교수 • 평가 장소의 변경 • 평가 시간의 추가 제공
점수 조절	• 점수 부여 체제를 다원화하거나 차등화 • 점수 부여 기준을 달리 적용 • 전통적인 점수 부여 방법(수, 우, 미, … 또는 100점, 90점, …)에 대한 대안적 방법 활용 • IEP 수행 수준에 대한 근거한 방법

출처: 박승희(2003).

2. 교육 목표 수정

1) 교육 목표의 정의

교육 목표는 교육을 통해 달성하고자 하는 것으로 추상적이고 장기적으로 설정된 교육 목적을 달성하기 위하여 보다 구체적이고 단기적으로 교육활동에 참여하는 학생들의 행동 변화를 드러낸 것이라 할 수 있다. 교육에 있어서 목표를 연속적 측면에서 총괄 목표, 교육 목표, 수업 목표 등 3가지로 구분하여 설명하고 있으며, 목표의 3가지 수준을 목표의 범위, 학습에 필요한 시간, 의도 혹은 기능에 따라 설명하고 있다(Anderson et al., 2005).

목표의 범위에 있어서 총괄 목표는 폭넓으며, 교육 목표는 중간 정도, 수업 목표는 좁은 범위로 설명하고 있다. 또한 학습에 필요한 시간적 측면에서 총괄 목표는 1년 이상(종종 수년 동안)이며, 교육 목표는 몇 주나 몇 개월이고, 수업 목표는 몇 시간이나 며칠 정도이다. 목표의 의도 혹은 기능적인 면에서 총괄 목표는 비전을

제공하는 기능을 하며, 교육 목표는 교육과정을 설계하는 기능을 하고, 수업 목표
는 수업지도안을 준비하는 기능을 한다(Anderson et al., 2005).

〈표 9-4〉 총괄 목표, 교육 목표, 수업 목표의 관계

	목표의 수준		
	총괄 목표	**교육 목표**	**수업 목표**
범위	폭넓음	중간 정도	좁음
학습에 필요한 시간	1년 이상(종종 수년 이상)	몇 주나 몇 개월	몇 시간이나 며칠
의도 혹은 기능	비전 제공	교육과정 설계하기	수업지도안 준비
사용의 예	다년간의 교육과정을 계획하기(예: 초등학교 독서 교육과정)	수업 단원의 계획	일일 활동, 경험, 연습을 계획하기

출처: Anderson et al. (2005).

「장애인 등에 대한 특수교육법」 제2조에서는 특수교육대상자 개인의 능력을 계
발하기 위하여 장애유형 및 장애특성에 적합한 교육 목표·교육방법·교육 내
용·특수교육 관련서비스 등이 포함된 계획인 개별화교육을 실시하도록 명시하
고 있다. 개별화교육은 교육행정정보시스템인 NEIS를 활용하여 장기 목표로는 학
기별 목표, 단기 목표로는 월별 목표나 주별 목표에 해당하는 내용을 입력하도록
되어 있다.

특수교육 교육과정에서 교과의 체계를 구성하는 내용 체계표에는 '영역' '핵
심 개념' '내용' '기능'으로 구성되어 있다([그림 9-1] 참조). '내용 요소'는 학습자들
이 교과에서 영역별로 습득하고 수행하여야 하는 내용과 같은 명제적 지식을 의
미하며, '기능'은 학생들이 수행하기를 또는 할 수 있기를 기대하는 내용들을 의
미한다. 성취기준은 명사형으로 작성된 '내용 요소'와 동사형으로 작성된 '기능'
을 결합하여 학년(군) 및 학교급에 해당하는 학생들이 성취해야 하는 내용을 문
장으로 구성한 것을 의미한다. 각 교과의 핵심 개념을 중요하게 여긴다는 것은
Bruner(1963)가 주장했던 지식의 구조인 해당 학문의 핵심 개념, 원리, 아이디어
와 일맥상통한다고 볼 수 있다. 즉, 핵심 개념을 중심으로 철저하게 가르쳐 학생

들이 심충적으로 이해한다면 학생들이 학습한 내용을 자신의 삶 속에 전이할 수 있게 될 것이다.

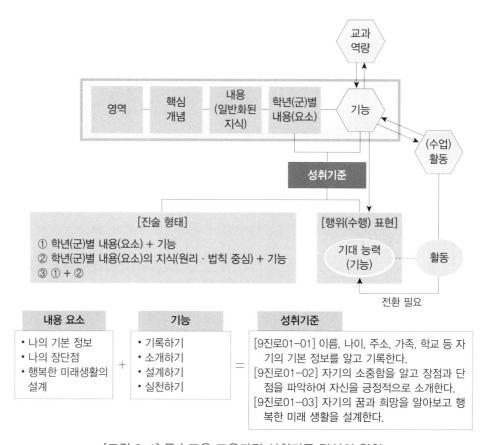

[그림 9-1] 특수교육 교육과정 성취기준 작성의 원칙

2) 교육 목표 수정의 방법

Bloom의 교육목표분류학이 지식, 이해, 적용, 분석, 종합, 평가 6개 범주의 나선형 구조의 단일 차원의 분류였다면, 신교육목표분류학 표는 〈표 9-5〉와 같이 명사로 이루어진 지식 차원과 동사로 이루어진 인지과정 차원으로 구성된 이차원적 구조를 이룬다(Anderson & Krathwohl, 2001). 이원 분류학 표의 행과 열은 각각 지식과 인지과정 유목을 나타내고, 분류학 표의 칸은 지식 차원과 인지과정 차원이 교차하는 부분이다. 따라서 모든 목표는 분류학 표의 지식과 인지과정을 기준으

로 분류할 수 있으므로 분류학 표의 특정 칸에 배치된다(Anderson et al., 2005).

〈표 9-5〉 Bloom의 신교육목표분류학의 교육 목표 위계표

인지과정 차원 지식 차원	1. 기억하다	2. 이해하다	3. 적용하다	4. 분석하다	5. 평가하다	6. 창안하다
A. 사실적 지식						
B. 개념적 지식						
C. 절차적 지식						
D. 메타인지 지식						

새로 개정된 분류학 표에서 지식 차원은 '사실적 지식' '개념적 지식' '절차적 지식' '메타인지 지식' 등의 4개의 주요 유형으로 구분되며 각 유형별로 2~3개의 하위 유형으로 이루어져 있는데, 이것은 아주 중요한 의미를 차지한다.

'사실적 지식'은 학문에 대한 대화와 학문을 이해하고 체계적으로 조직하는 데 전문가가 사용하는 기본적 요소로, 학생이 그 학문에서 문제를 풀거나 공부할 때 반드시 알아야 하는 지식을 말한다. '개념적 지식'은 지식의 유목과 분류 및 그 사이의 관계에 대한 지식을 포함한다. 특정한 교과내용이 어떻게 조직되고 구성되었는가, 어떻게 정보의 조각이 연결되고 더욱 체계적인 방법으로 관련을 맺으며, 어떻게 함께 기능하는가에 대한 지식을 나타낸다. '절차적 지식'은 어떤 일을 수행하는 방법에 관한 지식이다. 교과 특수적 혹은 영역 특수적인 기술, 알고리즘, 기법, 방법 등에 관한 지식을 '절차적 지식'이라 한다. '사실적 지식'과 '개념적 지식'은 지식의 내용에 관한 지식을 나타내고 '절차적 지식'은 '방법'에 관한 것이다. 또한 '메타인지 지식'이 교과나 학문 영역을 가로질러 활용되는 일반적 전략을 포함한다면, '절차적 지식'은 구체적 교과나 학문에 해당한다. '메타인지 지식'은 인지에 관한 지식, 자신의 인지에 대한 인식과 지식을 말한다. 메타인지 지식 중 학습에서 자기 지식의 정확성이 무엇보다 중요하므로 교사는 학생들이 정확하게 자기 지식을 평가하도록 도와야 하며, 학생 스스로 자아존중감을 갖고 생활할 수 있도록 지도하여야 한다.

교육 목표의 가장 중요한 두 가지는 학습자의 파지와 전이를 증진하는 것이다.

파지는 학생들이 학습한 것을 기억하는 것이고, 전이는 학습한 것을 이해하고 활용하는 것이다. 이를 위해 인지 과정의 유목을 주목하여야 하는데, 인지과정 차원에는 6가지의 유목이 있고 각 유목별로 2~7개의 하위 유형이 있다. 인지과정 차원의 6가지 유목은 기억하다(remember), 이해하다(understand), 적용하다(apply), 분석하다(analyze), 평가하다(evaluate), 창안하다(create)이고, 이들 중 '기억하다' 유목은 파지와 관련이 있고 나머지 5개 유목은 전이와 관련이 있다.

'기억하다' 유목은 관련된 지식을 장기기억으로부터 끄집어내는 것이다. 지식을 기억한다는 것은 유의미 학습에 필수적인 것이고, 그 지식으로 문제를 해결하는 것은 더 복잡한 과제에서 활용된다. '이해하다' 유목은 학교나 대학에서 강조하는 전이를 중심으로 한 교육 목표의 인지과정 차원 중 가장 넓은 범주에 속한다. 학생들이 습득한 새로운 지식과 이전의 지식 간의 관련을 맺을 때 이해하게 된다. 개념은 이 도식과 기본 틀을 구성한 블록이 되므로 개념적 지식은 이해를 위한 토대가 된다. '적용하다' 유목은 연습이나 문제해결을 하기 위해 여러 가지 절차를 활용하는 것이고 '절차적 지식'과 밀접한 관련이 있다. 적용하는 과정 중 집행하기는 학생이 친숙한 과업을 접했을 때 일상적 절차를 수행하는 것이고 기법이나 방법보다는 기능과 알고리즘 활용과 더 많이 연합되어 있다. 실행하기는 학생들이 친숙하지 않은 과제를 수행하기 위해 어떤 절차를 선택하고, 활용할 때 일어난다. '분석하다' 유목은 자료를 구성 부분으로 나누고, 그 부분들이 어떻게 상호 간, 전체 구조와 관련되어 있는가를 결정하는 것이다. 분석하는 과정 중 구별하기는 전체 구조의 부분을 적절성이나 중요성의 입장에서 구별하는 것이고, 조직하기는 메시지의 부분이 구조 속에 조직되는 방식을 결정하는 것이며, 귀속하기는 메시지의 관점, 의도를 확인하는 것이다. '평가하다' 유목은 질, 효과성, 효능성, 일관성 등의 기준이나 준거를 기반으로 해서 판단하는 것이다. '평가하다' 유목은 어떤 활동이나 산출물에 내적 일관성이나 오류가 있는지를 검증하는 점검하기와 외적인 준거나 기준을 토대로 결과나 활동을 판단하는 비판하기의 2가지 유형이 있다. 마지막으로 '창안하다' 유목은 요소를 함께 결합해 일관성 있거나 기능적인 전체를 형성하는 인지과정이다. 학생이 일부 요소나 부분을 정신적으로 재조직해 이전에 드러나지 않았던 패턴이나 구조를 가진 새로운 결과를 만들어 내는 것이 창안하기이다. '창안하다'의 하위 유형에는 문제를 제시하고 어떤 준거를 충족하는

가설이나 대안에 이르도록 하는 생성하기, 특정한 문제의 준거를 충족하는 해결 방법을 구안하는 계획하기, 명세화되어 주어진 문제를 해결하기 위한 계획을 수행하는 산출하기가 있다(Anderson & Krathwohl, 2001).

지금까지의 교육활동(수업 목표, 학생활동, 평가)은 '사실적 지식'과 '이해하다' 차원에 치중해 왔다. 단원의 목적을 분석하고 복잡한 종류의 지식과 인지과정이 관계되는 영역의 표시를 분류학 표에 나타낼 수 있는데, 수업 목표를 분석하고 관계되는 영역의 표시를 분류학 표에 나타낸다면 목표의 포함이나 부족을 분류학 표에서 쉽게 식별하여 일부 범주의 쏠림 현상을 개선할 수 있을 것이다(Devito & Grotzer, 2005). 또한 개정된 분류학은 교사가 교육과정을 이해하고, 수업을 계획하며, 교육과정 내에서 본질적으로 목표와 일관적인 평가를 설계할 수 있도록 하는 데 유용할 것이고, 궁극적으로는 교수의 질적 수준을 개선할 수 있을 것이다(Anderson et al., 2005).

〈표 9-6〉 Bloom의 신교육목표분류학의 인지과정 유목과 관련 동사 및 수업 목표 예시

인지과정 유목		관련 동사	차시별 수업 목표 예시
1. 기억하다 (A)	재인하기(a)	～안다.	• 이야기를 듣고 어떤 인물이 나오는지를 안다.
	회상하기(b)	～떠올린다. ～찾는다.	• 글을 읽고, 비슷한 경험을 떠올린다. • 인형극을 보고, 등장인물의 말과 행동을 찾는다.
2. 이해하다 (B)	해석하기(a)	～안다. ～파악한다. ～노래를 부른다.	• 글을 읽고, 무엇을 설명하는지 안다. • 글을 읽고 인물의 생각과 그 까닭을 파악한다. • 흉내 내는 말을 바꾸어 노래를 부른다.
	예증하기(b)	～장면을 말한다.	• 옛이야기를 읽고, 재미있는 장면을 말한다.
	분류하기(c)	～찾는다.	• 시를 읽고, 재미있는 내용이나 표현을 찾는다.
	요약하기(d)	～정리한다. ～말한다.	• 말할 내용을 정리한다. • 조사하여 발표한다.
	추론하기(e)	～상상한다. ～추측한다.	• 이야기를 읽고, 인물의 모습과 행동을 상상한다. • 설명하는 말을 듣고, 무엇에 대한 설명인지 추측한다.
	비교하기(f)	～비교한다.	• 글을 읽고 글쓴이의 경험과 내 경험을 비교한다.
	설명하기(g)	～방법을 안다. ～설명한다.	• 설명하는 글을 쓰는 방법을 안다. • 내가 관심 있는 것을 조사하여 알기 쉽게 설명한다.

3. 적용하다 (C)	집행하기(a)	~붙인다. ~발음한다. ~낭송한다. ~나타낸다.	• 일기에 알맞은 제목을 붙인다. • 받침이 있는 낱말을 정확히 발음한다. • 재미있는 말의 느낌을 살려 시를 낭송한다. • 내 느낌을 그림이나 글로 나타낸다.
	실행하기(b)	~읽는다. ~쓴다.	• 글자를 만들고, 소리 내어 읽는다. • 알맞은 까닭을 들어 주장하는 글을 쓴다.
4. 분석하다 (D)	구별하기(a)	~찾는다. ~안다.	• 시를 읽고 재미있는 말을 찾는다. • 글을 읽고, 뜻이 반대인 낱말에 대하여 안다.
	조직하기(b)	—	—
	귀속하기(c)	~살핀다. ~때를 안다.	• 글을 읽고, 잘못 쓴 글자가 있는지 살핀다. • 중요한 내용을 간추려 써야 하는 때를 안다.
5. 평가하다 (E)	점검하기(a)	~발표한다.	• 주장이 드러나게 쓴 글을 고쳐 쓰고, 발표한다.
	비판하기(b)	—	—
6. 창안하다 (F)	생성하기(a)	~고친다. ~만든다.	• 틀린 글자를 찾아 바르게 고친다. • 재미있는 말이나 반복되는 말을 만든다.
	계획하기(b)	—	—
	산출하기(c)	~바꾸어 쓴다. ~꾸민다.	• 시를 바꾸어 쓴다. • 시를 읽고, 시에 이어질 내용을 상상하여 쓴다.

출처: 김명옥, 강현석(2012).

3) 교육 목표 수정의 실제

하은이는 특수학교 고등학교 3학년에 재학하고 있는 지체중복장애 학생으로 졸업 후 진학, 취업보다는 장애인복지관의 단기 프로그램을 이용하는 데 목표를 두고 있다. 하은이를 담당하는 담임 교사는 진로와 직업 교과서 나권에 있는 12. 전환 준비 단원을 지도하기 위하여 교사용 지도서에 있는 관련 내용을 분석하였다. 차시의 활동 목표와 하위 활동을 Bloom의 신교육목표분류학에 의거하여 분석한 결과, 활동 목표는 'D. 메타인지 지식' '3. 적용하다'에 해당하며 하위 활동은 'C. 절차적 지식' '3. 적용하다'에 해당하는 것을 확인하였다. 담임 교사는 현재의 목표를 적용하는 데 어려움이 있다고 판단하여 하은이의 현행 수준, 학생/부모의 요구, 지역사회의 현황 등을 고려하여 졸업 후 장애인복지관을 이용하는 것으로 목표를

설정하였다. 수정된 목표는 'C. 절차적 지식' '4. 분석하다'로, 하위 활동은 'C. 절차적 지식' '3. 적용하다'로 수정하여 하은이에게 적합하게 교육 목표를 수정하였다. 하은이의 교육 목표 수정에 대한 구체적인 내용은 [그림 9-2]에 제시하였다.

영역	진로 준비	핵심 개념	진학 및 취업 준비
성취기준	[12진로05-02] 이력서 및 자기소개서 등 진학 및 취업 관련 서류를 작성하고 면접을 준비한다.		
단원	고등학교 나권 12. 전환준비		
단원 목표	진학과 취업, 성인 생활 지원 기관을 이용하기 위한 준비를 한다. 가. 전환을 위한 절차를 안다. 나. 전환을 위한 서류를 작성하고 관련 서류를 준비한다. 다. 면접을 준비한다.		
활동 목표	전환에 필요한 관련 서류를 준비한다.		
하위 활동	[활동 1] 전환에 필요한 서류를 발급받는 방법 알기 [활동 2] 학교 행정실에서 서류 발급받기 [활동 3] 인터넷에서 서류 발급받기 [활동 4] 무인 민원 발급기를 이용하여 주민등록등본 발급받기		

지식 차원 \ 인지과정 차원	1. 기억하다	2. 이해하다	3. 적용하다	4. 분석하다	5. 평가하다	6. 창안하다
A. 사실적 지식						
B. 개념적 지식						
C. 절차적 지식				수정된 활동 목표		
D. 메타인지 지식			활동 목표			

활동 목표	장애인복지관 이용을 위해 필요한 관련 서류를 준비한다.
하위 활동	[활동 1] 장애인복지관 이용을 위해 필요한 관련 서류 조사하기 [활동 2] 학교 행정실에서 서류 발급받기 [활동 3] 인터넷에서 서류 발급받기

[그림 9-2] 하은이의 교육 목표 수정 예시

3. 보편적 학습설계

1) 보편적 설계의 정의

보편적 학습설계는 건축학 분야에서 사용되는 보편적 설계를 교육 분야에 적용한 것으로 보편적 설계와 보편적 학습설계 순으로 살펴보면 다음과 같다. 보편적 설계(universal design)의 개념은 노스캐롤라이나 보편적 설계센터(Center for Universal Design: CUD)의 센터장인 Ron Mace에 의해 정의되었다. 보편적 설계란 장애를 가지고 있거나 그렇지 않은 모든 사람에게 매력적이고 기능적인 건물이나 시설을 별도의 비용이 거의 없이 설계하는 방법을 의미한다(Mace, 1985). Mace는 9세 때 소아마비로 인해 지역사회 생활에서 불편을 느끼고 건축물 및 편의시설 설계에서 접근성을 해치는 장애물을 제거하는 차원으로 보편적 설계를 제안하였다. Center for Universal Design(1997)에서는 보편적 설계가 특별한 개조나 설계를 하지 않더라도 가능한 한 많은 사람이 차별받는다는 느낌이나 불편함을 느끼지 않고 이용이 가능하도록 처음부터 계획하고 디자인하는 것이라고 제시하였다. 보편적 설계에는 무장애 설계(barrier free design), 접근 가능한 설계(accessible design), 수용 가능한 설계(adaptable design), 생애주기 설계(life-span design)의 개념을 포함하고 있다.

보편적 설계에 대한 논의는 계속되었으며, 1998년에 「보조공학법(Assistive Technology Act: ATA)」에서 법률적인 용어로 개념화하였다. 보편적 설계란 가능한 기능적 능력으로 가장 광범위한 범주의 사람들에 의해 사용 가능한 제품과 서비스를 디자인하고 전달하는 개념 또는 철학을 의미하며, 직접 사용할 수 있는(보조공학이 필요 없는) 제품과 서비스 그리고 보조공학과 함께 사용할 수 있는 제품과 서비스를 포함한다(Assistive Technology Act of 1998). 이처럼 보편적 설계는 건축학 분야에 한정되어 왔으나, 점차 도시설계를 비롯한 다양한 분야로 확대되었다. 보편적 설계를 적용하기 위하여 보편적 설계센터에서는 공평한 사용, 사용상의 융통성, 단순하고 직관적인 사용, 지각할 수 있는 정보, 오류에 대한 관용, 낮은 신체적 수고, 접근과 사용에 적절한 크기와 공간의 7개 원리를 제시하였다(CAST, 2018). 각 원리에 대한 내용을 살펴보면 〈표 9-7〉과 같다.

〈표 9-7〉 보편적 설계의 정의 및 지침

원리	정의	지침
공평한 사용	설계는 다양한 능력을 가진 사람들에게 유용하고 시장성이 있어야 한다.	• 모든 사용자에게 동일한 사용수단을 제공한다(가능하면 똑같이, 가능하지 않다면 등가로). • 어떠한 사용자도 분리되거나 낙인찍히지 않도록 한다. • 사생활, 보장성, 그리고 안전성에 대한 조항은 모든 이용자에게 공평하게 제공되어야 한다. • 모든 사용자의 흥미를 끌도록 설계해야 한다.
사용상의 융통성	디자인은 광범위한 개인적 성향과 능력을 수용해야 한다.	• 사용방법상의 선택권을 제공한다. • 오른손잡이 또는 왼손잡이가 접근하고 이용할 수 있도록 편의를 도모한다. • 사용자의 정확성과 정밀도를 촉진한다. • 사용자의 속도를 위해 적응성을 제공한다.
단순하고 직관적인 사용	사용자의 경험, 지식, 언어 기술 또는 현재의 주의 집중 수준에 관계없이 이해하기 쉬운 디자인을 이용해야 한다.	• 불필요하게 복잡한 것을 제거한다. • 사용자의 기대와 직관에 일치되게 한다. • 광범위한 문해력과 언어 기술을 수용한다. • 그것의 중요성과 일치하는 정보를 배열한다. • 과제수행 중 그리고 과제수행 후에는 효과적인 촉진과 피드백을 제공한다.
지각할 수 있는 정보	주의의 조건 또는 사용자의 지각능력에 관계없이 사용자에게 필요한 정보를 효과적으로 전달해야 한다.	• 필수적인 정보를 풍부하게 표현하기 위해 다양한 방식(그림, 음성, 촉감)을 사용한다. • 필수적인 정보의 '가독성'을 최대화한다. • 기술할 수 있는 다양한 방법으로 요소들을 차별화시킨다. • 지각이 제한적인 사람들이 사용하는 공학제품 또는 기기들에 호환성을 제공한다.
오류에 대한 관용	우발적이거나 의도하지 않은 행동으로 인해 발생할 수 있는 위험한 그리고 부정적인 결과를 최소화해야 한다.	• 위험과 오류를 최소화하기 위해 요소를 배열한다(가장 많이 쓰이는 요소, 가장 접근 가능한 요소, 위험요소들 제거 · 격리, 보호장치 제공). • 위험과 오류에 대한 경고를 제공한다. • 안전구조의 특징을 제공한다. • 주의를 필요로 하는 과제수행 시 무의식적인 행동을 하지 않도록 한다.
낮은 신체적 수고	효율적이고 편리하게 그리고 최소한의 신체적 노동으로 사용할 수 있어야 한다.	• 사용자가 자연스러운 신체적 자세를 유지할 수 있도록 한다. • 작동할 때 적당한 힘을 사용하게 한다. • 반복적인 동작을 최소화한다. • 지속적인 신체적 수고를 최소화한다.
접근과 사용에 적절한 크기와 공간	사용의 신체적 크기, 자세 혹은 이동성에 상관없이 접근, 도달, 작동 그리고 활용할 수 있는 적절한 크기와 공간이 제공되어야 한다.	• 사용자가 앉거나 서 있더라도 주요 요소에 대한 뚜렷한 시야를 제공한다. • 모든 구성 요소를 앉아 있거나 서 있는 사용자가 편안하게 도달할 수 있도록 제작한다. • 손이나 악력의 크기에 따라 조절이 가능하도록 한다. • 보조공학기기의 사용 혹은 개인적 지원을 위한 적절한 공간을 제공한다.

출처: CAST(2018)를 번안함.

2) 보편적 학습설계의 정의 및 방법

건축학에 출발점을 두고 있는 보편적 설계는 모든 사용자의 접근성과 편리성을 강화하는 방향으로 확대되어 특수교육 분야까지 그 개념과 원리들이 확장되었다. 컴퓨터를 이용한 학습장애 학생의 학습 강화를 목적으로 Meyer, Rose, Meo, Stahl가 1984년에 설립한 비영리 단체인 미국의 응용특수공학센터(Center for Applied Special Technology: CAST)에서 일반교육과정에의 접근, 참여, 진전도를 촉진하기 위한 교육과정 설계 방법으로 학습을 위한 보편적 설계인 보편적 학습설계를 제안하였다. 보편적 학습설계는 전 범위의 학습자, 즉 장애 혹은 비장애 학습자, 평균 이하나 그 이하의 학습자뿐만 아니라 보통의 학습자를 적절하게 자극하고 효과적으로 참여시키는 것을 목적으로 하는 것을 의미한다(Rose & Meyer, 2000). 또 CAST (2018)에서는 보편적 학습설계를 인간의 학습 방식에 대한 과학적 통찰력을 바탕으로 모든 사람의 교육 및 학습을 개선하고 최적화하는 체제적 접근으로 제시하였다.

보편적 설계의 지침을 차용하여 CEC(2005)에서는 장애학생들이 직면한 교육 환경에 적용할 수 있는 교육적 활용 방안으로 '공평한 교육과정' '융통성 있는 교육과정' '간단하고 직관적인 교수' '다양한 표현수단들' '성공 지향적 교육과정' '적절한 학습자의 노력 수준' '학습을 위한 적절한 환경'을 제시하였다. 보편적 설계의 원리에 따른 보편적 학습설계의 원리 및 교육적 활용 방안의 구체적인 내용을 제시하면 〈표 9-8〉과 같다.

〈표 9-8〉 보편적 학습설계의 원리 및 교육적 활용

보편적 설계의 원리	보편적 학습설계의 원리 및 교육적 활용
공평한 사용	**공평한 교육과정** 교수는 매우 다양한 능력을 가진 학습자가 접근 가능한 단일 교육과정을 사용한다. 즉, 교육과정은 학습자를 불필요하게 차별하거나 '차이점'에 지나친 관심을 불러일으켜서는 안 된다. 교육과정은 모든 학습자가 참여할 수 있도록 설계한다.
사용상의 융통성	**융통성 있는 교육과정** 교육과정은 광범위한 개인의 능력과 선호도를 수용하기 위해서 융통성 있게 제시될 수 있도록 설계한다. 따라서 언어, 학습 수준, 표현의 복잡성이 조절될 수 있어야 하며, 필요한 경우 학습자의 진도가 목적과 교수 방법에 따라 재설정될 수 있도록 지속적으로 검토한다.

단순하고 직관적인 사용	**간단하고 직관적인 교수** 교수는 간단해서 학습자가 가장 쉽게 접근 가능한 양식(mode)으로 제공한다. 언어, 학습 수준, 제시의 복잡성은 조정될 수 있다. 학습자의 진도는 필요한 경우 목적과 교수 방법을 재설정하기 위해 계속적으로 모니터링된다.
지각할 수 있는 정보	**다양한 표현수단들** 교육과정은 지각능력, 이해도, 주의집중도에 상관없이 학습자에게 가장 효과적으로 도달할 수 있는 방법으로 그를 가르치기 위해 다양한 표현수단을 제공한다.
오류에 대한 관용	**성공 지향적 교육과정** 교사는 참여에 대한 불필요한 장애를 제거함으로써 교육과정에 참여할 수 있도록 독려한다. 필요한 경우 교사는 효과적인 교육과정 설계의 원리를 적용한[예: 대요(big ideas) 가르치기, 배경지식 제공하기, 교수를 비계하기(scaffolding) 등] 계속적인 지원을 통해 지원적인 학습환경을 제공한다.
낮은 신체적 수고	**적절한 학습자의 노력 수준** 교실환경은 다양한 학습자의 반응수단을 수용함으로써 교육과정 교수자료에 대한 접근의 용이성을 제공하고, 편안함을 증진하며, 동기를 촉진하고, 학습자의 참여를 독려한다. 평가는 지속적으로 행해져야 하며, 수행을 측정한다. 교수는 평가 결과에 근거해서 바꿀 수 있다.
접근과 사용에 적절한 크기와 공간	**학습을 위한 적절한 환경** 교실환경과 교육과정 교수자료의 조직은 교수방법에 있어서의 변화뿐만 아니라 학습자에 의한 물리적·인지적 접근에 있어서의 변화를 허용한다. 교실환경은 다양한 학습자의 집단화(grouping)를 허용한다. 교실 공간은 학습을 독려한다.

출처: CEC(2005)를 번안함.

　보편적 학습설계를 실현하기 위해 접근 가능한 자료와 동시에 다양한 학습자가 접근할 수 있도록 해 주는 내장형 도구와 개별 학습자의 요구를 충족할 수 있는 일반교육과정의 융통성 있는 제시라는 두 가지를 핵심적 특성을 포함하도록 명시하고 있으며 이를 위한 가정은 다음과 같다(CEC, 2005). 첫째, 보편적 학습설계는 교실에서의 학습차이의 연속성을 가정한다. 즉, 학습자는 학년 수준과 동일한 수준에서 혹은 그보다 낮은 수준에서, 그리고 그보다 상위의 수준에서 학습할 것이며, 개별 학습자는 개인적인 장·단점을 가지고 있다. 둘째, 보편적 학습설계는 융통성 있게 제시된 일반교육과정에 의존한다. 그래서 보편적 학습설계는 모든 학습자를 적절하게 포함하고 참여시키며 도전하게 한다. 셋째, 특정 학생만을 위한 대안적 교육과정이나 기준을 제시하기보다는 모든 학생을 동일한 기준에 근거하여 평가한다. 이는 장애학생에게 성취기준을 낮게 떨어뜨려 적용하는 것을 지양하고 모든 학생에게 높은 기대수준을 갖게 할 수 있다. 넷째, 교수와 관련된 제반 사항이 설계 단계부터 포함된다. 교사가 교육방법이나 교육공학 기제들을 인위적으로 추가하지 않아도 되도록 설계 단계부터 미리 포함해 사용이 가능하도록 한다.

보편적 학습설계에 대하여 두뇌연구와 신경과학의 연구결과를 토대로, 인간의 학습과정과 지식 생성 과정에 대한 이해가 가능해졌다(Rose, Meyer, & Hitchcock, 2010). CAST에서는 보편적 학습설계를 구현하기 위해 사용되는 도구로써 지침을 제시하였다. 학습의 세 가지 근본적인 측면을 감독하는 광범위한 신경 네트워크로 인지적 네트워크, 전략적 네트워크, 정서적 네트워크가 존재하는데, 구체적인 내용을 살펴보면 다음과 같다.

먼저 정서적 네트워크(affective networks)는 학습에 대한 동기와 관심에 따른 차이를 설명해 주는 것으로 왜(why) 배우는가와 관련되어 있다. 정서적 네트워크를 지원하기 위해, 보편적 학습설계는 '다중참여수단(multiple means of engagement)'을 제공한다. 이것은 학습에서 동기의 중요성과 참여의 바탕이 되는 개인차의 중요성을 인식하는 것이다. 다음으로 인지적 네트워크(recognitive networks)는 정보 수집 기능을 담당하며 학습에 있어 무엇(what)을 배우는가와 관련된다. 인지적 네트워크에서의 개인차를 지원하기 위해 보편적 학습설계는 다중표상수단(multiple means representation)을 제공한다. 인지적 네트워크의 다양성을 지원함에 있어, 보편적 학습설계는 어떤 특별한 과제나 문제에서 정보의 단일한 표상 기준으로는 가치가 거의 없는 지식을 반영하는 자료의 제공을 지양한다. 마지막으로 전략적 네트워크(strategic networks)는 수집된 정보를 조직화하고 우리의 생각을 표현하고 실제 수행하는 기능을 담당하며, 학습에 있어서는 어떻게(how) 학습하는가 혹은 어떻게 문제를 해결하는가와 관련된다. 전략적 네트워크에서의 다양성을 지원하기 위해, 보편적 학습설계는 학생들의 학습을 위한 능숙한 수행의 융통성 있는 모델들을 제공하고, 지원적인 환경에서 기능과 전략들을 연습할 수 있는 기회, 적절하고 지속적인 피드백, 다양한 매체와 양식으로 기능을 보여 줄 수 있는 융통성 있는 기회 등을 통해 '다중 행동 및 표현수단(multiple means of action and expression)'을 제공한다.

보편적 학습설계를 실현하기 위하여 CAST에서는 모든 학습자가 의미 있고 도전적인 학습기회에 접근하고 참여할 수 있도록 특수교사, 연구자, 학부모 등을 대

상으로 구체적인 가이드라인과 분석기준을 제시하였다. 보편적 학습설계의 구성 요소인 참여, 표상, 행동과 표현을 실현하기 위하여 각 영역별로 목적의식과 학습 동기가 뚜렷한 학습자, 학습자원이 풍부하고 지식을 활용할 수 있는 학습자, 전략 적이고 목표 지향적인 학습자로 설정하고 이에 따른 구체적인 접근, 설계, 내면화 의 방안을 제시하였다. 이상의 구체적인 내용은 〈표 9-9〉에 제시하였다.

〈표 9-9〉 보편적 학습설계의 가이드라인 및 분석기준

	다양한 방식의 학습 참여 제공	다양한 방식의 표상 제공	다양한 방식의 행동과 표현 수단 제공
접근	• 흥미를 돋우는 다양한 선택권 제공 ① 개인의 선택과 자율성을 최적화하기 ② 학습자와의 관련성, 가치, 현실성 최적화하기 ③ 위협이나 주의를 분산시킬 만한 요소들을 최소화하기	• 인지 방법의 다양한 선택권 제공 ① 정보의 제시 방식을 학습자에 맞게 설정하는 방법 제공하기 ② 청각 정보의 대안을 제공하기 ③ 시각 정보의 대안을 제공하기	• 신체적 표현 방식에 따른 다양한 선택권 제공 ① 응답과 자료 탐색 방식을 다양화하기 ② 다양한 도구들과 보조공학(AT)기기 이용을 최적화하기
설계	• 지속적인 노력과 끈기를 돕는 선택권 제공 ① 목표나 목적을 뚜렷하게 부각하기 ② 난이도를 최적화하기 위한 요구와 자료들을 다양화하기 ③ 협력과 동료 집단을 육성하기 ④ 성취지향적 피드백을 증진하기	• 언어, 수식, 기호와 다양한 선택권 제공 ① 어휘와 기호의 뜻을 명료하게 하기 ② 글의 짜임새와 구조를 명료하게 하기 ③ 문자, 수식, 기호의 해독을 지원하기 ④ 범언어적인 이해를 증진하기 ⑤ 다양한 매체를 통해 의미를 보여 주기	• 표현과 의사소통을 위한 다양한 선택권 제공 ① 의사소통을 위한 여러 가지 매체 사용하기 ② 작품의 구성과 제작을 위한 여러 가지 도구를 사용하기 ③ 연습과 수행을 위한 지원을 점차 줄이면서 유창성 키우기
내면화	• 자기조절능력을 키우기 위한 선택권 제공 ① 학습 동기를 최적화하는 기대와 믿음을 증진하기 ② 극복하는 기술과 전략들을 촉진하기 ③ 자기평가와 성찰을 발전시키기	• 이해를 돕기 위한 다양한 선택권 제공 ① 배경지식을 제공하거나 활성화하기 ② 패턴, 핵심 부분, 주요 아이디어 및 관계 강조하기 ③ 정보처리, 시각화, 이용의 과정을 안내하기 ④ 정보 이전과 일반화를 극대화하기	• 자율적 관리 기능에 따른 다양한 선택권 제공 ① 적절한 목표 설정에 대한 안내하기 ② 계획과 전략 개발을 지원하기 ③ 정보와 자료 관리를 용이하게 돕기 ④ 학습 진행 상황을 모니터하는 능력을 증진하기

목표	목적의식과 학습동기가 뚜렷한 학습자	학습자원이 풍부하고 지식을 활용할 수 있는 학습자	전략적이고 목표 지향적인 학습자

출처: CAST(2018)를 번안함.

3) 보편적 학습설계 적용의 실제

미영이는 특성화계 고등학교에 재학 중인 청각장애 학생으로 현재 조리과에 입학하였으며 졸업 후 호텔의 요리사가 되는 것을 목표로 양식기능사, 제과기능사, 바리스타 자격 취득을 위해 준비하고 있다. 통합된 학급에서 기본 교육과정 진로와 직업과와 선택 중심 교육과정의 전문 교과Ⅲ 직업교과를 적용하여 학습하는 미영이를 위해 교사는 보편적 학습설계를 적용하기로 하였다. 여기에서는 진로와 직업 교과서 가권 '9. 서비스업 탐색과 체험'의 단원을 적용하기 위하여 '다양한 방식의 학습 참여 제공' '다양한 방식의 표상 제공' '다양한 방식의 행동과 표현 수단 제공'의 3가지 원리와 이에 따른 9가지 하위 지침을 적용하였다. 미영이에게 보편적 학습설계를 적용한 구체적인 내용은 [그림 9-3]에 제시하였다.

영역	직업의 세계, 작업 기초 능력	핵심 개념	직업 탐색, 작업 도구 및 기기
성취기준	[12진로05-05] 지역사회에서 접할 수 있는 서비스업 직종을 탐색하고 체험한다. [12진로03-05] 교내 또는 지역사회 실습을 통해 서비스업에서 활용되는 도구 및 기기를 안전하고 효율적으로 사용한다.		
단원	진로와 직업 가권 9. 서비스업 탐색과 체험		
활동 목표	교내에서 조리 직무를 체험한다.		

원리	지침
1. 다양한 방식의 학습 참여 제공	• 흥미를 돋우는 다양한 선택권 제공: 학교에서 직무 체험을 할 수 있는 서비스업의 조리에 해당하는 머핀, 카레라이스, 아메리카노 등의 완성품 사진을 보여 주며 어떤 활동을 할지 미영이를 포함한 학생들과 함께 내용을 결정하여 흥미를 유도할 수 있도록 한다.

	• 지속적인 노력과 끈기를 돕는 선택권 제공: 교내의 조리 분야의 직무 체험(머핀, 카레라이스, 아메리카노 등)은 50분의 수업시간 동안 지속적인 집중과 노력을 통하여 결과물(완성품)을 얻을 수 있으며 상황에 따라 2~4차시의 수업을 묶어 블록 타임제(block time)를 실시하는 것이 필요하다. 결과물을 얻기 위한 목표를 달성하기 위하여 과제분석에 기반한 재료, 순서 등의 과정에서 미영이가 지속적인 노력을 할 수 있도록 한다. • 자기조절능력을 키우기 위한 선택권 제공: 서비스업의 조리에 해당하는 머핀, 카레라이스, 아메리카노 등을 만드는 과정에서 미영이가 목표를 달성하기 위해 자기평가를 실시할 수 있도록 자기 점검표를 제공하여 스스로 완성하고 점검할 수 있는 루브릭(rubric)을 제공한다.
2. 다양한 방식의 표상 제공	• 인지 방법의 다양한 선택권 제공: 머핀을 만들기 위한 재료인 박력분, 아몬드 가루, 설탕, 소금, 베이킹파우더 등과 같은 가루류를 파악할 수 있도록 시각, 촉각, 미각, 후각 등의 다양한 감각을 통하여 모양, 크기, 질감, 향, 맛 등을 인지하도록 한다. • 언어, 수식, 기호와 다양한 선택권 제공: 카레라이스를 만드는 과정 중 찬물에 카레 가루를 섞어 농도를 조절하기 위하여 물과 카레 가루를 계량컵으로 표기한 시각화된 자료부터 ml, g 등과 같은 정밀한 단위의 수치까지 미영이의 현행수준을 고려하여 제시하되, 졸업 후 취업을 위하여 전문적인 지식을 습득하도록 지도한다. • 이해를 돕기 위한 다양한 선택권 제공: 아메리카노를 만들기 위하여 이전에 먹어 보았던 커피의 종류를 상기해 보고 아메리카노와 비교하여 재료의 차이를 비교하여 어떠한 재료가 들어가고 빠질지에 대하여 이야기한다.
3. 다양한 방식의 행동과 표현 수단 제공	• 신체적 표현 방식에 따른 다양한 선택권 제공: 머핀을 만드는 과정에서 버터를 부드럽게 풀고 설탕과 소금을 넣고 섞는 과정에서 거품기와 핸드믹서를 미영이가 사용해 보도록 하여 두 도구 간의 특성을 비교해 보도록 한다. • 표현과 의사소통을 위한 다양한 선택권 제공: 카레라이스를 만드는 과정에서 재료를 계량하기 위해 계량컵, 종이컵, 비커, 전자저울 등 다양한 도구를 사용하여 측정하도록 하되 졸업 후 조리 분야에서 전문적으로 사용하는 도구를 바탕으로 의사소통이 가능하도록 지도하여 일반화가 용이하도록 한다. • 자율적 관리 기능에 따른 다양한 선택권 제공: 아메리카노를 만드는 과정에서 미영이의 현행수준을 고려하여 과제분석을 진행하고 순차적으로 과제를 수행할 수 있도록 사진, 동영상 등 다양한 자료들을 제공한다.

[그림 9-3] 미영이의 보편적 학습설계 적용 예시

4. 교육평가 수정

1) 교육평가의 정의

특수교육은 평가로 시작하여 평가로 끝난다고 할 수 있을 만큼 특수교육에서 평가가 차지하는 비중은 매우 크다. 따라서 평가에 대한 이해는 특수교육을 이해하고 실시하는 데 있어 필수적인 요소라고 할 수 있다. 특수교육에 있어서 평가는 연속적이고 점진적인 과정으로 '선별' '진단' '적부성' '프로그램 계획 및 배치' '형성평가' '총괄평가'의 6단계로 나뉘며, 각 단계별로 특정 유형의 의사결정이 요구된다(이승희, 2019). '선별'에서 '총괄평가'로 갈수록 평가의 정도도 높아지며, 의사결정을 위한 많은 정보를 포함하는 것을 의미한다. 이에 대한 내용은 〈표 9-10〉과 같다.

〈표 9-10〉 평가의 단계와 의사결정의 유형

평가의 단계	의사결정
선별	학생을 심층평가에 의뢰할 것인가를 결정
진단	학생이 장애를 가지고 있는가, 그렇다면 장애의 원인은 무엇인가를 결정
적부성	학생이 특수교육대상자로 적격한가를 결정
프로그램 계획 및 배치	학생에게 어떤 교육 및 관련 서비스를 어디에서 제공할 것인가를 결정
형성평가	학생이 적절한 진전을 보이는가를 결정
총괄평가	학생이 예상된 진전을 보였는가를 결정

출처: 이승희(2019).

특수교육을 받는 학생은 개별화교육계획(IEP)에 의해서 교육이 이루어지고 개별화교육계획의 목표에 따라 평가가 이루어진다. 그러나 학생의 개별화교육계획의 각 영역 목표에 대한 학생의 진보를 평가하게 되지만 대부분의 교사들은 IEP를 행정문서 이상으로 간주하지 않는 경향이 있고 IEP 내에 학생들을 평가할 수 있는 구체적인 준거를 제기하지 않는 경우도 많다(강경숙, 권택환, 김수연, 김은주, 2000). 평가는 반드시 교육을 파생해야 하며 일반적인 평가와 마찬가지로 특수교육의 평

가 역시 다음의 사항을 고려해야 한다. 교육의 과정에서 학습자가 어떻게 수행하였는지에 대한 정보를 제공할 것과 장기 목표를 세우고 학생이 도달할 성취도를 기록할 것, 학습자들에게 개별화된 평가의 수행을 알려 줄 것, 평가 결과에 기초하여 다음 교수를 설계할 것 그리고 학습자와 학부모, 다른 관련자들에게 학습자의 진보에 대한 정보를 제공할 것 등이다. 또한 학생들에게 어떠한 형태든지 그들이 학습한 내용을 평가할 수 있는 다양한 방안의 모색과 교육평가에 대한 연구와 노력이 요구된다(Stanford & Reeves, 2005)

　현재 우리나라 특수교육 교육평가와 관련하여 법적인 지침으로는 「장애인 등에 특수교육법 시행규칙」 제4조(개별화교육지원팀의 구성 등)의 제3항과 제4항에서 찾아볼 수 있다. 제3항에서는 "개별화교육계획에는 특수교육대상자의 인적사항과 특별한 교육지원이 필요한 영역의 현재 학습수행 수준, 교육 목표, 교육 내용, 교육방법, 평가계획 및 제공할 특수교육 관련서비스의 내용과 방법 등이 포함되어야 한다."로 평가계획이 개별화교육계획 내에 포함되어 있어야 함을 명기하고 있다. 또한 제4항에서는 "각급학교의 장은 매 학기마다 개별화교육계획에 따른 각각의 특수교육대상자의 학업성취도 평가를 실시하고, 그 결과를 특수교육대상자 또는 그 보호자에게 통보하여야 한다."로 평가 실시 시기 및 평가 결과의 통보에 대하여 명시하고 있다.

2) 교육평가 수정의 방법

　기본 교육과정의 진로와 직업과의 학습 내용은 일상 및 직업 생활에 적용될 수 있어야 하기 때문에 각 과제 및 학습 활동에 대한 평가는 연속적이고 체계적으로 이루어져야 하고 가정과 지역사회 속에서 보충·심화를 통한 일반화가 이루어지도록 해야 한다. 이러한 평가의 과정은 개인의 약점과 강점을 발견하는 개별화된 평가 과정이어야 하고, 그 결과는 개선의 자료로 활용되어야 한다. 평가의 목표는 교육과정에 제시된 교육 목표 및 성취기준을 통하여 학습자의 성취가 진로와 직업과에서 요구하는 핵심역량 향상의 기대치에 도달했는지를 전반적으로 평가한다. 평가의 내용은 원칙적으로 교육과정에 제시된 교육 내용의 범위와 수준에 근거하되, 다양한 교수·학습 활동과 실습 과정에서 산출된 자료를 활용한다. 그리고 평가의 결과는 학생들의 현재 수준을 파악하고 학생의 교수·학습 계획 수립에 반영함으로써 교수·학습 방법의 개선과 진로 지도 자료로 활용하도록 한다. 학생들은 특정 상황에서 다양한 행동 과제에 직면하듯 한 가지 직업에서 다양한 직무를 경험하게 된다. 한 자리에 오래 앉아 요구되는 특정 기술을 수행해야 하는 상황에서부터 동료와 협업하며 의사소통도 해야 하고 직장 동료와 호혜적 관계를 유지하는 등 기본적인 대인관계 예절이 필요한 상황까지 매우 다양한 적응 과제에 직면한다. 따라서 원하는 진로를 개척하거나 특정 사업장에 취업을 준비할 경우 특정 기술뿐만 아니라 집단 내 여러 가지 상황에서 갖추어야 지식, 기능, 태도를 종합적으로 평가하는 것이 필요하다.

평가는 학생의 진전과 프로그램의 효과적 수행 여부를 판단하는 중요한 과정이다. 교육과정상에 제시한 평가 시 유의 사항에 대한 설명과 함께 덧붙여 몇 가지의 유의 사항을 보충하면 다음과 같다. 첫째, 하나의 평가 도구 또는 한 가지 방법으로만 평가하기보다는 평가 계획에 의거한 적합한 평가 도구와 방법으로 종합적인 평가가 이루어져야 한다. 둘째, 평가 과정에 진로와 직업을 담당하는 교사, 관련 전문가, 부모 등이 참여하고 협의해야 한다. 셋째, 모든 검사는 사회·문화·언어·경제·종교적으로 비차별적이어야 하고 생태학적으로 타당해야 한다. 넷째, 공식적 검사, 비공식적 검사, 부모와 아동 면담, 형식적 관찰, 비형식적 관찰 관련 자료 분석 등의 다양한 방법을 통한 광범위한 정보 수집이 필요하다. 다섯째, 평가 결과를 적극적으로 활용할 수 있어야 한다. 진로와 직업과의 수업을 통하여 궁극적으로 직업의 세계로 연결되기 위해서는 학교와 지역사회 관련 기관과의 협력, 지역사회 실습, 교내 실습과 같은 다양한 진로 및 직업 중심의 프로그램 운영 방안을 모색할 필요가 있다. 학교와 지역사회 현장을 연결하여 학교에서 배운 내용을 교내 또는 지역사회에서 실제로 적용하고 실습을 함으로써 숙달 정도와 응용 가능성을 높이게 된다. 아울러 사회 진출을 앞둔 고등부 교육과정의 경우 사업체에서 몇 주 혹은 몇 달간 현장실습 경험을 통하여 직업 능력에 대한 상황평가 기회를 가질 수 있으며 실제 취업으로의 연계 가능성도 탐색할 수 있게 된다. 진로와 직업과 평가 시 유의해야 할 사항을 제시하면 다음과 같다.

중도중복장애 학생과 같이 장애가 심한 학생들을 평가에서 배제하는 것은 적절하지 않다. 중도중복장애 학생을 대상으로 그간 양적인 척도로 해 왔던 방식에서 사고의 전환이 필요하며, 연속선상에서 지속성을 가지고 접근하는 것이 필요하다. 중도중복장애 학생들의 교육평가를 위하여 교육 성과로 보일 수 있는 잠재적인 반응을 살펴보는 것으로 직면, 인식, 관심과 반응, 집중, 참여, 포함, 기술 습득과 이해가 있으며, 이에 대한 구체적인 설명을 제시하면 〈표 9-11〉과 같다.

〈표 9-11〉 중도중복장애 학생을 위한 잠재적 반응

반응	내용
직면 (encounter)	학생들은 어떤 명백한 학습 결과를 보이는 것도 없이 경험 또는 활동 내에 존재하는 경우가 있다. 학생들이 기꺼이 활동을 공유하려고 하는 것 자체만으로도 중요한 의미를 지닌다.
인식 (awareness)	아동들이 무엇인가 일어났다는 것을 인식하거나 사물, 사건 또는 사람에 대해 잠깐의 관심을 보인다.
관심과 반응 (attention and response)	학생들이 항상 일정하게는 아니지만 무엇이 일어나고 있다는 것에 관심을 갖고 반응한다. 다른 사람, 사물, 사건, 장소 등을 구별하는 능력의 초기 단계에 있다.
집중 (engagement)	학생들은 그들 주변 환경의 구체적인 사건에 대해 더욱 일관된 관심을 보이고 사건들 간의 차이를 구별할 수 있다.
참여 (participation)	학생들은 나누기, 차례 지키기, 사건에 대한 친숙한 결과 예측(비록 이러한 반응들이 교사나 다른 학생에 의해서 지원을 받았다 하더라도)에 참여한다.
포함 (involvement)	학생들은 활동 그 자체 또는 다른 학생들의 행동이나 반응에 대해 능동적으로 도달하고 참여하여 의견을 말한다.
기술 습득과 이해(gaining skill & understanding)	학생들은 교육과정 경험과 관련된 기술, 지식, 개념 또는 이해를 습득하고 강화하고, 일반적으로 사용한다.

출처: Byers & Rose (2004).

　평가 시 교사와 학생 간의 상호작용에서 적용되는 반응 촉진은 반응 전후에 자연적인 단서 외에 목표 행동의 발생 가능성을 높이기 위하여 추가로 제공되며 점차 제거되는 자극을 말한다. 반응 촉진으로 구어적 촉진, 시각적 촉진, 몸짓 촉진, 모델링 촉진, 신체적 촉진이 있는데 교사의 개입 정도에 따라 가장 덜 개입적인 구어적 촉진에서 가장 개입적인(intrusive) 성격의 촉진인 신체적 촉진이 있다. 교육평가를 위한 반응 촉진의 종류에 대한 설명과 예시는 〈표 9-12〉와 같다.

〈표 9-12〉 교육평가를 위한 반응 촉진의 유형

구분	설명	예시
구어적 촉진 (verbal prompt)	교사가 학생에게 어떤 순서로 과제를 수행해야 하는지 방법을 알려 주거나 단서를 말해 주는 방법이며, 학생이 구어적 촉진을 이해하여 반응할 수 있는 수준일 때 사용함	'숟가락으로 식사하기' 지도 시 학생에게 "먼저 숟가락을 손으로 잡으세요."라고 말함
시각적 촉진 (visual prompt)	그림, 글자, 사진 등을 사용하여 학생이 과제를 수행하거나 바람직한 행동을 하도록 돕는 방법임	세면대 거울에 세수를 하는 순서를 사진으로 붙여 놓고 순서대로 세수하게 함
몸짓 촉진 (gestural prompt)	제스처 촉진, 자세 촉진으로도 불리는데, 손 움직임, 손으로 지적하기, 고개 끄덕이기 등과 같은 몸짓으로 학생이 정확하게 행동하도록 이끄는 것임	풀을 사용한 후에 뚜껑을 닫아야 한다는 의미로 뚜껑을 살짝 건드리는 등 학생이 어떤 단계를 언제 수행해야 하는지 알 수 있도록 과제를 가리키거나 건드리는 것을 말함
모델링 촉진 (modeling prompt)	교사가 보여 주는 시범을 학생이 모방하여 따라 하는 것으로, 이는 학생이 주의 집중할 수 있어야 사용 가능함	교사가 하나 혹은 여러 단계를 시범으로 보인 후에 학생에게 이를 모방하도록 함
신체적 촉진 (physical prompt)	교사가 학생의 팔이나 손을 잡고 과제를 완성하게 함	학생이 글씨를 쓸 때 연필을 쥔 학생의 손을 잡고 글씨를 쓰게 함

출처: 박은혜, 김정연, 표윤희(2018).

3) 교육평가 수정의 실제

은지는 특수학교 중학교에 재학하고 있는 지적장애 학생으로 간단한 수용언어는 가능하나, 자발적인 발화가 거의 이루어지지 않는다. 진로와 직업 담당 교사는 학기 초 본인을 소개하는 활동을 실시하기 위하여 진로와 직업 교과서 가권에 있는 '1. 나의 정보' 단원에 대한 활동을 실시하고 이에 대한 평가를 위하여 기존의 평가 방법이 아닌 교육평가에 대한 수정을 하였다. 은지의 교육평가 수정에 대한 구체적인 내용은 [그림 9-4]에 제시하였다.

영역	자기 탐색	핵심 개념	나의 이해
성취기준	[9진로01-01] 이름, 나이, 주소, 가족, 학교 등 자기의 기본 정보를 알고 기록한다. [9진로01-02] 자기의 소중함을 알고 장점과 단점을 파악하여 자신을 긍정적으로 소개한다.		
단원	나의 정보		
활동 목표	나의 인적사항을 안다.		

1. 표현언어가 어려운 은지를 고려하여 보조공학도구인 보완대체 의사소통(AAC)을 사용한다.
2. 인지의 인적 사항에 관하여 가정과 연계하여 자료를 수집하고 부분적 참여를 할 수 있도록 하며 이를 평가한다.
3. 자신을 소개하는 구어적 활동 대신에 자신의 인적 사항과 관련된 마인드맵 그리기와 같은 대안적인 활동 후 이에 대한 평가를 실시한다.
4. 기존의 평가 방법(잘함, 보통, 노력)을 잠재적 반응에 의거하여 평가를 실시한다.
   – 기존의 평가 방법

나의 인적 사항을 알고 자신을 소개할 수 있는지 알아봅시다.	잘함	보통	노력
자신을 소개하는 친구의 모습에서 인적 사항을 파악하는가?			
인적 사항에 포함된 내용을 아는가?			
단서를 통해 인적 사항을 구별하고 파악할 수 있는가?			
나와 관련된 기타 정보를 파악할 수 있는가?			

   – 수정된 평가 방법

나의 인적 사항을 알고 자신을 소개할 수 있는지 알아봅시다.	반응의 유형
자신을 소개하는 친구의 모습에서 인적 사항을 파악하는가?	
인적 사항에 포함된 내용을 아는가?	
단서를 통해 인적 사항을 구별하고 파악할 수 있는가?	
나와 관련된 기타 정보를 파악할 수 있는가?	

   ※ 직면, 인식, 관심과 반응, 집중, 참여, 포함, 기술 습득과 이해

[그림 9-4] 은지의 교육평가 수정 예시

활동하기

- 진로와 직업 한 차시 활동을 선택하여 교육 목표를 수정해 보세요.
- 진로와 직업 한 차시 활동을 선택하여 보편적 학습설계를 적용해 보세요.
- 진로와 직업 한 차시 활동을 선택하여 교육평가를 수정해 보세요.

제10장

진로와 직업교육 교재 · 교구

최민식

개요

이 장은 진로와 직업교육의 교수 · 학습 활동에서 수업 목표를 더욱 효과적으로 달성하기 위하여 장애학생의 특별한 교육적 요구를 파악하고 적합한 형태의 교재 · 교구를 활용할 수 있도록 하는 데 목적이 있다. 이 장의 목표를 성취하기 위하여 교수매체(instructional media)의 포괄적 개념, 관련 법규와 제도, 교재 · 교구의 선정 · 배치 · 관리 등 교재 · 교구의 전반적인 개념을 이해한다. 또한 진로와 직업과에서의 교재 · 교구 활용 사례를 통해 교과서, 교사용 지도서, 동영상, 피티, 그림, 학습지, 평가지 등의 교수매체 사용 방법을 익히고 활용 방안을 탐색한다. 이 장의 학습을 통해 장애학생들이 안정되고 행복한 직업인으로 살아갈 수 있는 핵심역량을 향상시킬 수 있도록 진로와 직업 교육과정에서의 교재 · 교구 활용 능력을 개발하게 된다.

구성 내용

1. 교재 · 교구의 이해
2. 교재 · 교구의 선정과 활용
3. 교재 · 교구의 활용

1. 교재 · 교구의 이해

1) 교재 · 교구의 개념

진로와 직업교육의 교수 · 학습 활동에서 수업 목표를 더욱 효과적으로 달성하기 위하여 다양한 교수매체(instructional media)가 활용된다. 교수매체는 교육의 목적을 효율적으로 달성하도록 하는 모든 수단과 방법을 포괄하는 것으로 교재, 교구는 물론 학습 환경까지 포함하여 교사와 학생을 연결하는 매개자 역할을 한다. 교육의 세 가지 요소라 할 수 있는 교사, 학생, 교육 내용을 연결하는 장치가 교수매체인 것이다. 이처럼 교수매체는 교재와 교구를 포함하는데, 교재(teaching material)는 그림, 인쇄, 녹음, 영상자료 및 직무분석표와 같이 가르치거나 학습하는 데 사용되는 여러 가지 재료를 뜻하고, 교구(teaching aid)는 학습을 구체화하고 직관화함으로써 학습 내용을 효과적으로 지도하기 위하여 사용하는 도구, 칠판, 괘도, 표본, 모형 등을 의미한다(국립국어원, 2021). 최근 교수매체의 개념은 교수활동을 하는 데 있어서 내용을 구체화하거나 보충하여 학습자가 학습 내용을 명확히 이해할 수 있도록 도와주기 위하여 사용하는 모든 기계나 자료를 의미하는 협의의 개념에서 벗어나 교수 · 학습 과정에서 교수목표를 달성하기 위하여 교수자와 학습자 간에 사용되는 모든 수단을 교수매체로 생각하는 광의의 개념으로 변화하고 있다(김영희, 2016). 특히 장애학생들에게 있어서 교수매체는 교수목표를 달성하기 위해서 그 중요성이 매우 강조되고 있는데, 보조 자료로서의 의미를 넘어서 교수 · 학습 과정에서 교수목표를 효과적으로 달성하기 위해 사용되는 인적 · 재정 자원과 학습 환경, 시설 등을 포함하는 포괄적이고 종합적인 개념으로 인식된다.

우리나라에서도 장애학생의 교육을 위한 교수매체의 필요성 및 중요성에 따라 교재 · 교구에 관한 내용을 법으로 명시하고 있다. 「장애인 등에 대한 특수교육법」 (일부개정 2021. 7. 20. 법률 제18298호) 제2조 제2항에서 '특수교육 관련서비스'에 관한 정의 내용 중 특수교육대상자의 교육을 효율적으로 실시하기 위하여 '보조 공학기기지원'과 '학습보조기기지원'을 포함하고 있다. 동법 제21조 제3항 "일반 학교의 장은 대통령령으로 정하는 시설 · 설비 및 교재 · 교구를 갖추도록 한다." 와 동법 제28조 제4항 "각급 학교의 장은 특수교육대상자의 교육을 위하여 필요 한 장애인용 각종 교구, 각종 학습보조기, 보조공학기기 등의 설비를 제공하여야 한다."에서 장애학생을 위한 교재 · 교구의 개발과 지원에 관한 법적 근거를 나타 내고 있다. 이처럼 진로와 직업교육에서 교재 · 교구는 교수 · 학습 상황에서 교수 와 학습을 성공적으로 실현하기 위한 다양한 형태의 매개 수단이 되는데, 장애학 생의 특별한 교육적 요구와 진로와 직업교육이 지니는 다양성에 비추어 교수 · 학습을 위해 활용되는 모든 자료라고 이해할 수 있다.

2) 교재 · 교구의 기능과 역할

진로와 직업교육에서의 교재 · 교구는 장애학생들이 진로와 직업과의 궁극적 목적인 안정되고 행복한 직업인으로 살아갈 수 있는 핵심역량을 기를 수 있도록 교내 · 외 활동과 수행 및 실습을 통해 인식, 적용, 실천 능력을 함양하도록 하는 데 목적이 있다. 교사가 어떤 교재 · 교구를 준비하느냐에 따라 진로와 직업교육 의 학습 성과가 좌우될 수 있을 만큼 중요한 역할을 차지하는데, 교사는 학생의 장 애에서 비롯된 제약과 발달 및 수행 정도를 비롯해 진로 목표와 계획을 고려하여 교재 · 교구를 준비할 수 있어야 한다. 장애학생의 발달 특성을 고려한 교재 · 교 구는 학생에게 직접적인 조작을 통한 구체적인 경험을 제공함으로써 학습에 흥미 를 갖게 하고 개별화된 요구에 적합한 교재 · 교구의 활용은 교수 · 학습의 효과를 극대화할 수 있을 뿐만 아니라, 교사와 학생 간의 긍정적인 상호작용을 촉진한다 (김미영, 2011).

이처럼 진로와 직업교육에서의 교재 · 교구의 보편적 기능은 다음과 같이 매개

적 보조 기능, 정보전달 기능, 학습경험 구성기능, 지적 능력의 개발 기능으로 설명할 수 있다(권순황, 박재국, 조홍중, 한경임, 박상희, 2013; 정동영 외, 2017).

첫째, 매개적 보조 기능은 진로와 직업교육 상황에서 교사가 학습자를 가르칠 때 보조 수단으로 매체를 사용하는 기능을 의미하며, 학생이 진로와 직업교육에 대하여 흥미를 느낄 수 있도록 돕고 교재 · 교구의 특수한 효과를 사용함으로써 학습자의 동기유발을 높일 수 있다. 하지만 매개적 보조 기능은 매체를 사용하는 교사의 기술이나 상황에 따라 크게 좌우되기 때문에 매체의 활용 방법에 따라 학습효과가 다르게 나타날 수 있다.

둘째, 정보전달 기능은 교재 · 교구의 본질적인 기능으로 진로와 직업과의 교수 · 학습 상황에서 교사와 학생 간의 유용한 교육적 정보를 전달하는 기능이다. 최근에는 대중 통신 매체의 보급과 확산으로 생동감 있는 진로와 직업교육 정보를 시 · 공간을 초월하여 다 감각적으로 전달하고 기존의 인쇄 매체보다 많은 정보를 장애학생들에게 신속하게 전달하고 있다.

셋째, 학습경험 구성기능은 교재 · 교구가 단순히 정보를 전달해 주는 것이 아니라 교재 · 교구를 활용한 활동 그 자체가 학습할 내용인 동시에 학습자에게 학습경험을 구성해 주는 경험 구성기능을 한다. 따라서 장애학생은 교재 · 교구를 통하여 진로와 직업과의 교육 내용을 학습할 수도 있고 그 자체를 학습 대상으로 삼아 기능적인 경험을 습득할 수 있다.

넷째, 지적 능력의 개발 기능은 학생이 교재 · 교구로부터 전달되는 정보를 지각하고, 자신의 인지구조에 적합하게 변형시켜 인식함으로써 자신의 지적 능력을 개발하는 것을 의미한다. 학생은 진로와 직업과에 관한 교육 정보를 받아들여 자신의 내부에 형성된 인지구조에 맞게 정보를 해독하고 처리하여 자신이 이해할 수 있는 상태로 전환하게 된다.

진로와 직업교육에서는 교수 · 학습 과정에서의 보편성과 특수성을 중요하게 고려하는데, 보편성은 일반 또래 집단의 경험 세계에 초점을 둔 일반 교육적 접근이며, 특수성은 장애아동에게 맞는 차별화 혹은 개별화 교육을 제공해야 한다는 것을 의미한다(교육부, 2018a). 이때 교재 · 교구는 보편적 학습설계(universal design for learning)의 관점에서 다양한 특성을 지닌 장애학생이 동등한 진로와 직업교육 과정에 접근하고 참여하는 과정을 통해 바람직한 교육적 결과를 극대화할 수 있는 역할을 하기 때문에 수업의 계획단계에서부터 교재 · 교구 사용에 대한 학생들의 보편성과 특수성을 고려하는 것이 중요하다(권충훈, 김민동, 강혜진, 권순황, 2015).

3) 교재 · 교구의 선정

진로와 직업과의 교수 · 학습과정에서 체험적 활동을 통해 장애학생들이 실제적인 학습경험을 축적하도록 하고 배운 것을 다양한 현실에 적용할 수 있는 기회를 제공하는 것은 학습의 확인과 확장이란 측면에서 핵심 원리가 된다. 진로와 직업과 총론에서는 이러한 교육적 성과를 이루기 위해 교수 · 학습 상황에서 실물이나 모형, 인터넷, 사진, 동영상, 멀티미디어 등 다양한 학습 자료를 적극 활용할 것을 강조하고 있다. 또한 교수 · 학습의 효율성을 높이고 생동감 있는 교수 · 학습 활동이 이루어지도록 화상 수업이나 스마트 미디어 등을 활용하여 홍미로운 수업이 될 수 있도록 제시하고 있다. 그러나 상업용 교수 자료를 포함하여 장애학생들에게 진로와 직업과의 교육과정과 내용에 알맞은 수업 자료를 선정하는 것은 쉬운 일이 아니다. 따라서 진로와 직업교육을 가르치는 교사는 수업 목표를 더욱 효과적으로 달성하기 위하여 다음과 같은 교재 · 교구의 계획과 실제를 고려해야 한다(Mercer & Mercer, 2010).

첫째, 진로와 직업교육의 교재 · 교구는 최상의 교수 실제를 촉진해야 한다. 진로와 직업과 수업에서 교사가 이루고자 하는 최상의 교수 실제는 적절한 교재 · 교구를 사용함으로써 교육 목표와 내용을 명확하게 하고 의미 있는 사례를 제공하여 일반화를 가르치거나 유익한 피드백을 제공하여 학습자의 다양성을 조정하도록 돕는다.

둘째, 진로와 직업교육의 교재 · 교구는 학습자의 이해를 촉진해야 한다. 관찰과 경험을 포함하여 교수목표 정의, 과제 분석, 개념 정의, 예시와 비예시의 개수 및 순서 선정, 정의적 특성의 정교화, 즉각적인 피드백 등 실증적 자료를 사용하여 장애학생들에게 진로와 직업교육 내용의 이해를 촉진하도록 해야 한다.

셋째, 진로와 직업교육의 교재 · 교구는 관련된 선행 지식을 평가하는 데 지침이 되어야 한다. 교재 · 교구를 활용한 평가는 장애학생의 선행 지식을 진단하고 지속적으로 학생의 성과와 진전도를 점검하는 데 도움이 된다.

넷째, 진로와 직업교육의 교재 · 교구는 완전학습(mastery learning)이 될 수 있도록 해야 한다. 숙달이라 불리는 완전학습은 진로와 직업교육을 통한 기술적 성취라는 측면에서 중요하다. 교사는 학생의 학업 기술, 운동능력, 작업기술 등의 학습자 특성을 고려하여 목표를 설정하고 숙달에 영향을 미치는 교재 · 교구를 사용할 수 있어야 한다.

다섯째, 진로와 직업교육의 교재 · 교구는 일반화를 촉진해야 한다. 진로와 직업교육의 궁극적인 교육 목표인 지역사회에서의 직업 생활을 위해 교재 · 교구를 통한 학습 내용은 기존의 지식과 연결되어야 할 뿐만 아니라, 일반화를 촉진하도록 해야 한다.

여섯째, 진로와 직업교육의 교재 · 교구는 학습자의 차이를 고려할 수 있는 지침을 제공해야 한다. 진로와 직업교육의 이론 및 직업실습과 관련한 개별화교육은 중개형 비계교수(mediated scaffolding)와 같이 학습자의 기술습득에 따라 교사의 일시적인 지도가 점진적으로 소거될 수 있어야 하며, 교재 · 교구는 장애학생들의 다양한 직업 능력을 고려하여 성장을 촉진할 수 있도록 해야 한다.

4) 교재 · 교구의 배치와 관리

진로와 직업교육과 관련한 교재 · 교구의 배치는 장애학생의 교육적 흥미를 자극할 뿐만 아니라 교재 · 교구의 활용 및 효과성과도 직접적인 연관이 있다. 교실을 비롯하여 진로와 직업교육이 이루어지는 다양한 형태의 실습실과 직업 현장에서 교재 · 교구를 배치할 때는 안전, 건강, 학습자의 특성(신체 크기, 움직임), 편안함, 편리함, 접근성 등 다음과 같은 사항을 유의해야 한다(정동영 외, 2017).

첫째, 학생이 사용하기에 편리하도록 배치한다.

둘째, 서로 연관된 교재 · 교구는 함께 사용할 수 있도록 배치한다.

셋째, 제시된 교재 · 교구의 사용 빈도를 파악하여 학생이 교재 · 교구 사용에 어려움을 보인다면 수정하고 개선한다.

넷째, 학생이 잘 사용하지 않는 교재 · 교구는 눈에 잘 띄는 곳으로 위치를 변경하여 학생의 호기심을 높이도록 한다.

다섯째, 교재 · 교구를 전시하는 장소와 방법에 변화가 있어야 한다. 특히 장애인고용분야를 중심으로 변화하는 산업동향과 진로와 직업교육 과정을 고려하여 교재 · 교구의 재배치와 활용에 대한 고민이 계속적으로 필요하다.

여섯째, 교재 · 교구 보관 선반이나 보관함에 이름표와 기호 등을 부착하고 분류하여 사용한다.

진로와 직업교육 과정에서 제시된 다양한 교재 · 교구는 선정 · 배치 · 활용만큼이나 보관하는 것이 중요하다. 상업용으로 개발되었거나 표준화된 교재 · 교구는 고가일 뿐 아니라 장애학생들의 직업적 특성과 교육 내용을 고려하여 개발된 다양한 교수매체는 학년군 및 학급 단위의 많은 학생이 사용하기 때문에 다음과 같이 보관 및 관리에 유의해야 한다.

첫째, 교내 직업 부서 혹은 진로와 직업 담당 교사 팀을 구성하여 보관 및 관리를 체계적으로 하되 습도가 낮고 보관이 쉬운 일정한 공간의 자료실을 마련하여 관리한다.

둘째, 교재 · 교구의 구입 시기, 영역, 주제, 활동 등 분류기준에 따라 정리하여 목록을 작성하고 이름표를 붙여 관리한다.

셋째, 실습도구 및 직업평가 도구와 같이 부피가 큰 교재 · 교구는 선반에 보관하고 부피가 작은 교재 · 교구는 투명한 수납함을 활용하며, 파손이 우려되는 실습재료들은 일정한 크기의 보관 용기를 별도로 마련하면 관리가 용이하다.

넷째, 진로와 직업교육의 교재 · 교구는 특성상 사용 빈도가 높고 파손의 위험성이 있는 것들도 많아 수시로 내용물을 점검하고 보수 및 보충 등의 방법으로 관리한다.

2. 교재 · 교구의 선정과 활용

진로와 직업과의 기본 방향과 초점은 진로 및 직업을 인식하고 탐색하며 준비하는 데 필요한 지식, 기술, 태도를 함양하는 데 있다. 진로와 직업과에서 제공하고 있는 구체적인 교재 · 교구 자료는 교과서, 교사용 지도서, 전자 저작물(동영상, 피티, 그림, 학습지, 평가지)이며, 장애학생의 직업 지식과 능력을 향상하기 위해 구성되어 있다. 따라서 진로와 직업과에서 제공하는 교재 · 교구의 목적과 활용 방향 역시 장애학생이 자신의 향후 진로를 설정하고 실제로 직업의 세계로 나아갈 수 있도록 기본 교육과정의 실과연계를 비롯해 선택 중심 교육과정의 직업 교과목과 관련성을 갖도록 되어 있다. 이러한 내용 구성에 따라 진로와 직업과를 학교 현장에서 직접 지도하게 될 예비교사들이 교재 · 교구를 잘 활용하여 교육 내용을 가르칠 수 있도록 기본 교육과정 중학교 및 고등학교 진로와 직업과와 선택 중심 교육과정의 직업 교과목의 활용 사례를 제시하여 이해를 돕고자 한다.

1) 기본 교육과정 중학교 진로와 직업

다음은 기본 교육과정 중학교 진로와 직업과 '1. 나의 정보' 단원 및 '2. 나의 장단점' 제재에서의 교재 · 교구 활용 사례이다. 학급 단위에서 각 학생이 학습 목표에 도달할 수 있도록 성취기준을 확인하고 도입 · 전개 · 정리 및 평가로 이어지는 일련의 교수 · 학습 과정에서 적합한 교재 · 교구를 사용하며, 지도 중점 사항 및 유의점을 고려한다. 효과적인 교수 · 학습 과정과 교과서, 교사용 지도서, 동영상, 피티, 그림, 학습지의 활용 내용을 살펴보면서 교재 · 교구 활용 능력을 향상시키도록 한다.

(1) 단원 및 제재

구분	내용
단원	1. 나의 정보
제재	2. 나의 장단점
학습 목표	나의 장단점을 소개한다.
성취기준	[9진로01-02] 자기의 소중함을 알고 장점과 단점을 파악하여 자신을 긍정적으로 소개한다.
교수 · 학습 개요	① 도입 – 장점과 단점이 무엇인지 이야기하기 ② 전개 – 장점과 단점 알아보기 　　– 자신의 장점과 단점을 보기에서 골라 자석판에 쓰기 　　– 나의 장점과 단점을 친구들에게 이야기하기 　　– 장점과 단점이 꿈을 이루는 데 어떤 역할을 하는지 알아보기 ③ 정리 및 평가 – 친구들의 장점과 꿈 응원하기

지도 중점 사항	나의 장단점을 알고 다른 사람에게 소개한다. 또한 자신의 꿈을 이루는 데 있어 장점을 개발하고 단점을 극복하려는 긍정적인 마음을 갖도록 한다.
지도의 유의점	단점보다는 장점을 강조하여 지도하고, 다양한 자료를 활용하여 자신을 긍정적으로 인식할 수 있도록 한다.
교수·학습 자료	나의 장단점 알기 피티 자료, 재주 많은 다섯 형제 동영상, 장단점 자석판 학습지, 장단점 자석판, 종이 자석, 장단점 카드, 활동지

(2) 교재·교구의 제시

순서	교재·교구	교재·교구의 활용 내용	관련 자료
1	교과서	학생들에게 학습하게 될 교과서의 내용을 제시하면서 학습의 목표와 도입, 전개, 정리를 소개함. 학생들이 제시된 교과서의 활동, 그림, 대화글 등을 살펴보면서 장점과 단점에 대한 학습 동기를 갖고 수업에 참여하도록 함	

2	교사용 지도서	① 학습 목표, 지도 중점 사항, 지도의 유의점, 교수 · 학습 자료, 교 수 · 학습 활동 등의 내 용 확인 ② 교수 · 학습 전개에 따 른 교재 · 교구의 제시 시점 확인 ③ 장단점 활동지 제작 및 준비

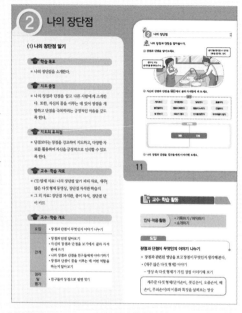

| 3 | 동영상 | 〈재주 많은 다섯 형제〉 동
영상 자료를 제시하여 다
섯 형제의 이름과 특징을
살펴보면서 장점과 단점
이 무엇인지 이야기함. 동
영상 자료를 통해 학생들
이 수업에 대한 흥미와 집
중도를 높이고 학습 목표
와 내용을 예측할 수 있도
록 함 |

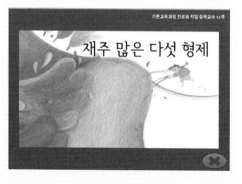

| 4 | 피티 | ① 학습 목표와 교수 · 학
습 활동의 주요 내용을
교사, 학생(전체)이 함
께 확인하기 위해 제시
② 피티 자료를 보며 준
우의 장점(행동이 빠른
것), 장점의 이유(시간
절약, 작업량)를 살펴보
며 장점의 뜻을 학습함 |

5	그림	① 나와 친구들의 장점, 단점을 살펴보는 역할극을 할 수 있도록 그림 자료를 활용하여 제시 ② 교과서에 나온 '준우'의 예를 참고하여 자신의 장점, 단점을 꿈과 연관 지어 이야기하기
6	학습지	① 자석판의 장점 극과 단점 극에 자신의 장점 및 단점과 관련 있는 말을 찾아서 오려 붙이거나 직접 쓰도록 함 ② 학습지를 완성하여 자신의 장점을 긍정적으로 바라보고 꿈과 연관 지어 사고할 수 있도록 함
7	활동지	장점을 소개하는 활동지, 장점과 단점에 관한 생각의 전환을 위한 활동지, 다양한 장점과 관련된 단어 카드 활용 활동지, 장점 알아보기 활동지 등 학생들이 긍정적인 자기 인식을 갖고 학습 내용을 확장할 수 있도록 활동지 제시

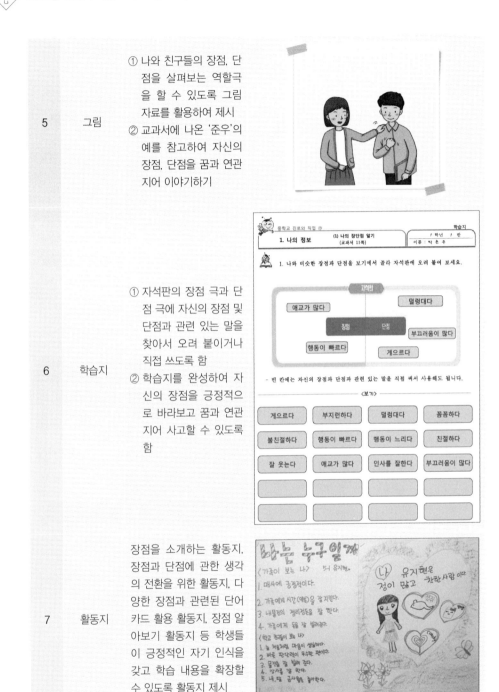

2) 기본 교육과정 고등학교 진로와 직업

다음은 기본 교육과정 고등학교 진로와 직업과 '9. 서비스업 탐색과 체험' 단원 및 '1. 서비스업 탐색' 제재에서의 교재 · 교구 활용 사례이다. 효과적인 교수 · 학습 과정과 교과서, 교사용 지도서, 동영상, 피티, 그림, 학습지, 활동지의 활용 내용을 살펴보면서 교재 · 교구 활용 능력을 향상시키도록 한다.

(1) 단원 및 제재

구분	내용
단원	9. 서비스업 탐색과 체험
제재	1. 서비스업 탐색
학습 목표	조리 분야 직업을 안다.
성취기준	[12진로02-06] 지역사회에서 접할 수 있는 서비스업 직종을 탐색하고 체험한다.
교수 · 학습 개요	① 도입 – 조리하는 모습 살펴보기 ② 전개 – 조리 분야 직업과 하는 일 살펴보기 　　　　– 조리에 필요한 도구나 기기 알기 ③ 정리 및 평가 – 조리 분야 직업에 대해 발표하기
지도 중점 사항	조리 분야 직업과 하는 일을 살펴보고, 조리에 사용되는 도구나 기기를 알아봄으로써 조리 직업을 탐색하도록 한다.
지도의 유의점	① 교과서에 제시된 내용으로 한정하기보다 다양한 조리 관련 직업과 하는 일, 조리 도구나 기기를 찾아보도록 한다. ② 인터넷, 도서 등 다양한 방법을 이용하여 학생들이 자기 주도적으로 조리 분야 직업에 대해 알아보도록 한다.
교수 · 학습 자료	조리하는 사진(제과 제빵사, 바리스타, 조리사), 조리 도구 및 기기 사진, 바리스타의 커피 제조 동영상, 조리 분야 직업 관련 피티 자료, 학습지

(2) 교재 · 교구의 제시

순서	교재 · 교구	교재 · 교구의 활용 내용	관련 자료
1	교과서	① 도입: 조리하는 모습의 사진을 살펴보며 조리 경험, 조리 직업과 도구 등에 관하여 이야기하기 ② 전개: 조리 분야 직업과 하는 일 살펴보기 ③ 정리: 조리 분야 직업을 주제로 발표하기	
2	교사용 지도서	① 학습 목표, 지도 중점 사항, 지도의 유의점, 교수 · 학습 자료, 교수 · 학습 활동, 선택활동 등의 지도 내용 확인 ② 학급 및 개인별 수준에 따라 교수 수정에 관한 내용 정리 ③ 교재 · 교구의 제시 시점 확인	

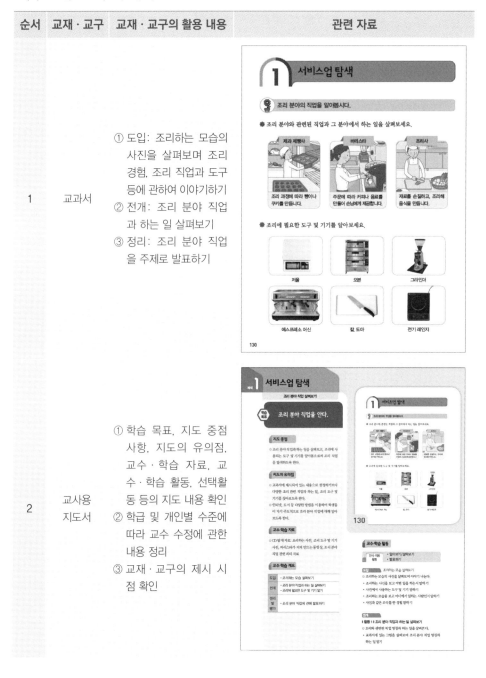

3	동영상	교과서에 제시된 조리 분야의 직업 중 바리스타를 제시함. 학생들이 바리스타의 커피 제조 영상을 시청함으로써 서비스업에 대한 호기심을 갖고 조리 분야에 대한 이해에 도움이 되도록 함	바리스타가 커피 만드는 동영상
4	피티	① 학습 목표와 교수·학습 활동의 주요 내용을 교사, 학생(전체)이 함께 확인하기 위해 제시함 ② 조리 분야에서 하는 일, 제과 제빵사·바리스타·조리사의 직업 이름과 하는 일, 조리 도구 및 기기의 명칭과 용도를 확인하기 위해 제시함	
5	그림	① 조리 분야 직업의 이름과 하는 일에 대한 이해도를 높이기 위해 TV나 태블릿 PC 모니터에 그림 화면을 제시하여 설명함 ② 그림 자료를 활용하여 이해를 돕기 위한 교구 및 학습지를 만들어 제시함	
6	사진	조리에 필요한 도구 및 기기의 명칭과 용도를 알아보는 활동으로 실제 사진 자료를 제시함. 예를 들어, '에스프레소 머신'은 압력을 이용하여 에스프레소를 빠르게 추출할 때 사용하는 조리 기기라는 것을 설명함	에스프레소 머신

| 7 | 학습지 | ① 제빵사 · 바리스타 · 조리사의 하는 일과 도구를 연결하는 학습지를 제시하여 학습한 내용을 확인함 ② 학습지 결과를 바탕으로 보충학습 혹은 선택(확장) 학습을 실시하여 개인별 학업 성취도가 향상되도록 함 |

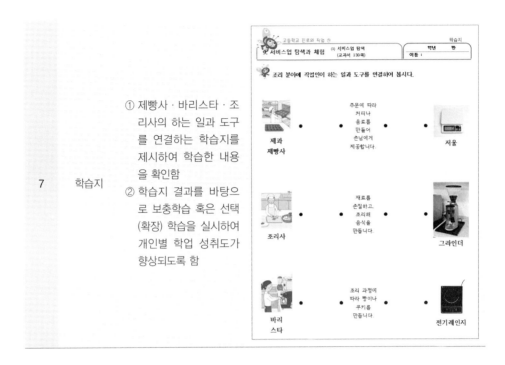

3) 선택 중심 교육과정 직업 교과목

다음은 선택 중심 교육과정 직업 교과목 중 직업준비 교과 '4-2. 취업 준비' 단원 및 '11. 모의 면접' 제재에서의 교재 · 교구 활용 사례이다. 효과적인 교수 · 학습 과정과 교과서, 교사용 지도서, 동영상, 피티, 그림, 사진, 학습지의 활용 내용을 살펴보면서 교재 · 교구 활용 능력을 향상시키도록 한다.

(1) 단원 및 제재

구분	내용
교과	직업준비
단원	4-2. 취업 준비(취업 서류와 면접)
제재	11. 모의 면접
학습 목표	모의 면접에 참여할 수 있다.
성취기준	[12진로04-06] 면접에 적절한 대화 방법을 익히고 다양한 면접 상황에 참여한다.

교수 · 학습 개요	① 도입 – 모의 면접의 의미 알기 ② 전개 – 모의 면접 하는 방법 익히기 　　　 – 면접 시 자기소개하기 　　　 – 모의 면접 참여하기 ③ 정리 및 평가 – 모의 면접 평가하기
지도 중점 사항	모의 면접에 대한 개념 지도보다는 실제적인 면접 장면(동영상, 사진, 역할극 등)을 통해서 면접 기술을 익힐 수 있도록 한다.
지도의 유의점	① 학생들이 단계적인 모의 면접 참여와 역할극(면접자와 면접관)을 통해서 자신의 부족한 점을 평가하고 보완하도록 한다. ② 교실에서 기초적인 절차를 습득한 후에는 취업 면접환경에 가까운 교무실, 상담실 등에서 실습하며 면접 수행 능력이 향상되도록 한다.
교수 · 학습 자료	면접 관련 동영상(면접 태도 및 기술), 피티, 그림, 사진, 역할극 관련 자료(면접 시나리오, 면접표, 면접 질문지, 촬영기기 등), 모의 면접 점검표

(2) 교재 · 교구의 제시

순서	교재 · 교구	교재 · 교구의 활용 내용	관련 자료
1	교과서	학생들에게 학습하게 될 교과서의 활동 내용을 제시하면서 학습의 목표와 도입, 전개, 정리를 소개함. 면접 그림을 보면서 모의 면접 상황을 이해하고 면접 예상 질문지와 자기소개 글을 읽어 보면서 면접 기술을 익히도록 함	

2	교사용 지도서	① 학습 목표, 지도 중점 사항, 지도의 유의점, 교수 · 학습 활동 및 자료 등의 지도 내용을 확인함 ② 모의 면접 예상 질문지, 자기소개 방법, 모의 면접 역할극 준비와 관련 자료를 제시함	
3	동영상	시간 준수, 직무 역량 강조, 구체적인 강점 설명 등 자기소개서 작성 시 유의 사항에 관한 동영상과 면접 태도에 대한 두 가지 사례를 비교하는 동영상을 시청하면서 면접 태도를 익히도록 함	
4	피티	학생들에게 문제중심학습(PBL)을 응용한 피티 자료를 제시하여 면접 절차를 이해하고 바른 면접 용모와 복장 및 태도를 익힐 수 있도록 함. 모의 면접 상황을 통해 면접관과 면접자의 역할을 파악하여 역할극에 참여하도록 함	

| 5 | 그림 | 모의 면접 상황 4가지(① 면접 대기, ② 인사, ③ 자기소개, ④ 면접 질문과 답변) 그림 자료를 활용하여 단계별 수행 방법을 설명함. 단계적인 참여를 통해서 자신의 부족한 점을 평가하고 보완할 수 있도록 함 | 
↑ 모의 면접 연습하기 |

| 6 | 사진 및 촬영 영상 | 자신의 모습을 관찰할 수 있는 면접 사진 및 동영상 촬영을 실시하여 수업 참여도를 높이고 면접 기술을 익히도록 함. 자신의 면접 사진과 촬영 영상을 통해 모의 면접 평가지의 평가 자료로 활용함 |  |

| 7 | 모의 면접 점검표 | ① 면접 점검표를 통해 학생들이 면접 평가 기준(복장과 태도, 표현력, 판단력, 적극성, 성실성, 인성)을 확인함
② 모의 면접을 한 후 점검표를 작성하여 결과를 토대로 칭찬과 보완할 점을 확인함 | 활동지
모의면접표　　　　학년　반 이름:

※ 실제 학급에서 모의면접의 평가에 참여한 후에 친구들의 평가표를 작성해 봅시다. |

모의 면접 점검표 평가 내용:

평가 영역	평가 요소	매우 우수 5	우수 4	보통 3	미흡 2	매우 미흡 1
복장과 태도	용모가 단정한가?					
	자세가 바른가?					
	침착한가?					
	대답하는 태도가 확실한가?					
표현력	용어가 적절한가?					
	목소리가 명료한가?					
	간결하고 정확하게 표현하는가?					
	자기 생각을 충분하게 전달하는가?					
판단력	정확하게 이해하고 있는가?					
	신속하게 이해하고 응답하고 있는가?					
	결단력이 있고 판단 능력이 있는가?					
적극성	근면하고 활기찬 성격인가?					
	어려운 일을 자진해서 수행할 수 있는가?					
	어려운 일을 극복할 수 있는 성격인가?					
성실성	의지가 굳은가?					
	성실하고 자신감이 있는가?					
	신뢰감과 사명감이 있는 사람인가?					
인성	인생관이 바람직한 사람인가?					
	대인 관계가 원만한 사람인가?					
	배려심이 있는 사람인가?					

면접 평가 결과표

면접관	복장과 태도	표현력	판단력	적극성	성실성	인성	총점	개선해야 할 점
면접관 1	4	4	3	3	2	3	19	성실성부족
면접관 2								
면접관 3								

4) 전자 저작물

　진로와 직업과의 전자 저작물은 진로와 직업 교과서 및 지도서와 유기적으로 연계된 교수매체로 개발되었으며, 학교급별로 생활연령을 고려한 풍부하고 구체적인 교수 · 학습 및 평가 자료를 제시하고 있다. 전자 저작물의 내용 선정과 조직은 ① 교과서의 제재 및 학습 활동과 연계된 멀티미디어, ② 교과서에 제시된 학습 활동 및 과제 활동을 하는 데 도움이 되는 참고자료, ③ 교과서에 수록된 내용을 심층적으로 이해하는 데 도움이 되는 자료, ④ 학습의 흥미를 유발하는 데 도움이 되는 참고자료, ⑤ 전자 저작물의 활용 방법 및 저작권 이용에 관한 주의사항으로 구성되어 있다.

순서	전자 저작물	내용	관련 자료
1	사용 방법	① PC에 DVD를 넣고 DVD 폴더로 들어가서 '시작' 파일을 실행 ② 4개의 DVD로 구성(가-1, 가-2, 나-1, 나-2) ③ 잠시 기다리면 자동으로 교과서 내용 선택 화면으로 이동	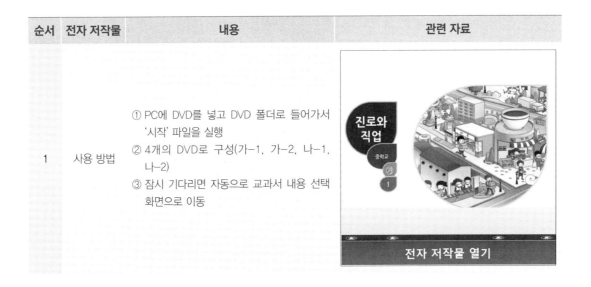

2	활동 찾아가기	① 교과서: 진로와 직업 전자 저작물은 http://vedu.kr/누리집을 통해서도 자료 활용이 가능 ② 지도서: 단원명을 클릭하면 단원 전체의 지도서 내용이 PDF로 열림 ③ 쪽: 클릭하면 해당 쪽 교과서 내용이 양면에 펼친 모습으로 열림 ④ 사용설명: 전자 저작물 사용에 대한 설명	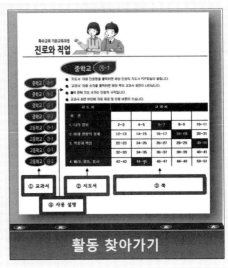

3	활동하기	① 앞 쪽으로 가기: 클릭하면 교과서 앞 활동 화면으로 이동 ② 자료 열기: 교과서와 지도서의 PDF 파일, 피티 자료, 그림 또는 사진 자료, 동영상 자료, 학습지 및 평가지를 열거나 다운로드 ③ 내용 보기: 교과서의 활동 내용 ④ 다음 쪽으로 가기: 클릭하면 다음 활동 화면으로 이동	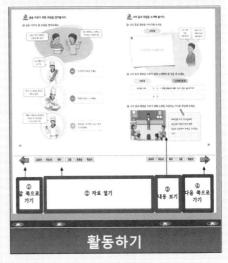

4	자료 설명	① 교과서: 화면에 있는 교과서의 활동 내용이 PDF 파일로 열림 ② 지도서: 활동에 대한 교사용 지도서 PDF 파일이 열림 ③ 피티: 활동과 관련된 프레젠테이션 파일(PPTX)을 제공 ④ 그림: 교과서 삽화 또는 사진을 활동에서 제시하는 순서대로 제공 ⑤ 동영상: 활동과 관련된 동영상 제공 ⑥ 학습지 및 평가지: 활동과 관련된 학습지 및 평가지를 한글 워드(HWP)로 제작하여 제공	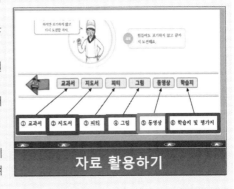

🔷 3. 교재 · 교구의 활용

학교에서 활용하는 직업교육용 교재 · 교구는 진로와 직업 교과용 도서 외에 학생의 장애 종류와 특성, 교육과정, 중점사업, 교사의 성향 등을 고려했을 때 그 종류가 매우 다양하다. 최근에는 학생들이 실제 취업 현장에 가까운 직무를 경험할 수 있도록 가상현실(Virtual Reality: VR)을 활용한 교재 · 교구가 개발되어 보급되는 등 직업교육을 지도하는 교사들의 교재 · 교구 활용 능력이 어느 때보다 중요하게 요구된다. 다음에 제시되는 사례들을 통해 다양한 직업교육과정에서 교재 · 교구를 활용할 수 있는 역량을 높일 수 있도록 한다.

1) 교과

학교에서의 진로와 직업교육을 위해 활용되는 도움서와 교수 · 학습 콘텐츠는 국립특수교육원에서 주도적으로 개발 및 보급하고 있으며, 한국장애인고용공단, 한국장애인개발원, 시도교육청 교육사업 및 교원학습공동체 등에서 개발하고 있다. 국립특수교육원에서 진로와 직업교육용으로 개발한 주요 도움서로는 ① 장애학생을 위한 직무매뉴얼(사무보조, 세탁, 농업, 음식 서비스, 포장 · 조립), ② 도서관 사서 보조 교수 · 학습 지도서, ③ 장애학생 자립생활 훈련 교수 · 학습자료 사회 적응 및 일상생활 활동, ④ 장애학생 직업훈련 실습교구 매뉴얼, ⑤ 장애학생 지역 사회 현장실습 운영 매뉴얼, ⑥ 특수학교(급) 전공과 교육과정 운영 도움서, ⑦ 장애학생 교과연계 전환 역량 향상 프로그램, ⑧ 특수교육대상자 학습 중심 현장실습 운영 사례집, ⑨ 장애학생 진로 · 직업 교수 · 학습 자료 공모전 자료집 등이 있다. 또한 국립특수교육원에서 진로와 직업교육용으로 개발한 주요 콘텐츠로는 ① 조립 · 운반 · 포장 직무, ② 주방보조 직무, ③ 대인서비스 직무, ④ 생활 속의 직업교육, ⑤ 직업현장실습이 있고, 체험형 컨텐츠로는 ① 사서보조 직무 배우기, ② 금융기관 이용하기, ③ 바리스타 직무체험 등이 애플리케이션으로 개발되어 컴퓨터 및 휴대전화를 이용하여 직업교육에 활용되고 있다. 그 밖에 현장실습용 실감 (VR) 반응형 콘텐츠가 개발 및 보급되고 있으며, 서울발달장애인훈련센터에서는 '슬기로운 직업 생활' 등 동영상 교육 자료와 전자책이 개발되어 활용되고 있다.

교재 · 교구	내용	관련 자료
장애학생 교과연계 전환 역량 향상 프로그램	• 활용 대상: 중 · 고 특수학교(급) 및 전공과 장애학생, 특수교사 • 주요 내용: 자립 · 직업 · 계속교육 · 공통영역의 전환 역량 교육 • 활용 방법: 진로와 직업 및 선택 중심 교육과정 전문 교과 • 접속 방법: 국립특수교육원 누리집–에듀에이블–진로고등	
장애학생 진로교육 콘텐츠	• 활용 대상: 초 · 중 · 고 특수학교(급) 및 전공과 장애학생, 특수교사 • 주요 내용: 직무교육, 현장실습, 직업 안전 및 예절 등 • 활용 방법: 진로와 직업 및 선택 중심 교육과정 전문 교과 • 접속 방법: 국립특수교육원 누리집–에듀에이블–진로고등	

2) 창의적 체험활동

　특수교육 초 · 중등학교 교육과정 편성 · 운영의 기준(교육부 고시 제2015-81호)에 따르면 학생들의 발달 수준, 학교의 여건 등을 고려하여 교과(군)별 50% 범위 내에서 시수를 감축하여 창의적 체험활동(creative activity)을 편성 · 운영할 수 있다. 창의적 체험활동은 자율활동, 동아리 활동, 봉사활동, 진로활동의 4개 영역으로 구성되며, 교재 · 교구는 '창의 인재 양성 교육의 실천'이라는 창의적 체험활동의 교육 목적에 맞게 학습자의 경험과 활동 중심으로 구성하도록 한다. 창의적 체험활동의 진로활동 영역 중에서 교사용 지도서, 동영상, 그림, 사진, 평가지의 활용 내용을 살펴보면서 교재 · 교구 활용 능력을 향상시키도록 한다.

영역	진로활동	단원	진로 인식 및 탐색
활동 주제	직업 인식과 탐색	제재	다양한 직업의 세계
활동 내용	직업의 종류 알아보기 2. 직업이 필요한 이유 알아보기		

교재 · 교구	교재 · 교구 활용 내용	관련 자료
교사용 지도서	교수 · 학습 활동의 제재와 활동 내용을 확인하여 주요 교재 · 교구의 제시 시점을 확인함. 활동 1에서는 직업의 종류와 하는 일, 활동 2에서는 직업이 필요한 이유를 알아보는 활동을 함	
동영상	동영상 1 '할 수 있어요' 자료를 시청하며 생활 속에는 다양한 직업이 있다는 것을 학습함. 동영상 2 '아이엠 그라운드 직업 이름 말하기' 게임을 통해 직업의 이름과 하는 일을 학습함	
그림	직업 사진을 통해 다양한 직업의 종류와 하는 일, 직업이 필요한 이유를 학습함. 학생들의 학습 참여와 흥미를 높이기 위해 피자를 만드는 데 필요한 사람들과 연관 지어 학습함	

사진	거리의 간판 사진을 제시하여 연관된 직업의 이름과 하는 일을 학습함. 또한 진로 정보망 커리어넷 사진과 사이트를 제시하여 진로 정보 및 학년별 교육 자료를 학습함
평가지	평가지를 제시하여 학습 목표와 학습 내용에 따라 직업의 종류와 하는 일, 일의 가치에 대한 학습 평가를 실시함. 평가 결과를 바탕으로 학급 및 개인별 보충 · 심화 학습을 실시함

3) 교내 · 외 직업교육 실습

직업교육 실습은 장애학생의 직업 인식 · 적용 · 실천과 기술습득을 위한 중요한 교육활동으로서 학교에서 직업교육의 효과를 높이기 위한 현장 중심 직업실습이 강조되고 있다. 변화하는 산업동향과 장애의 종류, 지역사회 특성 등 교내 · 외 직업실습의 내용이 다양해지는 상황에서 활용되는 교재 · 교구의 몇 가지 사례를 살펴보면서 적용 방안을 탐색하도록 한다.

(1) 모의 작업훈련 교구

워크 액티비티(work activities), 퍼듀 펙보드(purdue pegboard), 그루브드 펙보드(grooved pegboard), 국립특수교육원의 A형(영역별 물품포장)과 B형(손기능) 훈련 세트, VID 장애학생 직업훈련도구 등이 장애학생의 작업훈련 및 평가도구로 널리 활용된다.

| 워크 액티비티 | 퍼듀 펙보드 | A형과 B형 훈련세트 | VID 장애학생 직업훈련도구 |

(2) 직업훈련 교구

장애인 고용 분야 중심의 직업훈련으로는 바리스타, 제과제빵, 사서보조, 패스
트푸드, 세차, 미용, 세탁, 조립 · 포장, 운반, 농수산업 등이 있고 관련된 직종의
직업훈련 도구 및 기기들이 직업교육에 활용된다.

| 커피머신 | 북트럭 | 식기세척기 | 스마트 팜 온실 |

(3) 현장실습 교재 · 교구

사업체 및 지역사회 내 직업재활시설과 복지기관에서 현장 적응 능력을 높이기
위해 실습 전 안전교육 자료(인권, 안전 등), 직무분석표, 작업지시서, 현장실습일
지, 이미지 메이킹 교재 · 교구, 보조공학기기 등이 활용된다.

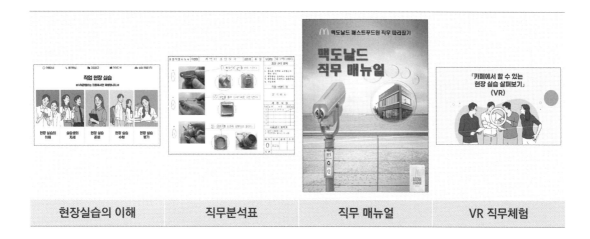

현장실습의 이해	직무분석표	직무 매뉴얼	VR 직무체험

(4) ICT(정보통신기술) 활용 교재 · 교구

직업인식, 직무체험, 직종탐색, 직업훈련 등 다양한 직업교육 과정에서 장애학생들의 직업흥미를 높이고 교육적 성취를 향상시키기 위하여 가상현실(VR), 전자책(e-book), 애플리케이션, 동영상 등의 정보통신기술이 개발 및 활용된다.

가상현실(VR)	전자책(e-book)	애플리케이션	온라인 학습자료

4) 자유학기(년)제

중학교 자유학기(년)제는 「초 · 중등교육법 시행령」 제42조 제2항을 근거로 자신의 적성과 미래에 대해 탐색하고 설계하기 위한 학생 중심의 경험을 제공하기 위하여 진로 탐색 활동, 주제선택활동, 예술 · 체육 활동, 동아리 활동으로 운영된다. 특히 진로 탐색 활동은 초등학교(진로 인식)-중학교(진로 탐색)-고등학교(진로 준비와 설계) 과정으로 이어지는 장애학생 진로교육이 활성화되기 위한 목적으로 운영되는데, 직종탐색, 직무체험, 이미지 메이킹 등 특수학교에서 운영한 자유학기(년)제 진로 탐색 교육활동 사례를 살펴보면서 교재 · 교구의 적용 방안을 탐색하도록 한다.

○○학교 진로 탐색 활동 주제	진로 탐색 활동 〈너의 꿈을 잡(JOB)아라!〉 활동 내용
내가 생각하는 나의 모습	나의 장점 소개하기, 나와 친구의 장점 카드 만들기
직업평가	발달장애인용 그림직업흥미검사, 시 · 지각 협응 검사
직종탐색	위캔(WE CAN) 쿠키 만들기, 사전 · 후 학습 및 직무연습
생생! 교내 직종체험 1	생활 공예 직종체험(머리끈, 연필꽂이)
진로체험 버스	교내 진로체험 버스(방송 댄스, 뉴 스포츠 외)
생생! 교내 직종체험 2	생산기능 직종체험(워크샘플, 직업훈련도구)
생생! 교내 직종체험 3	음식 서비스 직종체험(초콜릿, 바리스타 체험)
직업안전	직업 및 생활안전 교육(송파안전체험관)
생생! 교내 직종체험 4	도시농부 원예체험(텃밭 가꾸기, 식용 꽃을 활용한 케이크 만들기)
더욱 멋진 나의 모습	이미지 메이킹 수업
너의 꿈을 잡(JOB)아라!	잡(JOB)은 꿈 발표

꿈길(교육부 진로체험 누리집)

5) 지역사회 중심 교수

지역사회 중심 교수는 버스, 지하철 등의 교통기관 이용하기, 카페, 편의점 등의 편의시설 이용하기, 극장, 노래방 등 여가시설 이용하기와 같이 장애학생이 지역사회의 구성원으로 살아가는 데 필요한 핵심적인 기술들을 습득하는 것을 의미한다(교육부, 2018j; 장혜성, 김수진, 이지영, 2020). 하지만 충분한 준비 없이 지역사회 현장에서 교육한다면 장애학생이 지역사회 적응 기술을 습득하는 데 어려움이 있을 뿐만 아니라, 위험에 노출되거나 빈번한 실수로 인해 지역사회 주민들에게 장애인에 대한 부정적인 인식을 줄 수 있기 때문에 교사는 장애학생의 생활연령에 알맞게 사전 준비를 해야 한다(이희연, 채수정, 2019). 따라서 동영상, 피티, 사진, 구입 목록표 등의 교재 · 교구를 사용하여 지역사회 중심 교수를 가르칠 수 있는 능력을 신장하도록 한다.

교과서(직업 생활과 여가)

동영상 자료

파워포인트(마트 이용하기)

누리집(대형마트)

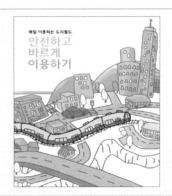

| 교육용 애플리케이션(키오스크 사용 방법 익히기) | 전자책(도시철도 이용하기) |

 활동하기

- 진로와 직업 전자 저작물의 사용 방법을 익혀 보세요.
- 기본 교육과정 중학교 및 고등학교 진로와 직업과에서 교수 · 학습 자료로 활용된 다양한 교재 · 교구를 파악해 보세요.
- 선택 중심 교육과정 직업 교과목에서 교수 · 학습 자료로 활용된 교재 · 교구를 파악해 보세요.

제11장

진로와 직업과 교수 · 학습 계획안

황윤의, 이현주

개요

학생들이 장차 교수자가 되어 학습자의 수업을 맡아서 학습 목표에 도달하기 위해서는 교수 · 학습을 어떻게 할 것인지에 대한 방법을 체계적으로 구상하는 교수 · 학습 계획안을 작성해야 한다. 장애학생의 수업은 장애 유형, 장애 정도, 환경 등 여러 가지를 고려했을 때 성공적인 수업이 이루어질 수 있다. 따라서 학생 수준에 맞는 학습 목표 수립, 평가 방법, 학생 실태로 행동특성과 학습특성, 교수 · 학습 방법 등이 제시된다. 이 장은 교수 · 학습 계획안의 이해, 교수 · 학습 계획안 작성 준비, 교수 · 학습 계획안 작성의 실제, 본시 교수 · 학습 계획안 작성의 실제로 구성되어 있다.

구성 내용

1. 교수 · 학습의 계획
2. 교수 · 학습 계획안의 이해와 작성 준비
3. 교수 · 학습 계획안 작성의 실제
4. 본시 교수 · 학습 계획안 작성의 실제

1. 교수 · 학습의 계획

1) 수업설계

수업은 학습자의 학습을 촉진하는 체계적으로 계획된 일련의 교육활동으로 구성된다. 수업은 학습에 영향을 미치는 다양한 사건의 집합으로, 학습 목표를 효과적이고 효율적으로 달성하기 위해 학습자에게 의도적으로 계획된 경험을 제공한다(변영계, 이상수, 2003). 즉, 교육이란 교사가 행하는 수업행위에만 국한되는 것이 아니라, 수업을 사전에 계획하고 실행하며 사후에 평가 및 개선하는 체계적인 수업설계 과정을 내포한다. 체계적으로 계획된 수업은 학습자의 개인차뿐 아니라 다양한 특성과 요구를 고려한 최적의 수업 진행을 이끌고, 학습자의 적극적인 수업 참여를 높이며, 학습 목표의 효과적인 달성과 수업개선 효과를 가져온다(정동영 외, 2015). 따라서 교사는 교실에서의 수업 전문성과 더불어 효율적인 수업을 위해 주도적으로 교육활동을 계획, 개발, 실행, 평가하는 수업설계 전문성을 갖추어야 한다.

수업설계는 특정 교과나 프로그램에 대한 교수활동을 위하여 실제적인 절차를 조직하는 전략 및 방안으로 수업 프로그램을 설계, 제작, 실행, 평가하는 체계적 과정을 의미하며(윤관식, 2013, p. 29), 양질의 수업을 운영하기 위한 과학적인 접근 방법이다(변영계, 이상수, 2003). 일반적으로 [그림 11-1]과 같이 수업설계 과정은 수업의 계획, 개발, 시행, 평가로 구분한다. 수업설계의 가장 기본적인 모형으로 ADDIE 수업설계 모형이 있으며, 이는 분석(Analysis; 요구분석, 학습자 분석, 환경 분석, 직무 및 과제분석), 설계(Design; 목표 명세화, 평가 도구 설계, 계열화 및 구조화, 교수 전략 및 매체 선정), 개발(Development; 교수 자료 개발, 형성평가 및 수정, 제작), 실행(Implementation; 사용 및 설치, 유지 및 관리), 평가(Evaluation; 총괄평가)라는 5단
계로 구성된다. 이러한 단계들은 선형적 혹은 순환적으로 진행되므로, 체계적이
고 신뢰적이며 순환적이고 경험적이라는 특성을 지닌다(정동영 외, 2015).

[그림 11-1] 수업설계의 과정

　진로와 직업과는 장애학생이 자신의 진로 및 직업에 대한 방향을 설정하고, 직
업의 기초 능력 및 기능적 생활 중심의 기능을 습득하여 장차 사회에서 안정된 직
장생활 혹은 성인으로서 지역사회 내에서 생활하는 삶을 영위하도록 지원하는 결
과 지향적인 성격을 지닌 교과이다. 또한 공통 교육과정 및 선택 중심 교육과정의
적용이 어려운 중도장애 학생을 대상으로 실생활 중심의 내용으로 구성되어 기능
적인 측면이 강조된다. 질 높은 진로와 직업 수업 운영을 위해서는 결과 지향적이
고 기능적인 관점이 반영되어 수업설계가 이루어질 필요가 있다. 이러한 수업설
계 측면에서 진로와 직업과 지도 과정을 살펴보면 다음과 같다(교육부, 2015a). 첫
째, 학생의 현재 성취 수준을 평가하고 직업에 대한 관심을 분석하여 진로와 직업
과 학습 계획 수립과 지도의 기초로 삼는다. 둘째, 분석한 결과를 바탕으로 장기
목표와 단기 목표를 설정하고, 진로와 직업과에 대한 개별화교육계획을 수립한
다. 셋째, 진로와 직업과 관련 목표를 달성할 수 있는 구체적인 교수·학습 방법
을 설정한다. 넷째, 구체적인 계획에 근거하여 실제 수업을 실시한다. 다섯째, 교
육 목표 달성 여부를 점검하는 평가 및 수정 과정을 가진다.

2) 수업단계에 따른 교수·학습 활동

　수업은 일반적으로 수업 계획, 수업 실행, 수업 평가의 단계로 구분된다(박숙희,
염명숙, 2007). 첫째, 수업 계획 단계에서는 효과적인 수업 운영을 위해 학습 목표
설정, 학습 내용 분석, 학습자 특성 파악, 교수·학습 방법 결정, 평가 계획 수립
등을 포함하는 수업의 전반적인 과정을 계획한다. 둘째, 수업 실행 단계에서는 본

격적인 교수 · 학습 활동이 전개되며, 교사는 계획하였던 수업을 학습자에게 효과
적으로 전달한다. 이 단계의 수업절차는 일반적으로 도입 단계, 전개 단계, 정리
단계로 구분되며 일련의 단계들은 원활하게 이루어진다. 셋째, 수업 평가 단계에
서는 형성평가, 총괄평가, 수행평가 등의 방법을 활용하여 학습 목표의 달성 여부
평가, 수업 실행 과정의 점검이 이루어진다. 여기서는 수업 실행 단계의 수업절차
인 도입, 전개, 정리 단계에 따른 교수 · 학습 활동을 간략하게 제시한다.

(1) 도입 단계

  도입은 본시 수업이 시작되는 단계로 전체 수업시간의 약 10%를 차지한다. 도
입 단계는 새로운 학습 내용이나 활동으로 안내하고 준비하는 과정으로, 수업환
경 및 분위기 조성, 선수학습 상기, 학습자의 동기 유발, 학습할 내용이나 과제의
명확한 제시 등 일련의 활동들을 제시한다. 도입 단계의 주요 교수 · 학습 활동
은 〈표 11-1〉과 같다.

〈표 11-1〉 도입 단계의 주요 교수 · 학습 활동

구분	교수 · 학습 활동
수업 분위기 조성[a]	• 학습 환경 점검하기 • 학생들과 인사 나누기(예: 이름 부르기, 손뼉 치기 등) • 교과나 학생의 특성에 맞게 자리 배치하기 • 다양한 활동으로 수업 분위기 조성하기
선수학습 상기[a]	• 본시 학습과 관련 있는 지난 학습경험 상기시키기 • 시청각 자료를 활용하여 선수학습 상기시키기 • 발문 기법 활용하기
동기 유발[a]	• 본시 학습과 관련 있는 흥미, 경험 등을 환기하는 시청각 자료 활용하기 • 실생활에서 친숙한 소재 활용하기 • 평소 학생들과 나누었던 대화 사용하기 • 본시 학습에 대한 궁금증이나 기대감 갖게 하기
학습 목표 제시[b]	• 다양한 방법을 통해 목표 제시하기 • 교실의 칠판, 컴퓨터 등 환경을 활용하여 상황과 목표를 연결 짓기 • 마술, 노래, 게임 등 신기한 방법을 활용하여 목표 제시하기 • 학습자의 활동을 유도하는 문장으로 목표 기술하기 • 다양한 사람을 활용하여 목표 제시하기

출처: a) 정동영, 하상근, 김용욱(2016), p. 264에서 재구성; b) 이경면(2018), pp. 136-138에서 재구성.

(2) 전개 단계

전개는 본시 수업이 진행되는 중심 활동에 해당하며 전체 수업 시간의 약 80%를 차지한다. 전개 단계는 학습자의 학습 목표 달성과 학습 과정을 촉진하기 위해 다양한 교수·학습 방법을 활용하여 학습 활동의 안내, 학습 내용의 제시, 교수·학습 활동, 학습자료의 제시가 이루어진다. 수업을 진행하는 도중에도 학습자의 동기부여가 이루어져야 하고 교사와 학생 간 피드백, 강화가 이루어진다. 전개 단계의 주요 교수·학습 활동은 〈표 11-2〉와 같다.

〈표 11-2〉 전개 단계의 주요 교수·학습 활동

구분	교수·학습 활동
학습 활동 안내[a]	• 학습자의 수준, 특성, 수업상황 등을 고려하여 안내하기 • 전체적인 수업 흐름 및 학습 내용을 단계별로 안내하기 • 학습 활동을 하면서 지켜야 하는 일을 안내하기 • 다양한 자료를 활용하여 학습 활동 안내하기
학습 내용의 제시[b]	• 학습 내용을 실제적인 방법으로 제시하기 • 핵심내용을 선택하여 강조하기(예: 언어적 표현, 판서, 컬러링 등) • 다양한 수업활동 활용하기(예: 문답, 소집단 토론 등) • 다양한 교수·학습 자료 활용하기(예: 시각, 청각, 촉각 자료 등)
교수·학습 활동[a, c]	• 학습자에게 활동할 기회를 제공하고 참여 유도하기 • 학습자에게 성취 기회를 제공하고 강화하기 • 학습자의 학습 상황에 대해 수시로 알려 주기 • 또래들과의 긍정적인 관계를 유도하기
학습자료의 제시[c]	• 수업의 핵심을 이해하고 이에 맞는 학습자료 활용하기 • 학습자 시선에서 최대한 정확하고 안정적으로 제시하기 • 적절한 양의 학습자료 제시하기 • 학습자료 탐색 시간을 충분히 제공하기 • 학습자료 사용 환경이나 조건을 사전에 검토하기 • 학습자료가 필요한 시기를 고려하기
피드백 제공[a]	• 학습자의 반응에 따라 교사가 적절하게 반응하기 • 옳은 대답에 대해 긍정적인 피드백하기 • 대답 중 정확하지 않은 곳 알려 주기 • 학습자의 대답을 반복하여 그 내용을 다시 확인하기 • 정확하고 구체적으로 피드백 제공하기 • 상황에 적절한 피드백을 일관되게 제공하기 • 교실을 순회하면서 직·간접으로 피드백 제공하기 • 행동, 객관적 사실, 구체적 상황에 맞추어 피드백 제공하기

동기부여[a)	• 학습자의 의견을 칭찬하고 격려하기 • 학습자의 실수를 허용적으로 응대하기 • 학습에의 호기심 유도하기 • 비판이나 질책보다는 격려와 칭찬하기 • 학습 수준과 학습 속도를 학습자 수준에 맞추기 • 학습자에게 성공할 기회를 제공하기 • 마술, 노래, 게임 등 신기한 방법을 활용하여 동기부여하기
강화[c)	• 강화를 표적행동의 발생 즉시 제공하기 • 강화물을 받는 행동이 무엇인지 분명하게 설명하기 • 연속 강화계획에서 간헐 강화계획으로 변화하기 • 강화의 질과 양을 고려하기 • 강화 제공자 고려하기 • 일관성 있는 강화계획 사용하기

출처: a) 정동영 외(2016), pp. 265-271에서 재구성; b) 정동영 외(2017), pp. 162-165에서 재구성; c) 이경면(2018), pp. 140-145에서 재구성.

(3) 정리 단계

정리는 본시 수업의 마무리 단계로 전체 수업시간의 약 10%를 차지한다. 정리 단계는 학습한 내용에 대한 요약 및 정리, 학습과정 및 결과에 대한 평가, 차시 예고 등으로 이루어진다. 학습한 내용을 정리하여 학습자가 학습한 내용을 일반화하도록 돕는다. 정리 단계의 주요 교수 · 학습 활동은 〈표 11-3〉과 같다.

〈표 11-3〉 정리 단계의 주요 교수 · 학습 활동

구분	교수 · 학습 활동
요약 및 정리[a, b)	• 학습한 내용을 정리하여 요점을 제시하기 • 연습 과제를 제공하여 학습을 심화하기 • 본시 학습의 내용을 학생의 경험이나 전시 학습 내용과 연계하기 • 교사의 발문을 통해 학습 내용 정리하기 • 학습한 내용을 일반화하기
평가[a)	• 본시 학습 목표를 준거로 하여 평가하기 • 다양한 방법으로 평가하기(예: 구두발문, PPT, 퀴즈 등) • 학습자의 자기평가 기회 제공하기 • 또래평가 기회 제공하기

차시 예고[a]	• 본시 학습 내용과 차시 학습 내용을 연결하기 • 다음 시간에 학습할 내용에 관심을 갖게 하기 • 가정연계학습이 이루어지도록 하기

출처: a) 정동영 외(2017), pp. 165-166에서 재구성; b) 정동영 외(2016), pp. 271-272에서 재구성.

2. 교수·학습 계획안의 이해와 작성 준비

교수·학습 계획안은 수업 목표에 도달하기 위하여 수업하기 전에 수업할 내용을 사전에 계획하여 준비하는 것으로(정동영, 하상근, 김용욱, 2016), 교수·학습 계획안 작성의 필요성과 작성 원리, 종류, 구성 요소 등을 알게 되면 기본 지식을 습득함으로써 제대로 된 계획안을 작성할 수 있다.

1) 교수·학습 계획안의 이해

(1) 교수·학습 계획안 필요성
• 수업을 체계적이고 효율적으로 하기 위하여 계획 수립이 필요하다.
• 수업 목표에 도달하기 위하여 방법을 찾는 것이 필요하다.
• 교사 활동과 학생 활동을 구체적으로 파악하기 위함이다.
• 도입에서 정리까지의 과정에서 필수적인 요소들이 빠짐없이 진행되도록 하기 위함이다.
• 각 과정에서 유의할 사항을 찾아서 실제 수업에서 참고하고 반영하도록 하는 것이 필요하다.
• 준비물, 교재, 교구 등을 적재적소에 사용하기 위해서 준비하는 것이 필요하다.

(2) 교수·학습 계획안 작성 원리
교육은 지식을 습득하여 바람직한 행동의 변화를 유도함으로써 삶의 질에 긍정적인 향상을 기하는 것을 목적으로 할 때 교수의 성공을 위해서 수업 계획을 수립하고 실행하는 것이 중요하다. 따라서 교수 · 학습 계획안을 작성할 때는 다음과 같은 작성 원리가 반영되어야 한다(정동영 외, 2017).

- 교육과정에서 제시하는 교육 목적을 기준으로 한다.
- 학생의 개인적 · 사회적 요구를 반영한다.
- 지식 · 기능 · 태도를 향상하여 경험이 축적되도록 한다.
- 교과 간 연계를 이루도록 한다.
- 학생 중심의 융통성을 지녀야 한다.
- 행동 변화를 위해 계속성이 유지되어야 한다.

(3) 교수 · 학습 계획안 종류

교수 · 학습 계획안은 작성 내용의 범위에 따라서 세안과 본시안의 두 가지로 나뉜다.

- 세안: 세안은 과목의 목표부터 계획하고자 하는 단원의 각 차시 목표 및 학습 내용을 제시하는 등 구체적이고 자세하게 계획하는 형식을 갖춘다. 보통 연구수업, 공개 수업, 시범 수업을 할 때 단원 전체의 내용 속에서 본 차시를 확인하고자 할 때 작성한다. 단원 전체를 볼 수 있어서 단원의 맥락을 파악하여 학습위계나 내용의 연속성을 알아내고 본 차시의 내용을 확인하여 지도하기 수월하다.
- 본시안: 본시안은 매일의 수업에서 차시별로 작성되며, 대개 한 개 차시의 수업 내용을 간략하게 작성한다. 본 차시에 해당하는 제재에 대하여 도입, 전개, 정리의 과정으로 진행하여 학습 목표에 도달하기 위한 내용으로 구성한다.

(4) 교수 · 학습 계획안 구성 요소

교수 · 학습 계획안을 작성하는 데에는 포함되어야 하는 구성 요소들이 있다. 여러 개의 구성 요소들은 교육과정의 성격, 교과의 특성이나 교사의 견해에 따라서 강조되는 요소를 추가할 수도 있다. 일반적으로 원칙이 있는 것은 아니나 기본적으로 포함되어야 할 것은 넣어야 한다. 대체로 교수 · 학습 계획안에 포함되는 요소들은 다음과 같다.

- 단원명
- 제재명
- 수업 일시(○년 ○월 ○일 ○요일 ○교시)
- 장소(○학년 ○반 교실, 직업교육실, 생활훈련실, 운동장 등)
- 대상 학생(○학년 ○반 학생 수)
- 수업교사명
- 지도교사명(교육실습의 경우 기재)
- 교과목 목표
- 단원명
- 단원의 개관
- 단원의 목표
- 단원의 구조도
- 단원의 지도계획
- 지도상의 유의점
- 단원의 평가 계획
- 학생 실태
- 본시 교수 · 학습 계획안(본시안)
- 형성 평가
- 좌석 배치도

2) 교수 · 학습 계획안 작성 준비

교수 · 학습 계획안을 작성하기 전에 미리 준비하여 알아 두어야 할 사항이 있다. '어느 단원을 공부할 것인가? 단원은 어떤 내용의 제재로 구성되어 있는가? 단원은 몇 개의 차시로 구성되어 있는가?(혹은 몇 개의 차시로 구성할까?)'에서부터 수업을 전개하는 데 알아야 할 사항들을 사전에 준비한다면 계획안을 작성하는 데 계획적이고 체계적인 내용으로 구성되어 수업을 효과적으로 할 수 있게 된다. 구체적인 준비 사항은 다음과 같다.

(1) 교육과정 및 성취기준 확인

교육과정은 교육해야 할 내용과 방법을 제시하고 있어서 교수 · 학습을 계획하는 데 기본이 되는 자료이다. 교수 · 학습을 계획할 때 다음과 같은 과정으로 진행한다.

- 교과목의 성격을 알아보고 추구하는 방향과 구성 방법 등을 확인한다.
- 과정별 목표를 알아보고 목적에 맞는 계획을 수립하도록 한다.
- 내용 체계에 제시된 영역, 핵심 개념, 내용, 내용 요소, 기능을 살펴보고 계획하고자 하는 영역에 관련한 학년별 요소들을 알아본다.
- 성취기준은 영역명과 영역을 구성하는 핵심 개념에 대하여 자세하게 설명하고, 핵심 개념을 성취할 기준으로 개수를 나누고 번호를 붙여서 구분하여 제시한다. 따라서 교수 · 학습을 계획할 때는 앞에서 제시된 교육과정의 내용을 확인하고 성취기준에 도달하도록 해야 한다.

(2) 단원 및 차시 선정

교육과정에서 제시하고 있는 여러 단원 중에서 교수 · 학습을 계획하고자 하는 단원을 찾는다. 진로와 직업과에서의 단원은 교육과정의 6개 영역을 중학교에서는 23개, 고등학교에서는 24개로 구성하고 있다. 즉, 영역이 포함하는 내용을 적합한 내용으로 나누어 단원으로 구성하여 제시하고 있다. 단원은 몇 개의 제재로 구성되며, 제재는 차시를 구성하는 단위가 된다. 단원과 차시를 설명하면 다음과 같다.

- 단원은 단기 및 장기 목표에 해당하는 큰 활동으로 몇 개의 제재를 포함한다.
- 제재는 몇 개의 활동을 포함하고 있으며, 각 활동이 한 차시의 수업으로 양이 많거나 큰 활동을 포함할 때는 각 활동이 한 개의 제재가 될 수도 있다.
- 한 개의 단원을 차시로 나눌 때는 먼저 제재를 살펴보며, 대부분 한 개의 제재를 한 개의 차시로 정한다.

• 교수 · 학습을 계획할 때 한 개 단원에 5~7개의 제재를 구성하는 것이 단원
의 구조도를 그리거나 단원의 지도계획을 수립할 때 적합하다. 너무 많은 수
의 차시로 나누어질 때는 비슷한 내용끼리 합쳐서 차시 개수를 조정하는 것
이 필요하다.

(3) 지도 내용 확인

단원과 제재, 차시가 정해지면 단원별 지도계획이 수립되고 본 차시에 해당하는
지도내용을 파악하게 된다. 지도 내용은 교과서, 지도서를 보고 내용을 파악하며,
교육과정에서 핵심 개념의 이해와 성취기준에서 도달할 내용을 파악하는 것이 우
선되어야 한다. 지도 내용을 확인하는 과정은 다음과 같다.

• 가르치고자 하는 제재가 어떤 활동으로 구성되었는지 살펴본다.
• 활동은 주로 인식-적용-실천의 과정으로 구성되었는지 내용을 중심으로 살
펴본다.
• 내용을 파악한 후에는 지도 방법을 구상해 볼 수도 있다.
• 지도 시 준비해야 할 교육 자료 등은 무엇이 있는지 파악한다.

(4) 수업 목표 진술

단원과 제재, 차시가 정해지고 지도 내용을 확인한 후에는 다음 단계로 구체적인
수업 목표를 진술한다. 수업 목표 진술은 교사가 의도한 교육 목표에 도달하기 위
한 중요한 과정으로(정동영 외, 2017), 목표 진술 방법과 주의할 점은 다음과 같다.

• 이 책에서 수업 목표 진술 방법은 Tyler의 진술 방식을 중심으로 제시하고
자 한다. Tyler의 진술 방식은 넓은 의미를 포함하고 있어서 발달장애 학생
에게 적합하나, Mager의 진술 방식은 수락 기준이 있어서 수락 기준이 없는
Tyler의 진술 방식이 발달장애 학생에게는 폭넓은 행동의 기회를 줄 수 있는
장점이 있다. 다음과 같은 수업 목표에서 발달장애 학생은 색연필뿐만 아니
라 크레파스나 사인펜 등 다양한 자료를 사용할 기회가 주어지는 Tyler의 진
술 방식이 더 효과적이고 적합하다고 하겠다. Tyler의 수업 목표 진술 방법과

Mager의 진술 방식을 비교하면 다음과 같다.

Tyler	우리 마을의 그림지도를 그린다. 　　(내용)　　　　　(행동)
Mager	우리 마을의 그림지도를 색연필로 그린다. 　　(조건)　　　　(수락 기준) (도착점 행동)

- 수업 목표 진술의 어미는 행동용어를 사용하며, '～한다.'로 기술한다. 대부분 '～할 수 있다.'로 기술하기도 하나, '～한다.'로 진술하는 것이 더욱 적극적인 목표 도달 의지가 있기 때문이다.
- 한 개의 단문으로 진술하며, 한 개의 목표를 진술한다. 발달장애 학생은 한 차시 수업에 두 개의 목표에 도달하는 것이 어렵기 때문이다.
- 학생의 개인 능력에 따라서 그에 적합하게 진술해야 하나, 한 학급의 학생을 대상으로 했을 때는 가능한 한 경증, 보통, 중증의 3개 그룹으로 나누어 진술한다.

(5) 전개 방법 및 내용 선정

수업의 진행은 도입-전개-정리의 순으로 대부분 진행되면서 전개 과정에서 어떤 활동으로 구성하여 목표에 도달할 것인지는 미리 구상하는 것이 좋다. 전개 방법과 내용을 선정하는 방법은 다음과 같다.

- 전개에서의 활동은 2~3개의 활동이 적합하고, 한 개의 활동 양이 클 때는 2개 활동으로 구성하며, 작을 때는 3개로 정하는 것이 적합하다.
- 활동을 구성할 때는 인식-적용-실천으로 구성하는 것이 효과적이며, 특히 세 번째 활동은 목표에 도달하는 활동이어야 한다.
- 첫 번째 인식에서의 내용은 목표와 관련한 경험을 이끌어서 개념을 정리함으로써 수업에 자신감과 흥미를 갖도록 한다. 두 번째 활동 내용은 개념에 대한 방법을 알도록 하는 과정으로 순서를 제시하거나 개념에 관련된 사례를 알도록 한다. 세 번째 활동 내용은 두 번째까지 알게 된 내용을 집단 활동이나 개인 활동으로 실천해 보는 내용으로 구성함으로써 목표에 도달하도록 한다.

- 내용을 선정할 때는 학생이 스스로 참여하고 기능 중심, 활동 중심으로 구성하여 경험을 쌓음으로써 재미있는 수업, 효과를 높이는 수업이 되도록 한다.

(6) 수업 기술 선정

교수·학습을 계획할 때 수업 기술을 잘 활용하여 재미있고 흥미 있는 수업을 진행하여 학생의 수업 참여율을 높이고, 교사 자신도 자신 있고 활기차게 수업을 해야 한다. 수업 기술에 관한 내용은 다음과 같다.

- 발달장애 학생의 수업을 할 때 교사가 온몸으로 하는 수업으로 적극성과 열성을 보여 줌으로써 학생의 이해와 집중력을 높이고 재미있는 수업으로 이끌 수 있다.
- 수업에 임하는 교사의 목소리와 자신감 등은 학생의 수업 참여를 높일 수 있는 기술이다.
- 질문이나 칭찬 등 수업 중 활발한 상호작용은 수업의 난이도를 찾아낼 수 있으며, 활기찬 수업을 유도하여 수업 참여를 높일 수 있다.
- 동기유발 방법을 잘 찾아내어 학생의 흥미와 관심을 이끄는 것도 수업의 도입 단계에서 중요한 수업 기술이다.
- 역동적인 수업을 만들기 위하여 학생이 수업에 어떻게 참여할 것인지의 방법을 찾는 것도 필요하다.

(7) 교수·학습 자료 선정 및 제작

학습 자료는 다감각을 활용할 수 있는 이점으로 학습 효과를 높일 수 있으며, 자료를 통해서 교사와 학생의 상호작용이 발생하면서 학습 능력을 알게 되거나 수행 능력을 높일 수 있게 된다. 교수·학습을 위한 자료 선정 및 제작 시 유의할 점은 다음과 같다.

- 가능한 한 일상생활에서 흔히 접하고 사용하는 것에서 찾으면 친밀한 생각이 들어서 자신감을 얻어 수업에 참여할 수 있다.
- 안전에 유의하여 안전한 자료를 선정하며, 복잡한 것보다는 간단한 것이 이

용하는 데 편리하여 이해를 도울 수 있다.

- 자료의 양은 적당해야 하며 지나치게 많은 양을 준비하여 사용하지 못하는 사례가 없도록 한다.
- 자료의 크기가 너무 커서 한눈에 알아보는 것이 어려우면 안 되고, 너무 작아서 알아보지 못하는 경우가 없도록 한다.

(8) 평가 방법 선정

교수 · 학습에서 목표가 중요한 만큼 평가가 중요하다. 평가는 본 수업에서의 학습의 난이도 및 목표 도달 정도를 진단하며, 다음 수업의 진전을 위한 기반이 된다. 평가 방법 선정 방법은 다음과 같다.

- 평가는 수업 목표 도달 정도를 평가하는 것이 목적이며, 수업 중 모든 활동과 과정에 평가가 포함되어 있다.
- 전시학습 상기에서도 이전 수업의 내용을 얼마나 기억하고 있는가를 평가하는 예가 되며, 수업 중 다양한 질문과 발문은 평가 방법의 하나이다.
- 평가 방법은 형성평가와 총괄평가가 있으며, 수업 내 이루어지는 평가는 형성평가이고, 학기 말이나 학년 말에 주어지는 평가는 총괄평가이다.
- 전개 과정의 활동을 진행하면서 매 활동마다 형성평가를 함으로써 목표 도달 정도를 확인하도록 한다.
- 평가를 어떤 방법으로 해야 할지 연구하여 학생들이 스스로 목표 도달 정도를 확인하도록 하며, 자신 있게 수업에 참여하도록 한다.
- 평가할 때는 교사만이 평가하는 것보다는 교사와 학생이 함께 평가하여 학생이 수업에서 배제되지 않고 계속 참여할 기회를 제공하기도 하며, 평가 방법을 익히게 되면 공부한 내용이 무엇인지를 알게 되어 수업의 효율을 높일 수 있다.

3. 교수 · 학습 계획안 작성의 실제

교수 · 학습 계획안을 작성하는 방법은 여러 가지가 있으나, 여기에서는 몇 년이 흘러도 변함없이 일반적이고 기본적인 틀을 소개하고자 한다. 계획안 겉표지에는 수업을 계획하여 실연하는 데 알아야 하는 기본 정보를 소개하며, 예시는 다음과 같다.

단원	나의 정보
제재	5. 자기소개서 작성하기
일시	2022년 5월 18일(수) 3교시
장소	중학교 1학년 2반 교실
대상	남 4명, 여 2명, 계 6명
수업자	황○○
지도교수	박○○ 교수님

- 기본 정보에는 단원, 제재, 일시, 장소, 대상, 수업자, 지도교수가 있다. 기본 정보의 제시 순서는 정해진 것은 없으나 수업할 단원과 제재를 먼저 제시하는 것을 권장한다.
- 세안에서는 수차례 단원명과 제재명이 나오는데 똑같은 명칭이 기술되도록 주의한다.

1) 진로와 직업과 교육 목표

계획안에 처음 제시되는 것은 교과목의 목표이다. 목표는 교육과정에서 나오는 목표를 그대로 옮겨서 제시하면 된다. 2015 특수교육 기본 교육과정 진로와 직업과의 목표는 다음과 같다.

[가. 교과 목표]

진로와 직업과는 자신의 흥미, 적성, 능력을 이해하고 다양한 직업 세계 및 진로에 대한 폭넓은 탐색과 경험을 바탕으로 진로계획을 수립하며 진학 또는 취업에 필요한 지식, 기능, 태도를 익혀 진로를 개척해 나갈 수 있는 역량을 기르는 것을 목표로 한다. 이를 위해 다음과 같은 세부 목표를 설정하였다.

(1) 자신의 흥미, 적성과 능력에 대한 이해를 바탕으로 진로를 탐색하고 체험하여 자신에게 맞는 진로와 미래의 직업을 찾는다.

(2) 신체 및 도구 사용, 정보통신활용과 같은 직업 기초 능력을 기름과 동시에 직업인의 올바른 태도를 함양하여 스스로를 관리하고 공동체에 기여하는 직업인으로서의 삶을 준비한다.

(3) 전환에 필요한 의사결정 능력과 진로 잠재력을 바탕으로 전환 계획을 수립하고 선택한 진로에 대한 구체적인 정보를 수집하며 전환 기관에 대한 실제적 체험을 통하여 진로를 준비한다.

---

2) 단원

단원을 전체적으로 보여 주는 영역으로 단원에 대한 개관, 목표, 구조도, 지도계획, 지도상의 유의점, 평가 계획이 있다.

(1) 단원의 개관

단원의 개관은 단원을 소개하는 글로 3개의 단락으로 구성한다. 첫 번째 단락은 단원의 개념이나 정의, 필요성, 배경 등을 제시한다. 두 번째 단락에서는 단원을 구성하고 있는 제재를 소개하여 단원이 어떤 내용으로 구성되어 있는가를 보여 준다. 세 번째 단락에서는 본 단원을 공부하게 되면 향상되고 발전될 수 있는 기대효과를 기술한다. 예시는 다음과 같다.

개인정보는 사회를 살아가는 데 필수적인 정보를 의미하며, 자신을 객관적으로 파악하고 자신의 기본 정보를 기록하며 소개하는 것으로 사회생활을 하는 데 필요한 기술이다. 나의 정보가 무엇인지를 알고 자신의 정보를 관리하여 자신을 보호하는 것은 사회에서 안전하게 살아갈 수 있는 중요한 방법이다.

본 단원은 나의 인적 사항 알기, 나의 인적 사항 소개하기, 나의 장점과 단점 알아보기, 장점과 직업의 관계 알기, 자기소개서 작성하기, 자기소개하기의 6개 제재로 구성되어 있다. 나의 인적 사항을 알아보고 소개하며, 자신의 장점과 단점을 알고 장점을 살려서 직업과 연계해 보고, 자신의 인적 사항과 장점을 살려서 자신을 소개해 보는 과정으로 구성되었다. 자신의 정보를 알고 소개함으로써 자신을 확실하게 알 수 있는 계기가 되도록 한다.

사회생활을 하면서 자신을 잘 알고 자신을 알리는 것은 사회 속에서 자신의 존재를 인정하는 시작점이 된다. 발달장애 학생들이 자신의 정보를 익혀서 자신이 누구라는 것을 확실하게 인지하며, 타인에게 소개하는 방법을 익혀서 장차 사업체 면접에 참여한다든지, 사회구성원에게 알림으로써 자신의 존재 가치를 알릴 기회가 될 수 있겠다. 개인정보 관리가 중요한 이즈음에 개인정보를 관리하여 자신을 보호하고, 개인정보 이용을 수락 동의하는 방법을 알아서 사회의 일원으로 사회활동에 참여할 수 있겠다.

(2) 단원 목표

단원 목표는 제재의 목표와 구분되며, 단원을 구성하는 제재에 대한 목표를 제시해야 한다. 단원 목표를 제시하는 방법은 다음과 같다.

- 단원 목표는 지식면, 기능면, 태도면으로 나누어서 기술한다.
- 단원을 구성하는 각 제재에 대하여 지식면, 기능면, 태도면으로 기술한다.
- 지식면의 목표는 제재에서 지식으로 얻어질 수 있는 점을 찾는다. 기능면의 목표는 활동으로 이루어지는 점을 찾는다. 태도는 수업에 참여하는 태도를 기술하면 된다.
- 목표의 어미는 '~한다.'의 행동용어로 기술하여 목표에 도달하고자 하는 적극적인 표현을 한다.

  나의 인적 사항 알기, 나의 인적 사항 소개하기, 나의 장점과 단점 알아보기, 장점과 직업의 관계 알기, 자기소개서 작성하기, 자기소개하기의 6개 제재에 대한 목표 예시는 다음과 같다.

지식면	• 나의 인적 사항을 익힌다. • 나의 인적 사항을 소개하는 방법을 안다. • 나의 장점과 단점을 파악한다. • 장점과 직업의 관계를 안다. • 자기소개서 작성 방법을 안다. • 자기소개하는 방법을 익힌다.
기능면	• 나의 인적 사항을 쓴다. • 나의 인적 사항을 소개한다. • 나의 장점과 단점을 발표한다. • 장점과 직업의 관계를 그림 카드로 연결한다. • 자기소개서를 발표한다. • 자기를 소개한다.
태도면	• 바른 태도로 주어진 시간 동안 집중한다. • 교사, 또래들과 적극적으로 상호작용한다. • 수업 결과를 교사와 함께 또는 팀 활동으로 평가한다.

(3) 단원의 구조도

단원의 구조도는 단원 전체를 한눈에 볼 수 있도록 단원과 제재를 구성하여 제시한다. 단원과 6개의 제재, 기대효과를 포함하는 구조도의 예시는 다음과 같다.

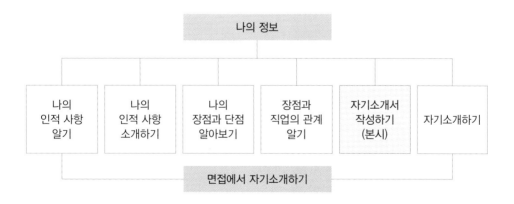

(4) 단원의 지도계획

단원의 지도계획은 단원에 속한 각 제재의 지도계획을 수립하는 것이다. 주요 구성 내용은 차시, 제재, 교수 · 학습 내용, 학습 자료이다. 예시는 다음과 같다.

차시	제재	교수 · 학습 내용	학습 자료
1/6	나의 인적 사항 알기	• 친구의 자기소개를 듣고 인적 사항 알아보기 • 인적 사항에 포함된 내용 알아보기 • 친구의 인적 사항 알아보기 • 나를 소개하는 다른 정보 알아보기	• 친구의 자기소개하는 동영상 • 인적 사항을 알아보는 그림 자료
2/6	나의 인적 사항 소개하기	• 나의 인적 사항을 기록하여 작은 책 만들기 • 작은 책을 활용하여 친구들에게 나를 소개하기 • 새로 만난 우리 반 친구의 인적 사항을 빈칸에 써넣기	• 작은 책을 만들 1/4 크기의 전지 • 개인 사진, 가족 사진, 가위, 풀, 학생증
중략				
5/6 (본시)	자기소개서 작성하기	• 자기소개할 때 무엇을 이야기해야 하는지 알아보기 • 자기소개서의 내용 알기 • 준우의 자기소개서 살펴보기 • 자기소개서 작성하여 발표하기	• 역할극 대사 • 준우의 자기소개서 샘플 • 자기소개서 작성 샘플
6/6	자기소개 하기	• 자기를 소개하는 바른 자세 알기 • 자기를 소개하고 잘했는지 확인하기 • 여러 사람에게 자기소개를 하기	• 자기소개하는 모습의 동영상 • 자기소개하는 모습의 그림

(5) 지도상의 유의점

지도상의 유의점은 단원을 지도할 때 유의해야 할 점에 해당한다. 도구를 사용할 경우 안전사고에 유의하는 것, 지도 시 강조해야 할 점 등이 있으며, 예시는 다음과 같다.

> • 나의 인적 사항이 왜 중요한지를 알고 개인정보보호와 관련짓도록 한다.
> • 반복 학습으로 나의 인적 사항을 익혀서 자기를 소개하도록 한다.
> • 자신의 강점은 신장하도록 하고, 단점은 보완하는 방법을 알도록 한다.
> • 자기를 소개하는 활동으로 경험을 쌓아 다른 기회에도 할 수 있는 일반화 능력을 기르도록 한다.

(6) 단원의 평가 계획

단원의 평가는 목표에 대한 달성도를 확인하는 과정으로, 수립된 목표를 평가 문항으로 만들면 된다. 예시는 다음과 같다.

지식면	• 나의 인적 사항을 익히는가? • 나의 인적 사항을 소개하는 방법을 아는가? • 나의 장점과 단점을 파악하는가? • 장점과 직업의 관계를 아는가? • 자기소개서 작성 방법을 아는가? • 자기소개하는 방법을 익히는가?
기능면	• 나의 인적 사항을 쓰는가? • 나의 인적 사항을 소개하는가? • 나의 장점과 단점을 발표하는가? • 장점과 직업의 관계를 그림 카드로 연결하는가? • 자기소개서를 발표하는가? • 자기를 소개하는가?
태도면	• 바른 태도로 주어진 시간 동안 집중하는가? • 교사, 또래들과 적극적으로 상호작용하는가? • 수업 결과를 교사와 함께 또는 팀 활동으로 평가하는가?

3) 학생 실태

학생 실태는 교수 · 학습에 참여하는 학생들의 순번, 학생명, 성별, 행동특성, 본시 관련 학습특성, 속한 팀 등을 제시한다. 작성 방법은 다음과 같다.

• 행동특성은 평소 일상에서 보여 주는 행동과 수업에서 볼 수 있는 특성 모두를 제시하고 본 차시 수업 실연을 하는 데 참고하여 원만한 수업이 이루어지도록 하며, 더 바람직한 행동으로 수정하기 위함이다.
• 본시 관련 학습특성은 본시 이전까지의 학습특성 중에서 특히 본 차시와 관련된 특성 및 수행수준을 제시함으로써 본 차시의 수준 및 난이도를 고려하여 학습 효과를 높이기 위함이다.
• 학생 실태는 수업자가 학생의 특성을 알고 수업을 원만하게 진행하고 수업 효과를 높이기 위한 목적이 있으며 참관자가 학생 실태를 알고 수업을 판단하는 데 도움을 주고자 하는 이유도 있다. 학생 실태의 예시는 다음과 같다.

순번	학생명	성별	행동특성	본시 관련 학습특성	비고
1	이준상	남	친구들에게 먼저 말을 걸지 않으며, 상호작용이 거의 없음. 예상치 못한 일이 발생하면 흥분하거나 이상한 소리를 냄. 깔끔한 성격으로 청결한 몸가짐을 하고 자신의 자리를 항상 정리 정돈하기 위해 지나치게 신경 씀	자신의 인적 사항에서 이름, 생년월일, 나이, 학교 학년 반, 주소를 외워 답하며, 친구의 인적 사항을 듣는 것은 집중력이 떨어지고 제시된 자료를 보고 빈칸에 써넣음. 주소는 아파트 동과 호수까지 정확하게 기억함	나
2	김은지	여	대부분의 발화는 이루어지지 않으며, 손짓, 행동, 표정 등을 통하여 자신의 요구사항을 다른 사람에게 전달함. 친구들을 좋아하고 주변의 물건들을 여기저기 옮겨 놓는 활동과 노래 듣기를 즐겨 함	자신의 인적 사항에서 이름과 학교를 바로 찾으며, 주소는 아파트 이름을 가리키며 좋아함. 인적 사항의 빈칸에 자신의 인적 사항 카드를 찾아서 맞춤. 친구의 학생증에 있는 사진을 보고 좋아하며 친구 이름을 가리킴	다
			중략		
6	정미진	여	자기가 할 수 없는 일도 자신이 해 보려는 의지가 강함. 수행하다가 안 되면 손톱을 물어뜯는 행동을 보임. 이기고자 하는 욕심이 강해서 친구들과 경쟁을 하면 이기려고 하고 지게 되면 싸움을 하기도 함	자신의 인적 사항에 어떤 것이 있는지를 알고 암기하여 작은 책에 기록하며 친구들 앞에서 또박또박 발표함. 친구의 인적 사항을 듣고 이름을 묻는 빈칸에 기억하여 쓸 수 있으며, 주소는 보고 쓰기를 함	가

4) 본시 교수·학습 계획안(본시안)

본시안을 계획하고 작성하는 것은 실제 수업을 하기 위해 수업을 구상하고 준비하는 마무리과정이다. 앞에서 제시한 준비 사항을 준비하고 계획한 내용을 바탕으로 작성하면 된다. 본시안은 통일되고 일관되게 작성해야 하는 몇 가지 사항이 있으며, 그 내용은 다음과 같다.

- 학습 목표는 개별화교육을 위해 학생 개개인의 목표를 수립해야 하나, 적어도 2~3개의 그룹으로 나누어 수준의 차이가 나도록 제시한다.
- 교수·학습 활동에서 학생 활동은 2~3개의 그룹으로 나누어서 그룹별 학생 활동이 드러나도록 계획한다.

- 교사와 학생의 교수 · 학습 활동은 학생의 활동이 교사의 활동보다 구체적으로 드러나도록 한다.
- 중증 학생의 활동은 교사의 신체적 · 언어적 촉진 등의 도움으로 학습하기보다는 학생의 현재 수준을 바탕으로 학생이 할 수 있는 수준의 활동으로 구성하도록 한다.
- 문장의 어미는 교사와 학생의 활동은 '~하기', 지도상의 유의점은 '~한다.'로 표기한다.
- 지도상의 유의점은 본시안의 활동으로 자세하게 드러내기 어려운 점을 기술하여 학생이 수행하도록 함으로써 학습 효과를 높이도록 한다.

진로와 직업과 본시 교수·학습 계획안

단원	1. 나의 정보	차시	5/6	일시	2022. 5. 18. (수)
제재	5. 자기소개서 작성하기	지도대상	중학교 1학년 2반	지도교사	황○○

학습목표	가: 자기소개서를 작성한다. 나: 제시된 자료를 보고 자기소개서를 작성한다. 다: 자기소개서에 자기 이름을 쓴다.

학습과정	학습내용	교수·학습 활동					시간(분)	학습자료 및 지도상의 유의점
		교사 활동	학생 활동 가	나	다		
도입	인사하기	• 인사하기	• 큰 소리로 인사하기	• 구호에 맞춰 인사하기	• 교사와 눈 맞춤하여 인사하기		자) 학생용, 작은 책, 연극 대사, 학습 목표 PPT, 학습 목표 평가판
	출석 확인하기	• 출석 확인하기	• 자신의 이름을 큰 소리로 말하기	• 자신의 이름표를 보고 이름 말하기	• 자신의 이름표를 보고 이름을 들어 보이기		유) 인사부터 출석 확인 과정에 학생마다 눈 맞춤하여 여 수업 시작을 알림으로 학생이 자신 있게 수업에 참여하도록 한다.
	전시학습 상기	• 지난 시간에 배운 내용 질문하기	• 자신의 장점과 단점 말하기	• 작은 책을 보고 인적 사항 말하기	• 작은 책에서 자신의 사진 찾기		
	동기유발	• 자기소개서 작성에 대한 연극 제시하기	• 자기소개서를 작성하고 싶다는 자신 생각 말하기	• 연극을 실감 나게 보고 자기소개서를 보며 자기소개서를 쓰고 싶다는 생각 표현하기	• 연극을 재미있게 보고 자기소개서에 이름을 써 보고 싶다는 생각 표현하기	7	유) 동기유발에서는 연극의 소재로 흥미를 유발하고 공부함으로써 연계 되는 가치를 부여하여 자신감을 높인다.
		• 가치 부여하기					유) 학습 목표를 부연 설명하여 공부할 내용을 쉽게 이해하도록 한다.
	학습 목표 제시하기	• 학습 목표 제시하기	• 자기소개서를 작성하여 누구에게나 당당하게 자기소개를 할 수 있음을 알기	• 자기소개서를 작성하여 친구에게 자신을 소개할 수 있음을 알기	• 자기소개서에 이름을 써서 친구에게 소개할 수 있음을 알기		
		• 학습 목표를 읽고 학습 내용 파악하기	• 학습 목표를 읽고 학습 내용 파악하기	• 학습 목표를 읽고 연 설명을 듣고 학습 내용 파악하기	• 학습 목표를 따라 읽고, 제시된 자료를 보고 학습 내용 파악하기		유) 평가를 통해서 목표에 대한 도달 정도를 확인하도록 한다.

단계	학습 요소	교수 활동	학생 활동(상)	학생 활동(하)	자료(자) 및 유의점(유)	시간
전개		• 평가 방법 제시하기	• 학습 목표 평가판에 그려진 그림으로 학습 목표 평가 방법 파악하기	• 학습 목표 평가판에 그려진 그림 설명을 듣고 평가 방법 파악하기	자) 학습 활동 PPT, 자기소개 동영상, 자기소개 카드, 자기소개 내용 양식, 학습 목표평가판, '준우의 자기소개서', 학생 사진, 자기소개 사진, 모트폴리오	28
		- 학습 목표 달성을 위한 평가 방법 파악하기				
		• 학습 활동 제시하기	• 3가지 학습 활동을 읽고 어떤 활동을 하는지 내용 파악하기	• 3가지 학습 활동에서 다 그룹의 활동 설명을 듣고 내용 파악하기	유) 학습 활동 3가지가 연계되어 있으며, 활동 3에서는 학습 목표에 도달하는 것을 알도록 한다.	
		〈학습 활동〉 1. 자기소개서 작성 방법 알기 2. 자기소개서 작성하기 3. 자기소개서 발표하기				
	활동 1 자기소개서 작성 방법 알기	• 자기소개에 대한 경험 이야기하기	• 자기소개에 대한 경험을 기억하여 말하기	• 자기소개에 대한 경험을 포트폴리오에서 확인하기	유) 자기소개서에 들어가는 내용을 인지하고 기억하도록 카드 등의 학습 자료를 이용하여 재미있게 구성하도록 한다.	
		• 자기소개하는 모습의 동영상 제시하기	• 동영상을 보고 자기소개할 때 어떤 내용을 말하는지 말하기	• 자기소개서를 보고 자기소개 사진 등을 보고 표현하기		
				• 동영상을 보고 자기소개 소개할 때 이름 듣기		
		• 자기소개서 작성 방법 제시하기	• 자기소개서에 들어가는 내용을 칠판에서 카드로 찾기	• 제시된 자료를 보고 자기소개서에 들어가는 내용을 카드에서 찾기	유) 활동을 마친 후 형성 평가를 할 때는 자신이 활동을 수행한 내용을 읽고 평가하도록 한다. 상호 평가를 하여 친구의 활동 정도를 평가함으로써 자신의 활동도 확인할 수 있도록 한다.	
		• 활동 1 형성 평가하기	• 자기소개서에 들어가는 내용을 말하기	• 카드에서 자기소개서에 들어가는 이름 카드 찾기		

> 자기소개서에 들어갈 내용
>
> 이름, 학교, 학년, 사는 곳, 가족관계, 장단점, 미래계획 등

단계	학습 과정	교수·학습 활동			자료(자) 및 유의점(유)
		• '준우의 자기소개서' 제시하기	• '준우의 자기소개서'에서 소개 내용 파악하기	• '준우의 자기소개서'에서 잘못 쓴 자기소개 내용 파악하기	• '준우의 자기소개서'에서 준우 이름 찾기	
	활동 2 자기소개서 작성하기	• 자기소개서 작성하기	• 자기소개서 양식에 자유롭게 자기소개서 작성하기	• 제시된 자기소개서를 보고 자기소개서 작성하기	• 제시된 자기소개서 사진과 이름을 써서 작성하기	
		• 활동 2 형성 평가하기	• 자신의 자기소개서에 들어간 내용 말하기	• 자기소개서에 들어간 내용이 맞는지 표시하기	• 자기소개서에 붙인 자신의 사진 보여 주기	
	활동 3 자기소개서 발표하기	• 자기소개서 발표하기	• 자기소개서를 발표하고 싶었던 점 강조하고 말하기	• 자기소개서를 발표하고 잘 썼다고 생각하는 점을 말하기	• 자기소개서에서 자신의 사진과 이름을 말하여 자기소개하기	
		• 활동 3 형성 평가하기	• 친구의 자기소개서 발표를 듣고 상호평가하기	• 나 그룹 친구의 자기소개서 발표를 듣고 제시된 자료를 보고 상호평가하기	• 다 그룹 친구의 자기소개서 발표를 듣고 제시된 자료를 보고 상호평가하기	
정리	평가하기	• 학습 목표 평가판 확인하기	• 학습 목표 평가판의 목표 도달 정도 확인하기	• 학습 목표 평가판의 그림을 보고 목표 도달 정도 확인하기	• 학습 목표 평가판에 목표 도달 정도의 짓 발 찾기	자) 학습 목표 평가판, 차시 예고 사진, 포트폴리오
	차시예고	• 차시 학습 내용 제시하기	• 차시 학습 내용이 자기소개하기임을 파악하기	• 제시된 자료를 보고 차시 학습 내용 파악하기	• 제시된 사진을 보고 차시 학습 내용 파악하기	유) 정리단계의 평가는 학습 목표 도달 정도를 평가하도록 한다.
	정리하기	• 학습 자료 정리하기	• 포트폴리오에 자기소개서를 끼워 넣고 책상 주변 정리하기	• 포트폴리오에 자기소개서를 끼워 넣고 사물함에 교과서 넣기	• 포트폴리오에 자기소개서를 일반화하도록 과제를 내어 준다.	유) 자기소개서 작성하기를 일반화하도록 과제를 내어 준다.
	인사하기	• 인사하기	• 교사와 친구에게 감사의 인사 나누기	• 큰 소리로 감사의 인사하기	• 말과 동작으로 감사의 인사하기	유) 본 차시가 다음 차시와 이어짐을 알고 기대하도록 한다.

5

5) 본시 교수 · 학습 평가

평가 내용	평가 기준		
	가	나	다
자기소개하는 동영상 시청하기	자기소개하는 동영상의 내용을 파악하는가?	제시된 자료를 보고 자기소개하는 동영상의 내용을 말하는가?	자기소개하는 동영상에서 이름을 듣고 말하는가?
자기소개서 작성 방법 알기	자기소개서 작성 방법을 아는가?	자기소개서 작성 내용을 카드에서 찾는가?	자기소개서 작성 내용 중에 이름을 카드에서 찾는가?
준우의 자기소개서 파악하기	준우의 자기소개서를 파악하는가?	준우의 자기소개서에서 밑줄 친 자기소개 내용을 파악하는가?	준우의 자기소개서에서 준우의 이름을 찾는가?
자기소개서 작성하기	자기소개서를 작성하는가?	제시된 자기소개서를 보고 자기소개서를 작성하는가?	제시된 자기소개서에 사진과 이름을 써서 작성하는가?
자기소개서 발표하기	자기소개서를 발표하고 강조점을 말하는가?	자기소개서를 발표하고 잘한 점을 자랑하는가?	자기소개서에 자신의 사진과 이름을 말하는가?
	친구의 발표를 듣고 상호평가하는가?	나 그룹 친구의 발표를 듣고 상호평가하는가?	다 그룹 친구의 발표를 듣고 상호평가하는가?

6) 좌석 배치도

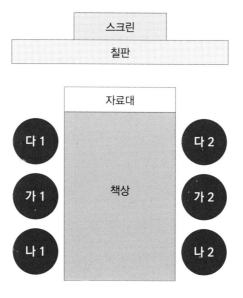

4. 본시 교수 · 학습 계획안 작성의 실제

앞의 세안에서 제시한 본시안은 진로와 직업과 중학교 교육과정의 단원과 제재이고, 이번 본시안은 진로와 직업과 고등학교 교육과정에서 제시하였다. 세안은 수업공개, 수업연구 시에 작성하는 데 비해 본시안은 평소 수업을 계획할 때 작성한다. 고등학교 특수학급 수업은 일반학교에 기준하여 50분 수업, 학급당 인원 7명으로 하였다.

교과		단원	서비스업 탐색과 체험	차시	6/7	일시	2022. 6. 23. (목)
		제재	문서 복사하기	지도대상	고등학교 특수학급 3학년 7명	지도교사	황○○

학습목표
가: 문서를 복사한다.
나: 제시된 자료를 보고 문서를 복사한다.
다: 복사 버튼을 누른다.

학습 과정	학습 내용	교사 활동	학생 활동			시간(분)	학습자료 및 지도상의 유의점
			가	나	다		
도입	인사	• 인사하기	• 밝은 얼굴로 인사하기	• 선생님 보며 인사하기	• 고개 숙여 인사하기	7	자) 복사기, 여러 종류의 안내글, 학습 목표 PPT 자료, 평가판
	출석 확인	• 출석 확인하기	• 호명에 대답하며 아이패이[손]번들기	• 교사 얼굴 마주하며 대답하기	• 자신의 사진을 들어서 대답하기		유) 연극으로 설정이 나도록 하며, 여러 가지의 안내글을 제시하여 안내글을 복사하고 싶은 동기를 갖도록 유도한다.
	선행학습	• 선행학습 내용 질문하기	• 선행학습 내용 대답하기	• 사무보조 도구 중에서 복사기 찾기	• 복사기 가리키기		
	동기유발	• 동기유발 연극 제시	• 가을 축제 연극 복사 선택하기	• 가을 체험학습 안내글 복사 선택하기	• 생일 축하 그림 복사 선택하기		유) 학습 목표를 정확히 인지하도록 부연 설명한다.
	학습 목표	• 학습 목표 제시	• 학습 목표 스스로 읽기	• 학습 목표 따라 읽기	• 학습 목표 주요 낱말 따라 읽기		
	평가	• 평가 방법 제시	• 평가판 내용 읽기	• 평가판 내용 따라 읽기	• 평가판에서 세 개 팀 확인하기		
전개	활동 1 • 복사의 필요성	• 복사해 본 경험 말하기	• 복사해 본 경험 말하기	• 복사하는 모습들을 본 경험 말하기	• 복사기 본 경험 대답하기	38	자) 복사기, 복사 용지, 복사 순서 PPT 자료
	• 복사의 중요성	• 복사의 좋은 점 알기	• 여러 사람에게 같은 내용을 줄 때의 좋은 점 알기	• 반 친구들에게 안내글 나누어 줄 때의 좋은 점 알기	• 똑같은 그림을 만들어 내는 좋은 점 알기		유) 복사기 사용 시 안전사고에 유의하도록 지도한다. 유) 복사 순서와 방법을 익히도록 모델링하여 보여 준다.
	• 활동 1 형성 평가	• 활동 1 형성 평가	• 복사의 좋은 점 말하기	• 복사의 좋은 점 듣고 확인하기	• 복사된 그림에서 같은 그림 찾기		유) 팀 활동으로 협력의 중요성을 알도록 한다.

① 복사할 문서를 복사기에 올려놓기
② 인쇄 매수 누르기
③ 복사 버튼 누르기
④ 복사된 문서 확인하기

사진 1	사진 2	사진 3	사진 4

교수·학습 활동	사진 1	사진 2	사진 3	유의점
활동 2 · 복사 방법 시연 · 복사하는 방법 설명하기	· 복사 순서와 방법 익히기 · 처음부터 순서 나열하기 · 각 과정에서 주의할 점 알기 · 순서대로 복사하기	· 제시된 자료를 보고 복사 순서와 방법 익히기 · 제시된 자료를 보고 순서 나열하기 · 제시된 자료를 보고 복사하기 · 제시된 자료를 보고 복사 순서 나열하기	· 제시된 자료를 보고 같은 사진 찾기 · 제시된 사진과 같은 순서로 사진 나열하기 · 복사 버튼을 눌러서 복사하기 · 복사 버튼 찾기	유) 팀 활동 시 또래 교수를 하도록 유도한다.
활동 2 형성 평가 · 팀 구성하기	· 복사 순서 말하기 · 제비뽑기로 팀 나누기	· 자신의 팀 확인하기	· 자신의 팀으로 이동하기	유) 상호평가로 평가에 참여하여 평가 방법을 익히도록 지도한다.
활동 3 · 팀 활동 · 개별화 · 미션 제시하기 · 개별화 지도하기 · 모둠별 순회 지도하기 · 자신의 팀 미션에 따라 수행 내용 발표하기 · 팀별 발표하기	· 2가지 미션 내용 확인하기 · 팀원 역할 나누기 · 순서와 방법에 따라 문서 복사하기 · 자신의 팀 미션에 따라 수행 내용 발표하기	· 2가지 미션 내용 설명 듣기 · 자신의 역할 확인하기 · 제시된 자료를 보고 순서와 방법에 따라 문서 복사하기 · 제시된 자료에서 수행 내용과 같은 사진 찾아 제시하기	· 복사 내용 설명 듣기 · 자신의 역할에 대한 사진 확인하기 · 복사기의 복사 버튼을 눌러서 복사하기 · 복사된 인쇄물을 보여 주기	유) 발표와 발문으로 스스로 할 수 있는 수업이 되도록 유도한다.
활동 3 형성 평가 · 팀별 상호평가하기	· 상대 팀 미션 수행 내용 확인하기	· 상대 팀 복사 내용 확인하기	· 상대 팀 복사 내용 살펴보기	유) 각 활동별 형성 평가를 통해서 진전 정도를 읽고 곤란도를 찾아내도록 한다.

단계	학습 요소	교수·학습 활동			시간	자료 및 유의점
정리	• 평가 • 평가하기	• 학습 목표 확인하기 • 상호평가 내용 말하고 칭찬하기	• 학습 목표 듣기 • 상호평가 내용 듣고 칭찬하기	• 복사기 확인하기 • 상호평가 내용 듣고 칭찬하기		차) 평가판, 차시 예고 자료, 포트폴리오 파일
	• 차시 예고 • 차시 예고	• 대인서비스로 손님 안내하는 사진 확인하기	• 손님 안내하는 사진 살펴보기	• 손님 안내하는 사진과 같은 사진 찾기	5	유) 정리단계의 평가를 통하여 학습 목표를 확인하고 목표 도달 정도를 평가하도록 한다.
	• 정리 • 정리하기	• 수업한 내용물을 포트폴리오로 정리하기	• 복사한 안내글 파일에 넣어 정리하기	• 파일에 복사한 사진 끼워 넣기		

활동하기

- 교수 · 학습 계획안 세안을 작성해 보세요.
- 교수 · 학습 계획안 본시안을 중학교, 고등학교 특수학교용으로 작성해 보세요.
- 교수 · 학습 계획안 본시안을 중학교, 고등학교 특수학급용으로 작성해 보세요.

제4부

진로와 직업교육의 실제

제12장

특수학급 진로와 직업교육

이용복

개요

이 장에서는 특수학급에 배치된 특수교육대상자에게 진로와 직업교육을 체계적이고 효과적으로 실시할 수 있도록 특수학급에서의 진로와 직업교육 계획 수립 과정을 알아보고 실제 운영 사례를 탐구하여 전반적인 이해를 돕고자 한다. 이 장에서는 특수학급 진로와 직업교육의 실제로서 중학교, 일반 고등학교, 특성화 고등학교로 구분하여 각각의 특수학급에서의 진로와 직업교육 운영 사례를 살펴보고 이를 지원하기 위한 통합형 직업교육 거점학교와 기관 간 네트워크의 이해를 통해 특수교사가 활용할 수 있는 다양한 연계 자원을 알아보고자 한다. 이 장의 학습을 통하여 특수교사로서 특수학급의 진로와 직업교육 계획을 수립하고 운영할 수 있는 역량을 개발하게 된다.

구성 내용

1. 특수학급 진로와 직업교육의 실제
2. 통합형 직업교육 거점학교
3. 기관 간 네트워크

1. 특수학급 진로와 직업교육의 실제

1) 진로와 직업교육 계획 수립 과정

2015 특수교육 교육과정 총론(교육부, 2015b)에서는 일반학급 및 특수학급에 배치된 특수교육대상자의 교육과정은 편제와 시간 배당을 해당 학년군의 교육과정을 따르고, 교과의 내용을 대신하여 생활기능 및 진로와 직업교육, 현장실습 등으로 편성·운영할 수 있도록 하여 통합교육을 받는 특수교육대상자의 교육과정 편성·운영 방향을 제시하였다.

일반학교에 배치되었지만 일반교육과정의 수정으로도 적합한 교육을 받지 못할 경우, 기본 교육과정 및 선택 중심 교육과정 전문 교과에서 내용을 대체하여 운영할 수 있도록 한 것이다. 특성화 고등학교에서는 선택 중심 교육과정 전문 교과Ⅱ(해당 학교에서 선정한 교과목)와 전문 교과Ⅲ(11개 직업교과)의 내용에서 장애 특성과 능력, 요구에 따라 지도하는 방법도 고려할 수 있다(국립특수교육원, 2020).

국립특수교육원(2018)의 2015 특수교육 교육과정 활용 실태 분석에 따르면, 교과 내용 대체를 적용하는 영역에 있어서 중·고등학교의 경우 진로와 직업교육이 가장 많은 것으로 나타났다. 일반학교 교육과정 참여가 우선되어야 하지만 졸업 후 성인기 삶을 체계적으로 준비하기 위해서는 특수학급에서의 진로와 직업교육을 간과할 수 없다.

특수학급의 진로와 직업교육은 별도로 수립하여 운영하는 경우도 있지만 대부분 특수학급 교육과정 계획 수립 시 포함하여 작성한다. 계획 수립 시 특수교육대상자에게 진로와 직업교육을 체계적이고 효과적으로 실시하기 위해서는 실태 분석이 중요하며 특수학급 담당 교사의 역량만으로는 실행하기 어려운 부분이 많으므로 지역사회의 협조 체제 구축을 위한 학교 차원의 지원이 필수적이다(국립특수교육원, 2020).

계획 수립 시 정해진 절차는 없지만, 다음의 설명과 같이 교육계획 수립에 일반적으로 적용할 수 있는 사전 조사, 실태 분석, 계획 수립의 과정을 따라 작성한다면 특수학급의 진로와 직업 교육과정을 규모 있게 실천할 수 있을 것이다.

(1) 사전 조사

특수학급의 진로와 직업교육 계획을 수립하기 위하여 사전 조사로 〈표 12-1〉과 같은 내용을 확인할 필요가 있다. 특수교육 관련 법령을 분석하여 법적 근거를 마련하고 개정된 사항을 확인해야 한다. 그리고 국가 수준, 지역 수준, 학교 수준의 교육과정 편성 · 운영에 대한 지침과 교육정책을 확인하여 계획 수립에 반영할 사항을 추출한다. 학교 수준 교육과정 분석 시 통합교육 차원에서 진로와 직업교육의 방향을 특수학급 교육과정 계획 안에 함께 녹여내어 실천해야 한다. 장애학생 진로와 직업교육 관련 최신 교육 동향은 구체적인 실천 방법과 아이디어에 도움을 줄 수 있다.

〈표 12-1〉 사전 조사 내용

구분	내용
특수교육 관련 법령	• 「대한민국헌법」「교육기본법」「초 · 중등교육법」 • 「장애인 등에 대한 특수교육법」「장애인복지법」 • 「장애인차별금지 및 권리구제 등에 관한 법률」 • 「장애인고용촉진 및 직업재활법」「직업교육훈련촉진법」 • 「진로교육법」「평생교육법」
국가 수준 교육과정 및 정책 분석	• 2015 특수교육 교육과정 총론 • 2015 특수교육 교육과정 기본 교육과정 '진로와 직업' 교과 • 2015 특수교육 교육과정 선택 중심 교육과정 전문 교과Ⅲ • 교육부 특수교육 운영계획 • 교육부 특수교육 연차보고서 • 교육부 제5차 특수교육발전 5개년 계획(2018~2022) • 교육부 장애학생 진로 · 직업교육 활성화 방안(2020~2022)

지역 수준 교육과정 및 정책 분석	• 시도교육청 특수교육 교육과정 편성 · 운영 지침 • 시도교육청 특수교육 운영 계획 • 시도교육청 특수교육대상자 학습 중심 현장실습 운영 지침 • 지역교육청 특수교육 운영 계획
학교 수준 교육과정 분석	• 1~2월경에 새롭게 수립되는 일반학교 교육과정 운영 계획 • 특수학급 교육과정 운영 계획
진로와 직업교육 관련 최신 정보	• 시도교육청, 국립특수교육원, 한국장애인고용공단, 한국장애인개발원 등에서 발행한 각종 연구보고서, 매뉴얼, 교육자료, 사업 계획서 등

(2) 실태 분석

진로와 직업교육 계획의 구체적인 수립과 교육공동체의 만족도를 높이기 위하여 실태 분석이 필요하다. 우선 전 학년도 특수학급 교육과정 전반에 걸친 평가 분석 시 진로와 직업 분야의 교육 목표 달성 및 실천 과정에 대한 평가 결과를 분석하고 학년도 말에 진행한 교육공동체(학생, 특수교사, 학부모 등)의 만족도 결과도 분석한다.

실태 분석은 〈표 12-2〉와 같이 학생, 교사, 학부모, 학교 및 지역의 교육환경으로 구분하여 실시하고 분석한 내용을 정리한다. 특수교육대상자가 재학하고 있는 일반학교의 장은 매 학년 시작일로부터 2주 이내에 개별 학생에 대한 '개별화교육지원팀'을 구성하고, 매 학기 시작일로부터 30일 이내에 '개별화교육계획'을 작성해야 하는데, 실태 분석도 이 기간에 함께 이루어지게 된다.

〈표 12-2〉 실태 분석 내용

구분	내용
학생 실태	개별화(전환)교육을 위한 현재 수행 수준, 학습 및 교과 선호도, 건강 및 보건 실태, 전환 역량, 흥미와 관심, 체력, 운동 기능, 교우 관계, 장래희망, 거주지 및 통학로 등
교사 실태	교사의 특기, 장 · 단점, 지도능력, 교육관, 학생상, 건강 등
학부모 실태	가족 구성 형태(한부모, 조손가정 등), 경제적 취약계층 분포, 학부모의 교육 관심도 및 학교 교육 참여도 등
학교 및 지역의 교육환경 실태	학교 시설 및 설비 현황, 이용 가능한 직업교육실, 교구 및 학습 자료, 현장실습처, 취업지원 관련 유관기관(장애인복지관, 장애인직업재활시설, 한국장애인고용공단, 발달장애인훈련센터 등), 교통환경, 문화시설, 자원봉사 등

개별화(전환)교육을 위한 현재 수행 수준 파악 시, 제3장에서 안내된 직업평가 도구를 활용하면 된다. 학생 수가 많은 특수학급의 경우 재학생은 학년도 말에 개별화교육계획과 연계하여 평가하고 신입생은 3월 통합학급 적응 기간을 통해 평가하는 일정도 고려해 볼 수 있다. 평가를 통해 교육계획 수립과 연계할 수 있는 대표적인 검사 도구로는 국립특수교육원 누리집에서 발달장애인용 직업흥미검사(NISE-VISIT), 장애학생 진로·직업교육 성과지표 검사, 고등학교 장애학생 교과 연계 전환 역량 향상 프로그램(국립특수교육원, 2020) 등을 활용하면 된다.

실태 분석과 함께 진로와 직업교육과 관련한 학생, 학부모, 특수교사의 요구사항을 설문조사로 실시하고 결과를 분석하는 과정도 필요하다. 설문조사에는 희망하는 진로 및 직업교육 활동, 지역사회 연계 활동, 현장체험학습, 창의적 체험활동, 방과후 프로그램, 현장실습, 직업교육시설, 환경개선, 각종 기자재 및 자료 구입 등의 내용을 구성하여 실시할 수 있다.

(3) 계획 수립

실태 분석이 끝났다면, 우선순위를 고려한 진로와 직업교육의 실천목표, 계획을 수립하여야 한다. 진로와 직업교육 계획을 일회성 활동이 아닌 의미 있는 교육활동으로 실천하기 위해서는 교과수업, 창의적 체험활동, 특수학급 운영 속에 녹여 내려는 노력이 중요하며 구체적인 시기, 담당자, 예산 등이 함께 들어간 세부 계획을 작성하여 실행 가능성을 높여야 한다.

계획 수립과정에서 고려해야 할 사항은 다음과 같다.

- 학년(군)별, 교과별, 주제별, 성취기준 활용, 교육과정 재구조화 및 개발
- 교육과정·수업·평가 운영 및 환류
- 연간 수업 일수 및 학사 일정 (블록제 수업 고려)
- 특수교사의 과목 선정 및 수업 시수 결정
- 창의적 체험활동, 방과후 교육활동에 관한 사항
- 교사 공동체의 성장을 위한 협력수업, 전문적 학습공동체, 고교학점제 공동교육과정 등

이상의 과정을 거쳐 특수학급 진로와 직업교육 계획 수립이 완료되면, 개별화교육지원팀을 통해 최종적으로 검토, 조정, 보완하고 단위학교의 학교운영위원회심의 자문을 통해 확정한다.

2) 중학교 특수학급

다음은 A 중학교 특수학급에서의 진로와 직업교육 운영 사례를 기반으로 재구성한 내용이다. A 중학교 특수학급에서는 진로와 직업 교육과정을 운영하기 위하여 특수교육대상자의 통합학급 교과의 내용을 대신하여 기본 교육과정 '진로와 직업' 교과와 선택교과 '여가활용'과 '정보통신활용' 교과의 내용을 융합해서 운영하였다.

[사례: 중학교 특수학급에 재학 중인 준상]

제1장에 제시된 준상이의 사례처럼 중학교 특수학급에 배치된 장애학생의 경우 대부분 직업 탐색에 대한 실제적인 경험이 부족해 보였다. 직업의 이름은 알고 있었으나 구체적인 직무에 대해서는 잘 모르고 있었고 직업적 흥미와 적성을 파악하기 힘든 상황이었다. 그래서 특수교사는 농수산업, 제조업, 서비스업 분야에서 한 가지씩 학생들이 선호하는 직무를 선택하여 반복적으로 체험을 통해 경험할 수 있도록 계획하였고 지역사회에서 실천할 수 있는 활동을 함께 고려하였다.

특수교사는 진로와 직업교육 계획 수립 시 장애학생의 수준과 특성, 진로 방향, 학교 상황, 지역사회 여건 등의 실태 분석을 통하여 우선순위를 정하였다. 소근육 기능을 향상하기 위하여 학생들이 선호하는 공예를 지도하였고, 학교에서 도보로 가까운 거리에 텃밭이 있어 재배 분야의 직무를 체험해 보기로 하였다. 지체장애 학생을 제외하고는 대부분 특별한 신체장애가 없고 건강 상태도 양호하였는데, 지구력이 부족하여 체력증진에 강조를 두고 등산을 계획하였다. 그리고 등하교를 하거나 지역사회기관을 이용할 때 버스를 이용해야 하는 학생들이 많아 등산 활동과 현장체험학습 시 대중교통을 자주 이용해 보도록 계획하였다. 또한 학생들이 스마트 기기에 대한 관심과 흥미가 높아 장애학생 정보화경진대회 출전을

계기로 정보통신활용을 지도하였고, 서비스업에서는 조리 분야의 직무체험을 선호하여 생활요리를 매주 실시하였다.

(1) 목적
- 자신의 흥미, 적성, 능력을 이해하고 진로와 직업에 대한 인식을 바탕으로 미래의 직업을 탐색한다.
- 중학교 이후의 진로와 직업 준비에 필요한 지식, 기능, 태도를 형성한다.
- 가정생활과 학교생활을 통하여 작업활동에 필요한 능력을 길러 자신의 진로와 직업을 탐색하고 미래의 직업 생활을 준비한다.

(2) 방침
- 교내외 활동과 실습을 통해 진로와 직업과 내용에 대한 인식, 적용, 실천을 강조한다.
- 다양한 활동과 현장 경험을 활용하여 학습의 실효성을 거둘 수 있도록 수업 시간을 연속하여 융통성 있게 편성·운영한다.
- 지역사회 및 가정과 연계하여 지도하며, 다양한 진로 정보를 제공하고 진로 탐색 및 진로체험 기회를 확대한다.
- 지역사회의 연계 속에서 다양한 시설이나 설비, 기구 등을 활용하여 체험, 활동, 실습을 할 수 있도록 하며 지역사회 전문가를 활용하여 현장 중심의 수업이 이루어질 수 있도록 한다.
- 외부강사를 통한 협력교수의 경우 사전 교육과정 협의를 통해 연간 계획을 수립하고 평가 기준을 마련하여 실시한다.
- 다양한 교수·학습 활동, 실습 과정에서 산출된 자료와 학생의 수행 행동에 대한 관찰을 통해 월별 평가를 실시하고, 평가 자료를 통해 개별화교육계획과 교수 프로그램 수립에 활용한다.
- 필요할 경우 모든 영역의 교육활동과 연계하여 체계적으로 진행할 수 있도록 별도의 세부 계획을 수립하여 운영한다.

(3) 특수학급 현황

학급 형태	시간제 특수학급 2학급(1반: 1~2학년 / 2반: 3학년)				
특수교사	2명		**지원인력**		1명
특수교육대상자 9(1)명 ※ ( )는 완전통합학생	**장애영역별 현황**	**1학년**	**2학년**	**3학년**	**계**
	청각장애			1	1(0)
	지적장애	1	1(0)	4	6(0)
	지체장애		1(1)		1(1)
	자폐성장애	1			1(0)
	계	**2**	**2(1)**	**5**	**9(1)**

(4) 특수학급 교육과정 운영시간표

요일 시간	월		화		수		목		금	
	1반	**2반**	**1반**	**2반**	**1반**	**2반**	**1반**	**2반**	**1반**	**2반**
1교시		국어		영어	진직·체육·여가 (등산)		수학	영어	국어	
2교시	영어	수학					국어		진직 (생활요리)	
3교시	수학	영어						진직·정보 (스마트 활용)		
4교시	국어			수학			영어	수학	수학	
5교시	진직 (공예)		진직 (재배)	국어				진직 (재배)	영어	국어
6교시		진직 (공예)					진직·정보 (스마트 활용)			

※ 진직: 진로와 직업, 여가: 여가활용, 정보: 정보통신활용

(5) 운영의 실제

① 공예(진로와 직업)

목표	• 다양한 종류의 공예 활동을 통해 소근육 기능을 향상하고, 도구 및 기기의 쓰임새를 알고 기능을 익힌다. • 공예 분야의 직업과 하는 일을 탐색한다.

| 대상 | 1~3학년 특수교육대상자 9명 | 장소 | 특수학급 |

| 시기 | 1반: 매주 월요일 5교시 / 2반: 매주 월요일 6교시 |

| 운영 내용 | • 1반은 공예 분야 직업전문 강사와 특수교사가 협력교수로 진행하고, 2반은 같은 내용을 특수교사가 진행함
• 교육 내용: 비즈(반지, 목걸이), 천연비누, 와이어(향초 꽃이), 가죽(카드 지갑), 비즈(가방 걸이), 매듭(팔찌), 레진 스톤(손거울), 폴리머클레이(목걸이, 브로치), 목공(다용도 손잡이 박스), 냅킨(휴지 걸이대), 석고(방향제), 향초 등
• 공예 도구의 쓰임새와 도구 사용 방법을 정확히 알고 안전하게 사용할 수 있도록 지도함
• 완성된 작품은 잘 보관하여 교내 축제 행사 때 전시하고 모의 판매로 활용함
• 인터넷에서 공예 분야의 직업을 살펴보고 직업 조사표로 작성해 봄 |

| 교육과정 적용 | 2015 특수교육 기본 교육과정 '진로와 직업' |

단원명	성취기준
가 8. 제조업 탐색	[9진로02-05], [9진로03-04]
나 8. 제조업 체험	[9진로05-04]

② 재배(진로와 직업)

| 목표 | • 작물 재배에 쓰이는 도구의 이름과 쓰임새를 알고 기능을 익힌다.
• 재배 분야의 직업과 하는 일을 탐색한다. |

| 대상 | 1~3학년 특수교육대상자 9명 | 장소 | 특수학급, ○○영농조합법인 농장 |

| 시기 | 1반: 매주 화요일 5~6교시 / 2반: 매주 목요일 5~6교시 |

| 운영 내용 | • ○○농연구교육센터, ○○영농조합법인과 연계하여 전문강사와 함께 협력교수로 진행하고, 각 계절에 적합한 작물을 선정하여 텃밭에서 연중 농작이 가능하도록 구성함
• 교육 내용: 감자 심기, 채소 씨앗 뿌리기, 냉이 캐기, 거름 만들기, 잎채소 솎아 주기, 열매채소 모종 심기, 지지대 세우기, 텃밭 관리하기, 잎채소, 열매채소 수확하기 등
• 가정과 연계하여 주말농장으로도 활용함
• 도보로 이동하고 재배 도구를 안전하게 사용하도록 지도함
• 씨 뿌리기, 모종 심기, 작물 관리하기, 수확하기의 과정을 친환경적인 방법으로 실시함
• 수확물은 요리하기, 포장 및 모의 판매하기, 농업 일지 쓰기 활동으로 국어, 수학 교과와 연계하여 지도함 |

| 교육과정 적용 | 2015 특수교육 기본 교육과정 '진로와 직업' |

단원명	성취기준
가 7. 농수산업 탐색	[9진로02-04], [9진로03-02], [9진로03-03]
나 7. 농수산업 체험	[9진로05-03]

③ 등산(진로와 직업, 체육, 여가활용)

목표	• 안전한 등산 방법을 알고 실천하여 신체적 발달 및 체력을 향상한다. • 지역사회 교통수단을 이용하여 목적지까지 안전하게 이동한다.		
대상	1~3학년 특수교육대상자 8명	**장소**	○○산, ○○동 일대, ○○청소년수련관
시기	매주 수요일 1~4교시		
운영 내용	• 지역사회 교통수단을 반복적으로 이용하기 위하여 등산 장소까지의 이동은 버스를 이용함 • 지역사회 지리를 알 수 있도록 산행 경로를 다양하게 실시하여 보행 훈련도 병행하여 실시함 • 학생마다 기술, 경험, 체력적인 요소를 고려하여 등반 코스를 정함 • 기상악화로 인하여 등산을 할 수 없을 때는 ○○청소년수련관 헬스장을 이용하여 근력 향상을 위한 웨이트 트레이닝으로 대체하여 실시함 • 학생들의 적극적인 참여를 위하여 팀을 나눠 각기 다른 지점에서 출발하여 정상에서 합류하거나, 산에서 할 수 있는 미션활동, 레크리에이션 등 프로그램을 기획하여 운영함 • 등산하면서 자연환경을 보호하고 쓰레기 줍기 등을 통해 봉사를 경험할 수 있도록 지도함		

교육과정 적용	2015 특수교육 기본 교육과정 '진로와 직업' '체육', 선택 교과 '여가활용'	
	단원명	성취기준
	나 1. 자기관리	[9진로06-02]
	5. 안전	[12체육05-02]
	4. 흥미로운 우리 지역	[12여가02-06]

④ 스마트 활용(진로와 직업, 정보통신활용)

목표	• 스마트 기기를 활용하여 자신에게 필요한 정보를 선택하고 활용할 수 있는 능력을 기른다. • 사이버 공간에서 요구되는 기본적인 예절을 익혀 실천한다.		
대상	1~3학년 특수교육대상자 9명	**장소**	특수학급
시기	1반: 매주 목요일 6교시 / 2반: 매주 목요일 3교시		
운영 내용	• 학생 자신의 스마트폰과 학급용 스마트패드를 활용하여 수업을 진행함 • 일상생활에서 요구되는 문제 상황을 제시하고 학생들이 정보통신활용 기능을 익혀 문제를 해결할 수 있도록 지도함 • 교육 내용: 스마트 기기 기본 앱 활용, 정보 검색, SNS 활용, 실생활 활용 • 장애학생 e페스티벌 정보경진대회 '스마트 검색' 종목 분야와 연계하여 수업을 준비하고 참가 신청을 통해 학습 동기를 유발함 • 학급 밴드 운영을 통해 사이버 공간에서 요구되는 예절을 지도하고 과제 결과물을 올려 수업 평가 자료로 활용함		

교육과정 적용	2015 특수교육 기본 교육과정 '진로와 직업', 선택교과 '정보통신활용'	
	단원명	**성취기준**
	나 3. 직업과 스마트 기기 활용	[12진로03-06]
	2. 정보 통신 기기의 사용	[9정통02-01]~[9정통02-04]
	3. 정보 통신의 활용	[9정통03-01]~[9정통03-04]

⑤ 생활요리(진로와 직업)

목표	• 조리 직무체험을 통해 여러 가지 조리도구와 기기의 쓰임새를 알고 기능을 익힌다. • 조리 분야의 직업 특성과 필요한 능력을 탐색한다.		
대상	1~3학년 특수교육대상자 9명	**장소**	특수학급, 가사실
시기	매주 금요일 2~3교시		
운영 내용	• 생활요리는 가정 식탁에 자주 올라오는 반찬 중심으로 다양한 썰기와 조리법을 경험할 수 있도록 구성함 • 요리 내용: 감자볶음, 시금치 무침, 치즈 계란말이, 오이생채, 메추리알 장조림, 참치 동그랑땡, 만두, 두부조림, 제육볶음, 잡채, 멸치볶음, 감자 어묵 조림, 오징어 볶음 등 • 특수학급 내 조리 실습이 가능하도록 시설이 갖춰져 있지만, 전체 학생이 조리과정에 함께 참여하는 데 제한적이므로 특정 학생에게 역할이 치중되거나 일회성으로 활동이 진행되지 않도록 본교 가사실을 활용해 실습함 • 휠체어 이용 학생은 특수교육 보조인력의 지원으로 실습 과정에 참여함 • 실습 준비(손 씻기, 앞치마 착용 등), 조리과정 시범 관찰, 식재료 손질, 조리하기, 포장하기, 설거지 및 정리하기 순으로 진행함 • 완성된 요리는 학생이 준비해 온 용기에 담아 가정에 보냄 • 사후 활동으로 '나만의 레시피' 만들기 활동을 실시함. 식재료, 조리과정을 정리하고 가족과 식사한 경험 이야기하기 등의 활동으로 국어교과와 연계함		
교육과정 적용	2015 특수교육 기본 교육과정 '진로와 직업'		
	단원명	**성취기준**	
	가 9. 서비스업 탐색	[9진로02-06], [9진로03-05]	
	나 9. 서비스업 체험	[9진로05-05]	

3) 일반 고등학교 특수학급

다음은 B 고등학교 특수학급에서의 진로와 직업교육 운영 사례를 기반으로 재구성한 내용이다. B 고등학교는 평준화 지역의 공립 일반고로 전 학년이 선택 중심 교육과정의 보통 교과와 창의적 체험활동으로 교육과정을 편성하여 운영하고 있다. B 고등학교 특수학급에서는 진로와 직업 교육과정을 운영하기 위하여 특수교육대상자의 통합학급 교과의 내용을 대신하여 2015 특수교육 교육과정의 기본 교육과정 '진로와 직업' 교과와 선택 중심 교육과정 전문 교과Ⅲ 직업 교과의 내용을 재구성하여 운영하였다.

[사례: 일반 고등학교 특수학급에 재학 중인 진수]

학교 차원에서 진로활동을 중점 과제로 운영하여 창의적 체험활동 및 교과와 연계한 체계적인 진로 프로그램을 실시하고 있었다. 특수교사는 학교의 비전과 방향을 같이 하기 위하여 특수학급에서도 진로 설계를 강조한 수업을 계획하였다. 제1장에 제시된 진수의 사례처럼 완전통합 학생의 경우도 개별화교육지원팀 협의를 통해 통합학급 담임교사, 교과 담당교사 등과 함께 학습지원 및 진로계획을 위한 지원 방안을 수립하였다. 특수교사는 학기별로 진로상담을 실시하였고 시각장애 거점지원센터의 도움을 받아 진수가 희망하는 대학의 수학 여건 및 전공과 관련된 교육훈련에 대한 정보를 개별화교육지원팀과 공유하였다.

특수학급에서는 교육공동체의 요구조사에 따라 교내 현장실습으로 사무지원, 외식서비스(바리스타) 분야를 집중적으로 경험할 수 있도록 하였고, 지역사회 현장실습으로는 장애인직업재활시설과 연계하여 제조업 분야의 직무체험 현장실습을 실시하였다. 또한 장애학생들의 흥미와 관심을 반영하여 컴퓨팅 사고력을 함양할 수 있는 코딩교육을 '진로와 직업' 교과와 '정보통신활용' 교과를 재구성하여 수업을 진행하였다.

(1) 목적

- 자신의 흥미, 적성, 능력을 파악하고 진로와 직업의 세계를 탐색하여 미래의 직업을 준비한다.
- 고등학교 이후의 진로와 직업에 대한 지식, 기능, 태도를 형성하여 교내 현장실습과 지역사회 현장실습에 적용한다.
- 직업 생활에 필요한 능력을 함양하여 자신의 전환 목표에 도달한다.

(2) 방침

- 특수교육대상자의 장애유형 및 정도를 고려하여 진학, 취업, 직업훈련, 평생교육 등 진로 및 직업에 대해 다양하게 탐색할 수 있도록 안내한다.
- 진로상담, 심리검사, 직업평가, 직업 능력 및 태도 관찰 등을 통하여 학생의 진학 및 성인생활 준비를 위한 개별화전환교육계획을 수립한다.
- 통합형 직업교육 거점학교, 진로직업특수교육지원센터 등 직업교육 유관기관과 연계하여 장애학생 직업교육 및 취업 지원을 강화한다.
- 현장실습운영위원회는 개별화교육지원팀과 통합하여 운영하고 개별화교육지원팀에서 특수교육대상자의 현장실습을 포함한 진로 및 직업교육 관련 내용을 협의한다.
- 견학 및 직무체험 등을 포함한 교내·외 현장실습을 교육과정과 연계하여 실시하되, 산업체 현장실습의 경우 학생의 자율 의사에 따라 참여 여부를 결정한다.
- 현장실습을 조기 취업이 아닌 직무체험 등을 통한 취업준비 과정으로 인식하고 학생의 안전과 노동인권 보호 등을 포함한 계획을 수립한다.

(3) 특수학급 현황

학급 형태	시간제 특수학급 2학급(1반: 1~2학년 / 2반: 2~3학년)				
특수교사	3명		지원인력		0명
	장애영역별 현황	1학년	2학년	3학년	계
특수교육대상자 15(3)명 ※ ( )는 완전통합학생	지적장애	3(1)	6	4(0)	13(1)
	지체장애	0(1)		1(0)	1(1)
	자폐성장애	1(0)			1(0)
	시각장애			0(1)	0(1)
	계	4(2)	6	5(1)	15(3)

(4) 특수학급 교육과정 운영시간표

요일	월		화		수		목		금	
시간	1반	2반	1반	2반	1반	2반	1반	2반	1반	2반
1교시										
2교시										
3교시	사회	국어	외식서비스 (바리스타)		수학	사회	외식서비스 (바리스타)		사회	국어
4교시	국어	수학			국어	수학			수학	사회
5교시	사무 지원	진직 (진로 준비)	진직 (코딩)	사무 지원	체육		현장체험 학습	직업 현장 실습	진직 (진로 준비)	진직 (코딩)
6교시	사무 지원	진직 (진로 준비)	진직 (코딩)	사무 지원			현장체험 학습	직업 현장 실습	진직 (진로 준비)	진직 (코딩)
7교시										

※ 진직: 진로와 직업

(5) 운영의 실제

① 진로 준비(진로와 직업)

목표	전환에 필요한 의사결정 능력과 진로 잠재력을 바탕으로 전환 계획을 수립하고 선택한 진로에 대한 구체적인 정보를 수집하며 전환기관에 대한 실제적 체험을 통하여 진로를 준비한다.		
대상	1~3학년 특수교육대상자 15명	장소	특수학급
시기	1반: 매주 금요일 5~6교시 / 2반: 매주 월요일 5~6교시		

운영 내용

- 학기별 2회 이상 개인별 진로상담 실시, 심리검사 및 직업평가 실시, 선호 직무 유형 파악
- 학부모에게 자녀의 진로검사 결과를 공유하고 다양한 진로 및 취업 정보를 안내함
- 진로와 직업과의 진로 의사 결정과 진로 준비 영역을 중심으로 일부 단원을 재배열하여 편성·운영함
- 교육 내용

구분	교육 내용
자기 탐색	나의 정보, 나의 특성, 행복한 나의 미래, 행복한 직업 생활 준비
직업의 세계	일과 행복한 생활, 일과 직업에 대한 올바른 태도, 직업의 가치, 미래 유망 직업 탐색, 성공한 직업인의 자세와 능력, 농수산업 탐색, 제조업 탐색, 서비스업 탐색

진로 의사 결정	직업흥미와 적성, 직업 관련 능력, 교내 체험 적응 능력, 현장실습 적응 능력, 문제 해결의 이해, 올바른 문제 해결, 전환 이해, 전환을 위한 정보 탐색, 전환 계획 수립
진로 준비	전환 관련 기관 견학 준비, 진학 관련 기관 견학, 취업 관련 기관 견학, 성인 생활 지원 기관 견학, 전환을 위한 절차, 전환 서류 작성, 면접 준비

- 직업체험: 5주 동안 매주 목요일 전일제로 ○○발달장애인훈련센터와 연계하여 장애맞춤기관 직무체험형 현장실습을 실시함. 1~2학년 특수교육대상자 10명이 10개 직업체험관 체험 및 실습을 통하여 자신의 흥미와 적성에 맞는 직업을 탐색하도록 함
- 특수학급 밴드 운영: 대학 진학을 위한 입시설명자료와 워크투게더 등 다양한 취업지원 기관에서 받은 채용 공고를 게시하여 학생과 학부모의 정보 접근성을 높임
- 대학 진학을 희망하는 학생을 위하여 개별화교육지원팀 협의 시 통합학급 교사와 협력하여 진학지도 방안을 계획함. 장애학생의 능력과 흥미 · 적성을 고려하여 대학의 수학 여건 및 전공과 관련된 교육훈련에 대한 정보를 공유함
- 창의적 체험활동, 현장체험학습 등을 활용하여 채용 박람회, 전환 관련 기관 등을 방문하고 다양한 취업, 진학 정보를 수집함

교육과정 적용	2015 특수교육 교육과정 기본 교육과정 '진로와 직업'	
	단원명	**성취기준**
	가 1. 나의 이해~2. 행복한 직업 생활	[12진로01-01]~[12진로01-03]
	가 5. 일과 행복~9. 서비스업 탐색과 체험	[12진로02-01]~[12진로02-06]
	가 10. 직업 능력~12. 전환 계획	[12진로04-01]~[12진로04-07]
	나 11. 전환 관련 기관 견학~12. 전환 준비	[12진로05-01]~[12진로05-02]

② 사무지원

목표	사무와 관련된 여러 가지 업무를 보조하거나 지원하는 활동을 통하여 사무지원 업무의 기본적인 원리와 개념을 습득하고, 실제 직업 현장에서 사무지원 업무에 필요한 지식, 기능, 태도를 함양한다.		
대상	1~3학년 특수교육대상자 15명	장소	교무실, 행정실, 도서실 등
시기	1반: 매주 월요일 5~6교시 / 2반: 매주 화요일 5~6교시		
운영 내용	• 특수학급에서 이론 교육을 실시하고 교내 현장실습 장소에서 직무를 체험할 수 있도록 지도함 • 교무실에서 사무용품과 사무기기를 능숙하게 사용하도록 지도함 • 우편 분류 현장실습 시 교내 교직원 좌석배치도 및 실별 위치를 익히고 우편 분류함을 활용하여 교무실별 우편 분류 활동 및 우편물 대장 작성을 지도함 • 학교에서 보내거나 학교로 오는 우편물과 택배 물건 등을 활용하여 현장실습 학생을 교무실과 행정실 우편물 관리 자원봉사자로 임명하여 기능을 실습함 • 국립특수교육원에서 개발한 사서 보조 교육 교재 및 교구를 활용하여 사서 보조 직무를 지도하고 교내 도서관에서 사서 교사를 도와 실제 도서 관리 업무를 보조하도록 지도함		

- 교실과 실습실의 환경 유지, 잠금장치, 전원 관리와 단속 방법을 지도하고 사무실 관리 기술이 습관화되도록 지도함
- 교육 내용

구분	교육 내용
사무 장비 사용	• 사무용품 종류와 용도, 사무용품 사용 방법, 복사기의 구조 · 조작 · 관리 • 복합 사무기기 종류와 구조 · 조작 · 관리 • 코팅기, 제본기, 문서세단기의 구조 · 조작 · 관리
우편물 관리	• 우편물 수신 · 분류 · 전달 · 관리, 우편물 포장 재료 · 방법 • 우편물 발송 방법과 업체 선택, 우체국 이용 우편물 발송, 택배 물품 발송
도서 관리	• 도서 분류, 도서 등록, 도서 배열, 정기간행물 배열, 도서 보수 • 도서관리 시스템의 이해, 도서 대출 업무, 도서 반납 업무
사무실 관리	• 사무실 정리정돈, 청소, 식음료대 · 화분 관리, 소모품 · 비품 관리 • 보안의 개념 이해, 잠금장치 작동, 열쇠 사용 · 관리 • 에너지 절약, 전원 단속, 화재 예방과 대처

- 3학년 특수교육대상자 중 희망자에 한하여 한국장애인개발원의 특수교육—복지연계형 장애인 일자리 사업의 선발 과정을 거쳐 교내에서 정부주도 취업연계형 현장실습을 실시함. 주 14시간 이내(월 56시간) 본교 도서관, 행정실, 통합교육지원실에 배치되어 사무지원 업무를 수행함

교육과정 적용	2015 특수교육 선택 중심 교육과정 전문 교과Ⅲ '사무지원'	
	단원명	**성취기준**
	사무 장비 사용, 우편물 관리	[12사무01–01]~[12사무02–11]
	도서 관리, 사무실 관리	[12사무04–01]~[12사무05–14]

③ 바리스타(외식서비스)

목표	• 커피의 재료와 특징에 대해 알고 커피 추출 도구의 종류와 사용법을 익혀 에스프레소를 추출하고 다양한 커피 메뉴를 만들어 서비스한다. • 카페 실습실에서 상황별 응대 서비스를 익혀 적절한 서비스를 제공하고, 기물과 비품 및 영업장 관리에 필요한 실무 능력을 기른다.		
대상	1~3학년 특수교육대상자 15명	**장소**	특수학급(카페 실습실)
시기	매주 화, 목요일 3~4교시		
운영 내용	• 3교시는 바리스타 이론 및 실기 수업을 진행하고, 4교시는 영업장 실무를 경험할 수 있도록 교내 카페 운영을 준비함. 점심시간을 조정하여 4교시에 식사를 실시하고 점심시간에는 교직원을 대상으로 카페를 운영함 • 특수교사는 학교 내 전문적 학습공동체를 조직하여 장애학생을 위한 바리스타 교육 자료를 개발하고 카페 운영 시 학생 역할 분담과 효율적인 운영 방안 등에 대해 지속적으로 연구하고 개선함		

• 교육 내용

구분	교육 내용
커피 서비스의 이해	• 커피에 대한 역사, 생산 과정, 성분, 추출, 분쇄 • 직업윤리, 용모 및 복장, 인사 예절, 응대 화법
영업장 실무	• 예약 확인, 고객 맞이와 환송, 식음료 서비스, 테이블 정리 • 기물과 비품 종류 · 취급법 · 사용법, 영업장 점검, 테이블 세팅, 영업장 정리
주방 실무	• 식재료 종류, 손질 및 관리, 주방 기기와 기구의 종류, 사용 • 개인위생 점검, 주방 기기 및 기구의 관리, 안전 수칙 및 응급처치
커피 서비스	• 커피의 특징, 커피 추출 도구, 커피 메뉴, 커피 서비스

• 통합형 직업교육 거점학교와 연계하여 필기시험 면제 2급 커피 바리스타 자격증 과정에 신청하여 준비함
• 스페셜 바리스타 대회에 참가하여 바리스타 교육활동을 통하여 익힌 실력을 확인하고 바리스타 전문 직업인의 꿈을 키울 수 있도록 지원함
• 현장체험학습과 연계하여 지역사회 카페 시장조사를 통해 커피 관련 업체의 최근 동향을 파악하고 실제 바리스타로 일하고 있는 장애인을 만나 인터뷰를 해 봄으로써 취업 의지를 고취함

2015 특수교육 선택 중심 교육과정 전문 교과Ⅲ '외식서비스'

단원명	성취기준
외식서비스 예절	[12외식01-04]~[12외식01-07]
영업장 실무	[12외식02-01]~[12외식02-11]
주방 실무	[12외식03-04]~[12외식03-14]
커피 서비스	[12외식05-12]~[12외식05-15]

(좌측 구분: 교육과정 적용)

④ 현장체험학습

목표	진로와 직업 주제 중심 교육과정과 연계한 학교 밖 활동을 통해 장애학생이 독립적으로 살아가는 데 필요한 지역사회 적응기술을 습득하고 진로 탐색의 기회를 제공한다.
대상	1~3학년 특수교육대상자 15명 **장소** 학교 인근 지역사회
시기	매주 목요일 5~7교시(3학년은 1학기에만 실시함)
운영 내용	• 실시 일주일 전에 세부 운영계획서를 작성하여 결재 받음 • 이동거리 1시간 이내로 관내 지역에서 실시하며, 관외 지역은 전일제 현장체험학습으로 운영함 • 문화시설: 박물관, 영화관, 청소년 문화센터, 도서관, 평생교육학습관, 월드컵경기장 등 • 생활건강: 체육관(풋살, 볼링, 탁구, 농구, 인라인, 배드민턴 등), 보건소, 스포츠센터 등 • 공공시설: 주민센터, 구청, 시청, 우체국, 소방서, 경찰서, 여권민원실 등 • 편의시설: 찜질방, 지하철역, 기차역, 대형마트, 은행, 전통시장 등

	• 교과와 연계한 현장체험학습이 될 수 있도록 주제와 관련된 과제 수행 활동을 제시하고 교과활동 시간에 평가함 • 일회성 프로그램이 아니라 지속적이고 반복적인 활동을 통하여 지역사회 적응기술이 향상될 수 있도록 지도함
교육과정 적용	2015 특수교육 기본 교육과정 '진로와 직업' '수학' '사회' '국어' '여가활용' 등 주제별 체험에 따라 관련 성취기준을 세부 운영계획에 명시함

⑤ 보호작업장 현장실습(직업현장실습)

목표	제조업(포장 · 조립 · 운반) 현장실습으로 자신의 적성과 실습의 경험을 비교하고 필요한 직무 능력을 기른다.
대상	3학년 특수교육대상자 5명 **장소** ○○○ 보호작업장
시기	(2학기) 매주 목요일 5~7교시
운영 내용	• 장애맞춤기관(장애인직업재활시설)과 학교가 연계하여 직무체험형 현장실습으로 운영함 • 현장실습 시작 전 산업안전보건 및 노동인권 교육을 실시함 • 사전에 특수교사가 보호작업장에 방문하여 직무분석을 실시하고 교육과정과 연계하여 교실 상황에서도 직무를 연습할 수 있는 환경을 구성함 • 지역사회 교통수단을 반복적으로 이용하기 위하여 현장실습 장소까지의 이동은 버스를 이용함 • 특수교사와 현장실습 기관의 직업훈련교사가 함께 직무지도에 참여하여 현장실습을 진행함 • 교육 내용: 쇼핑백 제작 재료 운반하기, 쇼핑백 밑단 접어 종이 넣기, 끈 끼우기, 끈 매듭 짓기, 불량품 확인하기, 박스 포장하기, 완성품 운반하기 • 현장실습 실시 후 체크리스트가 포함된 개인별 현장실습일지를 작성함 • 현장실습 종료 후 기관에서는 현장실습 종합평가서를 작성하여 특수교사에게 제공함

교육과정 적용	2015 특수교육 기본 교육과정 '진로와 직업', 선택 중심 교육과정 전문 교과Ⅲ '직업현장실습'	
	단원명	**성취기준**
	나 8. 제조업 현장실습	[12진로05–05]
	안전, 예절	[12직실02–01]~[12직실02–08]
	준비, 수행, 정리	[12직실04–01]~[12직실04–12]

⑥ 코딩교육(진로와 직업, 정보통신활용)

목표	컴퓨팅 사고력 함양을 통해 실생활에서 접하는 다양한 문제를 해결할 수 있는 창의적인 문제해결 역량을 기른다.
대상	1~3학년 특수교육대상자 15명 **장소** 특수학급

시기	1반: 매주 화요일 5~6교시 / 2반: 매주 금요일 5~6교시
운영 내용	• 국립특수교육원(2019)에서 개발한 SW교육 콘텐츠 '나랑 놀자! 소프트웨어 입문편(발달 장애 학생용)'을 정보통신활용 교과와 재구성하여 수업을 진행함 • 교육 내용: 언플러그드, DASH 로봇 코딩, 터틀 로봇 코딩, 레고 WeDo2.0 메이커 활동, 엔트리 블록 프로그래밍, 알버트 인공지능 활용 • 진로와 직업과의 제재(활동)를 활용하여 다양한 문제 상황을 제시하고 코딩 프로그래밍을 통해 해결하는 과정을 체험함 • 장애학생의 개별적인 특성을 고려하여 다양한 코딩교육을 적용함. 조작 기능과 인지 수준에 따라 카드 코딩, 블록 코딩, 라인 코딩, 색깔 코딩, 보드게임 등 적절한 코딩교육 교구와 교육방법을 선택함 • 코딩 수준이 높은 학생들은 방과후 수업과 연계하여 지도하고, 장애학생 e페스티벌 정보경진대회 'SW 코딩' 종목 분야에 참가하도록 지도함

교육과정 적용	2015 특수교육 기본 교육과정 '진로와 직업', 선택 교과 '정보통신활용'	

단원명	성취기준
가 11. 문제 해결	[12진로04-01]
나 3. 직업과 스마트 기기 활용	[12진로03-06]
4. 정보 통신과 소프트웨어	[12정통04-01]~[12정통04-03]

4) 특성화 고등학교 특수학급

다음은 C 고등학교 특수학급에서의 진로와 직업교육 운영 사례를 기반으로 재구성한 내용이다. C 고등학교는 평준화 지역의 공립 특성화고로 공업계열 4개 학과, 상업계열 1개 학과로 조직되어 선택 중심 교육과정의 보통 교과, 전문 교과Ⅱ, 창의적 체험활동으로 교육과정을 편성하여 운영하고 있다. C 고등학교 특수학급에서는 진로와 직업 교육과정을 운영하기 위하여 특수교육대상자의 통합학급 교과의 내용을 대신하여 2015 특수교육 교육과정의 '진로와 직업' 교과와 선택 중심 교육과정 전문 교과Ⅲ 직업 교과의 내용을 재구성하여 운영하였다.

「초·중등교육법」에서는 특성화 고등학교를 "소질과 적성 및 능력이 유사한 학생들을 대상으로 특정 분야의 인재양성을 목적으로 하는 교육 또는 자연 현장실습 등 체험위주의 교육을 전문적으로 실시하는 고등학교"라고 정의한다. C 고등학교와 같은 직업계고도 특성화고에 포함되는데 인문계고에서 강조하는 진학보다는 취업에 중점을 두고 교육과정을 운영하고 있다. 특성화고는 국가직무능력표준(National Competency Standards: NCS)을 도입하여 산업 현장에 필요한 전문 인재를 양성하기 위하여 산업체 직무분석을 통해 현장 직무능력 중심의 교육과정을 운영하고 있다. 또한 진로 · 직업교육 관련 전문 교과 교사를 배치하고 직업훈련 시설 · 설비 등 인프라를 구축하여 운영하고 있다. 특성화고 특수학급에서도 특수교육대상자의 진로와 직업교육에 이를 적극적으로 활용한다면 더 많은 기회와 경험을 제공할 수 있을 것이다.

(1) 목표

• 미래의 직업세계의 변화가 자신의 진로에 미치는 영향을 파악하여 대비하는 역량을 기른다.
• 자신의 관심 직업, 전공 또는 취업기회, 고등교육 또는 평생학습의 기회에 대한 구체적인 정보를 탐색하고 체험하여 자신의 전환 목표에 도달한다.

(2) 방침

• 진로 및 직업과 관련된 내용을 포함하여 개별화교육계획을 작성한다.
• 교내의 직업훈련실, 실습실, 특별실, 기타 시설이나 장비를 활용하여 실제적인 활동과 경험을 통해 개인의 진로 및 직업을 탐색하고 준비할 수 있도록 한다.
• 학생의 전공에 따른 전문성 신장, 인성 계발, 취업 역량 강화 등을 목적으로 특색 있는 프로그램을 운영한다.
• 직업평가 결과는 학부모와 통합학급 교사, 관련 기관과 공유하고 학교 및 가정, 관련 기관이 협력하여 직업교육의 효과를 증진시키도록 한다.
• 시도교육청 「직업계고 현장실습 운영 지침」에 의한 현장실습운영위원회에 특수교육대상자 현장실습 관련 내용을 추가한다.
• 직업상담, 직업 능력 평가를 통해 학생의 능력과 적성에 맞는 산업체(기관), 지역사회 및 직업재활시설을 선정 · 배치하여 현장실습을 실시한다.
• 현장실습 전 해당 실습기관의 현장 확인과 안전교육을 철저히 실시하여 산업재해와 안전사고를 사전에 예방한다.

(3) 특수학급 현황

학급 형태	시간제 특수학급 3학급(1반: 1학년 / 2반: 2학년 / 3반: 3학년)				
직업교육실	제과제빵실, 바리스타 실습실, 카페				
특수교사	4명		지원인력		2명
특수교육대상자 23(3)명 ※ ( )는 완전통합학생	장애영역별 현황	1학년	2학년	3학년	계
	지적장애	7(1)	8	5(1)	20(2)
	지체장애		1	0(1)	1(1)
	자폐성장애		1	1(0)	2(0)
	계	7(1)	10	6(2)	23(3)

(4) 특수학급 교육과정 운영시간표

시간＼요일	월		화			수		목		금		
1교시												
2교시	수학A	국어B	직업준비 (1학년)	직업준비 (2학년)	직업현장실습 (3학년)		체육 (수영)	기초 (컴퓨터B)	수학C	외식 (바리스타)	외식 (제과제빵)	대인 (스팀세차)
3교시	국어A	기초 (컴퓨터B)				체육 (교내)						
4교시	진직 (조립·포장·운반C)							진직 (조립·포장·운반C)				
5교시	기초 (컴퓨터A)	국어C	수학A	영어C		국어A	영어C	기초 (컴퓨터A)	영어B			
6교시	수학B	기초 (컴퓨터C)	영어A	수학C		영어A	국어B	수학B	기초 (컴퓨터C)	영어B	국어C	
7교시	진직 (조립·포장·운반B)		진직 (조립·포장·운반A)			진직 (조립·포장·운반B)		진직 (조립·포장·운반A)				

※ 진직: 진로와 직업, 기초: 기초작업기술Ⅱ, 외식: 외식서비스, 대인: 대인서비스

※ A그룹: 7명, B그룹: 8명, C그룹: 8명

(5) 운영의 실제

① 구직 역량 강화교육(직업준비, 안정된 직업 생활, 직업현장실습)

목표	자신에 대한 이해를 바탕으로 직업에 대한 탐색을 통해 자신의 진로 및 직업의 방향을 설정하고 성공적으로 취업 준비를 한다.		
대상	1~3학년 특수교육대상자 23명	**장소**	특수학급
시기	매주 화요일 2~3교시		

<table>
<tr><td rowspan="3">운영 내용</td><td colspan="3">
<ul>
<li>1~2학년은 전문 교과Ⅲ '직업준비', '안정된 직업 생활' 교과를 중심으로, 3학년은 전문 교과Ⅲ '직업현장실습' 교과에서 일부 단원을 재배열하여 편성 · 운영함</li>
<li>3학년의 경우 '실습생의 자세'와 '현장실습 준비' 영역은 해당 분야의 전문지식과 교수기법 및 전략을 갖춘 직업전문 강사와 3학년 담당 특수교사가 협력교수로 진행함(통합형 직업교육 거점학교 강사 파견)</li>
<li>수업 자료로 '산업안전보건 및 노동인권교육'(국립특수교육원, 2020)과 '사전에 이만큼 다배우고 가자'(경기도교육청, 2020) 학생용 워크북과 PPT자료를 활용함</li>
<li>교육 내용</li>
</ul>
</td></tr>
</table>

대상	영역	핵심 개념	비고
1~2학년	나의 이해	소중한 나, 미래의 나, 사회 속의 나	직업준비
	직업의 세계	직업의 가치와 종류, 미래사회와 직업	
	진로 의사 결정	직업 선택, 진로계획, 직업전환	
	취업준비	취업 정보 수집, 취업 서류 준비와 면접	
	직업 생활의 시작	직업인의 자세, 직업의 중요성	안정된 직업 생활
	직업 생활의 유지	직장 법규, 직업 유지	
	직업 능력 향상	작업 수행, 안전한 작업, 자기관리	
	미래와 안정된 삶	구체적인 생활, 안정된 생활	
3학년	현장실습의 이해	현장실습, 유형	직업 현장실습
	실습생의 자세	안전, 예절, 복무관리	
	현장실습 준비	탐색, 서류, 면접, 사전준비	
	현장실습 평가	평가, 보고, 선택	

- 현장체험학습과 연계하여 장애인 채용 박람회에 참여하고 이력서 작성 및 면접 과정을 실제 경험함

<table>
<tr><td rowspan="5">교육과정 적용</td><td colspan="2">2015 특수교육 선택 중심 교육과정 전문 교과Ⅲ</td></tr>
<tr><td>교과</td><td>성취기준</td></tr>
<tr><td>직업준비</td><td>[12직준01-01]~[12직준04-06]</td></tr>
<tr><td>안정된 직업 생활</td><td>[12안직01-01]~[12안직04-06]</td></tr>
<tr><td>직업현장실습</td><td>[12직실01-01]~[12직실03-13]
[12직실05-01]~[12직실05-11]</td></tr>
</table>

② 조립 · 포장 · 운반(진로와 직업)

목표	교내 현장실습을 통해 제조업(조립 · 포장 · 운반)에서 활용되는 도구와 기기 사용법을 익히고 안전하게 직무체험을 한다.
대상	1~3학년 특수교육대상자 23명 · **장소** 특수학급
시기	A: 매주 화, 목요일 7교시 / B: 매주 월, 수요일 7교시 / C: 매주 월, 목요일 4교시

운영 내용	• 실습 시 작업 복장을 착용하고 자신이 맡은 역할에 따라 스스로 체험 준비를 할 수 있도록 지도함 • 매시간 주의사항을 확인하고 작업장 위생 상태를 점검함 • 교육 내용

구분	교육 내용
볼펜 조립 작업하기	• 팀별 역할 확인하기(부품 지원, 조립, 검수) • 부품 지원팀: 축, 심, 선축, 스프링, 노크 분류하기, 부족한 부품 채워 넣기, 분류된 부품 정리하기 • 조립팀: 순서대로 조립하기, 부품이 부족하면 손짓으로 소통하기 • 검수팀: 완성품 검수하기, 검사한 부분 보완하기, 불량품 분류하여 보관하기, 완성품 수량 확인하기, 운반하기
커피 드립백 포장하기	• 커피 드립백을 낱개 또는 상자 단위로 포장하기 • 커피 드립백을 순서에 따라 포장하기(분쇄된 커피 계량하기, 분쇄된 커피 담기, 드립백 접착하고 포장하기, 드립백 포장지 접착하기, 상품 설명 라벨지 붙이기, 수량을 세어 포장용 상자에 넣기, 제조일자와 유통기한 표시하기, 제품명 라벨지 붙이기, 운반하기)

	• 학생의 흥미와 적성을 고려하여 팀 또는 직무를 선택하게 하고 팀별 작업 반장을 뽑아 참여 의지를 높임 • 개인별, 팀별 목표 수량을 제시하여 작업 속도와 정확도를 높이고 서로 협동할 수 있도록 지도함 • 전체 과정을 반복하거나 과정별로 1개의 직무를 맡아서 체험할 수 있도록 함 • 직무의 과정과 목표량을 확인할 수 있도록 스크린 화면에 실시간으로 표시함 • 작업 종료 후 체크리스트로 활동을 점검하고 누가 기록을 통해 자신의 성취 수준을 확인할 수 있도록 함

교육과정 적용	2015 특수교육 기본 교육과정 '진로와 직업'

단원명	성취기준
가 8. 제조업 탐색과 체험	[12진로02-05], [12진로03-04]

③ 스팀세차(대인서비스)

목표	• 차의 내부 구조와 세차 서비스에 대한 기초 지식 및 사용 방법을 습득한다. • 세차에 필요한 자원관리능력을 함양하고 세차 도구를 사용하여 적절한 순서와 방법으로 세차 기술을 익히며 세차 관련 종사자로서의 자질을 갖춘다.	
대상	1~3학년 특수교육대상자 7명	**장소** 특수학급, 스팀세차장
시기	매주 금요일 1~4교시	

운영 내용	• 실습 시 작업복을 갖추어 참여하고, 세차 도구 및 기기 사용 시 각 과정에서 주의할 점을 알고 안전사고에 유의하여 사용하도록 지도함 • 교육 내용	

구분	교육 내용
세차 교육	• 차량의 내·외부 구조 알기, 스팀 세차에 필요한 도구 및 기기 알기 • 세차 시 안전수칙 및 주의사항 알기, 스팀 세차 과정 알기
세차 실습	• 세차 복장 착용하기, 세차 도구 및 기기 준비하기 • 외부 세차(차 외장 스팀 분사하기, 바퀴에 스팀 분사하기, 차 외장의 물기 닦기, 매트에 스팀 분사하기, 대시 보드에 스팀 분사하기, 광택제로 광택 내기) • 내부 세차(에어건으로 먼지 털기, 진공청소기로 바닥 청소하기, 걸레로 먼지 닦기, 발판 청소하기, 유리창 닦기), 세차장 정리정돈

	• 실습 후 복장, 도구 및 기기를 제자리에 정리 정돈할 수 있도록 지도함 • 세차 현장실습 결과를 체크리스트로 평가하고 누적 관리함 • 교내 현장실습 시 자동차의 내·외부에 흠집이 나지 않도록 주의함

교육과정 적용	2015 특수교육 기본 교육과정 '진로와 직업', 선택 중심 교육과정 전문 교과Ⅲ '대인서비스'

단원명	성취기준
가 9. 서비스업 탐색과 체험	[12진로05-05]
나 9. 서비스업 현장실습	[12진로03-05]
세차 도구 사용, 세차 방법	[12대인02-07]~[12대인02-09]

④ 바리스타, 제과제빵(외식서비스)

목표	조리(바리스타, 제과제빵) 직무의 과정과 방법을 알고, 조리 도구 및 기기를 바르게 사용하여 조리 직무를 체험한다.	
대상	바리스타(1학년 특수교육대상자 8명) 제과제빵(2학년 특수교육대상자 8명)	**장소** 바리스타 실습실, 제과제빵실
시기	매주 금요일 1~4교시	

<table>
<tr><td rowspan="10">**운영 내용**</td><td colspan="3">• 바리스타, 제과제빵 분야의 직업전문 강사와 특수교사가 협력교수로 진행함
• 실습 전 조리 복장을 갖추고 친구와 짝을 이루어 체크리스트로 개인위생 상태를 점검하고 기록함
• 직무체험 과정 설명 시 안전규칙과 유의할 점에 대해 강조하여 지도함
• 역할 분담을 통한 조별 협동학습으로 운영함
• 교육 내용</td></tr>
</table>

구분	바리스타	제과제빵
이론	• 커피의 역사, 종류, 특징 • 로스팅과 블렌딩, 에스프레소 머신 알기 • 핸드 드립, 개인위생 및 안전 교육 • 서비스 실무(용모, 복장, 응대)	• 제과와 제빵 분류, 재료의 특성과 기능 • 제품 포장 방법, 도구 및 기구 사용법 • 제품의 보관, 완성품 평가 • 안전 수칙 및 위생 관리
실습	• 핸드 드립, 에스프레소 추출 • 우유 스티밍, 더치커피 • 카페 메뉴 만들기, 카페 실습 • 기계 청소(그라인더, 에스프레소, 제빙기 등)	• 제과: 반죽법, 계량, 반죽, 성형 및 팬닝, 굽기 및 튀기기, 식히기 및 마무리, 포장 • 제빵: 반숙, 1차 발효, 성형, 2차 발효, 굽기, 냉각과 포장

• 완제품을 포장하여 교내 카페에 공급하고 학교 행사 및 축제 시 판매함
• 통합형 직업교육 거점학교, 진로직업특수교육지원센터 등과 연계하여 제과·제빵 기능사, 바리스타 관련 자격증을 취득할 수 있도록 지도함

교육과정 적용

2015 특수교육 기본 교육과정 '진로와 직업', 선택 중심 교육과정 전문 교과Ⅲ '외식서비스'

단원명	성취기준
나 9. 서비스업 탐색과 체험	[12진로03-05]
주방 기기와 기구 관리	[12외식03-07]~[12외식03-10]
위생 및 안전 관리	[12외식03-11]~[12외식03-14]
커피 서비스	[12외식05-12]~[12외식05-15]

⑤ 컴퓨터 활용(기초작업기술Ⅱ)

목표	사무 관리와 관련된 직업 현장의 직무를 수행하기 위하여 컴퓨터 문서 작성, 인터넷 정보 검색·가공 등의 실무 능력을 함양한다.
대상	1~3학년 특수교육대상자 23명 **장소** 특수학급
시기	A: 매주 월, 목요일 5교시 / B: 매주 월, 목요일 3교시 / C: 매주 월, 목요일 6교시
운영 내용	• 개별화교육지원팀 협의를 통해 전문 교과 담당 일반교사와 함께 2015 선택 중심 교육과정 전문 교과Ⅱ 경영·금융 기초 과목 '사무 관리'와 2015 특수교육 선택 중심 교육과정 전문 교과Ⅲ '기초작업기술Ⅱ'의 교육과정을 재구성함

- IT경영정보과와 IT산업디자인과에 소속된 2학년 특수교육대상자가 통합학급에서 실시하는 '사무 관리' 수업에 함께 참여할 수 있도록 지원함
- 학생의 능력과 수준을 고려하여 컴퓨터 활용 프로그램을 선정하여 지도함
- 교육 내용

구분	교육 내용
문서 처리	• 업무 문서와 생활 문서의 이해, 문서의 용도, 내용 파악
컴퓨터 활용	• 워드프로세서 기본 기능, 워드프로세서의 활용 • 스프레드시트 기본 기능, 스프레드시트의 활용 • 프레젠테이션 기본 기능, 프레젠테이션의 활용
정보 검색	• 인터넷을 활용한 정보 검색, 정보 보안, 인터넷 예절

- 직업 현장에서 많이 다루게 되는 문서 작성 등 활용도가 높은 다양한 과제를 제시함
- 학교 축제 홍보물 제작과 같은 프로젝트 수업을 함께 진행함
- 컴퓨터 활용 능력이 뛰어난 학생은 방과후 수업과 연계하여 ITQ 자격증을 취득할 수 있도록 지도함

2015 특수교육 선택 중심 교육과정 전문 교과Ⅲ '기초작업기술Ⅱ'

교육과정 적용	단원명	성취기준
	문서 처리	[12작업Ⅱ02-01]~[12작업Ⅱ02-05]
	컴퓨터 활용	[12작업Ⅱ03-01]~[12작업Ⅱ03-06]

2. 통합형 직업교육 거점학교

1) 통합형 직업교육 거점학교 운영의 이해

(1) 필요성 및 목적

고등학교의 경우 대부분 1~2개 정도의 특수학급이 설치되어 있어서 다양한 인적·물적 자원이 배치된 특수학교에 비해 전문적인 직업교육과정을 운영하는 데 어려움이 있고, 1~2명의 특수학급 교사로는 현장실습이나 취업과 연계된 활동을 실행하기에 현실적인 제약이 많다. 무엇보다 특수학급 학생들의 직업 능력을 향상하고 취업을 준비하기 위해서는 지역사회 유관기관과의 연계활동이 중요하며 취업 동향 및 현장 중심의 진로·직업교육 정보를 파악하고 공유하는 노력이 필요한데, 이를 위하여 일정 규모와 설비를 갖춘 통합형 직업교육 거점학교를 설치하

여 고등학교 특수학급 학생들에게 직업교육을 실시하게 되었다(정혜빈 외, 2018).

통합형 직업교육 거점학교로 지정된 학교는 고등학교에 통합된 장애학생에게 현장실습 위주의 직업교육을 제공하고 인근 특수학급 학생에게 직업훈련 및 컨설팅을 제공하는 등 당해 지역 장애학생 직업교육 거점학교로서의 기능을 수행하게 된다(국립특수교육원, 2012a).

통합형 직업교육 거점학교는 고등학교에 통합된 특수교육대상자의 진로·직업교육을 내실화하고, 보다 전문적이고 집중적인 진로·직업교육을 통해 사회 인재 육성, 특수교육대상자의 취업률 제고를 목적으로 하고 있다(강원도교육청, 2017).

(2) 지원 대상

주로 고등학교 특수학급에 재학 중인 특수교육대상자를 대상으로 하나, 통합형 직업교육 거점학교 여건과 지역적 상황에 따라 중학교 특수학급 학생도 지원할 수 있다. 또한 교육활동에 학생을 인솔하여 참여하는 특수교사뿐만 아니라 직접 참여하지 않아도 지원 요구가 있는 인근 지역의 특수교사를 지원하고 있다. 그 외에도 직업교육 활동에 참여하거나 관심 있는 학생의 학부모와 관리자 및 교직원도 지원 대상에 포함된다(강원도교육청, 2017).

(3) 운영 현황

2010년부터 운영되기 시작한 통합형 직업교육 거점학교는 2021년 현재 교육부 지정 35개교 및 시도교육청 지정 15개교로 총 50개교가 운영되고 있다. 통합형 직업교육 거점학교에서는 〈표 12-3〉과 같이 학교별로 다양한 진로·직업교육 프로그램을 운영하고 있는데, 프로그램을 선정하고 운영하는 것은 통합형 직업교육 거점학교 운영에서 가장 중요한 부분이라 할 수 있다. 진로·직업교육 과목은 통합형 직업교육 거점학교가 설치되는 학교의 진로와 직업 교육과정에 대한 분석, 지원 대상 학교의 요구조사, 지역사회에 있는 사업체의 직종 및 직무에 대한 분석, 학생과 학부모 의견 수렴, 직업교육 전문가 컨설팅 등을 통해 선정되고 직업교육실을 설치하여 프로그램을 운영하게 된다(강원도교육청, 2017).

〈표 12-3〉 통합형 직업교육 거점학교 프로그램

구분	진로 · 직업교육 프로그램
농수산업	주말농장, 자연애 플라워, 자연애 아로마, 자연애 팜, 플로리스트, 원예농업, 화훼장식, 표고버섯재배, 원예 실습, 조경, 화훼, 원예
제조업	목공, 전기, 공예, 자전거 공방, 전자조립, 포장 조립, 도예, 홈패션, 운반, 외주 물품 조립, 천연제품, 양초공예, 천연화장품, 비누 만들기, 조립 활동, 가공 포장, 보석공예, 제품 포장, 제조 서비스, 공방, 가죽공예, 도자기 공예, 전기배선, 봉제, 떡공예
서비스업	바리스타, 제과제빵, 운동화 빨래방, 대인서비스, 디저트 과정, 사무자동화, 홈카페 마스터, 사무보조, 카페, 커피 · 쿠키, 운동화 세탁, 외식/조리 서비스, 사무행정, 디자인, 요양보호사 자격증 과정, 서비스교육, 요리, 뷰티클래스, 생활요리, 떡 가공, 식음료 서비스, 빨래방, 베이커리, 세탁, 식품가공, 사서보조, 우편분류, 와플 제조, 환경미화, 행정사무보조, 로스팅, 네일아트
기타	진로직업 프로그램, 직업직무기능, 이미지 메이킹, 취업컨설팅, 직업평가, CS, 직업훈련, 찾아가는 진로와 직업교육, 체력증진, 취업 역량, 모의 작업, 다도, 공동작업, 컴퓨터, 미디어교육, 방송댄스

(4) 운영 방향

통합형 직업교육 거점학교에서 진로 · 직업교육 프로그램을 실시할 때 일회성의 프로그램보다는 교육과정과 연계성을 갖고 현장 중심의 직업교육을 통해 장애학생들의 실제적인 작업기능이 향상될 수 있도록 하며, 참여교의 특수학급 교육과정 재구성을 통해 통합형 직업교육 거점학교 프로그램에 참여하여 다양한 교육활동을 제공받을 수 있도록 한다.

특성화 고등학교에 설치된 통합형 직업교육 거점학교의 경우 일반 학과에서 운영하는 선택 중심 교육과정 전문 교과와 연계하여 운영하는 방안을 고려할 수 있다. 또한 장애인 노동시장의 여건, 발달장애인의 취업 동향, 직종별 최근 동향, 취업 정보, 직업교육 훈련기법 등의 분석을 통해 주요 취업 직종이나 직무와 관련성이 높은 교육과정으로 재구성해야 한다(강원도교육청, 2017).

책임 있는 운영과 추진력 있는 사업 경영을 위해 통합형 직업교육 거점학교에 특수학급 부장교사가 배치되는 것을 권장하고 있으며, 교사들이 담당하기 어려운 기관 연계, 사업체 발굴, 취업 알선 등에 있어서 효율적인 업무 추진을 위해 '스페셜 코디네이터'를 채용할 수 있도록 하였다(국립특수교육원, 2012b).

2) 통합형 직업교육 거점학교 운영 내용

통합형 직업교육 거점학교 운영 길라잡이(강원도교육청, 2017)에 따르면, 통합형 직업교육 거점학교는 고등학교 특수학급 학생들에게 진로·직업교육 프로그램을 제공하는 것뿐만 아니라 학생, 교사, 학부모의 전문성 신장을 위하여 다양한 지원과 유관기관과의 협력 사업을 진행한다. 주요 운영 내용은 다음과 같다.

(1) 직업교육실 운영

통합형 직업교육 거점학교는 특수학급에서 갖추기 어려운 직업교육실을 마련하여 인근 학교의 학생들과 교사들이 이를 활용할 수 있도록 지원하는 데 중요한 역할이 있다. 참여교의 여건 및 지역의 특성을 고려하여 장기적으로는 참여교의 직업교육 역량을 키워 나갈 수 있도록 지원하고 있다.

직업교육실 운영은 〈표 12-4〉와 같이 크게 3가지 유형의 형태로 구분할 수 있으나, 보통 직업교육실이 부족하고 참여교의 선호에 따라 단일 유형으로 운영되지 않고 재구성하여 효율적으로 운영되는 경우가 많다. 예를 들면, 통합형 직업교육 거점학교 소속 학생들은 직업교육실을 직무형 또는 실습형으로 운영하고 참여교 학생은 체험형으로 운영할 수 있다. 또한 카페와 같이 실습형 직업교육실을 설치하였으나 그곳에서 체험형 또는 직무형으로 통합해서 운영할 수도 있다.

〈표 12-4〉 직업교육실 운영 형태

유형	운영 내용
체험형 직업교육실	직업교육 프로그램을 희망하는 학교에서 신청하여 체험할 수 있도록 운영하는 형태이다. 프로그램에 따른 직무기능을 직접 체험하고 직업 생활에 필요한 기본 기능을 안정된 공간에서 체험할 수 있다는 장점이 있지만, 통합형 직업교육 거점학교에 따라 직업교육 프로그램의 종류나 시설 및 설비 등에 차이가 있다.
직무형 직업교육실	특정 직무기능 습득을 위한 직업훈련 프로그램을 중점적으로 운영하는 형태이다. 특화된 직무에 한 학생이 지속적으로 참여하여 자격증 취득이나 관련 직종으로의 취업을 목표로 하여 특정 직무기능을 습득하는 형태이다. 바리스타, 제과제빵, 요양보호사 자격반의 경우처럼 한 학생이 지속적으로 프로그램을 이수하여 자격을 취득하는 경우를 들 수 있다.
실습형 직업교육실	실제 사업장과 유사한 설비 및 기자재를 갖추어 놓고 학생들의 현장 적응력과 직무기능 향상을 목적으로 운영하는 형태이다. 학교 내 카페처럼 실제 카페를 운영하면서 동시에 학생들이 카페 실습이나 서비스 등의 직무훈련을 하는 경우이다.

특성화고에 설치된 통합형 직업교육 거점학교의 경우 전문 교과 실습실과 특별실을 전문 교과 교사와의 협의를 통해 직업교육실로 활용하는 경우도 있다. 모든 직업교육실을 구축하는 것은 불가능하므로 우선순위에 따라 예산 범위 내에서 학교시설을 활용하고 부족한 시설은 참여교의 실습실이나 지역의 전문 교육 시설을 활용하도록 지원하고 있다. 궁극적으로는 교사 연수를 통해 참여교 교사가 특수학급에서 실습을 할 수 있도록 역량을 강화하도록 지원하고 있다.

통합형 직업교육 거점학교의 직업교육실 및 기자재를 상시 개방하여 참여교 학생들이 이용할 수 있도록 하여 시설 활용도를 높이는 경우도 있지만, 학교별 이용 시간 조정이 어렵고, 시설 및 기자재 관리에 대한 어려움으로 사전에 참여교로부터 사용 신청을 받아 정해진 시간에 직업교육실을 개방하여 활용하는 경우가 많다.

또한 통합형 직업교육 거점학교에서 보유하고 있는 다양한 직업교육 관련 기자재 및 교구 등을 대여하는 경우도 있다. 참여교에서 통합형 직업교육 거점학교를 직접 방문하지 않고 자료를 대여하여 자체적으로 직업교육을 실시할 수 있어 시간 활용에 대한 효율성을 높이고 참여교 교사의 직업교육 역량을 강화하는 장점도 있지만 대여 가능한 교재·교구에 대한 한계와 대여 과정에서의 손실 및 파손에 따른 문제가 발생할 수 있어 관리에 어려움이 있다.

(2) 교육인력 활용

통합형 직업교육 거점학교의 교육인력 활용에 따른 운영 형태는 〈표 12-5〉와 같이 구분할 수 있다.

〈표 12-5〉 교육인력 활용 운영 형태

유형	운영 내용
통합형 직업교육 거점학교 교사 주도형	직업교육실에서 통합형 직업교육 거점학교 교사가 직접 직업교육을 운영하는 형태이다. 교사의 직업교육 역량에 따라 직업교육의 질이 좌우되며, 통합형 직업교육 거점학교 업무만 전담하는 교사가 아니면 기존 수업에 통합형 직업교육 거점학교 수업까지 병행해야 하므로 실제 운영에는 어려움이 많다.

인솔교사 주도형	전문강사를 활용하지 않고 참여교의 인솔교사가 통합형 직업교육 거점학교 직업교육실의 시설 및 기자재를 활용하여 참여교 학생들을 대상으로 직업교육을 실시하는 형태이다. 학생들을 인솔교사가 직접 지도하므로 학생들의 특성을 고려한 수업 및 돌발 상황에 대처가 빠르다는 장점이 있으나 직업교육 수업을 운영할 정도의 역량을 갖출 수 있도록 사전에 연수를 통하여 참여교 교사의 직업교육 역량을 강화할 필요가 있다.
전문강사 주도형	직업교육 프로그램 분야의 전문 자격증을 소지한 전문 인력을 강사로 채용하여 직업교육을 운영하는 형태이다. 해당 분야의 전문 기능을 보유한 강사가 수업을 진행하므로 직업교육의 전문성이 확보되고 자격증 취득을 준비하는 등 실제적인 직업교육의 성과를 기대할 수 있다. 학생의 안전과 원활한 교육 참여를 위해 인솔 교사나 보조 인력의 지원이 필요하다.

전문강사 주도형의 경우 통합형 직업교육 거점학교에서 채용한 전문강사를 참여교에 파견하여 직업교육을 지원하는 사례도 많다. 지역적 특성 및 이동수단의 부족, 학생의 심신 상태에 따른 이동의 어려움 등 여러 가지 환경적인 제한으로 통합형 직업교육 거점학교를 직접 이용할 수 없는 경우 참여교를 지원하기 위하여 강사 파견 형태로 운영하고 있다. '찾아가는 진로 및 직업교육' 또는 '강사 지원 프로그램' 등의 명칭으로 운영되고 있으며, 학생들이 원거리 이동을 하지 않고 소속 학교 또는 지역 내 기관(예: 장애인복지관 등)의 시설을 활용하여 직업교육을 실시하도록 통합형 직업교육 거점학교에서 강사를 파견하여 운영하는 것이다. 강사를 파견하여 직업교육을 지원할 경우 참여교에서도 해당 직업교육을 위한 일정 수준 이상의 기자재 및 재료를 구비해야 하며, 사전 협의 및 철저한 점검을 통하여 실제적인 직업교육 지원이 가능하도록 준비해야 한다.

(3) 학부모 및 교사 연수

통합형 직업교육 거점학교에서는 학부모를 대상으로 다양한 연수 및 견학, 체험 활동 등을 운영하고 있다. 또한 교사의 전문성을 신장하고 실행 역량을 강화할 수 있도록 진로·직업교육 관련 자격증 취득 및 전문 과정 연수를 운영하고 있으며 견학, 컨설팅, 협의회, 연구회 등을 통해 다양한 방법으로 교사 활동을 지원한다.

〈표 12-6〉 학부모 및 교사 연수 예시

구분	운영 내용
학부모 연수	• 장애자녀를 위한 진로설계 방향, 장애인 평생교육 안내 • 각종 단체의 부모교육 지원사업 활용 • 직업재활시설, 사업체 견학 및 직무 체험 • 졸업생 취업 사업체 현장 견학, 마을공동체 운영 탐방 • 자녀와 함께 참여하는 직업체험교실, 바리스타 실기 자격증반
교사 연수	• 자격증반 운영: 바리스타, 양초공예, 천연화장품, 제과 · 제빵, 한식, 양식조리 등 • 직무분석, 진로 · 직업 학습코칭, 직업평가 연수 • 장애인 표준사업장, 사회적 기업 등 사업체 견학 및 직무체험 • 졸업생 취업 사업체 현장 견학

(4) 학생 활동 지원

통합형 직업교육 거점학교에서는 정기적으로 운영하는 진로 · 직업교육 프로그램 외에 장애학생들의 취업 역량을 강화하기 위하여 다양한 활동을 운영하고 있다. 이러한 활동은 주로 체험학습 형태로 운영되며 유관기관 및 지역사회와 연계하여 학생들의 활동 영역을 확대하고 학교에서 배운 교육 내용을 일반화할 수 있는 계기가 되기도 한다.

〈표 12-7〉 학생 활동 예시

구분	운영 내용
현장체험학습	• 장애인 표준사업장 등 장애인 고용 사업체 현장체험학습 • 문화생활 영위를 위한 현장체험학습
구직 역량 강화 프로그램	• 워크투게더 사업(진로설계 컨설팅, 구직 역량 강화 프로그램)에 참여 • 이미지 메이킹 프로그램, 취업컨설팅(전문 강사 초빙) • 직무체험교실, 경제교실
동아리 활동	• 창업동아리(비즈쿨), 통합동아리(진로 · 직업교육 통합동아리) 활동 • 자격증반(바리스타, ITQ, 제과 · 제빵, 케이크 데코레이션 등) • 취업 역량 강화반
봉사활동 및 지역사회 행사 참여	• 취업박람회, 지역사회 프리마켓 참여 • 장애인식 개선 행사 참여: 직업체험 • 타 학교 축제 체험: 비장애학생 지원
여가활동	• 골프, 인라인 등 동호회 활동, 체력 증진을 위한 각종 스포츠 활동 • 주말 여가활동, 다양한 방학 중 프로그램 참여

3. 기관 간 네트워크

장애학생에게 진로와 직업교육을 효율적이고 효과적으로 제공함에 있어 관련 기관 간의 연계는 매우 중요하며, 기관 간 연계에 있어 중추적인 역할을 담당하는 정부 부처는 교육부, 고용노동부, 보건복지부로 구분할 수 있다. 중앙 부처별로 산하에 국립특수교육원, 한국장애인고용공단, 한국장애인개발원을 설립하여 장애학생의 진로·직업교육 관련 사업을 추진하고 있으며, 자체적인 연계체계를 운영하고 있다.

특수교육기관 중심의 기관 간 연계체계를 살펴보자면, 교육부는 중앙과 지역 단위에서 유관기관과의 협력 체계를 구축하여 운영하고 있다. 중앙에서는 국립특수교육원을 중심으로 관계부처 중앙상설협의체(교육부, 복지부, 고용부, 국립특수교육원, 한국장애인고용공단, 한국장애인개발원)를 구축하여 장애학생 현장실습 및 취업지원을 지원하고 있다.

시·도 지역 단위에서는 시도교육청, 지방자치단체, 지방노동청, 한국장애인고용공단 지사, 지역 경제단체 등과의 협력 체계를 구축하여 운영하고 있으며 시도교육청 실정에 따라 진로·직업교육 특성화 특수교육지원센터를 확대하여 그 역할을 강조하고 있다.

단위학교 차원에서는 주로 지역의 장애인복지관이나 장애인직업재활시설, 한국장애인고용공단 지사, 발달장애인훈련센터 등의 기관과 연계하고 있으며 이들 기관과 협력하여 현장실습이나 직업평가, 직업체험, 전환교육 프로그램 등을 운영하고 있다.

이러한 유관기관 간 연계활동은 3개 부처(교육·복지·고용)로 나뉘어 장애학생 취업지원 체계로 운영되고 있었는데, 2018년에 교육부, 보건복지부, 고용노동부가 함께 모여 일원화된 협업시스템을 구축하기로 협약하면서 획기적인 전환점을 마련하게 되었다. 장애학생의 진로·직업교육의 효율화 및 안정화를 위해 직업평가·직업교육·고용지원·사후관리 서비스를 일원화하여 원스톱으로 지원하는 체계를 구축하기로 하였고, 이듬해 교육부는 장애학생 진로·직업교육 활성화 방안(교육부, 2019b)을 발표하여 '장애학생 진로취업지원 시스템'으로 구체화하였다.

'장애학생 진로취업지원 시스템'으로 고등학교 1학년부터 전공과 졸업 이후까지

장애학생이 생애주기별로 맞춤형 취업지원을 제공받을 수 있도록 하였고, 교육정보시스템(NEIS)을 통해 취업지원 연계 서비스를 구축하고 졸업 이후에도 지속적인 사후관리 서비스를 안정적으로 제공받을 수 있게 되었다. 유관기관 협력을 통해 수요와 공급을 매칭해 부처별 분절적으로 수행되었던 취업지원 서비스를 일원화된 범부처 전달체계로 통합하여 정책 추진의 효율성을 확대하게 된 것이다.

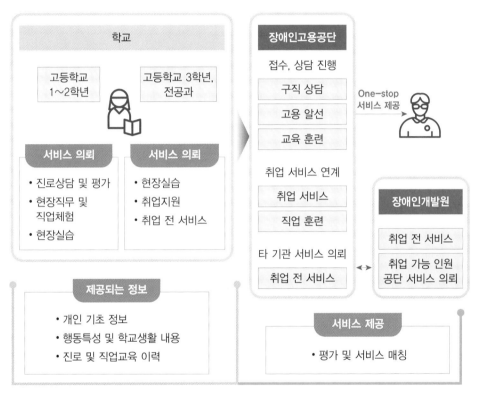

[그림 12-1] 장애학생 진로취업지원 시스템 지원체계 흐름도

출처: 국립특수교육원(2021a)에서 일부 수정.

[그림 12-1]은 재학 중인 장애학생이 어떻게 진로취업지원 서비스를 제공받는지에 대한 지원체계 흐름도이다. 대상은 고등학교 1학년에서 전공과까지이고 졸업 이후에는 그간의 누적된 자료가 공단의 '이어모아' 시스템에 저장되어 관리된다. 취업이 가능한 고등학교 3학년, 전공과 학생이 받는 서비스와 고등학교 1~2학년 학생이 받는 진로취업지원 서비스는 다를 수밖에 없는데, 고등학교 1~2학

년 학생은 주로 진로상담 및 평가, 현장직무 및 직업체험, 현장실습 등의 서비스를 의뢰하게 되며 고등학교 3학년 및 전공과 학생은 현장실습, 취업지원, 취업 전 서비스를 의뢰하게 된다.

서비스를 의뢰하기 위해 학교에서는 진로취업지원 신청서에 학생의 기본정보, 행동특성 및 학교생활 내용, 진로 및 직업교육 이력을 입력하고 상담 및 직업평가, 직업훈련, 취업지원 등에서 원하는 서비스를 선택하여 공단으로 의뢰한다. 그리고 신청서에서 공단 및 개발원 사업 중 희망하는 사업이 있는 경우에는 추가로 선택하여 서비스 신청 의뢰를 할 수 있다. 교육정보시스템(NEIS)에서 공단 '이어모아' 시스템으로 서비스 신청 의뢰가 넘어가게 되면 공단에서는 접수 및 상담을 진행하게 되고 진로취업지원 서비스 희망 여부에 따라 공단 또는 개발원에서 필요한 서비스를 제공하게 된다.

장애학생 진로취업지원 서비스를 통해 이용할 수 있는 공단 및 개발원의 주요 사업은 〈표 12-8〉 〈표 12-9〉와 같다.

〈표 12-8〉 한국장애인고용공단 진로취업지원 사업 개요

구분	세부 사업명	개요
상담 및 직업평가	진로설계 컨설팅	장애학생에 대한 상담 및 평가를 통해 개별적 욕구 및 능력을 파악하여 개개인의 특성에 맞는 맞춤형 개별 진로계획을 수립
	현장 평가	실제 작업현장 또는 이와 유사한 환경을 구비한 시설에서 구직 장애인의 작업 수행 능력 및 작업 적응력을 파악하는 평가 프로그램(5～10일)
직업훈련	직업능력개발 훈련	직업능력개발원, 맞춤훈련센터, 발달장애인훈련센터, 사이버 훈련 등에서 직업능력개발 서비스를 제공하여 경쟁력 있는 장애인 기능인력을 양성하는 프로그램
	일배움 프로그램	장애학생에게 현장 중심의 사업체 실습 기회를 제공하고(4주 이내) 직무지도원을 배치하여 직장 적응력 및 직무능력 향상을 지원
	직무체험 프로그램	직업능력개발원, 맞춤훈련센터, 발달장애인훈련센터와 연계한 직무체험
	취업코칭 프로그램	장애학생의 직업 탐색, 구직 능력 향상, 심리적 안정 등을 지원하기 위하여 공단에서 개발한 취업코칭 프로그램 실시
	현장견학 프로그램	직·간접적으로 직업을 체험할 수 있는 현장견학 기회를 제공하여 직업에 대한 이해 향상 및 진로 탐색 기회 제공

취업지원	지원고용	중증장애인의 효과적인 취업지원을 위해 사전 훈련(6일 이내)과 현장 훈련(3~7주, 필요시 최대 6개월)을 제공하고 직무지도원 배치 및 지원금을 지급하는 프로그램
	장애인 취업성공 패키지	취업 역량 강화 및 성공적인 취업을 지원하기 위한 단계별 서비스를 제공하는 전문적 통합 취업지원 프로그램(최대 2년)
	취업 알선	일자리를 찾는 장애인에게 다양한 고용정보를 제공하고 개별 적성 및 흥미에 맞는 사업체 직무를 찾아 취업을 알선
기타 취업지원	장애인 인턴제	취업에 어려움을 겪고 있는 장애인에게 사업체 인턴 기회를 제공하고 직무능력 향상 및 정규직 전환 제고
	출퇴근 비용 지원	중증장애인 근로자에게 출퇴근 비용을 지원하여 취업 이후 근로의욕 고취와 안정적 직업 생활 유지
	근로지원인	중증장애인 근로자가 업무수행능력은 보유하고 있으나 장애로 인하여 하기 어려운 부수적인 업무를 근로지원인의 도움을 받아 처리할 수 있도록 지원

출처: 국립특수교육원(2021a)에서 일부 수정.

⟨표 12-9⟩ 한국장애인개발원 진로취업지원 사업 개요

구분	세부 사업명	개요
상담 및 직업평가	기타 직업재활 서비스	구직 장애인의 직업재활 서비스 적격성을 판정하고 체계적인 서비스 계획을 수립하기 위해 직업상담 및 신체능력, 심리, 작업표본, 상황평가, 현장평가 등 다양한 영역의 전문 직업평가 서비스 제공
직업훈련	직업적응훈련	구직 장애인이 직무나 작업환경에 적응하는 데 필요한 일상생활훈련, 대인관계훈련, 출퇴근 훈련, 직업인식과 탐색, 작업 습관 형성, 직무능력 향상훈련 등 서비스 제공
	현장 중심 직업훈련	구직 장애인이 지역사회 실제 사업체 현장에서 훈련지원인의 지원을 받아 직업훈련 실시
	장애학생 현장 중심 맞춤형 일자리	교육부 및 지역교육청 연계를 통한 지역사회 내 '장애인복지관'에서 훈련지원인의 지원을 받아 사업체 현장에서 직업훈련 실시
	특수교육–복지 연계형	주 14시간 이내(월 56시간) 근무하는 일자리로 특수학교(급) 및 장애인복지관 등에서 직업경험을 지원하는 일자리
취업지원	보호고용	일반고용이 어려운 장애인에게 직업재활시설(보호작업장) 내 보호고용 기회 제공

	재정 지원 (장애인일자리)	일반형일자리(전일제, 시간제), 복지일자리(참여형), 특화형일자리(시각장애인 안마사 파견사업, 발달장애인 요양보호사 보조일자리) 유형이 있으며, 미취업 장애인의 직업적 경험 및 일정 기간 소득을 보장하는 일자리
	기타 직업재활 서비스(취업알선)	구직 장애인의 욕구 및 능력에 기반하여 개별 맞춤형 취업알선, 취업 후 적응 지원 등 취업지원 서비스 제공

출처: 국립특수교육원(2021a)에서 일부 수정.

 활동하기

- 특수교육대상자 학습 중심 현장실습 운영 사례집(국립특수교육원, 2019)을 찾아 학습 중심 현장실습의 유형을 정리하세요.
- 장애학생 진로 · 직업 정보화 사이트 'JOBable'에서 통합형 직업교육 거점학교의 프로그램 현황을 확인하고 비슷한 유형으로 분류하여 분포도를 작성하세요.
- 한국장애인고용공단과 한국장애인개발원의 진로취업 사업에서 각각 2가지씩 선정하여 구체적인 사업 내용을 확인하고 정리하세요.

제13장

특수학교 진로와 직업교육

박혜영

개요

이 장은 특수학교에서의 진로와 직업교육 교육과정 운영과 자유학기(년)제, 전공과, 학교기업 등 특수학교에서의 진로와 직업과 운영에 대한 전반적인 이해를 하도록 하는 데 목적이 있다. 이 장에서는 특수학교 진로와 직업교육의 운영과 진로와 직업교육을 위한 다양한 제도로서의 자유학기(년)제, 전공과, 학교기업 등의 운영의 목적, 운영의 실제, 학생 사례 등을 중심으로 기술한다. 이 장에서는 특수학교에서의 진로와 직업교육과 자유학기(년)제, 전공과 및 학교기업의 운영에 대한 구체적인 사례 제시 등을 통하여 특수학교 진로와 직업교육의 다양한 운영의 실제를 이해할 수 있도록 한다.

구성 내용

1. 특수학교 진로와 직업교육
2. 특수학교 자유학기(년)제
3. 특수학교 전공과
4. 특수학교 학교기업

1. 특수학교 진로와 직업교육

특수교육대상자들이 학교에서 사회로 이동하는 데 있어 실생활에서 필요한 기초적 기술 및 기능과 태도를 함양해 스스로 살아갈 수 있도록 하는 것은 진로와 직업과 운영의 중요한 목표이다. 특수학교에서 진로와 직업과 운영은 2015 특수교육 교육과정에 의해 기본 교육과정과 선택 중심 교육과정으로 운영되며 장애의 정도와 학생의 개인별 특성에 따라 학교가 편성·운영할 수 있도록 하였다. 특수학교의 진로와 직업교육은 각 단위학교의 특수교육대상자들의 장애 특성과 정도 및 학교 실정에 맞추어 교육과정을 재편성하고 운영하여야 한다.

1) 발달장애 특수학교의 진로와 직업교육 운영

2015 특수교육 기본 교육과정을 운영하는 발달장애 특수학교에서의 진로와 직업과 운영은 학생이 자신의 진로 및 직업에 대한 방향을 설정하고, 작업 기초 능력을 기르며, 진학 및 취업 준비와 직업을 체험하고, 직업의 기초능력과 직무수행 능력을 습득하며, 직업 생활의 태도 및 습관 형성을 통하여 사회에서 안정된 직업 생활과 품격 있는 삶을 영위하는 것을 목적으로 한다.

발달장애 특수학교에서의 진로와 직업과 운영은 학생이 장차 성인으로서 지역사회에서 생활할 수 있도록 기능적 생활 중심의 지식, 기능, 태도 함양에 중점을 두고, 교과 내용에 대한 인식을 바탕으로 이를 다양한 상황에서 적용하고 지역사회에서 실천할 수 있도록 교내외에서의 활동과 수행 및 실습을 강조한다.

기본 교육과정을 운영하는 발달장애 특수학교에서 진로와 직업과의 시수는 중학교 612시간, 고등학교는 전체 교과 중 48단위(816시수)를 차지하며 '자기 탐색' '직업의 세계' '작업 기초 능력' '진로 의사 결정' '진로 준비' '직업 생활'의 6개 영역으로 구성하여 진로와 직업과를 통해 자기관리, 지식정보처리, 창의적 사고, 심미적 감성, 의사소통, 공동체 및 진로·직업 등의 핵심역량을 기르도록 지도한다.

2) 특수학교의 진로와 직업교육 운영 사례

다음은 A 특수학교의 중·고등학교 진로와 직업교육 운영 사례를 통해 진로와 직업교육의 목표, 운영방침, 교육과정 편성, 현장실습 운영 등을 살펴보도록 한다. A 특수학교는 발달장애 특수학교로 2015 기본 교육과정을 적용하여 진로와 직업과의 내용을 학년 단위로 위계적으로 편성하여 교육하고 있다. 중학교는 주 4시간, 고등학교는 주 5시간의 진로와 직업과를 편성하여 각 진로와 직업교육실에서 운영하고 있다. 중학교 진로와 직업과는 자기 이해, 다양한 직업 탐색, 직업적 적성과 흥미 발견, 직업과 관련된 기초 기능을 익히는 데 중점을 둔다. 고등학교 진로와 직업과는 중학교에서 배운 진로와 직업 관련 지식과 기능을 바탕으로 직업인으로서의 생활을 준비하고 자신의 적성과 흥미에 맞는 직종을 체험하고 실습하는 실제적 교육이 이루어지도록 운영한다. 또한 중·고등학교 진로와 직업교육을 통해 교내에서 다양한 직무를 실제로 경험할 수 있도록 교내직무훈련을 실시하고 학생들이 배운 지식과 기능을 실제로 산업체에서 실습할 수 있도록 재배농장실습과 산업체 현장실습을 학년별로 매 학기 실시하고 있다. A 특수학교의 진로와 직업교육 운영 사례는 〈표 13-1〉에서 살펴볼 수 있다.

〈표 13-1〉 A 특수학교의 진로와 직업교육 운영 사례

1. 교육 목표
    가. 학생이 자신의 진로와 직업에 대하여 바르게 인식하고 탐색하고 준비하는 데 필요한 지식, 기술 및 태도를 기른다.
    나. 직업 생활, 직업 탐색, 진로설계, 직업준비 내용을 통해 직업인으로서 요구되는 기본적인 능력과 작업 태도를 길러 직업적 자립을 도모한다.
    다. 직업에 대한 올바른 태도를 가지며 학교에서 사회로의 전환을 위하여 준비한다.

2. 운영방침

　가. 2015 기본 교육과정의 진로와 직업을 적용하고 학년 단위로 교육과정을 운영한다.

　나. 중학교는 기초적인 작업 능력과 직업 태도를 기르며 다양한 직업을 탐색하고 체험하는 활동을 통해 자신의 적성과 흥미를 발견할 수 있도록 교육과정을 구성하여 지도한다.

　다. 고등학교는 직업인으로서의 기능과 태도를 익혀 지역사회로의 전환을 준비할 수 있도록 교육과정을 구성하여 지도한다.

3. 진로와 직업교육과정 시수 편제

학교급	국가 배당 시수	학교 편성 시수	증감률	주당시수
중학교	612	408	−33.33	4시간
고등학교	816	510	−37.50	5시간

4. 학년별 진로와 직업교육과정 주요 내용

중학교	1	자기 탐색(자기 이해), 직업의 세계(직업의 의의 및 직업 탐색), 작업 기초 능력(작업 수행), 진로 준비(직업체험), 직업 생활(자기관리)
	2	자기 탐색(역할과 책임), 직업의 세계(직업 탐색), 작업 기초 능력(직업과 정보통신), 진로 의사 결정(자기결정, 직업 능력), 진로 준비(직업체험), 직업 생활(직업 태도)
	3	직업 생활(건강한 식생활, 여가 시설 이용), 직업 탐색(직업 생활과 측정, 작업장 규칙), 직업준비(포장, 조립, 청소, 세탁, 세차), 진로설계(일과 행복, 전환 실행, 지역사회 기관 견학)
고등학교	1	직업의 가치와 탐색, 직업 관련 능력, 직업기능, 작업도구 활용, 협동과 권리
	2	지역으로 확대한 직업 생활, 일과 사회참여를 통한 진로설계, 작은 동작의 작업을 통한 직업 탐색, 조립을 통한 직업준비, 진로 의사 결정
	3	청소 및 자기관리, 건강과 안전, 대인관계, 작업지속성, 직업태도 및 직업실습
공통		교내직무훈련, 학습 중심 교외현장실습

5. 교내직무훈련 운영

　가. 목적

　　지역사회 산업체에서 수행하는 작업을 교내에서 경험함으로써 여러 가지 직무 지식과 기술 및 태도를 익혀 직업인으로서 자립할 수 있는 능력과 태도를 향상하고, 직업전 교육의 범위를 확대하여 직업전환을 준비한다.

나. 운영 지침

　　－ 사업체와 협력하여 다양한 작업 재료를 통해 조립 및 포장 관련 직무를 체험한다.

　　－ 다양한 직무 훈련을 통해 바른 직업 태도를 기르고 직무 기능을 향상시킨다.

　　－ 매월 1회, 1주간 진로와 직업 시간을 활용하여 실시한다.

　　－ 교내직무훈련을 통해 실시한 관찰 평가는 개별화전환교육계획 및 평가에 반영한다.

　다. 월별 세부 운영 내용

월	훈련 내용	협력 기관
4월	원예용품 포장	봄날화훼
5월	수첩 및 지류 포장	햇님팬시
6월	살균기 부품 조립	이룸 보호작업장
7월	콘센트 부품 조립	나눔누리 작업장
9월	상자 조립 및 선물세트 포장	밝은빛 작업장
10월	멀티탭 조립	나눔누리 작업장
11월	볼펜 조립 및 포장	바른완구
12월	보드마카 지우개 캡 조립	햇님 팬시

* 업체 사정에 따라 교내직무훈련의 훈련 내용은 변경될 수 있음.

6. 현장실습 운영

　가. 목적

　　현장실습은 발달장애 학생들의 사회로의 성공적인 전환을 위하여 지역사회의 실습, 사회적응활동 및 농장실습을 통한 직무수행기능, 직업 생활 태도, 사회적 응능력 신장, 이동기술, 대인관계기술 등을 향상시켜 졸업 이후 원만한 사회 진출과 직업 생활을 유지할 수 있도록 한다.

　나. 운영 지침

　　－ 현장실습을 통해 학생들의 흥미와 적성을 발견하며 사업체에서의 실습을 통해 직업적응력을 높이도록 한다.

　　－ 현장실습은 재배농장실습과 산업체 현장실습으로 이루어지며 학기별 1회 실시한다.

　　－ 현장실습 이후에는 실습 결과를 평가하며 평가한 내용은 개별화전환교육계획 및 평가에 반영한다.

다. 월별 세부 운영 내용

구분	월	훈련 내용	장소
재배농장실습	6월	감자 수확 및 포장	햇살농장
	11월	배추 수확 및 운반	햇살농장
산업체 현장실습	7월	문구류 포장	밝은빛 작업장
	10월	콘센트 부품 조립	나눔누리 작업장

하은이는 특수학교 고등학교에 재학 중인 학생으로 왼쪽 편마비로 양손 사용은 어렵지만 오른쪽 소근육을 조작하는 능력이 우수하여 세밀한 과제 수행이 가능하다. 특수학교 중학교 및 고등학교 과정을 통해 진로와 직업교육을 받아 오면서 다양한 진로를 탐색하고 직업 훈련을 받아 왔지만 과제를 수행하는 데 집중력이 낮은 편이었다. 고등학교 1, 2학년에는 진로와 직업교육을 통해 직업인으로서의 태도를 기르고 직업준비 및 다양한 직종에 대한 체험을 실시하였다. 하은이는 교내 직무훈련을 통해 조립 분야에 적성과 흥미가 있다고 판단되어 작업 집중력과 작업을 스스로 할 수 있는 태도를 기르기 위해 고등학교 3학년 여름방학을 이용하여 전환지원센터에서 진행하는 산업체 직무체험 프로그램에 참여하였다. 교내 직무훈련 시 연계한 보호작업장이었기에 작업에 대한 이해나 수행이 가능하여 적응에 큰 어려움을 겪지 않았다. 하은이는 평소 진로와 직업과 수업 시간에 쉽게 포기하거나 다른 사람에게 의지하는 문제들이 있었는데, 방학 중 산업체 직무체험 프로그램은 하은이의 직업 태도 개선에 많은 도움을 주었고 고용주도 하은이의 작업태도 및 작업기능에 만족스러움을 표현하여 성공적으로 실습을 종료했다. 2학기 말에는 산업체 현장실습을 실시하여 전공과에 진학하지 않고 보호작업장 훈련 프로그램을 이용하는 것으로 고등학교 졸업 후 진로 방향을 설정하였다.

2. 특수학교 자유학기(년)제

1) 특수학교 자유학기(년)제 교육과정 편성 및 운영

특수학교의 자유학기(년)제는 특수교육대상자가 자신의 적성과 미래에 대하여 탐색하고 설계하는 다양한 학생 중심의 경험을 제공하여 장애학생들이 꿈과 끼를 찾고, 적극적 참여 및 성취 경험을 통해 학생·학부모·교원 모두가 만족하는 행복교육을 실현하기 위한 목적으로 운영된다.

「초·중등교육법 시행령」 제44조 제3항에 따르면, "중학교 및 특수학교(중학교의 과정을 교육하는 특수학교로 한정한다)의 장은 한 학기 또는 두 학기를 자유학기로 지정하여야 한다."라고 하였고, 2015 특수교육 교육과정 총론에서도 "학교는 학생들이 자신의 적성과 미래를 탐색하고, 학급의 즐거움을 경험하여 스스로 공부하는 자기주도적 학습 능력과 태도를 기를 수 있도록 자유학기를 운영하여야 한다."라고 제시하였다.

2021 특수교육 연차보고서에 따르면 2021년 중학교 과정을 운영하는 특수학교에서 자유학기(년)제 및 자유학기–일반학기 연계학기를 운영하고 있으며, 특수학교에서 자유학기(년)제(한 학기)를 운영하는 학교는 4개교, 특수학교 자유학년제(두 학기)를 운영하는 학교는 171개교이다.

특수학교 자유학기(년)제를 운영하는 데 있어서는 장애유형 및 정도와 학습특성을 고려한 학생 참여 중심 수업 활성화로 학생이 행복한 교실수업 및 평가방법을 개선하고 교실수업과 연계한 체계적인 진로 탐색 활동을 운영하며 학생의 적성과 흥미를 계발하고 개별 특성을 고려한 단계별 진로성장을 위한 교육과정을 운영하는 데 중점을 둔다.

특수학교 자유학기(년)제는 2019년 자유학기(년)제로 확대 운영에 따라 학기당 170시간 이상, 연간 221시간 이상 교육과정을 재구성하여 편성 및 운영하며 진로 탐색 활동, 주제선택활동, 예술·체육 활동을 균형적으로 편성하되, 다양한 여건을 고려하여 한 활동당 최소 17시간을 운영하여야 한다. 예술·체육 교과(군)을 활용하는 경우 '예술·체육 활동'이나 '동아리 활동'으로 편성 가능하다. 특수학교 자유학기(년)제 교육과정 편성 운영 지침은 〈표 13–2〉와 같다.

〈표 13-2〉특수학교 자유학기(년)제 교육과정 편성 운영 지침

공통 교육과정

학교의 여건에 따라 교육과정 총론에 제시된 교과(군)별 기준 수업시수의 20% 범위와 창의적 체험활동(학교스포츠클럽활동 포함) 시수의 85시간 범위 내에서 '자유학기 활동' 운영

기본 교육과정

학교의 여건에 따라 '진로와 직업' 교과를 중심으로 교과(군)별 기준 수업시수의 30% 범위와 창의적 체험활동(학교스포츠클럽활동 포함) 시수의 136시간 범위 내에서 '자유학기활동' 운영('진로와 직업' 교과는 학기당 102시간 범위 내에서 진로 탐색 활동이나 주제선택활동(진로와 직업 관련)으로만 편성·운영)

중도중복장애 학생을 고려한 교육과정

생활기능 영역과 연계하여 221시간 이상 '자유학년활동' 편성·운영(창의적 체험활동 시수의 136시간 이상 자유학기 활동으로 편성·운영 가능하나, 교과(군)별 시수는 50% 이상 확보해야 함)

출처: 교육부(2020b).

특수학교의 자유학기(년)제는 학생의 장애 특성 및 정도, 교원 및 학부모 의견, 학교 여건과 지역 특색을 고려하여 자유학년 교육과정을 편성·운영하며 중학교 1~3학년 중에 학교의 장이 의견 수렴을 하여 한 학년을 운영하고 교과, 창의적 체험활동, 자유학년활동으로 편성 운영한다. 일반 중학교 자유학년 모형을 기준으로 장애 특성 및 정도를 반영하여 재구성한 공통 교육과정, 학교 교육과정을 기준으로 각각 장애 특성을 반영하여 자유학년 교육과정을 편성·운영하는 기본 교육과정으로 운영되며 〈표 13-3〉과 같이 진로 탐색 활동, 주제선택활동, 예술 및 체육 활동, 동아리 활동 등 학생이 참여하는 다양한 '자유학년활동'으로 편성하여 운영한다. 특수학교 자유학기(년)제에서의 교육과정 운영 내용은 〈표 13-3〉에 제시하였다.

〈표 13-3〉 특수학교 자유학기(년)제 교육과정 운영 내용

진로 탐색 활동	학생이 적성과 소질을 탐색하여 스스로 미래를 설계할 수 있도록 체계적인 진로학습 기회 제공 (예) 진로검사, 초청강연, 포트폴리오 제작 활동, 현장체험활동, 직업 탐방, 직업 준비 등
주제선택활동	학생의 흥미, 관심사를 반영한 여러 가지 전문 프로그램 운영으로 학습동기 유발 및 중도중복장애 학생의 생활 기능 향상 (예) 경제교육, 안전생활, 직업예절, 자립생활 등
예술체육활동	다양하고 내실 있는 예술 · 체육 교육을 통해 학생들의 소질과 잠재력 계발(1인 1재능 발굴) (예) 연극, 뮤지컬, 오케스트라, 벽화 그리기, 디자인, 축구, 농구 등
동아리활동	학생들의 공통된 관심사를 바탕으로 구성된 자발적, 자율적인 학생 중심 활동 활성화 및 특기 · 적성 개발 (예) 댄스, 과학실험, 사물놀이, 바리스타, 요리교실 등

출처: 부산광역시교육청(2018).

특수학교에서는 자율적으로 대상 학년과 학기를 결정하여 자유학기 이후에도 자유학기의 취지를 살려 일반학기 연계학기를 운영할 수 있다. 연계학기는 1개 학기 이상 교과 및 창의적 체험활동 시간을 활용해 '중점연계형 자유학기활동'을 51시간 이상 편성 · 운영하며 학교 여건에 따라 2개 이상의 중점연계 활동을 운영한다.

특수학교 자유학기(년)제의 평가에 있어 교과는 성취도를 산출하지 않고 자유학기를 이수한 모든 학생에 대해 교과별 이수 여부를 '이수' 처리하고 이수한 모든 학생에 대한 성취수준 및 성장과 발달에 관한 사항을 문장으로 기록한다. 또한 자유학기활동은 모든 학생에 대해 자유학기활동 참여를 통해 길러진 핵심역량 중심으로 참여도와 태도 등의 평가 결과를 문장으로 기록한다.

특수학교에서의 자유학기(년)제 운영을 위해서는 교육과정 시수 편성과 교육과정 재구성뿐 아니라 교육공동체 역량의 강화, 자유학기(년)제 운영을 위한 자원파악과 환경 조성이 먼저 이루어져야 한다. 다음은 학생들의 자유학년활동 개발, 진로체험처 발굴 등을 통해 자유학기(년)제를 운영하며 운영 후 자유학기(년)제 운영을 통한 학생의 진로 역량이 되었는지 평가하고 만족도를 조사하는 일련의 과정이 모두 자유학기(년)제를 운영하는 것에 포함된다.

〈표 13-4〉는 특수학교의 자유학기제, 자유학년제, 자유학기-일반학기 연계학기를 비교하여 제시한 것이다.

〈표 13-4〉 특수학교 자유학기, 자유학년 및 연계학기 비교

구분	자유학기제	자유학년제	자유학기-일반학기 연계학기
대상 학기	1-1, 1-2, 2-1, 2-2, 3-1, 3-2학기 중 **한 학기**(선택)	1학년, 2학년, 3학년 중 **한 학년**(선택) 후 두 학기	자유학기 · 자유학년 이후 학기 중 선택
수업		학생 참여 및 활동 중심 수업	
평가	• 총괄식 지필평가 미실시, 과정 중심 평가 실시 – 성취도란에 'P' 입력 – 학생의 성장 · 발달에 대한 평가 결과는 학생부에 문장으로 기록	• 총괄식 지필평가 미실시, 과정 중심 평가 실시 – 성취도란에 'P' 입력 – 학생의 성장 · 발달에 대한 평가 결과는 학생부에 문장으로 기록	• **과정 중심 수행평가 비율 확대 권장** ※ 시도교육청에서는 학교의 평가 자율성 확보를 위해 평가 관련 규정을 보완 – 학생의 성장 · 발달에 대한 평가 결과는 학생부에 문장으로 기록
자유 학기 활동	• 학생의 희망을 반영하여 다양한 체험 및 활동을 **4개 영역***으로 운영 • 교과 및 창의적 체험활동 시간을 활용하여 한 학기에 **170시간 이상** 운영	• 학생의 희망을 반영하여 다양한 체험 및 활동을 **4개 영역***으로 운영 • 교과 및 창의적 체험활동 시간을 활용하여 **1년간**(공통 · 기본) **221시간 이상** 운영	• **학생의 희망 및 학교의 여건을 반영하여 4개 영역 중 2개 영역 이상의 '중점 연계형 자유학기활동'** 운영 • 교과 및 창의적 체험활동 시간을 활용하여 **학기당**(공통 · 기본) **51시간 이상** 운영

*주제선택, 예술체육, 동아리, 진로 탐색 활동
출처: 부산광역시교육청(2018).

2) 특수학교 자유학기(년)제 운영 사례

다음은 B 특수학교에서의 자유학기(년)제 운영 사례를 통하여 실제 특수학교에서 자유학기(년)제를 어떻게 계획하고 실행하는지 살펴볼 수 있다. B 특수학교는 발달장애 특수학교로 중도중복장애 학생들에게 적합한 자유학기(년)제 및 연계 자유학기제 운영을 위한 기반을 구축하고 생활기능과 연계한 체험 중심의 자율활동 프로그램을 구안하여 자유학기(년)제를 운영하였다.

자유학기(년)제 활동은 중학교 1학년을 대상으로 진로 탐색 활동, 주제선택활동, 예술체육활동, 동아리활동의 4가지 영역을 균형 있게 편성하고 진로 탐색 활동과 예술체육활동은 창의적 체험활동 시수를 이용하도록 하였다. 연계 자유학기(년)제의 경우에는 중학교 2~3학년 학생을 대상으로 학기별로 2개 영역을 편성하여 운영하였다. 자유학기(년)제 운영을 통해 학생 및 학부모, 교사를 대상으로 자유학기(년)제 운영과 이해를 위한 연수 및 교육활동을 계획하여 교육 공동체의 진로지도 역량을 강화하고 중도중복장애 학생들의 적성과 소질에 맞는 진로 탐색 활동을 실시하여 진로 인식 및 탐색 역량을 향상하였다. B 특수학교의 자유학기(년)제 운영 계획 및 내용은 〈표 13-5〉에 제시하였다.

〈표 13-5〉 B 특수학교 자유학기(년)제 운영 사례

1. 운영기간: 2021년 3월~2022년 2월
2. 운영형태: 자유학기(년)제 – 연계자유학년
3. 운영대상: 중학교 1~3학년 학생 총 36명

구분	학년	운영학기		학급 수	학생 수
		1학기	2학기		
내용	1	자유학년(85시간)	자유학년(170시간)	2	12
	2~3	연계자유학년(51시간)	연계자유학년(85시간)	4	25

4. 추진일정

단계	운영 내용	운영 시기												
		1	2	3	4	5	6	7	8	9	10	11	12	1	2
계획	2020학년도 자유학기(년)제 및 연계자유학기(년)제 운영결과 분석	★	★											
	2021학년도 운영계획 수립	★	★	★										
실행	운영 분과 조직 및 운영		★	★										
	교육과정 재구성		★	★										
	학생 및 학부모 요구 분석 및 계획 수립		★	★										

	교육과정 수립 및 운영	★ ★ ★ ★ ★ ★ ★ ★ ★ ★
	교사, 학생, 학부모 연수 및 운영과정 홍보	★ ★ ★ ★ ★ ★ ★ ★ ★ ★
	프로그램 운영	★ ★ ★ ★ ★ ★ ★ ★ ★ ★
	연계자유학기(년)제 연계프로그램 개발	★ ★ ★ ★ ★ ★ ★ ★ ★
평가 및 정리	운영 과제별 자료 수집 정리 및 과정 중심 평가	★ ★ ★ ★ ★ ★ ★ ★ ★ ★ ★
	운영 과제별 결과 분석 및 2022학년도 운영계획 수립	★ ★

5. 학년별 자유학기(년)제 운영 시수 및 내용

가. 중학교 1학년 자유학기(년)제 운영내용

활동 영역 구분	진로탐색 활동	주제선택 활동	예술체육활동		동아리활동
			예술활동	체육활동	
운영 학기	2학기	1, 2학기	2학기	1, 2학기	1, 2학기
주당 운영 시수	4	1	1	2	2
총 운영 시수	68	34	17	68	68
운영 내용	교내·외 다양한 체험 활동	1학기: 안전 생활 2학기: 경제 생활	음악교과와 연계운영	학생 소질과 적성을 고려 하여 부서 편성 운영	학생 소질과 적성을 고려 하여 부서 편성 운영

나. 중학교 2, 3학년 연계자유학기(년)제 운영 내용

활동 영역 구분	진로 탐색 활동	주제선택활동	예술체육활동
			체육활동
운영 학기	2학기	1, 2학기	1학기
주당 운영 시수	4	1	2
총 운영 시수	68	34	34
운영 내용	교내·외 다양한 체험 활동	1학기: 안전생활 2학기: 경제생활	학생들의 희망과 특성을 고려한 부서 편성 운영

다. 운영 시간표

1) 자유학기(년)제-1학년

▶ 주제선택, 동아리, 체육활동 특화 운영 ▶ 4가지 활동을 고루 운영

• 1학기 85시간 운영

시간\요일	월	화	수	목	금
1	자유학년활동(주당 5시간)				
2	자유학년활동(주당 5시간)				
3			동아리활동(2)	체육활동(2)	
4			동아리활동(2)	체육활동(2)	
5	주제선택활동(1)(2반)			주제선택활동(1)(1반)	
6	✕	✕	✕	✕	✕
7	✕	✕	✕	✕	✕

체육활동-운영 교과: 학교스포츠클럽
동아리활동-운영 교과: 창체-동아리

• 2학기 170시간 운영

시간\요일	월	화	수	목	금
1		진로탐색활동(4)		예술활동(1)(1반)	
2		진로탐색활동(4)			
3		진로탐색활동(4)	동아리활동(2)	체육활동(2)	
4		진로탐색활동(4)	동아리활동(2)	체육활동(2)	
5	주제선택활동(1)(2반)		예술활동(1)(2반)	주제선택활동(1)(1반)	
6	자유학년활동(주당 10시간)				
7	✕	✕	✕	✕	✕

진로탐색활동-운영 교과: 창체-자율
예술활동-운영 교과: 직업

2) 연계자유학년

▶ 2학년: 진로 탐색 활동(4시간), 주제선택(1시간), 체육활동(2시간) 연계 운영

• 1학기 51시간 운영

시간\요일	월	화	수	목	금
1	자유학년활동(주당 3시간)		주제선택활동(1)(1반)		
2	자유학년활동(주당 3시간)				
3			체육활동(2)		
4			체육활동(2)		
5			주제선택활동(1)(2반)		
6	✕	✕	✕	✕	✕
7	✕	✕	✕	✕	✕

체육활동-학교스포츠클럽으로 운영

• 2학기 85시간 운영

시간\요일	월	화	수	목	금
1					
2		진로탐색활동(4)			
3		진로탐색활동(4)			
4		진로탐색활동(4)			
5		진로탐색활동(4)			
6	자유학년활동(주당 5시간)				
7	✕	✕	✕	주제선택활동(1)	✕

주제선택활동-운영 교과: 국어
진로 탐색 활동-운영 교과: 창체-자율

▶ 3학년: 진로 탐색 활동(4시간), 주제선택(1시간), 체육활동(2시간) 연계 운영

• 1학기 운영 시간

시간\요일	월	화	수	목	금
1	자유학년활동(주당 3시간)				
2	자유학년활동(주당 3시간)		주제선택활동(1)(1반)		
3			체육활동(2)		
4			체육활동(2)		
5	주제선택활동(1)(2반)				
6	✕	✕	✕	✕	✕
7	✕	✕	✕	✕	✕

주제선택활동: 교과 교사와 담임교사가 분반하여 운영
학교스포츠클럽: 체육활동으로 운영

• 2학기 운영 시간

시간\요일	월	화	수	목	금
1					
2		진로탐색활동(4)			
3		진로탐색활동(4)			
4		진로탐색활동(4)			
5		진로탐색활동(4)			
6	자유학년활동(주당 5시간)				
7	✕	✕	✕	주제선택활동(1)	✕

주제선택활동 운영 교과: 수학
진로 탐색 활동 운영 교과: 창체-자율

은지는 특수학교 중학교에서 올해 자유학기(년)제를 통해 다양한 진로 탐색 활동을 하고 있다. 1학기에는 정보통신 관련 수업을 듣고 컴퓨터에 관심을 가지고 컴퓨터를 활용해 다양한 노래를 듣는 활동을 즐겨 했는데, 2학기에는 예술체육 활동을 통해 난타 수업을 하게 되었다. 자발적인 단어 사용이나 발화는 어렵지만 음악을 듣고 박자에 맞추어 북을 두드리면서 즐거움을 표현한다. 사람을 좋아하여 친구들과 어울려 함께 활동하는 난타 수업은 은지가 가장 흥미 있게 참여하는 자유학기(년)제 활동 중 하나이다. 주제선택활동으로 국어, 사회 수업 시간에 세계 여러 나라의 동화와 음식 문화에 대하여 공부하고 친구들과 함께 연극활동을 할 때 은지도 배역을 맡아 참여하였고 교사의 도움을 받아 음식을 만들어 친구들에게 소개하는 활동에도 즐겁게 참여하였다. 최근에 진로 탐색 활동으로 우편 보조 업무 체험을 했는데 걸음걸이가 불편하여 우편물을 포장하거나 배달하는 작업은 어려웠지만, 물건을 옮기는 활동을 좋아하여 우편물에 소인을 찍어 분류함에 넣는 활동에 적극적으로 참여하는 모습을 보였다. 2, 3학년에 이어지는 연계 자유학기(년)제를 통해서도 다양한 체험을 하고 진로를 탐색하여 자신이 좋아하는 잘 할 수 있는 일이 무엇인지 살펴볼 생각이다.

3. 특수학교 전공과

1) 특수학교 전공과 운영

전공과는 고등학교 과정을 졸업한 특수교육대상자들에게 진로 및 직업교육을 제공하기 위하여 특수학교 및 특수학급에 설치한 수업 연한 1년 이상의 과정으로 설치된 교육기관이자 「직업재활법」에 근거한 장애인 직업재활 실시 기관으로, 2021년 특수교육통계에 따르면 전국의 158개 특수학교에 설치되어 있다. 전공과는 특수교육대상자들의 학교에서 사회로의 전환을 위하여 직업재활훈련 및 자립생활훈련을 실시하여 직업적 능력과 독립적 생활기술을 함양하여 성인으로서 사회에 통합되어 살아갈 수 있도록 하는 것에 의의가 있다.

2009년 장애학생 진로·직업교육 내실화 방안에서는 전공과를 운영 유형에 따라 〈표 13-6〉과 같이 학급 내 특성화 운영, 학급별 특성화 운영, 직종별 특성화 운영, 학교별 특성화 운영의 4가지 유형으로 구분하여 각각의 성격을 제시하였다.

〈표 13-6〉 전공과 운영 유형과 성격

운영 유형	성격
학급내 특성화 운영	한 학급 내 학생들을 자립생활훈련과 직업재활훈련으로 구분하여 개별화교육을 운영하되 학년을 구분하여 동일 학년 동일 교육과정 운영
학급별 특성화 운영	한 학교 내 여러 개의 전공과 학급이 설치된 경우, 학생 특성에 따라 자립생활훈련반(과정)과 직업재활훈련반(과정)으로 구분하여 운영
직종별 특성화 운영	학교 내 전공과를 직종별로 편성하여 운영
학교별 특성화 운영	지역 학교 내 인접학교를 자립생활훈련 중심 학교, 직업재활 중심 학교로 구분하여 운영

2021년 특수교육통계에 따르면 특수학교의 전공과 과정은 1년제 6개교, 2년제 148개교, 3년제 4개교로 대부분의 특수학교가 2년제로 운영되고 있으며 시각장애 학교의 전공과는 3년제로 운영되고 있다.

전공과는 다양한 활동을 통해 통합된 사회에서 자립 및 경제생활, 직업 생활을 하는 데 필요한 기본적인 능력을 습득할 수 있도록 하고 지역사회에서의 다양한 경험을 바탕으로 한 사회적응능력 신장, 문화 및 취미생활을 통한 여가활용능력 신장에 중점을 두고 운영해야 한다. 교내·외에서의 다양한 작업과 현장실습을 경험하여 자신의 직업적 적성을 탐색하고 직업 생활에 필요한 태도 및 능력을 함양하도록 교육과정을 구성해야 하며 학생의 개별 특성을 고려한 맞춤형 직업교육이 이루어지도록 하는 것이 필요하다.

특수학교 전공과 교육과정은 생활 적응을 위한 교양 교과, 직업훈련을 위한 전문 교과, 창의적 체험활동 등으로 편성 운영되고 기본 교육과정 및 선택 중심 교육과정의 전문 교과를 혼합하여 편성하며 지역 및 학교 특성과 요구에 따라 단위학교에서 편성한다.

전공과 교육과정을 계획하여 운영하는 데 있어서는 일련의 사전준비 단계, 실제적 운영 단계, 평가 및 환류 단계를 거치는데, 전공과 교육과정 수립과 운영 절차는 [그림 13-1]과 같다.

추진 단계		추진 내용
1단계	사전준비	• 경기도교육청 교육정책 분석 • 경기 특수교육 교육과정 편성 · 운영 지침 분석 • 전 학년도 전공과 교육과정 평가 결과 분석 • 전공과 실태 분석 • 전공과 교육과정 설계 – 학사일정, 교육과정 편제, 수업시수 등 • 전공과 교육과정 초안 작성
2단계	실제적 운영	• 전공과 교육과정 운영계획서 작성 • 전공과 교육과정 운영 및 질 관리

3단계	평가 및 환류	• 교육과정 전반에 대한 평가
		  – 교과활동 평가
		  – 교육과정 운영 평가

준비단계	특수교육 교육과정 작성을 위한 준비작업(전공과 운영위원회 조직)
조사분석단계	전 학년도 전공과 교육과정 평가 결과 분석(12월) 전 학년도 특수교육 교육과정 평가 결과 분석, 교육 관련 법령 및 최근 교육동향 분석, 경기도교육청 교육정책 및 교육과정 분석, 기초 조사(학생 · 학부모 · 교사 · 지역사회 실태 및 학교교육에 대한 요구사항 등) 및 결과 분석(조사 · 분석을 통한 당면 과제 추출 및 개선방안 수립)
수립단계	전공과 교육과정 설계(12~1월) 연간 수업일수 및 학사일정, 교육과정 편제, 수업시수, 교육과정 성취목표, 교육내용 및 교육방법, 교육활동 지원에 관한 사항 등

작성단계	전공과 교육과정 초안 작성(1~2월)
	
	• 전공과 교육과정 시안 작성
	  – 편제, 시간배당, 수업일수, 시간 수 결정
	  – 교과 및 교육활동 지원 연간 운영 계획 수립
	• 전공과 교육과정 시안 작성 및 분석 검토

확정단계	전공과 교육과정 확정 및 심의(2월) (학교 교육과정 운영계획에 포함하여 전공과 교육과정 심의) 교육감 승인(2월)
운영 및 평가 단계	전공과 교육과정 운영 및 평가

[그림 13-1] 전공과 교육과정 수립과 운영 절차

출처: 경기도교육청(2015).

2) 특수학교 전공과 운영의 실제

다음의 C 특수학교의 전공과 운영 사례를 통해 실제 전공과 운영이 어떻게 이루어지는지 살펴볼 수 있을 것이다. C 특수학교는 발달장애 특수학교로 2년제로 운영되고 있다. 교육과정은 교양교과, 전문 교과로 나누며 교내 및 교외 현장실습을 운영한다. 성인기로의 전환을 앞두고 전공과 학생들이 사회에서 자립할 수 있도록 일상생활 기능을 익히고, 직업인으로서 맡은 일을 수행할 수 있도록 교육과정을 편성하여 운영한다. C 특수학교의 전공과 운영 사례는 〈표 13-7〉에 제시하였다.

〈표 13-7〉 C 특수학교 전공과 운영 사례

1. 교육 목표
   일상생활 및 직업 생활에 필요한 지식과 기능을 익혀 성인으로서의 삶을 준비한다.

2. 운영방침
   - 교과는 직업기능을 신장시킬 수 있는 전문 교과와 교양교과로 운영함
   - 교육기간은 2년이며, 각 학년별로 직업재활반과 자립생활반으로 운영함
   - 고등학교 교육과정에 준하여 수업일수 190일 이상, 단위시간은 40분으로 운영함
   - 학생들의 현장 적응능력을 신장하기 위해 교내 현장실습 및 사업체 현장실습을 실시함

3. 교육과정 편제 및 운영 내용

영역	교과	시수	지도내용
전문 교과	포장 · 조립	7	• 직무 관련 기초 학습 기능 및 공구 사용법 습득 • 포장 및 조립 작업 활동을 통한 작업 기능 향상
	제과제빵	4	• 제과 및 제빵의 기본 개념과 지식 습득 • 다양한 제과 및 제빵 실습
	바리스타	4	• 커피의 종류와 특징 및 음료 추출 방법 습득 • 음료 제조 및 실습 • 고객 응대 및 매장 관리
	용역 서비스	2	• 청소의 기초 및 실내와 실외 청소 실습 • 세탁의 기초 및 세탁 실습
	재배	4	• 농작물 재배의 기초 지식 배양 • 다양한 작물 재배 및 가공, 판매 활동
	현장실습	4	• 현장실습의 이해 및 준비 • 현장실습을 통한 작업 기초 능력 및 직업 생활 준비

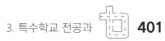

교양 교과	동아리활동	2	• 공예, 요리, 운동 등 다양한 동아리 활동 참여
	체력증진활동	2	• 기초 체력 관리 및 건강 증진 프로그램 • 여가형 체력 증진 활동을 통한 직업인으로서의 체력 관리
	여가활동	2	• 학교, 가정, 지역사회 여가활동 참여 • 운동, 문화 및 예술, 교양 여가활동 참여

4. 연간 운영계획

월	추진 내용
연간	• 전공과 교육과정 운영 ・ 외주작업 운영 및 물품 관리 • 진로지도 상담 및 부모 교육 ・ 기자재 보수 및 유지 • 현장실습 사업체 파악 및 현장실습 지도 ・ 진로정보 수집 • 주제별 체험학습 운영(연 3회) ・ 현장실습 운영 위원회 조직 및 운영
3월	• 입학식 ・ 1학기 교내 현장실습 및 맞춤형 직업 교육 실시 • 개별화전환교육계획 수립 ・ 전공과 학부모 간담회
4월	• 전공과 학생 직업평가 ・ 장애인의 날 행사 • 졸업생 추수지도 ・ 전공과 교사 직무연수
5월	• 교외 현장실습 운영 ・ 학부모 진로 역량 강화 연수 • 소풍 ・ 성년의 날 행사
6월	• 학부모 산업체 견학 ・ 1학기 진로정보지 발간
7월	• 개별화전환교육계획 평가 ・ 현장실습처 개발
8월	• 방학 중 직업체험 프로그램 관리
9월	• 2학기 교내 현장실습 및 맞춤형 직업 교육 실시 ・ 학부모 진로 역량 강화 연수
10월	• 전공과 입학 설명회 및 입학 전형 준비 ・ 전공과 교사 기능 연수
11월	• 전공과 신입생 입학 전형 ・ 2학기 진로정보지 발간 • 학생 진로지도 및 학부모 상담 ・ 추수지도
12월	• 전공과 교육과정 운영 평가 ・ 현장실습처 개발 • 학부모 만족도 조사 ・ 2022학년도 전공과 교육과정 수립
1·2월	• 졸업식 ・ 2022학년도 전공과 운영계획 수립 및 제출 • 졸업생 진로현황 조사 ・ 2022학년도 신입생 반편성

5. 평가
가. 전공과 학생의 전문 교과 및 교양교과의 평가는 개인별 전환교육계획에 근거하여 평가한다.

나. 학생의 교내·외 현장실습 및 다양한 교육활동에 대한 전반적인 평가를 실시한다.

다. 학기별 평가를 바탕으로 차후 교육계획 수립에 활용한다.

라. 전공과 운영에 대한 평가는 학년말 학부모 만족도 조사, 교육과정 운영 평가로 이루어지며 평가 결과는 차후 전공과 운영계획 수립에 반영한다.

은옥이는 발달장애 특수학교 전공과 1학년에 재학 중이다. 은옥이는 ○○특수학교 고등학교를 졸업하고 같은 학교 전공과에 진학하였다. 중·고등학교 진로와 직업 시간에 다양한 물품을 조립하고 포장하는 제조업 직무에 흥미를 보였다. 조립 및 포장 작업을 꼼꼼히 잘 수행하여 전공과 졸업 후에는 집에서 가까운 장애인 보호작업장에 근로인으로 취업하기를 원하고 있다. 4월에 실시된 직업능력평가에서도 제조업에 흥미가 있고, 보호고용 수준으로 평가되었다.

은옥이는 학교의 전공과 직업훈련반에서 전문 교과로 주당 7시간의 포장·조립 작업을 훈련한다. 매주 현장실습 시간을 통해 1학기에는 학급 친구들과 함께 문구류를 포장하는 보호작업장에서 포장 직무를 실습했다.

교양 교과로 체력 증진 활동, 동아리활동, 여가활동 등도 이루어지는데 체력 증진 활동을 통해 직장생활을 위한 기초체력도 다졌고, 다양한 여가활동을 경험하면서 지역사회 기관도 이용하고 졸업 후 여가생활을 위한 계획도 수립하였다. 특히 은옥이는 화폐를 사용하지만 물건 구입의 절차나 결정하는 것에 서툴러 물건 구입에 어려움을 겪어 학기 초 개별화전환교육계획 수립 시 학부모의 요구로 물건 구입과 관련된 교육계획을 수립하였다. 학기 중에는 사회적응훈련을 통해 마트에서 물건을 구입하거나 자신이 필요한 옷 혹은 물건을 구입하는 훈련을 실시하였고, 이제는 필요한 물건을 구입하기 위해 계획을 수립하고 스스로 구입하는 능력이 갖추어졌다.

학교 내에 설치된 학교기업에서 이루어지는 임가공 사업에는 특수학급에 재학 중인 고등학교 학생들이 참여하여 훈련을 하였는데, 은옥이는 조립 및 포장 작업을 수행하는 학생들에게 작업 방법을 가르쳐 주는 맞춤형 실습에도 참여했다. 2학년 때에는 이러한 조립 및 포장 작업 훈련에 지속적으로 참여하고 관련 산업체에서 현장실습을 나가서 근로인으로 채용되기를 희망하고 있다.

4. 특수학교 학교기업

1) 특수학교 학교기업 운영

특수학교 학교기업은 "장애학생 현장실습 확대 및 지역사회 사업체와의 연계를 통한 취업률 증가를 목적으로 특수학교 내에 일반사업장과 유사한 형태의 직업교육 환경을 조성하고 교육과정과 연계하여 직접 물품의 제조·가공·수선·판매, 용역의 제공 등을 하는 부서"라고 할 수 있다(국립특수교육원, 2012). 국립특수교육원(2012)에서는 특수학교 학교기업과 학교, 학생의 관계를 [그림 13-2]와 같이 정의하였다.

[그림 13-2] 특수학교 학교기업의 정의 구성도

출처: 국립특수교육원(2012).

2010 장애학생 진로 직업교육 내실화 방안에 따라 특수교육대상자들에 대한 실질적이고 다양한 직업교육과 현장실습을 제공하고 지역사회 산업체와 연계한 장애학생 직무능력 강화 및 취업률을 제고하기 위한 목적으로 특수학교 학교기업이 설치되어 2021년 특수교육 연차보고서에 따르면, 2010~2021년까지 31개의 학교기업이 설치 및 운영되고 있다.

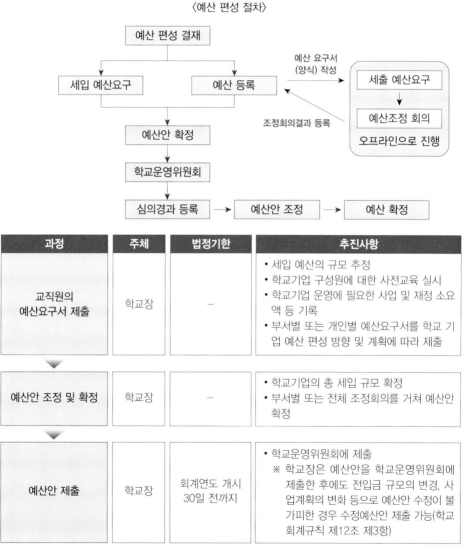

〈예산 편성 절차〉

과정	주체	법정기한	추진사항
교직원의 예산요구서 제출	학교장	–	• 세입 예산의 규모 추정 • 학교기업 구성원에 대한 사전교육 실시 • 학교기업 운영에 필요한 사업 및 재정 소요액 등 기록 • 부서별 또는 개인별 예산요구서를 학교 기업 예산 편성 방향 및 계획에 따라 제출
예산안 조정 및 확정	학교장	–	• 학교기업의 총 세입 규모 확정 • 부서별 또는 전체 조정회의를 거쳐 예산안 확정
예산안 제출	학교장	회계연도 개시 30일 전까지	• 학교운영위원회에 제출 ※ 학교장은 예산안을 학교운영위원회에 제출한 후에도 전입금 규모의 변경, 사업계획의 변화 등으로 예산안 수정이 불가피한 경우 수정예산안 제출 가능(학교회계규칙 제12조 제3항)

[그림 13-3] 특수학교 학교기업의 예산 편성 절차 및 추진사항

출처: 교육부, 대전광역시 교육청(2016).

특수학교의 학교기업은 전공과 교육과정과 연계하여 학교 내 기업적인 환경을 조성하고 학생들이 물품의 제조 및 판매 등의 활동에 참여하면서 직업현장에서 요구되는 지식, 기술, 태도를 습득하는 등 특수학교 진로와 직업교육 교육과정 실행 중심의 현장실습의 장으로 특수학교에서 이용되고 있다. 특수교육대상자들이 일반 기업체에서 체험할 수 있는 산업현장 체험과 실습교육 기회를 학교기업을 통해 제공하고 현장실습 운영을 통해 학교기업은 생산된 제품의 판매와 용역 서비스를 통해 수익을 창출함으로써 학교기업의 자생적 운영 기틀을 갖추고 수익금을 교육재정에 재투자하는 구조를 갖추도록 운영되어야 한다. 학교기업의 예산 편성 절차와 추진사항은 [그림 13-3]과 같다.

학교기업은 운영의 주체가 국·공립학교인지 사립학교인지에 따라 사업자 등록 절차부터 납세 및 모든 법률사항에 대한 책임이 다르므로 학교기업의 설치 및 운영방법은 학교마다 차이가 있다. 특수학교 학교기업의 사업 종목은 산업교육기관에서 설치·운영되고 있는 교육과정 교육·연구 활동과 연계성을 가져야 하며 학교기업의 수입은 학교회계 수입으로 하되, 학교기업별로 구분하여 회계 처리해야 한다(「산학협력법」 제36조). 또한 특수학교 학교기업으로 설치·운영할 수 있는 사업종목은 산업교육기관에서 설치·운영되고 있는 교육과정의 교육 및 연구 활동과 연계성을 가져야 한다(「산학협력법」 제36조).

학교기업의 설치·운영 계획서 작성은 학교 현장에서 학교기업의 설치 계획을 수립하는 단계부터 설치 계획을 실행하는 모든 단계에서 필요한 사항을 구체적으로 포함하여야 한다. 학교기업 설치·운영 계획서의 주요 항목은 〈표 13-8〉과 같다.

〈표 13-8〉 학교기업 설치·운영 계획서의 주요 항목

• 학교기업의 설치 목적	• 재정 투자 계획 및 시설 확보 계획에 관한 사항
• 학교기업의 명칭	• 학교기업 조직 및 인력충원 계획에 관한 사항
• 학교기업의 사업종목과 연계 교육과정	• 현장실습 교육과정에 관한 사항
• 학교기업의 설치 및 운영 주체	• 인허가 획득 및 신고에 관한 사항
• 학교기업의 소재지와 면적	• 사업자 등록에 관한 사항
• 학교기업의 조직편제	• 학교기업 연간 운영계획에 관한 사항
• 학칙 변경사항 및 운영 세칙에 관한 사항	

출처: 교육부, 대전광역시 교육청(2016).

학교기업은 매 학년도 시작 이전에 전년도 사업실적과 연간사업 운영계획서를 작성(보완)하여야 하며, 연간 사업 운영 계획서는 학교기업 설치·운영 계획서 작성에 준하여 작성하고 현장실습 교육계획과 수익창출을 위한 사업 계획이 조화롭게 계획되어야 한다.

학교기업은 또한 생산되는 재화 및 서비스와 관련 있는 교육과정을 개설하여 현장실습 교육을 실시하여야 하며 현장실습을 실시하지 않는 경우에는 연계 교육과정을 편성하여 현장실습 과정을 운영해야 한다. 특수학교 학교기업에서는 학교기업 운영과 현장실습 교육을 동시에 수행하고 있다. 현장실습 효과를 극대화할 수 있도록 교육과정과 연계한 교과형 현장실습, 산업체형 현장실습 등 다양한 형태로 운영하고 있다. '특수학교 학교기업 운영 길라잡이'(2016)에서는 교과형 현장실습과 산업체형 현장실습의 개념과 운영의 예시를 〈표 13-9〉와 같이 제시하고 있다.

〈표 13-9〉 학교기업 현장실습의 유형

교과형 현장실습		교육과목 중 일부 시간을 학교기업에서 실시하거나, 교육과정 외의 일부 시간을 학교기업과 연계한 실습활동을 수행하여 산업체형 현장실습과는 실습시간의 차이가 큼
	교과 중 현장실습	• 정규 교육과정으로 개설된 교과목 중 한 학기 수업의 일부 시간을 학교기업에서 진행함 (예) 학교기업 사업 종목인 제과제빵과 관련된 교육과정(제빵실습)을 개설하고, 교과 수업 일부를 학교기업 현장실습으로 운영함
	교과 외 현장실습	• 현장실습 교육기간(시간)에 구속되지 않고 개별 학과의 특성과 여건에 따라 시행할 수 있는 학교기업의 전시회, 박람회, 견학, 특강, 교육, 체험교실, 세미나 등 실습 참여 (예) 학교기업에서 운영하는 학교기업 체험 교실을 인근 학교 학생이 이용하는 경우도 교과 외 현장실습형에 속함
산업체형 현장실습		• 학교기업 운영에 필요한 분야와 업무에 학생들이 참여하는 현장실습으로 특수학교 학교기업에서는 주로 사업별로 소수의 학생을 선발하여 실시 • 보수는 교과 중 현장실습과 차이를 두어 시간당 최저임금 수준으로 지급 • 타 학교 학생들이 학교기업 현장실습으로 일회성 체험프로그램에 참여하는 것이 아니라 정기적인 현장실습에 참여하는 것은 산업체형 현장실습의 한 형태로 볼 수 있음 (예) 학교기업 사업 종목으로 운영하는 카페에서 학생을 선발하여 일과시간 내, 일과시간 후 또는 방학기간에 학교 카페에서 바리스타로 현장실습에 참여함

인턴십 현장실습 일자리 연계형 현장실습	• 특수교육—복지 연계형 일자리 또는 장애인 관련 일자리 사업과 연계하여 학교기업에서는 현장실습 프로그램을 만들고, 급여는 일자리 관련 주관기관에서 제공 • 재정 자립이 어려운 특수학교 학교기업의 경우 장애인 일자리 관련 사업과 연계하여 학생들의 급여를 지원 받아 학교기업을 운영할 수 있음
실습학기제 현장실습	• 학교 자체적으로 실시하는 교육과정으로 한 학기 동안 학교기업에서 현장실습을 실시 • 특성화 고등학교의 산업체 현장실습과 비슷한 개념으로 고등학교 3학년 학생이나 전공과정 학생을 대상으로 한 학기 동안 학교기업에서 현장실습을 실시

출처: 교육부, 대전광역시 교육청(2016).

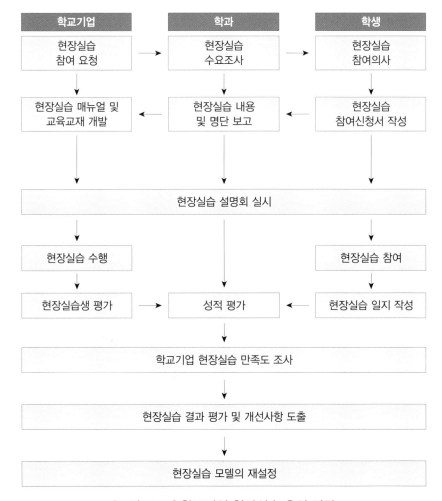

[그림 13-4] 학교기업 현장실습 운영 절차

출처: 교육부, 대전광역시 교육청(2016).

학교기업의 현장실습 운영 절차는 [그림 13-4]를 참조하여 자유롭게 지정 및 운영할 수 있지만 현장실습 개선을 위한 평가가 반드시 포함되어야 하고 현장실습 학생에 대한 평가는 학생의 근무 태도 및 능력, 실습 내용에 대한 지식 및 기술의 정도, 직무능력 등을 평가 항목으로 지정하여 실시한다.

2) 특수학교 학교기업 운영의 실제

사례의 D 특수학교는 발달장애 특수학교로 학교기업을 2017년부터 운영하고 있다. 학생들이 졸업 후 성인기의 삶을 준비하면서 자립할 수 있는 능력을 기르기 위하여 작업 현장과 유사한 환경에서 현장실습을 지원하는 데 목표를 두고 학교기업을 운영하고 있다. 〈표 13-10〉에서 D 특수학교 학교기업의 주요 운영 내용을 살펴보면서 학교기업 운영에 대한 이해를 높이도록 한다.

〈표 13-10〉 D 특수학교 학교기업 운영 사례

1. 사업종목

사업업태	종목	연계 교육과정
농업	작물재배	재배, 조립 · 포장, 맞춤형 실습
도소매업	나눔가게/작물유통	진로와 직업, 맞춤형 실습
서비스	임가공업	조립 · 포장, 진로와 직업
	체험프로그램	진로와 직업, 여가생활, 공예
음식점	휴게음식점	바리스타, 제과제빵, 맞춤형 실습, 여가생활

2. 학교기업 추진 방향
   가. 현장 중심 직업교육 실시
      1) 중증 정서 · 행동장애, 자폐성장애 학생의 진로 분석을 토대로 적합한 현장 모형 직업 훈련 프로그램 운영
      2) 학교와 가정의 효율적인 협조체제 구축을 통한 효율적인 전환교육 실시
      3) 실무 중심 교육으로 현장에 최적화된 직업인 육성
      4) 직무 관련 연수를 강화하여 직업교육 담당 교사의 전문성 확보
      5) 지속적인 학부모 상담 및 피드백으로 중증 정서 · 행동장애, 자폐성장애 학생의 취업률 향상

　　6) 복지일자리 실습 장소 제공으로 졸업 후 장애학생들의 성공적인 직업전환 도모

나. 맞춤형 직업교육 서비스 제공

　　1) 개인별 직업평가를 바탕으로 개별화된 맞춤형 직업교육 서비스 제공

　　2) 제과제빵, 바리스타, 작물재배 등 직무의 반복 훈련을 통한 실무 능력 향상

　　3) 중증 정서 · 행동장애, 자폐성장애 학생의 장애 특성에 적합한 현장 중심의 직업교육실시

　　4) 지역 내 유관기관과 협력을 통한 진로지도 및 취업지도

다. 유 · 초 · 중 · 고등학교 재학생 진로 · 직업교육 강화

　　1) 유 · 초 · 중 · 고 재학생 진로 · 직업체험 확대로 직업에 대한 인식 고취

　　2) 체험 중심 교육과정 운영으로 학생의 수업참여도 및 만족도 향상

　　3) 교육 참여 학생 등 또래 비장애학생과 체험학습으로 통합교육 기회 확대

　　4) 지역 소재 학교에 체험학습 개방 운영으로 교육기회 확대 및 교육의 질 제고

　　5) 지도 교사 간 정보 공유 등 네트워크 구축으로 진로 · 직업교육의 내실화 도모

라. 학부모 및 지역사회 참여 확대

　　1) 학부모 및 지역사회 구성원의 참여 확대로 취업 · 창업 연계

　　2) 학부모의 역량 강화를 위한 힐링 프로그램의 장 제공

　　3) 지역 내 우수 사업체 발굴 및 업무협약을 통한 지역사회 인력풀 활용

4. 사업별 세부 운영 내용(주요 사례만 제시)

주요 사업		운영 내용
카페	운영 목적	고객 응대 예절 및 관련 직무를 익혀 바리스타로서 창업 또는 취업으로 연계될 수 있도록 하고 전공과 학생들의 현장실습 및 장애인 복지일자리 창출을 통하여 재학생 및 졸업생의 직업전환이 원활하게 이루어질 수 있도록 함
	운영 내용	가. 커피머신 기기 작동 실습 나. 에스프레소 추출 실습 다. 다양한 커피 응용 메뉴 만들기 라. 바리스타 직무 실습 마. 서비스 및 매장 정리 정돈 실습
바리스타	운영 목적	바리스타 직무 체험 및 서비스 체험 중심의 교육과정을 운영하고 개별화된 맞춤형 실습으로 사회적응력 및 관련 직종 취업률 향상
	운영 내용	가. 바리스타 직무(카페에서 요구되는 메뉴 제조) 실습 및 서비스 교육 나. 위생교육 및 안전교육

제과제빵	운영 목적	제과 · 제빵과 관련된 직무의 기능 및 태도를 익히고 생산 및 포장의 전 과정을 통해 제과 · 제빵 분야의 직업적성을 파악할 수 있는 기회를 제공함. 적성과 흥미를 고려한 맞춤형 실습을 통하여 관련 직무로 취업과 연계될 수 있도록 함
	운영 내용	가. 제과 · 제빵 직무(제과 · 제빵 제조) 실습 및 서비스 교육 나. 맞춤형 실습 운영으로 제과 생산에서 판매까지 전 과정 실습 다. 위생교육 및 안전교육 실시
나눔가게	운영 목적	다양한 제품을 진열하고 정리하는 활동을 통해 서비스업에 대한 직무기술을 익히고, 학급별 판매 실습 체험으로 소비자와 판매자의 역할을 경험하면서 실물 경제에 대한 이해를 높이고자 함
	운영 내용	가. 협력업체 및 도매업체에서 구매한 제품 진열, 판매 실습 나. 고객 응대, 서비스 등 매장 관리 직무 체험 다. 학급별 판매 체험으로 물건의 이름, 가격, 계산법, 영수증 사용 등의 경제교육 라. 학생 작품 전시 및 홍보 체험
생활도자기	운영 목적	생활 도자기 공예활동 및 포장작업을 통하여 공예와 관련된 직업 체험 및 직업훈련을 지원함. 공예, 여가생활, 조립 · 포장 등 다양한 전공과 교과와 연계하여 창작활동을 경험하도록 함. 재학생 및 외부 장애학생의 직업체험 프로그램의 장으로 운영함
	운영 내용	가. 생활도자기 제작 실습 및 공예 실습 나. 생산품 포장 및 직업 안전교육

5. 학교기업 연간 추진 업무

주요 업무	대상
학교기업 사업별 운영계획 수립 및 운영	전교생
카페 및 나눔가게 운영	학생 · 학부모 · 교직원 · 지역주민
나눔가게 전시회 계획 수립 및 운영	학생 · 학부모 · 교직원 · 지역주민
직업체험 프로그램 운영	본교생 및 외부학생
로컬푸드 납품	지역사회
각 교육실별 위생교육 및 안전교육	전교생
현장실습(교과, 맞춤형) 운영	전공과 재학생
장애인 복지일자리 사업 운영	장애인 복지일자리 참여자
실습기자재 구입 · 관리 · 보수 · 교체	각 실
학교기업 홍보 및 마케팅	교내 · 외
체험농장 관리	전교생

 활동하기

- 특수학교에서의 직업교육을 운영하는 다양한 운영 형태와 각각의 운영 목적을 제시하세요.
- 특수학교의 자유학기(년)제를 운영하는 목적과 영역 및 내용을 제시하세요.
- 특수학교 전공과 운영의 법적 근거 및 운영 목적을 제시하세요.
- 특수학교 학교기업의 정의와 학교기업에서 이루어지는 현장실습 유형을 제시하세요.

참고문헌

강경숙, 권택환, 김수연, 김은주(2000). 영세 학교의 통합교육 운영 사례. 충남: 국립특수교
　　육원.

강원도교육청(2017). 통합형 직업교육 거점학교 운영 길라잡이.

경기도교육청(2015). 전공과 운영 길잡이.

교육과학기술부(2009). 장애학생 진로·직업교육 내실화 방안.

교육부(2009). 장애학생 진로·직업교육 내실화 방안.

교육부(2015a). 진로와 직업: 교사용 지도서.

교육부(2015b). 특수교육 교육과정 [별책 1. 총론].

교육부(2015c). 특수교육 교육과정 [별책 2. 유치원 교육과정, 공통 교육과정 및 선택 중심 교
　　육과정].

교육부(2015d). 특수교육 교육과정 [별책 3. 기본 교육과정].

교육부(2016). 중학교 자유학기제 시행계획.

교육부(2018a). 고등학교 진로와 직업-가. 서울: 미래엔.

교육부(2018b). 고등학교 진로와 직업-나. 서울: 미래엔.

교육부(2018c). 고등학교 진로와 직업: 교사용 지도서-가. 서울: 미래엔.

교육부(2018d). 고등학교 진로와 직업: 교사용 지도서-나. 서울: 미래엔.

교육부(2018e). 선택교육과정 직업준비 교사용 지도서. 서울: 미래엔.

교육부(2018f). 중학교 진로와 직업-가. 서울: 미래엔.

교육부(2018g). 중학교 진로와 직업-나. 서울: 미래엔.

교육부(2018h). 중학교 진로와 직업: 교사용 지도서-가. 서울: 미래엔.

교육부(2018i). 중학교 진로와 직업: 교사용 지도서-나. 서울: 미래엔.

교육부(2018j). 창의적 체험활동 중·고등학교 교사용 지도서. 서울: 미래엔.

교육부(2019a). 2019 특수교육통계.

교육부(2019b). 장애학생 진로·직업교육 활성화 방안(’20~’22).

교육부(2020a). 2020 특수교육 연차보고서.

교육부(2020b). 특수학교 자유학기 학년제 운영사항 안내.

교육부(2021a). 2021 특수교육통계.

교육부(2021b). 2021년도 교원자격검정 실무 편람.

교육부, 대전광역시 교육청(2016). 특수학교 학교기업 운영 길라잡이.

구인순, 김홍경, 윤희정, 이미정, 황주리, 김광용(2011). 취업알선 상담원을 위한 직업평가. 기본과제보고서, 1-176.

국립국어연구원(1999). 표준국어대사전. 서울: 두산동아.

국립특수교육원(2012a). 장애학생 통합형 직업교육 거점학교 운영 매뉴얼.

국립특수교육원(2012b). 특수학교 학교기업 및 통합형 직업교육 거점학교의 효율적 운영 방안 연구.

국립특수교육원(2015a). 2015 개정 특수교육 교육과정 선택 중심 교육과정(직업) 공청회 자료집.

국립특수교육원(2015b). 2015 특수교육 교육과정 기본 교육과정 해설자료 1.

국립특수교육원(2018). 2015 개정 특수교육 교육과정 활용 실태 분석 연구.

국립특수교육원(2019). 특수교육대상자 학습중심 현장실습 운영 사례집.

국립특수교육원(2020). 장애학생 교과연계 전환역량 향상 프로그램 개발.

국립특수교육원(2021a). 2021년 장애학생 취업지원 유관기관 공동확대 워크숍 자료집.

국립특수교육원(2021b). 장애학생 교과연계 전환역량 향상 프로그램 개발(2/3년차).

권순황, 박재국, 조홍중, 한경임, 박상희(2013). 특수교육 교과교재 연구 및 지도법. 서울: 일문사.

권충훈, 김민동, 강혜진, 권순황(2015). 특수교육공학. 서울: 학지사.

김명옥, 강현석(2012). Bloom의 신 교육목표분류학에 기초한 초등학교 저학년 국어과 수업 목표 분석. 교육과정연구, 30(1), 27-58.

김미영(2011). 특수교육 교구 제작의 이론과 실제. 서울: 학지사.

김선희(2016). 2015 특수교육 교육과정의 이해와 적용 -기본 교육과정-. 현장특수교육, 23(2), 38-40.

김성애(2001). 발달장애유아 및 학생의 자기결정 기술 촉진을 위한 우리 나라 특수교육 현장의 과제. 지적장애연구, 3, 93-105.

김영희(2016). 교재교구: 이론과 실제. 경기: 양서원.

김은하, 박승희(2012). 개인중심계획: 발달장애인의 개별화계획 개발을 위한 적용. 정서·행동장애연구, 28(3), 259-292.

김진호(2007). 발달장애학생을 위한 학령기전환교육모형 개발과 교육프로그램 및 방법 모색. 특수교육 저널: 이론과 실천, 8(4), 1-27.

김형균(2014). 초등학교 학생의 진로 인식에 대한 연구. 실과교육연구, 20(4), 237-257.

김형일(2013). 전환교육의 이해와 실행(제2판). 경기: 교육과학사.

남윤석, 유장순, 이대식, 이필상, 홍성두, 고혜정, 이성진(2021). 개정 교육과정에 따른 특수교육 수학교육론. 경기: 교육과학사.

박숙희, 염명숙(2007). 교수-학습과 교육공학(2판). 서울: 학지사.

박승희(2003). 한국 장애학생 통합교육: 특수교육과 일반교육 관계 재정립. 서울: 교육과학사.

박은미(2009). 개별화 전환교육 계획 표본 양식 개발. 공주대학교 교육대학원 중등특수교육전공 석사학위논문.

박은영(2015). 청년기 지적장애인의 고용 유지 결정 요인: 직업훈련 프로그램 참여자의 개인적 요인을 중심으로. 한국콘텐츠학회논문지, 15(4), 519-529.

박은해(2020). 개인중심계획을 활용한 개별화교육계획 수립 프로그램이 중도장애학생부모의 개별화교육계획에 대한 태도 및 가족역량강화에 미치는 영향. 이화여자대학교 교육대학원 석사학위논문.

박은혜, 김정연, 표윤희(2018). 함께 생각하는 지체장애 학생 교육. 서울: 학지사.

박정식(2016). 2015 특수교육 교육과정의 이해와 적용 -선택 중심 교육과정-. 현장특수교육, 23(2), 35-37.

박희찬(2007). 발달장애 특수학교의 지역사회 현장실습 중심 직업교육 실시 방안. 서울: 교육인적자원부.

박희찬(2013). 지적장애인 고등학교 졸업 이후 전환 실태와 개선 방안. 지적장애연구, 15(2), 1-24.

박희찬(2014). 기본교육과정 진로와 직업 교수·학습 방법 탐색. 지적장애연구, 16(2), 33-53.

박희찬(2016). 장애학생 진로, 직업교육 정책의 변천. 지체·중복·건강장애연구, 59(2), 59-81.

박희찬, 김경선, 박광옥, 이현주(2019). 장애학생 진로·직업교육 활성화 방안 연구. 충남: 국립특수교육원.

박희찬, 김동주, 박광옥, 한우현(2010). 중증장애인직업재활지원사업 운영매뉴얼 Ⅰ: 직업재활센터/직업평가센터. 서울: 한국장애인개발원.

박희찬, 박재국, 박혜영, 배세진, 송승민, 황윤의(2019). 장애학생 직업흥미검사도구 개발 기초 연구. 충남: 국립특수교육원.

박희찬, 이상진, 이은정, 박은영(2010). 직업평가사 자격 구분과 교부 및 양성 교육과정. 장애와 고용, 20(4), 47-68.

배장오(2015). 교육학 교과교육론(개정판). 경기: 서현사.

변영계, 이상수(2003). 수업설계. 서울: 학지사.

부산광역시 교육청(2018). 특수학교 자유학기제 전면시행 및 확대 운영 계획.

신영순, 고근영, 전주성(2017). 초등학교 진로교육의 연구동향 분석: 2007-2016년 발표된 국내학술지를 중심으로. 한국초등교육, 28(1), 343-362.

신현기(2004). 교육과정의 수정과 조절을 통한 통합교육 교수적합화. 서울: 학지사.

오세웅, 강성종, 김미경, 김혜경, 박중휘, 박현옥, 서선진, 서은정, 이명자, 조규영(2010). 특수교육 사회교육론. 경기: 교육과학사.

유민임(2015). 유아를 위한 교과교육론. 서울: 학지사.

유애란, 박희찬, 이상진, 송소현(2014). 장애학생 통합형 직업교육 거점학교 성과지표 개발. 지적장애연구, 16(3), 277-298.

윤관식(2013). 수업설계: 교수-학습지도안 개발 방법론. 경기: 양서원.

이경면(2018). 예비 특수교사 및 초임교사를 위한 수업실연의 실제. 서울: 학지사.

이경순, 김주혜, 박은혜(2010). 특수교육에서 문제중심학습의 이해와 활용. 서울: 학지사.

이선애, 정현숙, 송경섭, 김지혜, 유은석(2016). 교과교육론. 서울: 창지사.

이승희(2019). 특수교육평가(제3판). 서울: 학지사.

이은경(2017). 교과교재 연구 및 지도법. 경기: 정민사.

이태신(2000). 체육학대사전. 서울: 민중서관.

이희연, 채수정(2019). 발달장애학생 대상의 지역사회중심 교수에 관한 단일대상연구 메타분석. 행동분석·지원연구, 6(2), 1-22.

임경원, 박은영, 김삼섭(2005). 직무체험이 고등부 정신지체 학생의 직업흥미에 미치는 영향: 자동차·건물관리·식당서비스·가사 영역을 중심으로. 특수교육연구, 12(1), 245-261.

장혜성, 김수진, 김지영(2020). 기능적 기술 습득을 위한 개별화교육프로그램의 실제. 경기: 교육과학사.

전병운(2016). 2015 특수교육 교육과정의 이해와 적용 -총론-. 현장특수교육, 23(2), 32-34.

전병운, 김희규, 박경옥, 유장순, 정주영, 홍성두(2018). 장애학생을 위한 국어교육의 이론과 실제(2판). 서울: 학지사.

정동영, 강경숙, 김형일, 김희규, 남윤석, 박중휘, 오세웅, 이미선, 이옥인, 이유훈, 정해동, 정희섭(2020). 특수교육 교과교육론(제2판). 경기: 교육과학사.

정동영, 강경숙, 남윤석, 박중휘, 오세웅, 유장순, 이미선, 이옥인, 정인숙, 정해동, 조규영, 진홍신(2017). 특수교육 교과 교재연구 및 지도법(2판). 경기: 교육과학사.

정동영, 김희규(2018). 특수교육 과학과 교육의 이론과 실제. 경기: 교육과학사.

정동영, 김희규, 박계신, 박소영, 오세웅, 이경면, 이옥인, 이필상, 정해동, 정해시, 진홍신, 최상배(2015). 특수교육 수업컨설팅. 경기: 교육과학사.

정동영, 하상근, 김용욱(2016). 특수교육 예비교사를 위한 교수·학습과정안 작성과 수업의 실제. 경기: 교육과학사.

정주영(2001). 통합환경에서 장애학생을 위한 평가의 적합화: 초등학교를 중심으로. 특수교육학연구, 36(2), 105-126.

정혜빈, 박정식, 이성자(2018). 통합형 직업교육 거점학교 운영방안에 대한 질적 연구. 발달장애연구, 22(1), 147-171.

한국장애인개발원(2011). 직업평가도구 사용매뉴얼: 손 기능 평가 도구 편.

한국장애인고용공단(2008). 최저임금 적용제외인가 작업능력평가 워크북.

한국장애인고용공단 고용개발원(2019). 전공과 지원 방안.

한국직업능력개발원(2010). 장애학생의 진로·직업교육 활성화를 위한 유관기관간 협력 방안.

Anderson, L. W., & Krathwohl, D. R. (2001). *A taxonomy for learning, teaching and assessing: A revision of Bloom's Taxonomy of educational objectives*. New York: Longman.

Anderson, L. W., Krathwohl, D. R., Airasian, P. W., Cruikshank, K. A., Mayer, R. E., Pintrich, P. R., Raths, J., & Wittrock, M. C. (2005). 교육과정 수업 평가를 위한 새로운 분류학: Bloom 교육목표분류학의 개정 [*Taxonomy for learning, teaching, and assessment: A revision of Blooms's taxonomy of educational objectives*]. (강현석, 강이철, 권대훈, 박영무, 이원희, 조영남, 주동범, 최호성 공역). 서울: 아카데미프레스. (원저는 2001년에 출판).

Anderson, M. L., Goodman, J., & Schlossberg, N. K. (2012). *Counseling adult in transition* (4th ed.). New York, NY: Springer.

Athanasou, J., & Cooksey, R. (2001). Judgment of factors influencing interest: An Australian study. *Journal of Vocational Education Research, 26*(1), 77-96.

Bellamy, G. T., Horner, R. H., & Inman, D. P. (1979). *Vocational rehabilitation of severely retarded adults*. Baltimore: University Park Press.

Brolin, D. E., & Brolin, J. C. (1982). *Vocational preparation of persons with handicaps* (2nd ed.). Columbus, OH: Merrill Publishing Company.

Browder, D. M., & Wilson, B. (2001). *Curriculum and assessment for students with moderate and severe disabilities*. New York: The Guilford Press.

Bruner, J. S. (1963). *The process of education*. New York: Vintage Book.

Byers, R., & Rose, R. (2004). *Planning the curriculum for pupils with special educational needs: A practical guide* (2nd ed.). London: David Fulton Publisher.

CAST (2018). *Universal design for learning guidelines version 2.2*. Wakefield, Ma: Author.

Center for Universal Design (1997). *Environments and products for all people*. Raleigh:

North Carolina State University.

Clark, K. E. (1972). III. The Minnesota Vocational Interest Inventory. *Measurement and Evaluation in Guidance, 5*(3), 408–410.

Cohen, R. J., Swerdlik, M. E., & Phillips, S. M. (1996). *Psychological testing and assessment: An introduction to tests and measurement* (3rd ed.). Mountain View CA: Mayfield Publishing Co.

Commission on Accreditation of Rehabilitation Facilities (1987). *Standards for organizations serving people with disabilities*. Tucson, AZ: Author.

Cooper, J. O., Heron, T. E., & Heward, W. L. (2007). *Applied behavior analysis* (2nd ed.). Upper Saddle River, NJ: Pearson.

Council for Exceptional Children [CEC] (2005). *Universal design for learning: A guide for teachers and education professional*. Upper Saddle River, NJ: Pearson Merrill/ Prentice Hall.

Devito, B., & Grotzer, T. A. (2005). *Characterizing discourse in two science classrooms by the cognitive processes demonstrated by student and teachers*. Texas: Harvard University.

Frey, W. D. (1984). Functional assessment in the ʼ80s: A conceptual enigma, A technical challenge. In A. S. Halpern & M. J. Fuhrer (Eds.), *Functional assessment in rehabilitation* (pp. 11–43). Baltimore, MD: Paul H. Brookes Publishing Company.

Gargiulo, R. M., & Bouck, E. C. (2021). 지적장애인 교육: 학교급별 교수전략 [*Instructional strategies for students with mild, moderate, and severe intellectual disability*]. (박승희, 이숙향, 이희연, 이현주 공역). 경기: 교육과학사. (원저는 2018년에 출판).

Gellman, W. (1968). The principles of vocational evaluation. *Rehabilitation literature, 29*(4), 98–102.

Glaser, R. (1977). *Adaptive education: Individual diversity and learning*. New York: Holt.

Grigal, M., & Hart, D. (2015). 지적장애학생의 중등이후교육: 대학을 생각하다 [*Think college!: Postsecondary education options for students with intellectual disabilities*]. (박승희, 김유리, 이효정, 이희연, 최하영 공역). 서울: 시그마프레스. (원저는 2010년에 출판).

Haines, K., & Domin, D. (2020). From the field: Strategies from practitioners on career development and employment for students with intellectual disability. How to Think College, Issue No. 9. Institute for Community Inclusion.

Halpern, A. S. (1985). Transition: A look at the foundation. *Exceptional Children, 51*(6), 479−486.

Hunt, N., & Marshall, K. (2005). *Exceptional Children and Youth*. Boston, MA: Houghton Mifflin.

Keyes, M. W., & Owens-Johnson, L. (2003). Developing person-centered IEPs. *Intervention in School and Clinic, 38*(3), 145−152.

Klein, M. A., Wheaton, J. E., & Wilson, K. B. (1997). The career assessment of persons with disabilities: A review. *Journal of Career Assessment, 5*(2), 203−211.

Kohler, P. D. (1996). *Taxonomy for transition programming: Linking research and practice*. Champaign, IL: University of Illinois.

Kohler, P. D., Gothberg, J. E., Fowler, C., & Coyle, J. (2016). Taxonomy for transition programming 2.0: A model for planning, organizing, and evaluating transition education, services, and programs. Western Michigan University. Available at www.transitionta.org.

Levinson, E. M. (1993). *Transdisciplinary vocational assessment: Issues in school−based programs*. Brandon, VT: Clinical Psychology Publishing Co.

Levinson, E. M., & Capps, C. F. (1985). Vocational assessment and special education triennial reevaluations at the secondary school level. *Psychology in the Schools, 22*(3), 283−292.

Mace, R. L. (1985). Universal design: Barrier free environment for everyone. *Designers West, 33*(1), 147−152.

McDonnell, J., & Hardman, M. L. (2015). 지적장애학생을 위한 전환교육의 실제(2판) [*Successful transition programs: Pathways for students with intellectual and developmental disabilities*]. (이정은 역). 서울: 학지사. (원저는 2010년에 출판).

Mercer, C. D., & Mercer, A. R. (2010). 학습문제가 있는 학생들을 위한 특수교육 교수방법 [*Teaching students with learning problems*]. (서선진, 안재정, 이금자 공역). 서울: 학지사. (원저는 2005년에 출판).

Morgan, R. L., Gerity, B. P., & Ellerd, D. A. (2000). Using video and CD−ROM technology in a job preference inventory for youth with severe disabilities. *Journal of Special Education Technology, 15*(3), 25−33.

Morgan, R., & Riesen, T. (2016). *Promoting successful transition to adulthood for students with disabilities*. New York: Guilford Press.

National Secondary Transition Technical Assistance Center (2010). *Evidence-based practices and predictors in secondary transition: What we know and what we still need to know.* Charlotte, NC: Author.

O'Brien, J. (2002). Person-centered planning as a contributing factor in organizational and social change. *The Journal of The Association for Persons With Severe Handicaps, 27*(4), 261–264.

Patten, M. (1981). Components of the Prevocational/Vocational Evaluation. *Career Development for Exceptional Individuals, 4*(2), 81–87.

Phelps, L. A. (1984). An analysis of fiscal policy alternatives for serving special populations in vocational education (No. 278). National Center for Research in Vocational Education, Ohio State University.

Power, P. W. (1991). *A guide to vocational assessment.* Austin, Texas: PRO–ED.

Rose, D. H., Meyer, A., & Hitchcock, C. (2010). 보편적 학습 설계: 접근 가능한 교육과 정과 디지털 테크놀로지 [*The universally designed classroom: Accessible curriculum and digital technologies*]. (안미리, 노석준, 김성남 공역). 서울: 한양대학교 출판부. (원저는 2005년에 출판).

Rose, D., & Meyer, A. (2000). Universal design for learning. *Journal of Special Education Technology, 15*(1), 67–70.

Rusch, F. R., & Mithaug, D. E. (1981). *Vocational training for mentally retarded adults: A behavior analytic approach.* Champaign, IL: Research Press.

Salvia, J., & Ysseldyke, J. E. (2004). *Assessment in special and inclusive education* (9th ed.). Princeton, NJ: Houghton Mifflin.

Severson, S. J., Hoover, J. H., & Wheeler, J. J. (1994). Transition: An integrated model for the pre-and in-service training of special education teachers. *Career Development for Exceptional Individuals, 17*(2), 145–158.

Sitlington, P. L., Neubert, D. A., & Clark, G. M. (2011). 장애학생을 위한 전환교육과 전환 서비스 [*Transition education and services for students with disabilities*]. (박승희, 박 현숙, 박희찬, 이숙향 공역). 서울: 시그마프레스. (원저는 2009년에 출판).

Sitlington, P. L., & Wimmer, D. (1978). Vocational assessment techniques for the handicapped adolescent. *Career Development for Exceptional Individuals, 1*(2), 74–87.

Sitlington, P. L., Clark, G. M., Kolstoe, O. P. (2000). *Comprehensive transition education and service for adolescents with disabilities* (3rd ed.). Needham Heights, MA: Allyn & Bacon.

Smull, M., & Lakin, K. C. (2002). Public policy and person-centered planning. In S.

Holburn & P. Vietze (Eds.), *Person-centered planning: Research, practice and future directions* (pp. 379−397). Baltimore: Brookes.

Solomon, P. G. (2009). *The curriculum bridge: From standards to actual classroom practice* (3rd ed.). Thousand Oaks, CA: Corwin Press.

Sowers, J., & Powers, L. (1991). *Vocational preparation and employment of students with physical and multiple disabilities*. Baltimore: Paul H. Brookes.

Stanford, P., & Reeves, S. (2005). Assessment that drives instruction. *Teaching Exceptional Children, 37*(4), 18−23.

Stodden, R. A., & Ianacone, R. N. (1981). Career/vocational assessment of the special needs individual: A conceptual model. *Exceptional Children, 47*(8), 600−608.

Super, D. E., Savickas, M. L., & Super, C. M. (1996). The life-span, life-space approach to careers. In D. Brown, L. Brooks, & Associates (Eds.), *Career choice and development* (3rd ed., pp. 121−178). San Francisco, CA: Jossey-Bass.

Test, D. W., Aspel, N. P., & Everson, J. M. (2006). *Transition methods for youth with disabilities*. Columbus, OH: Merrill Prentice Hall.

Thomas, S. W., & Coleman, N. (1988). *Vocational assessment training manual*. Raleigh, NC: Division of Vocational Education, North Carolina Department of Public Instruction.

Vocational Evaluation and Work Adjustment Association (1976). *Vocational evaluation project final report*. Menomonie, WI: University of Wisconsin Stout.

Vocational Evaluation and Work Adjustment Association (1983). *VEWAA Glossary*. Menomonie, WI: University of Wisconsin Stout.

Wehman, P., & Moon, M. S. (1988). *Vocational rehabilitation and supported employment*. Baltimore: Paul H. Brookes.

Wehmeyer, M., & Patton, J. (2012). Transition to postsecondary education, employment, and adult living. In D. Zagar, M. Wehmeyer, & R. Simpson (Eds.), *Educating students with autism spectrum disorders: Research-based principles and practices* (pp. 247−261). New York, NY: Taylor & Francis.

Will, M. (1984). *OSERS programming for the transition of youth with disabilities: Bridges form school to working life*. Washington, DC: U.S. Department of Education of Education, Office of Special Education and Rehabilitative Services.

국립국어원(2021). https://stdict.korean.go.kr/main/main.do

찾아보기

저자 소개

박희찬(Park Heechan)
가톨릭대학교 특수교육과 교수
관심 분야: 지적장애, 교육과정, 전환교육,
　　　　　지원고용, 진단평가

송승민(Song Seungmin)
강남대학교 중등특수교육과 교수
관심 분야: 중도중복장애, 교육과정, 전환교육,
　　　　　특수교육공학, 빅데이터분석

김라경(Kim Rahkyung)
가톨릭대학교 특수교육과 교수
관심 분야: 지적장애 전환교육 탈시설화

김운지(Kim Woonji)
전주은화학교 교사
관심 분야: 지적장애, 교육과정, 전환교육, 직업교육

박은영(Park Eunyoung)
전주대학교 중등특수교육과 교수
관심 분야: 지적장애, 진단평가, 전환교육

박혜영(Park Hyeyoung)
한국경진학교 교사
관심 분야: 자폐성 장애, 진로직업교육, 진로상담

배세진(Bae Sejin)
아름학교 교사
관심 분야: 진로직업교육, 교육과정, 진로상담,
　　　　　평생교육

이용복(Lee Yongbok)
경기도수원교육지원청 교사
관심 분야: 발달장애, 진로직업교육, 직무개발,
　　　　　특수교육공학, 평생교육

이현주(Hyunjoo Lee)
가톨릭대학교 특수교육과 교수
관심 분야: 전환교육, 지적장애, 중증장애,
　　　　　교사재교육

최민식(Choi Minsik)
강남대학교 중등특수교육과 교수
관심 분야: 지적장애, 전환교육, 진로직업교육,
　　　　　직업상담 및 평가, 가족지원

한세진(Han Sejin)
의정부특수교육지원센터 교사
관심 분야: 교육과정, 진로직업교육, 직업평가,
　　　　　평생교육

홍정숙(Hong Jeongsuk)
대구대학교 특수교육과 교수
관심 분야: 지적장애, 전환교육, 통합교육,
　　　　　특수교육사

황윤의(Hwang Yoonyui)
가톨릭대학교 연구원
관심 분야: 진로직업교육, 수업, 부모교육 및 상담

특수교육

진로와 직업교육론
Teaching Career & Vocation Subject
for Students with Disabilities

2022년 3월 30일 1판 1쇄 발행
2023년 10월 20일 1판 2쇄 발행

지은이 • 박희찬 · 송승민 · 김라경 · 김운지 · 박은영 · 박혜영 · 배세진 ·
　　　　이용복 · 이현주 · 최민식 · 한세진 · 홍정숙 · 황윤의
펴낸이 • 김진환
펴낸곳 • (주) **학지사**
　　　　04031 서울특별시 마포구 양화로 15길 20 마인드월드빌딩
대 표 전 화 • 02)330-5114　　팩스 • 02)324-2345
등 록 번 호 • 제313-2006-000265호

홈 페 이 지 • http://www.hakjisa.co.kr
인스타그램 • https://www.instagram.com/hakjisabook

ISBN 978-89-997-2629-3 93370

정가 22,000원

출판 · 교육 · 미디어기업 **학지사**
간호보건의학출판 **학지사메디컬** www.hakjisamd.co.kr
심리검사연구소 **인싸이트** www.inpsyt.co.kr
학술논문서비스 **뉴논문** www.newnonmun.com
교육연수원 **카운피아** www.counpia.com